Franz Kurowski · Deutsche Kommandotrupps 1939 – 1945

Franz Kurowski

Deutsche Kommandotrupps 1939 – 1945

»Brandenburger« und Abwehr
im weltweiten Einsatz

Motor
buch
Verlag

Einbandgestaltung: Andreas Pflaum unter Verwendung von Vorlagen aus dem Archiv des Verfassers.

Die teilweise geminderte Bildqualität ist auf das Alter der Abbildungen und die Umstände ihres Entstehens zurückzuführen.

ISBN 3-613-02018-1

1. Auflage 2000

Lektorat: Isabel Hanke / Martin Benz
Satz: Satz & mehr, Besigheim
Druck: TC Druck, 72072 Tübingen
Bindung: E. Riethmüller, 70176 Stuttgart
Printed in Germany

Inhalt

Vorwort

Sie standen nicht nur auf allen europäischen Kriegsschauplätzen des Zweiten Weltkrieges im Einsatz, sondern auch in Asien und in Übersee: Ob in Afghanistan oder im Iran, in Indien oder China, Agenten des OKW-Amtes Abwehr/Ausland, V-Männer, Fronteinsatzkommandos und die sagenumwobenen »Brandenburger« standen im Zweiten Weltkrieg in einem weltumspannenden Netz, gewissermaßen in globaler Mission unter schwierigsten Bedingungen im Einsatz. In der Wüste Afrikas ebenso wie in den unendlichen Weiten der Sowjetunion, im Zweistromland zwischen Euphrat und Tigris und im fernen Indien.

Als Fronteinsatzkommandos rollten sie noch vor der stürmenden Truppe her in feindliche Stellungen und Befestigungsanlagen, um wichtige Unterlagen zu sichern. Oder sie wurden im Fallschirmeinsatz – der Truppe voraus – zu den neuralgischen Punkten des geplanten Vormarsches geschickt, um dort Brücken und Straßenknotenpunkte zu halten und zu sichern, bis die eigene Truppe herangekommen war.

Sie wurden tief im Herzen des feindlichen Hinterlandes abgesetzt, um Industrieanlagen zu sprengen und dann wiederum, um Erdölanlagen vor der Vernichtung durch den weichenden Gegner zu sichern.

Viele von ihnen bezahlten diese riskanten Einsätze mit dem Leben, andere mit dauerndem Siechtum und Gefangenschaft. Dennoch riß der Strom der Freiwilligen nicht ab, die diese Gefahren auf sich nahmen: sprachkundige Auslandsdeutsche und Angehörige fremder Nationen, die sich von Deutschland die Befreiung von einem fremden Joch erhofften, waren ebenso darunter wie Männer der Wehrmacht.

Sie standen fast ständig mitten unter Feinden, kämpften sich durch den Urwald Südamerikas ebenso vorwärts wie durch den Großstadtdschungel amerikanischer Riesenstädte. Von Feuerland bis nach Murmansk, von Breslau bis nach Schanghai reichte ihr weltumspannendes Netz. Sie infiltrierten fremde Geheimdienste, führten Diversanteneinsätze aus, lebten an den wilden Grenzen der Erde bei aufständischen Bergstämmen und lehrten diese, mit modernen Waffen zu kämpfen. Sie waren Sprachgenies, Draufgänger und besonnene Kämpfer, wie die Situation dies erforderte.

Aus der ganzen Welt waren sie nach Deutschland gekommen, um im Notfalle für ihre alte Heimat zu kämpfen.

Geführt wurden sie zunächst von Admiral Wilhelm Canaris und seinen Abteilungschefs. Canaris: Patriot im Zwielicht oder Weltbürger? Meister aller Spione, Held oder Verräter? Sie hatten keine Zweifel, nicht an ihrer Führung und nicht an der Rechtmäßigkeit ihrer Handlungen. Deutschland hatte sie gerufen und sie waren gekommen.

Weltweit drang ihr Ruf über die Erde hin. Weltweit legte sich ihr Netz über den Globus, oftmals nur von einem einzelnen Draufgänger geknüpft, dennoch aber haltbar und sicher. Ihre Einsätze überstiegen die Phantasie ihrer Zeitgenossen, ihre Erfolge überstiegen manchmal jedes bis dahin bekannte Maß.

Einige ihrer riskantesten Einsätze, darunter viele, über die noch nicht berichtet wurde, sind in diesem Werk zusammengefaßt worden, das nach den vorhandenen Quellen und den Aussagen ehemaliger Abwehrkämpfer und Brandenburger in Rußland und Afrika gestaltet wurde. Dieses Buch atmet die Weite ihrer Einsätze ebenso, wie es das unverkennbare Fluidum des Geheimen ausstrahlt.

Selbst in den subjektiven Übersteigerungen einiger Augenzeugenberichte vermitteln diese Schilderungen der Einsätze den unbeugsamen Willen, die eiserne Entschlossenheit jener Männer, die irgendwo auf dem Globus, als Einzelkämpfer oder im Team, getarnt oder offen, für Deutschland kämpften.

Dieses Buch über Geschehnisse von großer Tragweite, die sich mehr oder weniger im Dunkeln geheimer Kommandosachen versteckten, soll die Taten all jener aufzeigen, die dabei waren. Sie waren der felsenfesten Überzeugung, für eine gerechte Sache zu kämpfen. Eine Reihe von ihnen wurden mit höchsten Auszeichnungen dekoriert, ihre Einsätze wurden so in den Umrissen bekannt. Von diesen wenigen Ausnahmen abgesehen, wurden sie nie im Wehrmachtsbericht genannt. In diesem Report aber sollen aber ihre Einsätze an allen Punkten der Erde aufgezeigt werden. Daß dies nur punktuell geschehen kann, liegt in der Natur der Sache.

Hier ist er, jener Einsatz, der sich stets im Dunkeln der Überraschung und des Handstreichs vollzog und auch im Dunkeln blieb. Ein Einsatz, der immer wieder nur einer Handvoll Männer bedurfte, die bereit waren, selbst den Teufel aus der Hölle zu holen, wenn sie dafür einen Auftrag erhalten hätten.

Das OKW-Amt Ausland/Abwehr

Der Aufbau vor dem Krieg

Am 1. Januar 1935 wurde Kapitän zur See Wilhelm Canaris Chef der deutschen *Abwehr.* Die Abwehr war aus dem *Nachrichten- und Erkennungsdienst* der Reichswehr hervorgegangen, zu dem 1928 der *Marine-Geheimdienst* hinzukam.

Später wurde dieser Geheimdienst in *Abwehr* umbenannt und trat 1932 unter das Kommando des damaligen Fregattenkapitäns Conrad Patzig. Ab 1935 unterstand diese Abwehr dem Reichskriegsministerium und ab 1938 dem Oberkommando der Wehrmacht. Seit 1939 firmierte sie unter der Bezeichnung *OKW-Amt Ausland/Abwehr.*

Unmittelbar nach seiner Amtsübernahme nahm Wilhelm Canaris Kontakte zu den Amtsinhabern der gleichen Dienste des Auslandes auf, zu denen er bereits vorher durch Mittelsmänner in den entsprechenden Ämtern Verbindungen angeknüpft hatte.

Admiral Wilhelm Canaris, Chef der Abwehr.

Admiral Conrad Patzig, Vorgänger von Admiral Canaris; als Chef der deutschen Abwehr baute er den Apparat aus.

In München traf er sich im September 1935 mit dem damaligen Oberst und Chef des *Servicio Informazioni Militari – SIM* (italienischer Geheimdienst), Oberst Mario Roatta.

Die Italiener hatten bereits vor der Zeit von Wilhelm Canaris versucht, mit dessen Amtsvorgänger, Kapitän z. See Patzig, in Kontakt zu kommen, aber vergeblich.

Patzig war über die Röhm-Affaire gestürzt, als er nach der Mordserie des 30. Juni 1934 die Ausschaltung Heydrichs forderte, weil dieser die von Hitler und Göring erteilten Befugnisse weit überschritten hatte und auch am »Röhm-Putsch« unbeteiligte Offiziere der Reichswehr hatte umbringen lassen. Patzig bewog Reichswehrminister von Blomberg, auf die Ablösung Heyrichs zu drängen.

Reichswehrminister von Blomberg, der sich zu diesem Vorgehen der Unterstützung einiger Minister des Reichskabinetts versichert hatte, unternahm diesen Vorstoß, der von Himmler abgewiesen wurde. Blomberg gab klein bei und steckte damit eine Schlappe gegen Himmler ein, die sein Ansehen stark beschädigte, was er wiederum Patzig nicht vergaß.

Als von Blomberg dann wünschte, daß die deutsche Abwehr Kontakte zum italienischen Geheimdienst knüpfen sollte, lehnte Patzig dies mit der Begründung ab, daß der italienische Geheimdienst nicht vertrauenswürdig sei.

Oberst Hans Oster von der Abwehr arbeitete für den Feind und verriet den Angriffsplan für den Westfeldzug.

Generalleutnant Heinz Piekenbrock leitete die Abwehr/Ausland, er erhielt das Ritterkreuz als Generalmajor und Kommandeur der 208. Infanterie-Division am 4. Mai 1944.

Oberst Erwin von Lahousen-Vivremont, Leiter der Abwehrabteilung II.

Als dann Patzig die von Hitler initiierten Aufklärungsflüge der Sonderstaffel, später *Sonder-Gruppe Rowehl,* über Polen und Frankreich durchführen ließ, beharrte Blomberg darauf, daß Hitler diese Flüge verboten habe.

Als der Reichswehrminister im Oktober 1934 erfuhr, daß die Höhenaufklärungsstaffel des Oberbefehlshabers der Luftwaffe aus großer Höhe die gesamte Maginotlinie fotografisch observiert hatte, bestellte er Patzig zu sich und erklärte ihm kurz und bündig:

»Einen Abwehrchef, der derartige Eskapaden durchführt, kann ich nicht gebrauchen.«*

Patzig mußte Admiral Raeder den Nachfolger vorschlagen. Als er den Namen Canaris nannte, reagierte Admiral Raeder schroff ablehnend. Der Oberbefehlshaber der Reichsmarine mochte Canaris nicht und hatte ihn als Kommandant der Swinemünder Festung bereits in die Wüste geschickt. Er wollte Canaris 1935 in den Ruhestand versetzen.

Patzig aber wies nun auf eine Schwachstelle hin, die Raeder zunähst nicht beachtet hatte. Er erklärte, daß dann das Heer die Abwehr übernehmen werde. Raeder gab nach und stimmte der Ernennung von Kapitän zur See Canaris zum Chef der deutschen Abwehr zu. Der weißhaarige

---

* Siehe Buchheit, Gert: Der deutsche Geheimdienst – Geschichte der militärischen Abwehr.

Generalleutnant von Bentivegni, Chef der Abwehrabteilung III.

Marineoffizier zog als Chef in das Haus Nummer 72-76 am Tirpitzufer am Berliner Landwehrkanal ein.

Am 1. Mai 1935 wurde Canaris zum Konteradmiral befördert. Canaris ernannte alle ehemaligen Offiziere, die in der Abwehr als Zivilangestellte eingesetzt waren, zu E-Offizieren. Unter ihnen auch Major Hans Oster.

Hinzu kamen, durch Canaris gerufen, seine alten Freikorps-Kameraden. So Friedrich Wilhelm Heinz, der Kavallerieoffizier, und Heinz Schmalschläger; der ehemalige Seeoffizier Leißner kam aus Nicaragua, und viele andere folgten nach. Einer der Mitarbeiter der ersten Stunde war Major Hans Piekenbrock.

Unter Admiral Canaris weitete sich die Abwehr zu einer umfassenden Organisation mit drei Hauptgliederungen aus und wurde schließlich im Zuge der Vergrößerung der Wehrmacht zum *OKW-Amt Ausland/Abwehr,* einer Dienststelle, die für alle drei Wehrmachtsteile tätig werden sollte.

Die Zentralabteilung wurde von dem zum Oberstleutnant beförderten Oster, später Oberst, geführt.

Chef der *Abwehrabteilung I* war Major, dann Oberstleutnant und Oberst im Generalstab Hans Piekenbrock. In dieser Abteilung wurde der geheime Meldedienst betrieben und aktive Erkundung durchgeführt.

Leiter der *Abteilung II* wurde Oberst und später Generalmajor von Lahousen-Vivremont. Diese Abteilung bearbeitete sämtliche Sabotageeinsätze und Sonderaufgaben der Abwehr.

Die *Abteilung III* unter Oberstleutnant, später Generalmajor von Bentivegni, war für die Abwehr feindlicher Spionage- und Sabotage verantwortlich.

Immer wieder kam es trotz dieser Gewaltenteilung zu ineinander übergreifenden Einsätzen.

Die Arbeitsgebiete dieser drei Gruppen wurden wiederum in drei Unterabteilungen gegliedert, von denen jeweils eine für Heer, Luftwaffe und Marine zuständig war.

Die Untergruppierungen und die verschiedenen Zielgruppen der Erkundungen erforderten weitere Unterteilungen, die im folgenden kurz umrissen werden sollen.

Bei jedem der deutschen Wehrkreiskommandos befanden sich Abwehrstellen, deren Führung die Ic der Truppe und die AO der Abwehr in Händen hatten. Die Ic in der Truppe waren Generalstabsoffiziere, die mit der *Bearbeitung von Feindnachrichten* betraut waren. Die AO waren die *Abwehr-Offiziere.* Alle Abwehrstellen waren ebenso wie die Abwehr selbst in die Gruppen I, II und III gegliedert, hatten also aktive Erkundung ebenso zu betreiben wie Sabotage, Sondereinsätze und Sabotageabwehr.

Die Abwehr-Abteilungen I, II und III

Der Arbeitsplan der Abwehr-Abteilung Ausland I lautete: Für die Chef-Gruppe: Einheitliche Leitung des *Geheimen Meldedienstes.* Zusammenfassung aller in Betracht kommenden Nachrichtenquellen. Zusammenarbeit mit den Abteilungen II und III des Auslandsamtes, dem Auswärtigen Amt, der Gestapo und dem Forschungsamt. Ausführung der vom Oberbefehlshaber der Wehrmacht und den drei Wehrmachtsstellen zugehenden Erkundungsaufträge: Weiterleitung der nicht ausgewerteten Nachrichten an die Abteilung Ausland und die auswärtigen Stellen der drei Wehrmachtsteile.

Zu dieser Abteilung gehörten die Referate Bürooffizier (West) Pässe, Registratur, die Gruppen I, Heer, das *Referat Abwehr I Hd,* dem die Leitung des geheimen militärischen Meldedienstes im Westen und Süden oblag. Hinzu kam das *Referat Abwehr I H (West/Nord)* zur Führung der geheimen Meldeverbindungen. Verwertung der Werturteile der 3. Abteilung des Generalstabes des Heeres über das gelieferte Nachrichtenmaterial. Personalien und Beurteilung der Agenten.

Das *Referat Abwehr 1 H (West/Süd)* wiederum bearbeitete die Abfindungen der Agenten nach ihrem Ausscheiden, sowie die sachliche Prüfung der Rechnungslegung der Abwehrstellen.

Das *Referat 1 H (West/Nord)* betreute die Länder Belgien, Holland, England, Dänemark und Luxemburg; das *Referat 1 H (West/Süd)* die Länder Frankreich, Portugal, Spanien, die Schweiz, Italien und die Überseestaaten, ohne Japan.

Hinzu kamen Untergruppen für den Geheimen Meldedienst im Osten und Südosten. Ein *Referat IH (Ost/Nord)* für Polen, die Randstaaten Finnland, UdSSR, Skandinavien, Japan und China und das *Referat I H (Ost/Süd)* mit der Tschechoslowakei, Ungarn, Südosteuropa, Türkei, Iran; Afghanistan. Dem *Referat 1 Ht* war die Erkundung der gesamten Waffen- und Kriegsgeräte-Technik im Ausland übertragen worden. Es hatte einzelne Waffen und Kriegsgerätemuster aus dem Ausland zu beschaffen und die Herstellung chemischer Kriegsmittel im Ausland zu erkunden.

Die *Abwehr-Abteilung II* hatte mit der Chefgruppe folgendes Arbeitsgebiet zu bearbeiten: Einsatz der Abteilung nach Weisungen der obersten Führung. Vertretung der Belange der Abteilung nach außen. Einheitliche Leitung der Gruppen und den Geldeinsatz.

Das *Referat Ia* hatte den Mob.-Kalender und die *gKdos* (= geheime Kommandosache) Chefsachen zu führen, und die gKdos-Akten zu verwalten. Der Innere Dienst, die Erledigung der wirtschaftlichen Angelegenheiten. Der Außendienst nach besonderer Anweisung. Die Führung des Kriegstagebuches des Amtes Abwehr/Ausland wurden ihm ebenfalls übertragen.

Das *Referat Ib* hatte das Laboratorium zu leiten, die technischen Versuche durchzuführen, und die Verbindungen mit dem Wehrmachtsamt, den Hochschulen und Instituten zu halten. Es vergab die Aufträge zur Materialbeschaffung und Bereitstellung, und bildete V-Leute für Sonderaufgaben aus. Es hatte Sonderanweisungen auszuarbeiten, Kriegserfahrungen auszuwerten und diese für neue Sonder-Abwehraufgaben zu nutzen.

Die Referate der *Gruppe I* mit einem zuständigen Gruppenleiter hatten alle Erkundungen über Minderheiten einzuziehen und staatsfeindliche Organisationen ausfindig zu machen. Insbesondere oblag ihnen die Vorbereitung der Zersetzungspropaganda innerhalb der gegnerischen Streitkräfte. Sie hatten die Verbindungs- und Meldewege zu den politischen Gruppen eines möglichen Gegners in Frieden und Krieg zu erkunden, den Nachrichtenaustausch mit befreundeten Mächten in Gang zu halten, und Denkschriften über Ziele und Organisationen von Minderheiten und staatsfeindlichen Gruppen zu erstellen.

Diesem Hauptreferat standen folgende Unter-Referate zur Verfügung. Das *Unter-Referat 1 ON* zur Bearbeitung von Minderheiten und staatsfeindlichen Organisationen in der Sowjetunion und in Fernost, in Polen, Litauen, Lettland, Estland und Finnland.

Das *Unter-Referat 1 OS* mit gleichen Aufgaben für die Tschechoslowakei, Rumänien, Bulgarien, Jugoslawien, Griechenland und Italien.

Das *Unter-Referat 1 W* für Frankreich, Belgien, Luxemburg, Schweiz, England, Irland, Dänemark, Schweden, Norwegen.

Das *Referat 1 Üb (Übersee) West,* für Nord- Mittel- Südamerika, sowie Spanisch-Marokko.

Das *Referat 1 I1* für Afrika (ohne Spanisch-Marokko), Asien Australien, Südamerika.

Das *Referat 1 J:* Insurgierungsmaßnahmen (Förderung der Aufständischen-Gruppen) in aller Welt, die Presse-Auswertung, die Bücherei.

Die *Gruppe 2* mit einem Gruppenleiter für den Einsatz des *Sonder-Dienstes* hatte diesen Dienst zu organisieren, die S-Räume festzulegen und Denkschriften über die wirtschaftliche und militärische Lage fremder Staaten zu erstellen.

Hinzu kam die Erkundung von Angriffsmöglichkeiten für die S-Organisation, Materialtransport und Lagerung bei den Generalkommandos und an den Grenzen. Sicherstellung der Verbindungs- und Meldewege.

Zur Durchführung aller dieser Aufgaben war dieses Referat in neun Untergruppen aufgeteilt:

Referat 2 (WS-1): Frankreich, Luxemburg, Belgien, Italien und die Schweiz.

Referat 2 (WS-2): Spanien, Portugal, Lateinamerika.

Referat 2(WN): Großbritannien, Niederlande, Skandinavien, Dänemark.

Referat 2 (OS): Tschechoslowakei, Ungarn, Rumänien, Jugoslawien, Balkanländer.

Referat 2 (ON): Sowjetunion, Polen, Randstaaten.

Referat 2 (Ob): Nordamerika, Sonderorganisationen.

Referat 2 (Mar): Seeraum um Europa, Afrika und Asien.

Referat 2 (Luft): Durchführung des S-Dienstes und Verbindung mit dem Reichsluftfahrtministerium.

Referat 2 (Lab): Technische Versuche, Materialverwaltung.

Zur Abteilung II des OKW-Amtes Ausland/Abwehr gehörte auch das spätere *Lehr-Regiment »Brandenburg« z.b.V. 800,* das zu Beginn des Krieges allerdings erst in der ersten Ent-

Dr. von Hippel als Oberst und Kommandeur des Regiments »Brandenburg«.

wicklung stand, später aber einen entscheidenden Beitrag zum Einsatz der Abteilung II leisten sollte.

Die Idee zur Aufstellung dieser deutschen Kommandotruppe kam von Hauptmann Dr. von Hippel, der in seinen ersten Überlegungen folgenden Einsatzbereich für eine solche Truppe niederlegte: »Handstreichartige Besetzung kriegswichtiger Objekte wie Brücken, Tunnels, Straßenkreuzungen, Rüstungsbetriebe, und ihr Halten bis zum Eintreffen der Spitzenverbände der deutschen Wehrmacht.«

Gemeinsam stellten die Hauptleute Fleck, Putz und Verbeek am 15. September 1939 – unter Federführung von Hauptmann Putz – auf dem Truppenübungsplatz Bruck an der Leitha die *1. Lehr-Kompanie z.b.V* auf. Hauptmann Verbeek wurde ihr Chef. An Ausbildern standen ihm die Leutnants Dr. Kniesche und Grabert, ferner einige handverlesene Unteroffiziere und Mannschaften zur Verfügung.

Die Kompanie setzte sich aus Freiwilligen des sudetendeutschen Freikorps, Ex-Soldaten der tschechischen Armee und anderen geeigneten Männern zusammen. Aus dieser einen Kompanie sollte sich das *Lehrregiment »Brandenburg« z.b.V. 800* entwickeln, von dem in den folgenden Abschnitten immer wieder die Rede sein wird.

Die *Abwehr-Abteilung III,* mit ihrer Chefgruppe für die Gesamtleitung der deutschen Spionageabwehr zuständig und auch mit der Führung der Kasse, der Personalangelegenheiten und der Führung des Kriegstagebuches beauftragt, war in folgende Gruppen und Referate unterteilt:

Dem *Büro-Offizier* oblag die Leitung des Geschäftsbetriebes sowie die Katalogisierung aller Eingänge. Er hatte die gKdos-Sachen zu verwalten und die Personalanträge zu bearbeiten.

Die *Kassenverwaltung* hatte alle Geldmittel zu verwalten, die eingehenden Abrechnungen zu überprüfen und die Paßprüfstelle zu besetzen.

Die *Registratur* bearbeitete den Geschäftsverkehr, führte die Briefbücher, erledigte den Postanfall. Sie verwaltete die geheimen und offenen Akten und Sammlungen, beschaffte das Büromaterial, prüfte den Raumbedarf und verwaltete die Sachakten.

Die *Führungsgruppe III W* (Abwehr in der Wehrmacht) hatte die einheitliche Durchführung der Spionageabwehr in der Wehrmacht zu leiten. Dafür war der *Führungsgruppenleiter* zuständig. Insbesondere ging es um die Sicherung militärischer Geheimnisse. Sie erstellte Sachverständigen-Gutachten vor Gericht, insbesondere vor dem Reichsgericht. Der Führungsgruppenleiter erfüllte auch die Aufgabe des ständigen Vertreters des Abteilungschefs.

Die *Gruppe III H* hatte die Spionageabwehr im Heer zu verantworten und die Ergebnisse auszuwerten. Sie sammelte Materialien für Besprechungen und Vorträge, führte die Statistik über Verratsfälle im Heer ebenso wie die Statistik über die Fahnenfluchtfälle in der Wehrmacht.

In der Sabotageabwehr arbeitete sie mit der *Gruppe III S* zusammen.

Das *Referat III Kgf.* leitete und steuerte die Spionageabwehr in den Kriegsgefangenenlagern. Und zwar in Zusammenarbeit mit dem *Inspekteur für Kriegsgefangenenwesen* durch V-Offiziere der Abwehr III daselbst. Deutsche Kriegsgefangene im Ausland, Fluchtversuche von Gefangenen wurden von diesem Referat untersucht. Es führte auch neutrale Missionen durch und war für den Gefangenenaustausch zuständig. Dieses Referat war in bezug auf die Sabotageabwehr ebenfalls auf die Zusammenarbeit mit der *Gruppe III S* angewiesen, wie alle übrigen.

Das *Referat III GFP* hatte die organisatorischen und personellen Angelegenheiten der *Geheimen Feldpolizei* in Verbindung mit der *Heeres-Feldpolizei* und dem *Gestapoamt* durchzuführen.

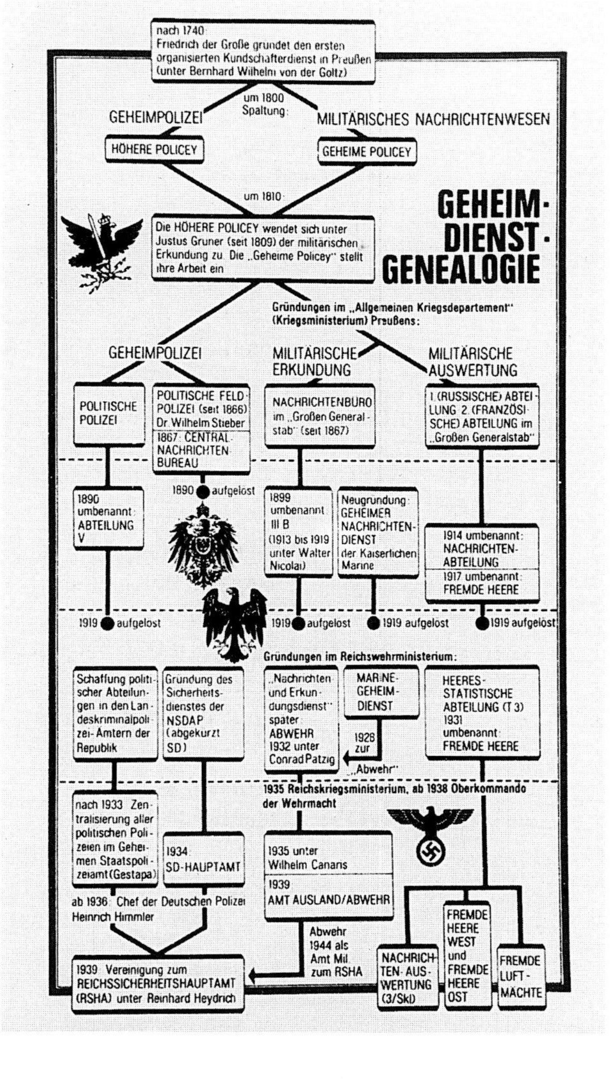

Schematische Darstellung der Geschichte des deutschen Geheimdienstes von 1740 bis 1939.

Die *Gruppe III M* war für Spionageabwehr in der Marine zuständig, überwachte alle Ansätze zur Zersetzungsarbeit in der Wehrmacht und die Fragen des vorsorglichen Geheimschutzes. Sie führte die Spionageabwehr in der Kriegsmarine und in den Festungsgebieten der Marine durch.

Das Führen der Statistik über Verratsfälle und Fahnenfluchtsdelikte in der Kriegsmarine, Sachverständigengutachten vor den Gerichten und der Gefangenenaustausch oblag ihr ebenfalls. Für die Sabotageabwehr war auch dieses Referat auf die Zusammenarbeit mit der *Gruppe III S* (Sabotageabwehr) angewiesen.

Gruppe III Luft: Ihr oblag die Spionageabwehr in der Luftwaffe. Sie hatte alle Verlustfälle der Luftwaffe aufzuklären und die Einzelfälle zu bearbeiten. Verratsdelikte und Fahnenfluchtsfälle in der Luftwaffe waren ihrem Bereich zugeordnet worden, ebenso die Erstellung von Sachverständigengutachten vor Gericht.

Der Gruppenleiter der *Gruppe III Wi* (Abwehr in der Wirtschaft) hatte die einheitliche Leitung der Abwehrmaßnahmen gegen Spionage und Sabotage in der Wirtschaft zu führen und seine Erfahrungen zu diesem Thema auszuwerten.

Das *Arbeitsgebiet III Wi 1* umfaßte die Wehrkreise I, II, X und die Abwehrstellen Kiel und Wilhelmshaven. Es galt hier, die Rüstungsfragen der Kriegsmarine und allgemeine Abwehr-Angelegenheiten zu bearbeiten und die Bauvorhaben von Heer und Marine zu überprüfen. Presse- und Polizeiberichte waren in bezug auf diese Themen auszuforschen, Marinekriegsgerät freizugeben und Wirtschaftsspionage aus nordischen Staaten, Rußland und dem britischen Dominion zu sammeln und auszuwerten.

Das *Referat III Wi 2* hatte die Freigabe des Heeres-Kriegsgerätes zu bearbeiten, die Zusammenarbeit mit dem Sicherheitsdienst zu pflegen, das Ausländerwesen unter Kontrolle zu halten und Wirtschaftsspionage in Südosteuropa und Asien zu betreiben (ohne Sowjetunion, China und Japan).

Das *Referat III Wi 3* hatte mit den Wirtschaftsstellen und den Industrie- und Handelskammern zusammenzuarbeiten. Die Überwachung der Arbeitsämter und Arbeitsgerichte lagen in seinem Kompetenzenbereich. Ihm oblag auch die Überprüfung von Kriegs- und lebenswichtigen Betrieben. Auf dem Gebiet der Wirtschaftsspionage war sein Arbeitsfeld West- und Südwesteuropa (ohne England und Afrika).

Im *Referat III Wi 4* wurden alle Rüstungsfragen der Luftwaffe kontrolliert, der Werkluftschutz, Luftbauvorhaben und der Vierjahresplan geprüft und die wichtigen Betriebsstoff-Firmen geführt. Ihm oblag auch die Freigabe von Luftkriegsgerät und die Wirtschaftsspionage in Japan, China und den USA.

Hinzu kam noch die *Gruppe III C* mit den Aufgaben der Abwehr im Inland mit fünf Untergruppen, in denen Spionageverdachtsfälle, Propaganda-Abwehr, Überwachung des Nachrichtenverkehrs und Überwachung des Personenverkehrs koordiniert wurden.

In der *Gruppe III F*, Abwehr im Ausland, ging es vor allem um die Abwehr in den Weststaaten und in den Oststaaten sowie um die Führung der Paßprüfungsstellen im neutralen Ausland. Auch dieser Arbeitsaufwand wurde von fünf Referaten ausgeführt.

Die *Gruppe III D* mit der Aufgabe der »Irreführung« befaßte sich in zwei Referaten mit der Irreführung des Gegners auf dem Wege der Gegenspionage und der Prüfung der Freigabe von Spielmaterial der Abwehrstellen in Verbindung mit den Generalstäben von Heer, Luftwaffe und Marine.

Die *Gruppe III S*, Sabotageabwehr, benötigte vier Referate, um den Arbeitsanfall bewältigen zu können. Ihr oblag die einheitliche Bekämpfung jeder Art von Sabotage und Wehrmittelbe-

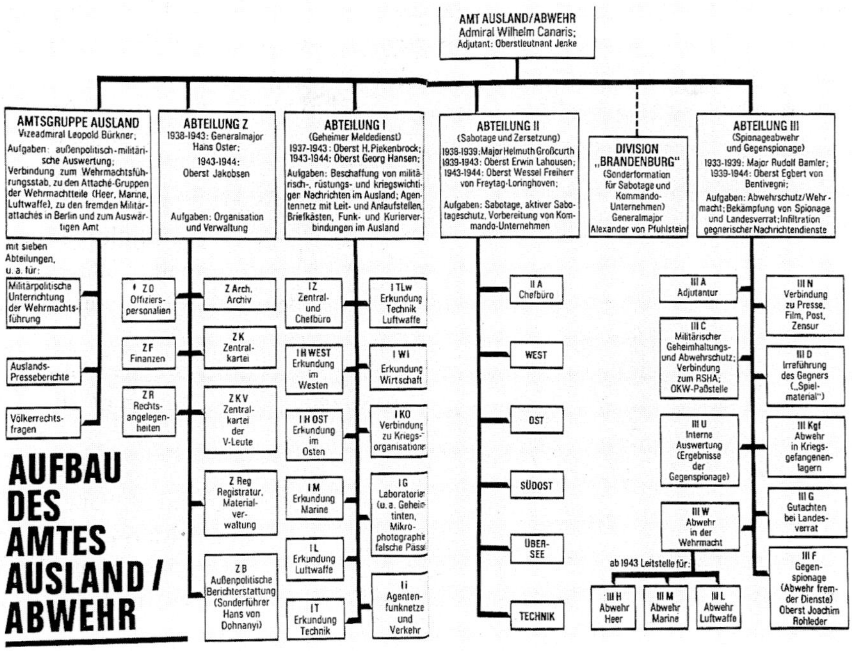

Der Aufbau des Amtes Ausland/Abwehr.

schädigung im Reich und im Ausland; sie führte die Sabotageabwehr bei Heer, Luftwaffe und Marine ebenso wie die Sabotageabwehr gegen Kriegsgefangene.

Die *Gruppe III G* stellte mit zwei Referaten die Gutachten aus, die sich mit Landesverratssachen in den West- und Oststaaten auseinandersetzten.

Als letzte Gruppe kam dann noch die *Gruppe Z Arch.* (Zentralarchiv des Oberkommandos der Wehrmacht) ins Spiel. Sie hatte alle männlichen und weiblichen Kräfte, die OKW, OKM und RLM einstellten, zu überprüfen und alle in diesen Bereichen aufgetretenen Verrats- und Verlustfälle zu bearbeiten.

Eine der wichtigsten Aufgaben war der vorsorgliche Geheimschutz und die Sicherung des Stabsquartiers des OKW, des Bendler- Tiergarten- und Lützowblocks in Zusammenarbeit mit den dortigen Kommandanten. Alle beim Chef des OKW und im Auswärtigen Amt oder bei der Abwehr vorsprechenden unbekannten Personen musste diese Gruppe überprüfen. Visa-Angelegenheiten für Auslandsreisen dienstlicher Art wurden von ihr durchgeführt. Sie hatte die Sicherung der Diensträume der *Ausland/Abwehr III* zu gewährleisten.

Im OKW-Amt Abwehr/Ausland gab es außerdem noch die *Auslandsbriefprüfstelle Berlin* und die *Auslandstelegrammprüfstelle Berlin.* Beiden war die Überprüfung der Briefe der als Gefahr eingestuften Absender oder Empfänger aller Art vorbehalten. Sie hatte die chemischen Untersuchungen, die inhaltlichen Prüfungen der Privat- Geschäfts- und auch Feldpostbriefe durchzuführen und vor allem die Kriegsgefangenenbriefe zu durchforschen.

In ihrer Gesamtkartei waren sämtliche im Verlauf der Überwachung des Nachrichtenverkehrs verdächtig gewordenen Personen ebenso erfaßt wie jene, die bereits vorher als zu überprüfen galten.

Damit ist der Aufgabenbereich des gesamten OKW-Amtes Abwehr/Ausland umrissen, wenn auch nicht bis ins letzte Detail dargelegt. Dieses Amt hatte sein riesiges Spinnennetz über die ganze Welt ausgelegt und nur durch die Kenntnis dieser Ausweitung, die hier in knapper Diktion gegeben wurde, ist es möglich, die Fülle der geplanten und durchgeführten Aktionen aller Art im In- und Ausland, vor und während des Krieges, zu verstehen.

Die »Spannungs-Agenten« (S-Agenten) und die »Kriegsagenten« (A-Agenten) begannen unmittelbar nach Amtsantritt von Kapitän z. See – dann Konteradmiral – Canaris mit ihrer Arbeit. Es wurden Agentennetze angelegt, deren Größe und Vielfalt einfach vom Gegner nicht ausgelotet werden konnten. Der lückenlose Aufbau dieser Friedens- und Kriegsorganisation der Abwehr/Ausland war Admiral Canaris' vordringliches Ziel.

Vorbereitungen und Aufbau

Bereits im Jahre 1936 besuchte Admiral Canaris Estland und führte dort mit dem Chef des Generalstabes der estnischen Armee und dem Leiter der 2. Abteilung (Geheimdienst) interne Gespräche, als deren Ergebnis die Vereinbarung getroffen wurde, sämtliche Ergebnisse der Spionage gegen die UdSSR untereinander auszutauschen.

Baron Andrej von Uexküll wurde zum Verbindungschef der beiden Geheimdienste ernannt. Die Abwehr baute in Estland die *Gruppe 6513* auf. Technische Spezialisten wurden nach Estland geschickt, um die Funkspionage gegen die UdSSR anzukurbeln.

Nachdem sich Canaris bereits im September 1935 in München mit Oberst Mario Roatta, dem Chef des *Servicio Informazioni Militari (SIM)* getroffen hatte, um mit ihm über die Möglichkeiten einer zusammenarbeitenden Abwehr zu sprechen, fand im Juni 1936 in Rom eine Besprechung der beiden Geheimdienstchefs statt, in der es um die gemeinsamen Aktionen des italienischen und deutschen Eingreifens auf Seiten National-Spaniens unter General Franco ging.

Der deutsche Militär-Attaché in Ankara, Oberstleutnant Rohde, meldete im September dieses Jahres, daß er aus alliierten Quellen Nachrichten über militärisch wichtige Transporte aus der UdSSR durch die türkischen Meerengen am Bosporus für die Roten Brigaden in Spanien erhalten habe.

1937 besuchten Canaris und sein Stellvertreter, Oberst Piekenbrock, abermals Estland, um den Erkundungsdienst gegen die UdSSR anzukurbeln und wenig später stellte Canaris die Exilorganisation der ukrainischen Nationalisten in den Dienst der Abwehr.

In Schanghai wurde im Herbst 1937 ein deutscher Meldekopf eingerichtet, der den Import ebenso wie den Export von kriegswichtigen Gütern und deren Umschlag in diesem wichtigsten Hafen Ostasiens zu überwachen hatte.

Als Ingenieur Hermann Lang, der als Agent der Abwehr in den USA arbeitete, über ein neues Bombenzielgerät von enormer Wirksamkeit berichtete, das er als Montageinspektor in einem der großen amerikanischen Luftrüstungskonzerne zu betreuen hatte, und wenig später die kompletten Unterlagen avisierte, war das weitere Interesse an diesen Dingen forciert. Die Unterlagen gelangten nach Deutschland.

Im Oktober 1937 reiste dann der Experte der Abwehrstelle Hamburg des Amtes Ausland/Abwehr, Nikolaus Ritter, in die USA. Sein Auftrag lautete: »Erkundung der Möglichkeiten des Ausbaus eines umfassenden Spionagenetzes und der Durchführung von Industriespionage-Aufträgen«.

Bereits 1937 war ein Agent der *Gruppe Ausland/Abwehr I Luft* vom US-Geheimdienst enttarnt worden. Es gelang ihm jedoch, sich mit Hilfe von Freunden im Kraftwagen nach Kanada abzusetzen. Von dort gelangte er nach Deutschland.

Das *Federal Bureau of Investigation (FBI)* wurde nunmehr in dieser Richtung aktiv und observierte von nun an den »Bund der Freunde des neuen Deutschland«, welchem der Geflüchtete angehört hatte, intensiv.

Als dann der Sudetendeutsche Rumrich in den USA einen der Kuriere der deutschen Abwehr ausfindig machte und diesen zu einem großen Coup überredete, stimmte dieser zu. Es galt, einen amerikanischen Offizier zu entführen und sich von ihm die Mobilmachungspläne der ihm unterstellten Einheiten mitbringen zu lassen.

Rumrich hatte die Aufforderung an den Oberst geschickt, sich mit den Mobilmachungspapieren an einen bestimmten Platz zu begeben, um sie dort dem Beauftragten des *War Departments* (Kriegsministerium) zu übergeben. Das Schreiben war auf dem Papier des *War Departments* ausgeführt, mit dem dazugehörenden Umschlag und einem gefälschten Stempel versehen.

Der Oberst aber witterte dennoch Böses. Als er am Treffpunkt auftauchte, brachte er gleich Männer des FBI mit, die Rumrich festnahmen.

Dieser gab in dem folgenden Verhör alle ihm bekannten Namen der deutschen Abwehragenten und deren Helfer preis.

Als Vertreterin des deutschen V-Mannes, der sich gerade in Deutschland in Urlaub befand, fungierte eine Friseuse, die auf der »Europa« arbeitete. Ihr Name war Johanna Hoffmann. Sie wurde nach der Wiederankunft der »Europa« im Hafen von New York festgenommen und packte nun ihrerseits aus. Eine Reihe von Verhaftungen war das Ergebnis. Insgesamt wurden 18 Personen unter Anklage des Landesverrats gestellt. Darunter auch die deutschen Offiziere der Militärmission Oberst Busch, Fregattenkaptiän Menzel, Korvettenkapitän von Bonin und Korvettenkapitän Pfeiffer.

Die Arbeit der Abwehr in Estland wurde im Jahre 1938 forciert. Für Canaris war es klar, daß eine weitestmögliche Ausspähung der UdSSR nur über die russischen Randstaaten möglich sein würde. Sein Ansprechpartner und jener der Abwehr-Beauftragten war bis dahin Oberst Maasing gewesen. Maasing war im Oktober 1936 nach Berlin gekommen, um das mündlich ausgehandelte Abkommen zu unterzeichnen, mit dem die gemeinsame Aufklärung im Sowjetreich beschlossene Sache wurde.

Als nun Oberst Maasing 1938 in die Reserve entlassen wurde, kam er abermals nach Deutschland, um hier alles, was er über die 2. Abteilung des estnischen Generalstabes wußte, niederzuschreiben. Sein Nachfolger Oberst Willem Saarsen war bereits vorher als Abteilungschef von der deutschen Abwehr geführt worden. Er baute den estnischen Geheimdienst vollends zu einer »Nebenstelle der deutschen Abwehr« aus.

Von Ankara aus führte Militär-Attaché Rohde bis zum Jahre 1938 mehrere Reisen durch, die ihn im Dienste der Abwehr nach Syrien und Palästina, in den Irak, den Iran und auch nach Afghanistan führten. Seine Aufgabe war, alles das zu erkunden, was der Abwehr nützlich sein konnte und erste Kontakte zu Aufständischen und Nationalisten in diesen Ländern zu knüpfen.

Die *Fernaufklärungsstaffel* des Oberbefehlshabers der Luftwaffe, über die Canaris' Vorgänger gestürzt war, flog seit 1937 intensive Höhenaufklärung und setzte zu den ersten Erkundungsflügen über der Sowjetunion an. Sie war auf dem Fliegerhorst von Berlin-Staaken stationiert und erhielt mehr und mehr Höhenflugzeuge, so daß sie schließlich zur Gruppe aufgestockt wurde. Gruppenkapitän war Major Theodor Rowehl.

Ab 1940 begann die deutsche Abwehr mit Hilfe der 2. Abteilung des estnischen Genaralstabes mehrere deutsche Spionage- und Diversantengruppen in die UdSSR einzuschleusen. Darunter den später bekannt werdenden Agentenführer Gawrilow. Exil-Ukrainer und eine Reihe estnischer, lettischer und litauischer Nationalisten wurden angeworben und in einem Sonderlager am Chiemsee, in der Nähe des Abwehr-Laboratoriums in Berlin Tegel, sowie in Quenzgut in Brandenburg, für Einsätze in Polen und in der UdSSR ausgebildet.

Die Fühler werden ausgestreckt

Als ersten Fühlungsversuch nach Mittelost gilt die Reise von Admiral Canaris und Oberst Groscurth nach Bagdad, wo sie Gespräche mit arabischen Kräften führten, die sich gegen England ausgesprochen hatten und in den Untergrund gegangen waren.

Als sich auch in der UdSSR deutsche Agenten bemerkbar machten, schlossen die Sowjets kurzerhand die deutschen Konsulate in Charkow, Kiew, Leningrad, Nowosibirsk, Odessa, Tbilissi (Tiflis) und Wladiwostok.

Als Hermann Lang, der in der US-Flugzeugindustrie beschäftigte Ingenieur und Agent, im Mai 1938 nach Deutschland zurückkehrte, um die deutschen Techniker in der Serienfertigung des modernen Bombenzielgeräts der amerikanischen Heeresluftwaffe zu unterweisen, dessen Unterlagen er nach Deutschland geschafft hatte, konnte dieses Gerät binnen kurzer Zeit erstellt werden. Lang kehrte wenig später unangefochten in die USA zurück und baute dort ein Agentennetz zur Ausspähung von kriegswichtigen Betrieben auf.

Das Jahr 1938 brachte der Abwehr turbulente Entwicklungen, die sich in aller Welt vollzogen. Trotz der im Frühjahr 1938 in den USA erfolgten Entdeckung von 18 deutschen Spionen, darunter E. Graser, J. Hoffmann, Günter-Gustav Rumrich und Werner Voss, die – wie bereits erwähnt – den Plan gefaßt hatten, den US-Geheimdienstoberst H.W.T. Eglin zu entführen, konnten sich die Spione in den USA weiter ausbreiten, denn 14 der Verdächtigen konnten rechtzeitig gewarnt werden und setzten sich überwiegend nach Mexiko ab, von wo aus sie später wieder in die USA zurückkehrten, um ihre Arbeit fortzusetzen.

Im Juni 1938 wurde in Berlin zwischen dem japanischen Militär-Attaché Generalmajor Hiroshi Oshima und der deutschen Abwehr ein Abkommen ausgearbeitet, in dem die Voraussetzungen zum Austausch von Feindnachrichten über die UdSSR und die Rote Armee verbindlich festgelegt wurden. Oshima, Chef der Europa-Leitstelle des japanischen Geheimdienstes, war Sohn des amtierenden japanischen Kriegsministers. Beide, Vater und Sohn, waren darauf aus, so viele Unterlagen wie möglich über die UdSSR zu erhalten. Ein strategisches Ziel Japans war, für einem möglichen Krieg gegen die Sowjetunion voll gerüstet zu sein und sich aus der gigantischen asiatischen Landmasse der UdSSR ein großes Stück herauszuschneiden. Dieses Stück sollte so groß sein, daß die insgeheim angestrebte Vorherrschaft Japans im ostasiatischen Raum für immer gesichert war. So kam »Junior« Oshima nach Deutschland, um dort dafür zu sorgen, daß Stalins Reich auch von Westen her bedroht wurde.

In Admiral Canaris hatte er einen Partner gefunden, der die japanischen Pläne voll unterstützte. So konnten die beiden ein gemeinsames Abkommen treffen, daß der japanische Nachrichtendienst seine »sowjetischen« Nachrichten an Deutschland und der deutsche Nachrichtendienst ebenfalls seine Erkenntnisse über die UdSSR an die Japaner übermittelte. Im Oktober 1935 waren bereits die vorhergegangenen mündlichen Vereinbarungen getroffen und skizziert worden, ohne daß sie damals Vertragswert erhalten hätten, weil die japanische Regierung noch nicht bereit war, sich auf Gedeih und Verderb in eine Allianz mit Deutschland einzulassen.

Nach einigem Hin und Her, in das sich auch Außenminister von Ribbentrop einschaltete, wurde am 25. November 1936 der sogenannte *Antikominternpakt* zwischen Japan und Deutschland abgeschlossen.

Als General Oshima im März 1937 abermals nach Deutschland kam, brachte er sogar einen Vertragsentwurf zur Zusammenarbeit der Truppen beider Länder einschließlich der Luftwaffe mit. Hitler lehnte ab, weil die Japaner im Juli in Nordchina eingedrungen waren und er sich nicht in diesen Krieg in Fernost hineinziehen lassen wollte. General Keitel erklärte dem Japaner lediglich, daß eine vertrauensvolle Zusammenarbeit auch ohne schriftliche Fixierung von deutscher Seite gewährleistet sei.

Im September dieses Jahres reiste Oberst Rohde abermals in die Länder des Nahen und Mittleren Ostens, so auch nach Afghanistan, um für die Abwehr weiteres authentisches Material zu sammeln. Er unterbreitete nach seiner Rückkehr der Abwehr die ersten Möglichkeiten zur Einbeziehung von Aufständischen und anderen Gegnern Großbritanniens in mögliche Aktionen, die von der Abwehr geplant und geführt werden könnten.

Um diese erfolgsträchtige Sache weiter zu forcieren, flog im Auftrage von Admiral Cenaris der von der Abwehr sorgfältig ausgesuchte Spezialist, Regierungsrat Dr. Woehrl, zunächst nach Teheran, um die Chancen für eine Wiedereinsetzung des im römischen Exil lebenden Exkönigs von Afghanistan, Aman Ullah, zu prüfen und gleichzeitig die Positionen der Anhänger des Königs zu stärken.

Dr. Woehrl hatte bereits seit geraumer Zeit als V-Mann der Abwehr in Kabul gearbeitet und kannte das Land und die Mentalität der führenden wie der Oppositions-Kreise ausgezeichnet. Er hatte anläßlich seiner Berichterstattung vor Canaris diesem die Überzeugung vermittelt, daß es möglich sei, dem Exkönig durch einen Putsch wieder an die Macht zu verhelfen und eine deutschfreundliche Regierung zum Kampf gegen England aufzuputschen.

Im Gespräch mit der Abwehr gelang es dem Afghanistan-Kenner Woehrl, den Admiral von der Durchführbarkeit dieser Aktion zu überzeugen. Dieser entsandte Dr. Woehrl nach Rom zum dort im Exil lebenden Ex-König und von dort – nachdem er sich dessen Unterstützung versichert hatte – nach Afghanistan.

Emir Aman Ullah hatte 1919 die Nachfolge seines Vaters Habib Ullah als Emir angetreten und war seit 1929 afghanischer König. Wegen seiner überhastet durchgeführten Reformen wurde er noch im selben Jahr durch den Widerstand der islamischen Geistlichkeit in einem Aufstand gestürzt. Führer dieses Aufstandes war »Bätschä-ji Saqqa – der Sohn des Wasserträgers«, ein Tadschike.

Im Oktober 1929 wurde dann mit dessen Unterstützung Aman Ullahs Vetter Nidir König des Landes. Dieser, nunmehr Nadir Schah, wurde 1933 ermordet. Sein Sohn Saher übernahm die Führung. Dieser sollte also nunmehr durch Aman Ullah ersetzt werden.

Nach der Rückkehr von Oberregierungsrat Dr. Woehrl und dessen Meldung, daß die »wilden« Bergstämme an der afghanisch-indischen Grenze bereit seien, den Aufstand zu wagen, sorgte Admiral Canaris dafür, daß diese Pläne Hitler vorgelegt wurden. Er gab seinem Mitarbeiter Oberst Edler von Lahousen-Vivremont den Auftrag, eine Vortragsnotiz für den Führer zusammenzustellen, in welcher der beabsichtigte Einsatz der Abwehr im Westen, die Stellung der Ukrainer, das Unternehmen Tibet und das Unternehmen Afghanistan genannt wurden.

Hitler stimmte zu, daß die »Afghanistan-Geschichte« weiter forciert werden sollte.

Die Kriegsorganisationen der Abwehr

In den meisten neutralen Staaten Europas baute das Amt Ausland/Abwehr des Oberkommandos der Wehrmacht ab 1936 sogenannte *Kriegsorganisationen (KO)* auf. Diese wurden bei den deutschen diplomatischen Vertretungen in den betreffenden Ländern untergebracht und als Mitglieder derselben getarnt. Diese KO hatten, je nachdem über welche Abwehroffiziere sie verfügten, Aufgaben für die drei Abteilungen der Abwehr I, II und III zu erfüllen. Von der Gruppe Abwehr III wurden jedoch erst seit Kriegsbeginn Vertreter in die KO entsandt.

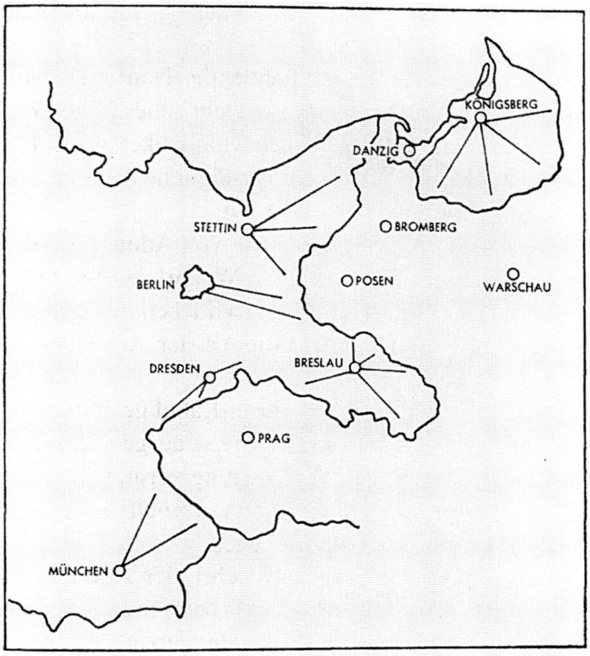

Zentralen der Abwehr an der Ostgrenze des Deutschen Reiches von 1923 bis 1936.

Unmittelbar vor Ort waren es dann Abwehrtrupps, die aus der Bevölkerung im Bereich des Partisanengebietes Agenten auswählten. Auch die Orts- und Feldkommandanten wurden im Kriege zur Arbeit für die Abwehr genutzt, wo und wann dies erfolgversprechend war.

So legte sich bereits im Frieden ein weitgespanntes Abwehrnetz über die Staaten des deutschen Interesses, das sich im Verlaufe des Krieges schlagartig verdichtete.

Im Zentrum dieses Netzes, im OKW-Amt Ausland/Abwehr, liefen diese Fäden zusammen, wurden neue ausgelegt, geknotet und wieder entwirrt. Es bestand schon sehr bald nach Kriegsbeginn eine sich nach und nach verfestigende Zusammenarbeit dieses Amtes mit dem *Amt VI* des *Reichssicherheitshauptamtes* und ebenso mit der Auslandsorganisation der NSDAP unter ihrem Chef, Gauleiter Bohle.

Darüber hinaus arbeitete das Amt Ausland/Abwehr auch mit der *Volksdeutschen Mittelstelle* zusammen.

Die Zusammenarbeit mit den drei Attaché-Abteilungen der Wehrmachtsteile, insbesondere jenem des Heeres, erstreckte sich auf die Beurteilung der ausländischen Waffen-Attachés und ihrer Gehilfen in bezug auf eine mögliche Anwerbung zur Spionagetätigkeit für das deutsche Amt Ausland/Abwehr.

Für die *Fernaufklärung* des Amtes Ausland/Abwehr war die Fernaufklärungsstaffel des Oberbefehlshabers der Luftwaffe (Ob.d.L.) unter Major Theodor Rowehl zuständig.

Zum Absetzen von Fallschirmagenten stand die Aufklärungsgruppe des Ob.d.L. unter Hauptmann Karl-Edmund Gartenfeld zur Verfügung. Beide Männer wurden später für ihre Einsätze tief im feindlichen Hinterland mit dem Ritterkreuz des Eisernen Kreuzes ausgezeichnet.

Die Verbindung der Auslandsagenten mit dem Reich funktionierte auf vielerlei Weise. Einmal durch die Briefpost an eine Deckadresse, die beispielsweise eine echte Privatanschrift oder unechte Privatanschrift sein konnte. Letztere wurde von Amts wegen den betreffenden Reichspost-Dienststellen zugeleitet. Wenn Briefe an diese fiktive Anschrift eingingen, mußten sie von der Reichspost aussortiert und unverzüglich den Abwehrstellen zugeleitet werden.

Darüber hinaus gingen solche Sendungen an Postschließfächer. Die Briefe waren meistenteils offene Geschäftsbriefe. Der Geheimtext wurde zwischen den Zeilen mit chemischer Tinte geschrieben, die sogar jeder Postüberprüfung standhielt.

Von dem in Lissabon sitzenden V-Mann der Abwehr I, Major Kraemer-Auenrode, gingen Sendungen nach England und von dort aus kamen welche an ihn, in Gestalt von Büchern oder Postkarten, deren Texte vorher festgelegt waren.

Die beste, schnellste und sicherste Verbindung untereinander aber war der Funkverkehr, auch wenn dieser in einigen Fällen aufgespürt und die Funkstellen durch Funkortung ausgehoben werden konnte. Dieser Funkverkehr entwickelte sich erst im Verlaufe des Krieges zu einem weltumspannenden Netz der Übermittlung geheimer Nachrichten.

Die Abwehr mußte für ihre weltweiten Verbindungen über ausgezeichnete Funkstellen verfügen. Die Hauptfunkstelle in der Nähe von Berlin führte den Funkverkehr mit allen Kriegsorganisationen und den ihnen nachgeordneten Dienststellen. Darüber hinaus mußten die großen Abwehrstellen, die ebenfalls sehr weite Räume zu überbrücken hatten, über ebenso ausgesucht erstklassige Funkstationen verfügen.

Die Abwehrstelle Hamburg hatte dazu in einem der Vororte der Hansestadt eine für den Agentenfunk vorgesehene Funkstelle aufgebaut, die über jeweils eine große Sende- und Empfangsanlage verfügte. Im Europasaal dieser Einrichtung, die alle Funksprüche aus Europa aufnahm, war eine Empfangsstelle mit 20 Empfängern eingerichtet worden.

Im Übersee-Saal (für alle aus Übersee kommenden Funksprüche) waren 23 Empfänger rund um die Uhr besetzt. Alle deutschen Agentensender weltweit waren mit dieser Empfangsanlage verbunden. Jede Frequenz wurde von vier Horchfunkern und einem »Springer« überwacht, die im Sechsstundendienst ihre Funkwache hielten.

Ebenso großzügig war die Abwehrstelle Wien, die den Funkverkehr im gesamten Südostraum führte. Die Sendezeiten aller Frequenzen waren genau festgelegt und wurden nach einem bestimmten Muster geändert.

Schließlich wurde auch die Mikrofotografie genutzt. Bei allen Kriegsorganisationen gab es entsprechende Apparate, die in der Lage waren, ganze Schreibmaschinenseiten auf einen Punkt zu verkleinern. So konnten Agenten, die aus dem Ausland zurückkehrten, ohne jede Mühe alle Nachrichten mit sich tragen, die selbst bei der strengsten Untersuchung nicht entdeckt werden konnten.

Im August 1939 erließ das OKW-Amt Ausland/Abwehr den Befehl zur schnellsten und möglichst umfassenden Sicherstellung wichtiger Aktenbestände aus Karteien des Gegners. Es ging vor allem darum, sich anhand dieser Unterlagen ein schnelles und zutreffendes Bild über die Maßnahmen feindlicher Führungsstellen in bezug auf alle militärischen aber auch politischen Fragen zu verschaffen und dementsprechend handeln zu können. Darüber hinaus galt es auch, durch intensives Studium dieser Unterlagen jene Personen und Personenkreise zu erfassen, die als potentielle Gegner Deutschlands bekannt geworden waren oder nunmehr erkannt wurden. Daß darunter auch in Deutschland befindliche Agenten waren, die entweder offiziell in den jeweiligen Vertretungen dieser Länder gearbeitet hatten, oder aber im Untergrund tätig waren, verstand sich von selbst.

Hier war es vor allem die Abwehr II, der eine Sonderrolle zufiel, indem sie Weisung erhielt, mit ausgesuchten und geschulten Trupps unmittelbar nach und teilweise auch noch vor der Ankunft deutscher Verbände in vorher ausgespähte Archive der gegnerischen Länder einzudringen und diese Akten unter allen Umständen zu sichern.

Oberstleutnant Eisenträger war Leiter der Kriegsorganisation Ost

Zu diesem Zweck wurden ihnen Waffen, Geräte, Fahrzeuge und Uniformen der Feindstaaten zur Verfügung gestellt. Einer der ersten Aufträge dieser Art lautete:

»Ein Frontaufklärungskommando der Abwehr hat aus polnischen Nachrichtenstellen und Archiven, vor allem aus dem Archiv der 2. Abteilung des polnischen Generalstabes in Warschau, alles Material zu erfassen, zu bergen und sicherzustellen.«

Um diesen Auftrag ausführen zu können, stellte die Abwehrstelle Breslau einen Kommandotrupp unter Major Heinz Schmalschläger zusammen, den die Abwehrstelle Wien in Richtung Warschau in Marsch setzte.

Dieser Trupp sollte nach Einnahme der Stadt alles nachrichtendienstliche Material des 2. *Büros* (des polnischen Generalstabes), das sich mit der Aufklärung, mit Spionage- und Geheimdienstaktionen befaßte, sicherstellen.

Als weitere Quelle für die Arbeit des OKW-Amtes Abwehr/Ausland galt das deutsche *Geopolitische Institut,* das bereits vor dem Kriege alles aus Rußland und dem Nahen und Mittleren Osten eingehende Material untersuchte, auflistete und sammelte.

Das Institut verfügte über mehr als 1000 Mitarbeiter, die aus der Fülle des eingegangenen Materials nach sorgfältiger Analyse desselben, in Zusammenarbeit mit dem *Wirtschaftsrü-*

stungsamt beim Oberkommando der Wehrmacht und der militärischen Abwehr, verschiedene Übersichten, vor allem Nachschlagewerke, erstellten.

So entstanden Untersuchungen über die sowjetische Rüstungsindustrie, das Transportwesen, die Kapazitäten der Erdölförderländer des Nahen und Mittleren Ostens und andere mehr.

Das dazu verwendete Material kam auf allen möglichen Wegen nach Deutschland. So über die Außenhandels-, Wirtschafts- und außenpolitischen Institutionen und Verbände, aber auch über die Agenten der Abwehr bei den deutschen Gesandtschaften und Botschaften.

Daß bereits vor dem Kriege insbesondere die sowjetische Rüstungsindustrie unter die Lupe genommen wurde und die Absicht bestand, ihre Standorte, Kapazitäten, eventuelle Engpässe in bezug auf die Rohstoffversorgung oder Energieprobleme zu erkunden, lag auf der Hand, wenn man Hitlers Aversion gegen den Bolschewismus kannte. Daran änderte auch ein zeitweises Bündnis mit Stalin nichts.

Die erdölfördernde und erdölverarbeitende Industrie aller Staaten, vor allem jene, die für die deutsche Industrie und auch für die Kriegsmaschinerie notwendig waren, lagen naturgemäß im Brennpunkt des Interesses. Ebenso eine Reihe anderer Rohstoffquellen und ihre Erschließung, die für Deutschlands Rüstungsindustrie unabdingbare Voraussetzung waren. So beispielsweise die Versorgung der Flugzeug- und Geräteindustrie mit Platin aus Kolumbien.

Zur Koordinierung aller russischer Ausspähobjekte wurde ein spezieller »Rußlandstab« ins Leben gerufen.

Doch zurück zum Aufbau der Führungsspitzen der Abwehr.

Die Führungsspitzen der Abwehr

Das Unterstellungsverhältnis

Hitler, der in der Abwehr ein wichtiges Instrument seiner Führung auf politischer wie kriegerischer Ebene sah, unterstützte die damals noch *Abwehrabteilung* genannte Amtsgruppe Abwehr mit allen Kräften und ließ Canaris außer der Reihe befördern. Dennoch führte diese Abteilung zunächst ein Schattendasein. Erst als mit der Ablösung des ersten deutschen Feldmarschalls des Dritten Reiches, Generalfeldmarschall Werner von Blomberg, der Oberbefehlshaber der Wehrmacht und Reichskriegsminister geworden war, auch das Reichskriegsministerium aufgelöst wurde, kam die Stunde der Abwehr.

Von nun an unterstand Canaris mit seinem Abwehrapparat als *Amtsgruppe Abwehr* direkt dem neuen Oberkommando der Wehrmacht und damit General Keitel. Später erhielt Canaris nur von Hitler seine Weisungen. Er wurde – als rangältester Amtschef im OKW – sogar Keitels Stellvertreter.

Damit war eine derartige Machtfülle in den Händen dieses »Winzlings«, wie er wegen seiner »Größe« von nur etwa 1,60 Metern im inneren Kreis genannt wurde, wie sie neben Hitler kaum ein anderer der Größen des Reiches hatte.

1939, als die Amtsgruppe Abwehr auf etwa 400 Personen aufgestockt worden war, wurde dieser riesige Apparat in *Amt Ausland/Abwehr* umbenannt.

In mehrere Abteilungen unterteilt, bildete jede dieser Gruppen einen Komplex für sich.

Abteilung I

Ihr unterstand die Auslandsspionage und der Geheime Meldedienst. Sie wurde geführt von:

Oberst Hans Piekenbrock, später

Oberst Hansen.

Diese Abteilung war in die vier Gruppen *Heer IH, Luft IL, Marine IM* und *Technik IT* unterteilt. Hinzu kamen die Nebengruppen *Wirtschaft IW, Geheimwesen IG* und *Funk IJ.*

Die von dieser Abteilung beschafften Nachrichten aller Art wurden an die drei Wehrmachtsteile weitergegeben.

Darüber hinaus erhielt auch der Wehrmachtführungsstab unter Generaloberst Jodl über die *Abteilung III* und die *Abteilung II* (Ausland) Nachrichten.

Abteilung II

Als Sabotagezentrale unterstanden ihr alle Stellen, die im In- und Ausland, in Krieg und Frieden solche Aktionen durchführten. Es galt vor allem, die für diese vielfältigen Aufgaben qualifizierten Menschen zu finden, sie anzuwerben und auszubilden.

Da alle diese Einsätze geschulte Soldaten und hervorragend ausgebildete Kämpfer forderten, wurde durch sie eine Haustruppe ins Leben gerufen. Diese gab sich auf der Weihnachtsfeier des Jahres 1939 den Namen »Brandenburger«. So entstand die *Baulehr-Kompanie Brandenburg zbV. 800.*

Diese Abteilung wurde geführt von:

Major Grosskurth, später von

Oberst Lahousen und ab Sommer 1943 von

Das Hauptquartier der Abwehr in der Berliner Bendlerstraße.

Oberst von Freytag-Loringhoven.

Diese Abteilung wird im folgenden stets dann genannt werden müssen, wenn es um Einsätze der »Brandenburger« geht.

Abteilung III

Diese Abteilung hatte als Hauptaufgabe die Spionageabwehr erhalten. Auch sie war in *Heer IH, Luftwaffe III H, Marine III M,* sowie *Wirtschaft III Wi.* aufgegliedert.

Geführt wurde diese Abteilung von
Oberst im Generalstab Bamler, danach
Oberst im Generalstab Bentivegni.

Abteilung III F

Diese Unterabteilung wurde geführt von Kapitän Protze.

Der Abteilung war die Aufgabe zugewiesen worden, die Entsendung von Agenten per Schiff oder U-Boot ins Ausland zu leiten. Diese sollten in den Ländern der Welt sich einmal in den feindlichen Abwehrdienst einschleusen und zum anderen Sabotageunternehmen durchführen.

Daß die Spionageabwehr eng mit dem *Reichssicherheitshauptamt* zusammenarbeiten mußte, lag in der Tatsache begründet, daß das Amt Abwehr keine Exekutivgewalt hatte, so daß alle straffälligen Taten durch die Polizei verfolgt werden mußten.

Damit war der Wehrmacht *nie* die Kompetenz für jene Maßnahmen erteilt worden, die zur Verhinderung von Sabotage und Spionage gegen die Wehrmacht selber notwendig waren. Diese Bestimmung, daß die Polizei und nicht die Streitkräfte selber über diese Fälle entscheiden und sie verurteilen konnten, datierte noch aus dem Jahre 1869(!). Sie war nie außer Kraft gesetzt worden. Womit sich die *Geheime Staatspolizei (Gestapo)* auf ihre Zuständigkeit in allen Fällen dieser Art stützen konnte. Die deutsche Abwehr hat leider zu keiner Zeit gegen diesen Anachronismus protestiert (im übrigen hat sich bis heute vom Grundsatz her nicht viel an dieser Gewaltenteilung geändert). Lediglich der *Geheime Meldedienst* blieb Sache der Abwehr.

Die *Abteilung Ausland* der Abwehr, die später zur Amtsgruppe erhoben wurde, war die Zentrale der Militär-Attachés im Ausland. Alle militärischen Diplomaten hatten ihre Meldungen und Berichte an diese Abteilung zu richten.

Kommandeur dieser Abteilung war Konteradmiral Bürkner.

Dieser war gleichzeitig auch Stellvertreter von Admiral Canaris.

Die *Zentralabteilung Z* stand in der *Abwehrabteilung III C* und leitete die Gruppe Abwehr in den Behörden. Zugleich war sie auch Verwaltungszentrale und damit mit der Verwaltung des gesamten riesigen Apparates der Abwehr beauftragt. Als da waren: Die Agentenkartei, die Rechtsabteilung, die Rechnungsführung und die Paßstelle. Chef dieser Abteilung war der seinerzeitige

Oberst Oster (ab dem 1. Dezember 1942 Generalmajor).

Oster, einer der Köpfe der Verschwörung gegen Hitler, hielt geschickt Verbindung zur NSDAP über den Grafen Helldorf (einen der Hauptverantwortlichen für die sogenannte Kristallnacht und ebenfalls Verschwörer). Mit dem Reichssicherheitshauptamt war er über den Kriminaldirektor Nebe verbunden. Dieser wiederum leitete das *Amt V* der Reichskriminalpolizei.

Durch Osters Amt liefen alle eingehenden Berichte und Meldungen. Sie wurden in einer Zentrale sortiert und an die einzelnen Abteilungen weitergegeben. Ein idealer Ort der Sabotage, der Fälschung eingehender Meldungen und des Verrats.

Insgesamt waren zu Kriegsbeginn 400 Offiziere und etwa 30.000 Agenten/Verbindungsleute im Amt Abwehr zusammengeschlossen.

Eine Spezialeinheit der Abwehr/Ausland war eine Erkundungsstaffel, die mit hochgezüchteten Flugzeugen Fernerkundung flog.

Nach dem Kriege berichtete Generalleutnant Piekenbrock über den Einsatz dieser Staffel:

»Gegen die Tschechoslowakei, Polen, Frankreich, England und Rußland wurden sehr früh bereits Flugzeuge zur Lufterkundung aus großer Höhe angesetzt. Da diese Tätigkeit im Frieden einen Neutralitätsbruch darstellte, flogen diese Maschinen in einer Höhe von rund 13.000 Metern. Sie wurden weder gesehen noch gehört.

Wegen der großen Höhe konnten sie jedoch nur bei klarem Wetter eingesetzt werden. Ihre Aufgabe lautete: Fotografieren von Befestigungen, Flugplätzen, deren Lage und Belegung, Truppenlager, Eisenbahnverkehr und andere markante Punkte, wie Kasernen.

Nach diesen Luftbildaufnahmen wurden die Zielobjektkarten für die Luftwaffe vervollständigt.

Das Ergebnis war sehr gut. Es sparte viele Agenten und gab zudem Unterlagen für ihren Einsatz.

Gemäß unserer Vereinbarung mit dem Generalstab der Luftwaffe mußte die Staffel Rowehl bei Kriegsausbruch an die Luftwaffe zurückgegeben werden.«

Aus der *Staffel Rowehl* ging aber auch die *Staffel Gartenfeld* hervor, die während des Krieges das Absetzen von Agenten gegen Rußland durchführte. Als Oberstleutnant und Kommandeur dieser aus Tarnungsgründen genannten *Aufklärungsgruppe des Oberbefehlshabers der Luftwaffe* erhielt Theodor Rowehl schon am 27. September 1940 das Ritterkreuz.

Diese Lufterkundung feindlicher Objekte war in der damaligen Zeit – was die luftfahrttechnische und luftbildtechnische Seite anging – in der gesamten Welt einmalig. Sie war für die Blitzkriege Voraussetzung zum schnellen Sieg. Als während der Nürnberger Prozesse gegen die »Hauptkriegsverbrecher« Generalmajor Lahousen von US-Oberst Amen befragt wurde, was denn die Tätigkeit dieser Sonderstaffel und ihres Kapitäns gewesen sei, antwortete er:

»Rowehl war Oberst der Luftwaffe. Er hatte eine Staffel für Höhenflug, die mit dem Amt Ausland/Abwehr in der Aufklärung gewisser Gebiete bzw. Staaten zusammenarbeitete.

Rowehl berichtete Admiral Canaris über das Ergebnis seiner Flüge und legte das gemachte Bildmaterial vor, das bei der Gruppe Luft der Abteilung I irgendwelcher Auswertung unterzogen wurde.... Diese Flüge wurden über Polen, dann England und dem Südostraum unternommen. Ich weiß, daß die Staffel zeitweise zur Überwachung des Südostraumes in Budapest eingesetzt war. Ich bin selber einmal mit einer solchen Maschine von Budapest aus nach Berlin zurückgeflogen. Diese Flüge wurden von Kriegsbeginn an verstärkt geflogen und unterlagen strenger Geheimhaltung.«

Daß sie verstärkt zu Kriegsbeginn 1939 ausgeführt wurden, lag in der Natur der damit durchzuführenden Aufgaben. Es soll hier nachgezeichnet werden, wie der chronologische Verlauf der Entwicklung dieser Staffel verlief.

Die Staffel Rowehl und ihr Einsatz

Das Luftwaffensonderkommando Rowehl wurde 1937 aufgestellt und begann noch im selben Jahr mit der Luftbildbeschaffung über dem Gebiet der Sowjetunion. Sie flog die als Verkehrsflugzeug getarnte He 111.

Diese He 111 war 1934 von der Deutschen Lufthansa zum Ausbau ihres Schnellflugverkehrsnetzes an Heinkel in Auftrag gegeben worden, mit dem Ziel, ein Schnellverkehrsflugzeug zu bauen, das neben der Besatzung mindestens zehn Passagiere befördern konnte.

Aus aerodynamischen Gründen entschloß sich Heinkel zum Bau einer zweimotorigen Maschine und gab ihr die Typenbezeichnung He 111. Sie war eine Weiterentwicklung der He 70.

Nachdem die He 111 ihre ersten Flüge als Passagiermaschine absolviert hatte, ließ das Reichsluftfahrtministerium dieses Flugzeug zum mittleren Standardkampfflugzeug der Luftwaffe ausbauen. Am 4. Mai 1937 liefen die ersten Maschinen dieses Typs als Horizontalbomber vom Band. Als Höhenflugzeug umgebaut und teilweise mit Druckkabinen ausgestattet, wurde dieses Muster an die Staffel Rowehl geliefert. Sie flog später gar bis zur Krim und zum Kaukasus.

Im Frühjahr 1939 startete die Staffel, wie eingangs erwähnt, von Budapest aus zu ihren Höhenaufklärungsflügen über die Räume Kiew, Dnjepropetrowsk, Shitomir, Saporoshje, Kriwoi Rog und Odessa.

Im Juli 1939 legte Oberstleutnant Rowehl Admiral Canaris das Ergebnis seiner Aufklärungsflüge vor und erhielt einen neuen Auftrag: Das Absetzen von Agenten über Großbritannien und Irland, sobald England sich mit Deutschland im Kriegszustand befinden sollte. Dies war mit der britischen Kriegserklärung an Deutschland am 3. September 1939 der Fall.

Das Absetzen der Agenten begann. Darüber hinaus war Rowehl mit seiner Staffel der erste Verband, der die See-Luftaufklärung für die Luftwaffe und – in sehr begrenztem Umfang – auch für die U-Boot-Waffe durchführte.

Ab Januar 1940 startete die Sonderstaffel Rowehl von Seerappen in Ostpreußen aus, ferner aus der besetzten Tschechoslowakei und von rasch hergerichteten Flugplätzen im besetzten Polen ebenso wie von Luftbasen in Finnland, Ungarn und Rumänien sowie von Bulgarien aus zu ihren Erkundungsflügen, die überwiegend die Sowjetunion betrafen. Es gelang Oberstleutnant Rowehl, sowjetische Kasernenanlagen, Flugplätze, industrielle Komplexe, Eisenbahnknotenpunkte und vor allem Brücken genau zu fotografieren und zu vermessen. See- und Binnenhäfen wurden erkundet und genaue Zielkarten von Flugplätzen, Grenzbefestigungen, Depots und Kasernen erstellt.

Die Flakzonen der sowjetischen Städte wurden lokalisiert und im Unternehmen »Oldenburg« vor allem die russischen Rohstoffquellen- und Lagerstätten erkundet. Die Moskauer und Leningrader Industriegebiete waren Kernpunkte der Aufklärungsflüge. Hinzu kam das Erdölgebiet von Maikop über Grosny bis nach Baku, aber auch die westlichen Territorien der UdSSR.

Ein Teil der Staffel bekam intern den Spitznamen »Inselstaffel«. Dieser Name bezog sich auf die Tatsache, daß von ihr nicht nur Luftbildeinsätze, sondern auch das Absetzen von Agenten über Irland durchgeführt wurde.

Am 13. Februar 1940 konnte Admiral Canaris im Oberkommando der Wehrmacht General Jodl einen ausführlichen, mit Luftaufnahmen gespickten Bericht erstatten, und ihm die Ergebnisse der Sonderstaffel aus ihren Rußlandeinsätzen mitteilen.

Am 28. April begann die Sonderstaffel ihre Einsätze vom nordnorwegischen Flugplatz Bardufoss aus, der der deutschen Gebirgstruppe unter General Dietl zugefallen war. Die ersten Flüge dieser Art gingen nach Murmansk und zur Murman-Bahn ebenso wie nach Archangelsk.

Diese Einsätze konnten ebenso wie jene über der Ukraine und über die westrussischen Gebiete als Unterlagen für spätere Einsätze der »Brandenburger« genutzt werden, so daß in diesem Zusammenhange der Wert der Sonderstaffel auch für die Einsätze dieser Truppe oftmals entscheidend war.

Mit Beginn des Jahres 1941 wurden die Einsätze von mehreren finnischen Flugplätzen gegen Kronstadt, die Kronstädter Bucht und die dort liegenden Einheiten der russischen Flotte verstärkt. Ebenso jene gegen Leningrad, Murmansk und Archangelsk. Mit Hilfe der Zielkarten und der Erkundung feindlicher großer Stellungsanlagen sollte die Heeresgruppe Nord mit Beginn des Ostfeldzuges Leningrad in schnellem Ansprung erobern. Vor allem aber sollten eine Blockade der nördlichen Seewege der UdSSR und der Halbinsel Kola damit verbunden werden.

Noch im Januar 1941 flog die Staffel von Rom und Sardinien aus Aufklärungseinsätze über dem unbesetzten Südfrankreich und Korsika, um für den Fall einer gegnerischen Invasion dieser kritischen Gebiete Material an der Hand zu haben.

Der 27. März 1941 sah die ersten direkten Einsätze der Sonderstaffel mit drei Maschinen von Wiener Neustadt aus nach Jugoslawien. Eine Krisenlage in Jugoslawien war nicht mehr auszuschließen.

Abschließend kann zu diesem Einsatz gesagt werden, daß sich die Piloten dieser Staffel auf das Beste bewährten und oftmals viele Stunden lang über Feindgebiet fliegend auch in schwieriger Situation die Übersicht nicht verloren und von jedem Einsatz ausgezeichnetes Material mit zurückbrachten.

Von der Baulehr-Kompanie 800 z.b.V. zum Baulehr-Bataillon 800 z.b.V. »Brandenburg«

Am 27. September 1939 erwirkte Dr. von Hippel, Hauptmann in der Abwehr II/Ausland von seinem Chef den Befehl zur Aufstellung eine Kompanie ausgesuchter Soldaten, die zum Einsatz im bevorstehenden Westfeldzug gedacht waren.

Admiral Canaris befahl von Hippel am 15. Oktober zu sich und beauftragte ihn mit der Aufstellung dieser Truppe. Es galt zunächst, Operationen aller Art auszuführen. Neben den Sonderaufgaben für den Westfeldzug standen noch Sabotageunternehmen und Handstreiche hinter der feindlichen Front auf dem Programm.

Die ersten Freiwilligen kamen aus den Reihen der Abwehr. Aufstellungsort der Kompanie war die Stadt Brandenburg an der Havel. Die Ausbildungsstätte für die nach und nach zusammenkommende Kompanie war ein kleines Gut am Quenzsee. Dort bestand bereits ein Ausbildungslager für Leute der Abwehr, die hier insbesondere als Funker und V-Leute, aber auch zu Sprengmittelexperten ausgebildet wurden.

Dort residierte als »Mädchen für alles« Major Marguerre, dem die Aufgabe zugewiesen worden war, für alle Agenten, V-Leute und Sabotagetrupps entsprechend ihrer Einsatzorte Uniformen, Waffen und Ausrüstung, Funkgeräte und Sprengmittel bereitzustellen.

Auf diesem Gut am Quenzsee erhielten die ersten Offiziere der »Brandenburger«, wie diese Kompanie bald genannt wurde, ihren besonderen Schliff.

Für die Zuweisung der sich Meldenden aus aller Herren Länder war der Wehrkreis III, Berlin, zuständig.

Da sich der Einsatz der »Baulehr-Kompanie« überwiegend im Bereich von Sabotage- und Sprengaktionen bewegte, wurde bei der Kompanie mit Nachdruck die pioniertechnische Aus-

Hauptmann Hans-Joachim Rudloff. Die Aufnahme zeigt ihn als Major bei der Inspektion seines III. Bataillon/ Regiment »Brandenburg« in Frankreich.

bildung betrieben. Der Technische Inspektor Kutschke, ein versierter Fachmann, führte diese Ausbildung durch.

Als dann noch im November 1939 Leutnant Siegfried Grabert mit elf Soldaten der *Deutschen Kompanie z.b.V.* aus Sliac in der Slowakei eintraf, wurde mit diesen und rasch weiteren nachfolgenden Soldaten die *2. Baulehr-Kompanie* gebildet, die nach der Aufstellung von Hauptmann Fabian übernommen wurde, der von der Artillerie kam.

Noch während der Aufstellung der nunmehr zwei Kompanien, wurde Hauptmann Rudloff aus dem Pionierstab des X. Armeekorps zur Abwehr II kommandiert. Er erhielt den Auftrag, mit zehn bis zwölf Soldaten nach Münstereifel zu verlegen und sich dort zur Verfügung des Stabes der 4. Armee bereit zu halten.

Als Rudloff eintraf, wurde er von Major i.G. Schwatlo-Gesterding in die auf ihn wartenden Aufgaben eingewiesen. Es kam jedoch zu dieser Zeit noch zu keinen Kampfhandlungen im Westen.

Dennoch begann Rudloff in Münstereifel mit der Ausbildung und den Vorbereitungen für weitere spezielle Aufgaben, die ihm von der Abwehr zugeteilt wurden.

Mit seinen zunächst zwölf Soldaten, die sich aus der Baulehr-Kompanie rekrutierten und durch laufende Neuzugänge verstärkt wurden, übte er den Objekteinsatz. Nachdem am 23. November 1939 eine neue Zuführung von 70 Soldaten und drei Offizieren erfolgt war, erhielt die Einheit Rudloff die Bezeichnung *3. Baulehr-Kompanie z.b.V. 800 »Brandenburg«*.

Der ständig wachsende Zulauf der Freiwilligen zu diesem Verband machte am 15. Dezember die Aufstellung eines Bataillons notwendig.

Die Stellenbesetzung und die Standorte dieses Bataillons waren:

Baulehr-Bataillon z.b.V. 800	Hauptmann Hippel	Brandenburg-Havel
Stabskompanie	Oberleutnant Kutschke	Brandenburg-Havel
1. Baulehr-Kompanie	Oberleutnant Dr. Kniesche	Innermanzing/Wienerwald
2. Baulehr-Kompanie	Hauptmann Fabian (Oblt. Dr. Hartmann)	Brandenburg-Havel
3. Baulehr-Kompanie	Hauptmann Rudloff	Münstereifel
4. Baulehr-Kompanie	Oberleutnant Walther	Brandenburg-Havel

Innerhalb des Bataillons wurden folgende Einheiten aufgestellt und später in den Verband übernommen:

Ein Fallschirmjägerzug unter Leutnant Dlab.
Ein Kradzug unter Oberleutnant Erwin Graf Thun.
Ein »Nordzug« (oder Bergzug) unter Leutnant Zülch
Ein »Westzug« unter Feldwebel Kürschner und
eine »Südostkompanie«.

Mit Bekanntwerden der Pläne für den »Fall Gelb«, wie der Frankreichfeldzug verschlüsselt bezeichnet wurde, waren wie dargestellt die Männer um Hauptmann Rudloff nach und nach zur Kompanie aufgestockt worden. Sie erhielten Weisung, mit Beginn des Westfeldzuges den Objektschutz im grenznahen Gebiet durchzuführen. Dies bedeutete, daß sie sich aller wichtigen Fluß- und Kanalübergänge im Westraum zu versichern hatten, bevor diese vom Gegner gesprengt werden konnten.

Mit einer gleichlaufenden Aufgabe war auch das Bataillon z.b.V. unter Hauptmann Fleck im Bereich der 6. Armee eingesetzt. Er sollte – der Truppe voraus – die Maasbrücken im gesamten Armeebereich besetzen, die Zündleitungen durchschneiden und die Brücken bis zum Herankommen der Truppe halten.

Admiral Canaris besucht die Truppe in Brandenburg. Zu seiner Linken der Regimentskommandeur Oberst Dr. von Hippel, rechts von ihm Major Kewisch.

Ende Januar erhielt Feldwebel (Offizier-Anwärter) Hermann Kürschner von Hauptmann Hippel Befehl, einen kampfstarken Stoßtrupp zusammenzustellen, um mit diesem im Westen eingesetzt zu werden. Ohne langes Zögern sagte Kürschner zu und sammelte Freiwillige um sich, unter ihnen Kameraden vom »Jungpreußischen Bund« ebenso wie Bergleute aus dem grenznahen Raum um Kerkrade-Herzogenrath an der holländischen Grenze, die dieses Gebiet kannten.

Der Stoßtrupp wurde bei der Stabskompanie geführt. Es gelang Kürschner, ihn binnen weniger Wochen zu einem kleinen schlagkräftigen Einsatzverband zusammenzuschweißen.

Als sich Feldwebel Kürschner am 15. Februar 1940 bei der Abwehr II meldete, wurde er von Oberstleutnant Lahousen und Major Stolze empfangen. Hier erfuhr er den Umfang seiner Aufgaben und erhielt eine bis ins kleinste Detail gehende Einweisung.

Ende März verlegte der Stoßtrupp Kürschner, der nun die Tarnbezeichnung *Baulehrzug z.b.V.* trug, nach Erkelenz, um dort der 7. Infanterie-Division zugeteilt zu werden. Auch beim Stab dieser Division wurde Kürschner noch einmal auf seine Aufgabe hingewiesen. Sie lautete:

»Noch vor der eigenen Vorausabteilungen stößt der Zug Kürschner drei bis vier Stunden vor Angriffsbeginn zu den vier Straßenbrücken über den Juliana-Kanal hart ostwärts der Maas vor und nimmt sie im Handstreich in Besitz. Die Brücken sind bis zum Eintreffen der 7. ID unversehrt zu halten.

Als Übergangsstellen sind vorgesehen: Die Brücke bei Olbricht, die Brücke bei der Ortschaft Berg, sowie die Brücken von Urmond und Stein.«

In täglichen Spreng- und nächtlichen Stoßtruppübungen hielt Hermann Kürschner seine Leute in Form. Es gab Gefechtsübungen im scharfen Schuß. Wurfübungen mit tschechischen

Handgranaten, die mit Aufschlagzündern versehen waren. Besonders wurde der nächtliche Orientierungsmarsch geübt, denn auf den kam es bei den bevorstehenden Einsätzen besonders an.

Die »holländischen« Uniformen waren nachgeschneidert. Sie sollten beim Anmarsch über den deutschen Uniformen getragen, im Gefecht jedoch abgelegt werden.

Nur wenige Wochen vor Beginn dieser Handstreich-Aktionen wurde Kürschner zum Leutnant befördert.

Zusätzlich zu diesem Stoßverband wurden um dem 15. Februar 1940 der I. Zug der 4. Kompanie des Baulehr-Bataillons unter Leutnant Witzel und Feldwebel Hermann Stöhr mit 60 Mann Gefechtsstärke in den Reichswald verlegt. Zwischen Goch und der Ortschaft Asperden gingen sie in einem getarnten Waldlager in Stellung und bereiteten sich auf ihren Einsatz vor.

Der II. Zug dieser Kompanie unter Leutnant Grabert verlegte nach Arsbeck, einer Ortschaft westlich Rheydt. Er verfügte über 40 Mann.

Während der Zug Witzel dem XXVI. Armeekorps unterstellt wurde, gelangte der Zug Grabert unter das Kommando des XI. AK.

Beide Züge hatten den gleichen allgemeinen Auftrag: »Vor Eintreffen der Infanteriespitzen die Brücken über die Maas und den Maas-Waal-Kanal im Handstreich nehmen, ihre Sprengung verhindern und sie bis zum Eintreffen der Infanterie halten.« Auch dieser Handstreich sollte im Tarneinsatz erfolgen.

Damit hatten die beiden Kommandotrupps in Zugstärke insgesamt acht Brücken im Handstreich zu nehmen. Vier von ihnen lagen im Bereich des Zuges Grabert und vier weitere in jenem des Zuges Witzel. Damit konnten etwa sieben bis elf Mann für jedes Objekt eingesetzt werden. Hinzu kamen holländische V-Leute.

Mindestens drei Stunden vor dem Antreten der Infanterie sollten diese Trupps ihrerseits zum Angriff vorgehen.

Als Anfang Mai 1940 Admiral Canaris im Waldlager Asperden eintraf, um einige Einsatzübungen für das Unternehmen »Morgenröte« anzusehen, zeigte er sich von dem Ergebnis dieser Übungen sehr beeindruckt.

Die wichtigen Brücken von Arnheim und Nimwegen sollten nicht vom *Bataillon Brandenburg z.b.V.*, sondern vom *Bataillon z.b.V. 100* unter Hauptmann Fleck von der Abwehrstelle Oppeln genommen und gehalten werden. Fleck hatte aus 550 Abwehrleuten der Abwehrstelle Oppeln und anderen Freiwilligen dieses Bataillon aufgestellt. Es wurde der 6. Armee unter Generaloberst von Reichenau, zugeführt.

Daß es gelang, genügend sprachkundige Führer zu erhalten, die nicht nur für die Abwehr bereitstehen mußten, war Oberst Erwin Edler von Lahousen Vivremont, Chef der Abteilung Abwehr II., zu verdanken. Dieser ließ den Führer der niederländischen Nationalsozialisten in Deutschland, Julius Heerdtmann, zur Mitarbeit einladen. Heerdtmann war gern dazu bereit. Er stellte umgehend 200 Angehörige seiner Organisation zur Verfügung. Ins Lager der Abwehr II gebracht, wurden sie dort militärisch ausgebildet und auf ihre Aufgaben vorbereitet. Sie sollten, in Uniformen holländischer Militärpolizisten gekleidet, ebenfalls über die Grenze nach Holland einsickern und bestimmte Objekte besetzen. Von Lahousen konnte noch vor Angriffsbeginn über ein Kader von etwa 1000 Mann verfügen, die zum Angriff bereit standen.

Auch Major Kewisch (später Regimentskommandeur des Baulehr-Regiments »Brandenburg« z.b.V.), konnte sich in Münstereifel von dem hohen Leistungsstand der Abwehrtruppe überzeugen.

Die gegen das Großherzogtum Luxemburg angesetzten Kampftrupps standen zum einen unter dem Kommando von Oberleutnant Eckart Schoeler, einem in Luxemburg arbeitenden

Gutsverwalter; es handelte sich um ehemals in Luxemburg lebende Reichsdeutsche, die aus verschiedenen Truppenverbänden herausgezogen und gesammelt worden waren. Zum anderen wurden von der 2. Kompanie/Baulehr-Bataillon 800 z.b.V. der Zug des Feldwebel Eggers im März nach St. Thomas verlegt. Von dort zog er Ende April in die Bunkerlinie des Westwalles bei Ammeldingen unter. Auch diese Männer standen unter dem Befehl der Abwehr, die damit bei Angriffsbeginn und noch vor den Vorausabteilungen des Heeres etwa 100 Objekte im Handstreich erobern und halten sollten.

Ende März 1940 wurde schließlich – da diese Aufgaben für einen Bataillonsstab unlösbar waren – eine »Brandenburger«-Kommandostelle in Berlin eingerichtet. Sie entsprach dem Führungsstab eines Regimentes. Kommandeur dieses Führungsstabes wurde Major Kewisch.

Major Kewisch kam von der Aufklärungs-Abteilung 8. Er brachte den vorwärtsdrängenden Reitergeist mit und wurde für das nunmehr bald entstehende Regiment »Brandenburg« zu einer Führerpersönlichkeit von hohen Graden.

Die erste Übersicht

In den frühen Morgenstunden des 10. Mai 1940, in einigen Fällen noch vor Mitternacht zum 10. Mai, begann der Vorstoß der »Brandenburger« in Luxemburg, Belgien, den Niederlanden und Frankreich. In Frankreich waren es Kommandotrupps, die in Abbéville, im Raume Dünkirchen-Calais-Boulogne-Arras-Lille ebenso im Einsatz standen wie bei Verdun und Metz.

Wichtiger als diese Ferneinsätze aber waren jene, die im grenznahen Raum für das Vorwärtskommen der Infanterie und der Panzertruppe durchgeführt wurden.

Im Unternehmen Maastricht stand die 3. Kompanie/Baulehr-Bataillon 800 bereit. Die Abwehr-Sondereinheit stand klar und die 200 niederländischen Führer unter Julius Herdtmann ebenfalls.

Der Scheldetunnel bei Antwerpen wurde von einem Abwehr-Sonderkommando besetzt.

Einige ortskundige Abwehr-Männer führten in Den Haag Stoßtrupps zu den Quartieren der Königin, der Minister des Parlaments, zum Befehlsstand des Oberkommandos und zu den verschiedenen Hauptquartieren.

In Luxemburg wurde im ersten Einsatz das Telefonnetz zerstört und wichtige Objekte, beispielsweise das Hauptkraftwerk des Großherzogtums, besetzt und den Truppen der schnelle Durchstoß durch die Ardennen an die Maas freigehalten.

In Belgien wurde die Nachrichtenzentrale von Stavelot zerstört. Was aber geschah an den Brücken und besonderen Stützpunkten, zu denen die Brandenburger mindestens drei Stunden vor dem Losschlagen am frühen Morgen des 10. Mai 1940 unterwegs waren?

Hier ist die Geschichte ihres phantastischen Einsatzes von Anfang an.

Polen: Der erste Einsatz vor dem Krieg

Der Beginn des Polenfeldzuges war zunächst auf den 26. August 1939 um 4.25 Uhr festgesetzt worden. Dieser Zeitpunkt wurde jedoch durch Mussolinis Intervention und Görings Verhandlungen mit dem schwedischen Vermittler Dahlerus auf den 1. September verzögert.

Allerdings waren in den Planungen des Oberkommandos der Wehrmacht zwei Einsätze der *Deutschen Kompanie* und der *Kampfgruppe Ebbinghaus* eingebaut, mit denen vorsorglich der strategisch wichtige Jablunka-Paß noch vor Kriegsbeginn im Handstreich besetzt und so lange gehalten werden sollte, bis die Panzerspitzen zur Stelle waren. Als Angriffsbeginn dieser Aktion war der 25. August 1939 festgelegt.

Ein aus der *Deutschen Kompanie* und Angehörigen des ehemaligen *Sudetendeutschen Freikorps* zusammengesetzter *Kampfverband Ebbinghaus* wurde zusätzlich von der Abwehrstelle Breslau aus eingesetzt. Seine Aufgabe war es, durch Fallschirmeinsatz strategisch wichtige Projekte in Polen ebenfalls vor Kriegsbeginn zu besetzen und sie so lange zu halten, bis die deutschen Angriffsspitzen herangekommen waren.

Der starke polnische Aufmarsch – die polnische Generalmobilmachung war bereits im Gange – sollte so oft und so stark wie nur eben möglich behindert werden. Darüber hinaus wurden ukrainische Nationalisten und Volksdeutsche aus Polen mit Waffen und Material ausgerüstet, um Stör- und Sabotageaktionen durchführen zu können.

Das Sonderkommando unter Führung von Oberleutnant Dr. Albrecht Herzner erhielt den Auftrag, noch vor Kriegsbeginn den Jablunka-Paß vorsorglich zu besetzen, sämtliche Sprengvorrichtungen lahmzulegen und so der deutschen Division, die in Sillein in der Hohen Tatra in Bereitschaft lag, den Weg zu bahnen. Dr. Herzners zusamengewürfelter Kampfverband unterstand der Abwehr II.

Weitere Aufträge der Abwehr waren: Die Inbesitznahme der Stadt Kattowitz durch eine 400 Mann starke Einheit der Abwehr. Die Gewinnung und Sicherung der wichtigen Weichselbrücke bei Dirschau und die Lahmlegung des polnischen Kraftwerks von Chorzow Jahm kamen hinzu.

Der Sonderverband Dr. Herzner brach am Abend des 25. August 1939 aus Sillein auf. Er fuhr in Fahrzeugen der Division, für die er die Vorausgruppe bildete, bis nach Dadca. Während die Wehrmachtswagen von dort aus wieder nach Sillein zurückfuhren, marschierte Dr. Herzner mit seiner Einheit in Richtung Jablunka-Paß, der noch fünf Kilometer entfernt lag.

Gegen Mitternacht befanden sie sich an der Grenze und Dr. Herzner befahl alle Gruppenführer zu einer letzten Instruktion zu sich.

Dr. Herzner wußte von den Aufklärermeldungen, daß jenseits des Passes ein kleiner polnischer Verband stationiert war, den es außer Gefecht zu setzen galt. Dazu stellte er einen Zug seiner Sonderkompanie bereit, die den Befehl erhielt, diesen Feindverband gefangenzunehmen. Dabei durfte keiner der polnischen Soldaten entkommen, der eventuell den Gegner vorzeitig hätte warnen können. Aus diesem Grunde mußten auch die Unterkunftsräume der Polen abgeriegelt werden.

Der Führer des Pionierzuges erhielt von Dr. Herzner den Befehl, alle Punkte, die dafür vorgesehen sein konnten, nach eingebetteten Sprengkammern abzusuchen und sie von der Sprengleitung abzukappen. Dr. Herzner schärfte seinen Männern ein, nur im Notfall von der Schußwaffe Gebrauch zu machen, denn jeder vorzeitig abgegebene Schuß konnte die Durchführung des Auftrages gefährden.

Oberleutnant Dr. Herzner inmitten von Angehörigen seiner Kommandotruppe. Diese eroberte irrtümlich vor Kriegsbeginn den Jablunka-Paß – und wurde »zurückgepfiffen«. Die Hakenkreuz-Armbinden weisen die Männer in »Räuberzivil« nach Kriegsordnung als Kombattanten aus.

Geführt von ortskundigen Volksdeutschen, die sich für diese Aufgabe gemeldet hatten, ging der Sonderverband, in drei Kampfgruppen aufgegliedert, los. Zunächst galt es, die polnischen Vorposten außer Gefecht zu setzen, die von deutschen Spähtrupps diesseits des Passes entdeckt worden waren.

Der erste Zug marschierte über einen Pfad durch den steil ansteigenden Bergwald zum Paß hinauf. Als die Männer die Bahnlinie aus überhöhter Position sehen konnten, erkannten sie vor dem Tunneleingang, unter einem Signalmast, einen Doppelposten, der offenbar diesen Tunnelausgang bewachte.

Während die Soldaten zurückblieben, schlichen der Zugführer und der ortskundige Geländeführer durch eine Senke bis zum Bahndamm hinunter, als sich plötzlich vor dem ersten Deutschen aus dem rechten Graben des Bahndammes eine Gestalt erhob.

»Halt, wer da!« rief eine Stimme in polnischer Sprache.

Der ortskundige deutsche Führer warf sich auf diesen Mann und riß ihn zu Boden. Ein zweiter Mann dieser nicht erkannten Postengruppe sprang aus dem Graben und rannte in Richtung Tunnel weg. Der Zugführer warf sein Gepäck ab und hetzte hinter ihm her. Er erreichte ihn kurz vor dem Signalmast, dort wo der Doppelposten erkannt worden war.

Die beiden Polen des Tunnelpostens sprangen auf und stürzten sich auf den Zugführer, doch dieser wurde von dem Geländeführer, der seinen Widersacher überwunden hatte, unterstützt und so konnte auch die zweite Zweimann-Postengruppe überwältigt werden, ohne daß ein einziger Schuß gefallen wäre.

Der Zugführer holte die zurückgebliebenen Männer, die ihnen bereits selbständig den Abhang hinunter gefolgt waren.

Geschlossen arbeiteten sich die Männer tiefgeduckt an beiden Tunnelwänden entlang durch die Finsternis vorwärts. Als sie ungefähr in der Mitte des Tunnels angekommen waren, sah der Zugführer dicht vor sich eine glühende Zigarettenkippe auf den Boden fallen und daß sich ein Schuh darüber schob und die Glut austrat. Das war also der Posten, der in der Mitte des Tunnels als Zwischenträger von einer Gruppe zur anderen auf beiden Tunnelseiten fungierte. Er wurde von einem der vorschleichenden Männer lautlos überwältigt.

Sie gingen weiter. Vom jenseitigen Ende des Tunnels hörten sie bereits leise Stimmen, dann wurde es dort heller und sie erkannten, als sie bis auf ein paar Dutzend Meter herangekommen waren, daß hier ebenfalls vier Posten standen, die sich untereinander unterhielten.

Diese vier Soldaten gingen einmal ein paar Schritte zurück, kamen dann wieder an den Tunneleingang heran.

Vier Männer des Sonderverbandes schlichen vor, gewannen das Freie, huschten hinaus, als sich die Posten gerade wieder abwandten und sprangen auf, als diese zurückgekommen waren und überwältigten sie lautlos.

»Ihr bleibt hier, bis ich Nachricht gebe,« befahl der Zugführer und gab dem ortskundigen Führer ein Zeichen, mit ihm zu kommen. Gemeinsam schlichen die beiden durch das Tal und sahen drei Minuten später bereits die kleine Bahnstation Mosty. Dort waren weitere polnische Soldaten zu erkennen. Am Lagerschuppen der Bahn bewegten sich Männer. Weiter rückwärts waren die drei Baracken des polnischen Truppenlagers zu erkennen.

»Holen Sie die Männer«, befahl der Zugführer. Als sie drei Minuten darauf herangekommen waren, wies er sie ein. Zunächst galt es, auch die am Bahnhof und am Güterschuppen stehenden Wachen zu überwältigen. Danach sollten gleichzeitig der Bahnhof und der Schuppen besetzt werden.

Oberleutnant Herzner war aufgrund der Meldung seines Zugführers inzwischen mit dem Gros nachgekommen. Alle Brandenburger arbeiteten sich, nachdem die Wachen ausgeschaltet waren, zu den drei Gebäuden vor, von denen sie wußten, daß eines als Unteroffiziers-Unterkunft, das zweite als Mannschafts-Unterkunft und das dritte als Wirtschaftsgebäude diente.

Als erstes wurde der Kommandeur dieses polnischen Verbandes, ein Oberstleutnant, überwältigt. Danach kamen alle übrigen Offiziere an die Reihe.

Die Gruppen, die in die Mannschaftsräumen eindrangen, gingen ebenso schnell vor. Hier kam es jedoch zu einem Zwischenfall, als ein Pole eine Handgranate scharf machte. Einer der Männer entriß sie ihm und schleuderte sie durch das Fenster. Sie detonierte noch in der Luft. Warnschüsse in die Decke trieben die Polen zurück.

Das war das Signal für einige Soldaten in den Mannschaftsräumen, sich zu verbarrikadieren. Dr. Herzner konnte den polnischen Oberstleutnant dazu bewegen, zu seinen Leuten zu sprechen, um unnötiges Blutvergießen zu vermeiden. Dr. Herzner hatte ihn davon überzeugt, daß sich Deutschland seit 4.25 Uhr mit Polen im Krieg befinde.

Die entwaffneten polnischen Soldaten wurden in den Güterschuppen geschafft und dort eingeschlossen. Die Sprengstellen am Tunnel waren inzwischen auf beiden Seiten entschärft worden. Jeden Augenblick mußte die deutsche Division auftauchen. Sie würde den Weg frei finden.

Doch die deutsche Division kam nicht. Der Krieg war abgeblasen und auf einen späteren Zeitpunkt verschoben worden. Die Kampfgruppe Herzner hatte kein funktionierendes Funkgerät bei sich, um diese Nachricht zu erhalten.

70 Soldaten hatten den Jablunka-Paß in ihre Hand gebracht. Sie hatten etwa 800 polnische Soldaten entwaffnet und gefangengenommen und standen nun in Feindesland allein.

Plötzlich erklangen Geräusche. Eine Dampfpfeife war zu hören und schließlich wurde – es war inzwischen hell geworden – ein riesiger Güterzug entdeckt, der aus dem polnischen Raum die Höhe zum Paß emporkeuchte.

Einer der Volksdeutschen, der sich mit Bahnsignalen auskannte, stellte das Einlaufsignal in den Bahnhof auf »Halt!«

Der Zug rollte dennoch, nachdem er einige Minuten vor dem Signal gewartet hatte, in den Bahnhof hinein. Es handelte sich um einen Truppentransport mit rund 1200 Soldaten. Einige polnische Offiziere verließen den vordersten Wagen und traten in die Bahnhofshalle ein. Sie wurden von den dort bereitstehenden Männern mit schußbereiten Maschinenpistolen empfangen.

Der Oberst, der diesen Transport führte, wurde zu dem bereits gefangengesetzten Oberstleutnant geführt. Beide besprachen sich. Sie sprachen schließlich die Kapitulation der im Zug befindlichen 1200 weiteren polnischen Soldaten aus. Als die im Güterschuppen eingesperrten Polen gegen die Tür donnerten, ließ Dr. Herzner eine MG-Salve über den Schuppen schießen. Sofort trat Ruhe ein.

Erst am Mittag des 26. August konnte die Verbindung mit der Division in Sillein über Sprechfunk aufgenommen werden. Der Divisionskommandeur berichtete Dr. Herzner, daß der Angriffstermin verschoben worden war, als die Kampfgruppe bereits eine Stunde unterwegs und nicht mehr einzuholen gewesen sei. Dr. Herzner mußte seinen Männern berichten: »Der Krieg findet nicht statt!«

Am Abend dieses Tages brach die gesamte Kampfgruppe Herzner in entgegengesetzter Richtung durch den Tunnel durch. Es gelang ihr, sich vom Feind zu lösen und den Rückmarsch anzutreten. Der Auftrag war erfüllt worden. 2000 polnische Soldaten wären in deutsche Kriegsgefangenschaft geraten, wenn der Krieg zur vorgegebenen Stunde begonnen hätte.

Das Frontaufklärungskommando Warschau

Als die deutschen Truppen in Polen im schnellen Vorstürmen auf Warschau bis unmittelbar vor die polnische Metropole vorstießen, war auch das *Frontaufklärungskommando Warschau* unter Major Schmalschläger dabei. Dieser hatte von Oberst von Lahousen den Auftrag erhalten, alle Unterlagen des polnischen Geheimdienstes sicherzustellen.

Bereits seit dem 8. September, als es schien, daß die Wehrmacht in kürzester Zeit nach Warschau einrücken würde, stand das Kommando unter Major Schmalschläger bereit. Als das Kommando eben gestartet war, um so schnell wie möglich die 2. Abteilung der polnischen Abwehr auf dem Pilsudskiplatz zu erreichen und deren Akten sicherzustellen, wurde es durch einen Kradmelder wieder zurückbeordert. Die Truppe, die in Warschau eingedrungen war, hatte sich wieder zurückziehen müssen.

Es sollten noch fast drei Wochen vergehen, mit Luftangriffen auf Warschau und vergeblichen Übergabe-Aufforderungen, bevor die polnische Hauptstadt fiel.

Dann aber war Major Schmalschläger wieder zur Stelle. Er raste mit einem schnellen Opel-Blitz-Laster zum Pilsudskiplatz und – fand das Nest leer. Allerdings standen dort in der Geheim-

Erbeutete polnische Regimentsfahne.

dienst-Abteilung etwa 100 Stahlschränke, die samt und sonders verschlossen waren. Der Kommandoführer ließ sie von seinen Spezialisten öffnen. Sie waren fast leer. Nur in wenigen Schränken lagen noch Akten, die man offenbar in der Eile vergessen hatte. Allerdings fand man in einigen Schränken, die das Material der »deutschen Sektion« der 2. Abteilung beherbergten, noch eine Menge Material. So auch eine vollständige Druckschriftensammlung der deutschen Wehrmacht mit allen Waffenbüchern und Dienstanleitungen. Auf einigen dieser Druckschriften waren fein säuberlich Etiketten aufgeklebt, auf denen die Namen der Agenten standen, die dieses Material in Deutschland besorgt hatten.

Die über Deutschland erstellte wehrgeographische Übersicht war sehr genau ausgearbeitet; umso verwunderlicher schien es, daß der polnische Generalstab annahm, binnen acht Tagen mit einem Blitzangriff Berlin erreichen und Deutschland niederringen zu können, wie in einer der Studien zu lesen war.

Die Fernsprechbücher der deutschen Oberpostdirektion und eine Karthothek über Emigranten in aller Welt, die für Spezialarbeiten herangezogen worden waren, oder noch im Ausland »schliefen«, waren von besonderer Wichtigkeit.

Doch das, was man hier zu finden gehofft hatte, war nicht unter dem zurückgelassenen Papierhaufen: Weitere Unterlagen über Agenten, die für Polen in Deutschland gearbeitet hatten und noch arbeiteten.

Major Schmalschläger ließ die Menschen in den umliegenden Häusern soweit sie nicht geflohen waren, befragen. Nach einer Stunde wußte er Bescheid. Die Polen hatten das Material in vie-

Volksdeutsche, die in die polnische Armee gepreßt wurden, marschieren in geschlossener Ordnung und noch in polnischer Uniform über die ehemalige Grenze. Viele landeten später bei den »Brandenburgern« oder bei den Frontaufklärungskommandos, die Männer mit Ost(sprachen)-Kenntnissen gebrauchen konnten.

len großen Armeelastwagen vor acht bis zehn Tagen, also als die Stadt bereits eingeschlossen war, abgefahren.

Der Kommandoführer versammelte seine Gruppe um sich: »Meine Herren, die Akten der polnischen Abteilung befinden sich noch irgendwo in der Stadt. Es ist unmöglich, daß eine solche Zahl von Lastwagen die Stadt verlassen haben können. Sie müssen sich also noch irgendwo befinden.«

»Wir müssen alle Lastwagenparks untersuchen, Herr Major«, meinte einer der Männer, die alle fließend polnisch sprachen. Schmalschläger nickte. Er teilte sein Kommando in Zweiergruppen ein und ging mit seiner Gruppe jenem Hinweis nach, den sie am zweiten Morgen in aller Frühe erhielten. Dieser besagte, daß ein Wagenkonvoi in der Nacht in Richtung zur Fortanlage gefahren sei.

»Sie sind ins alte Fort Legionow gefahren«, sagte ein deutscher Hauptmann. »Ich habe dort sechs Armeelaster gesehen.«

Sofort brachen sie dorthin auf, passierten die Absperrung und folgten den Reifenspuren auf einem ausgefahrenen Weg, bis sie hinter der großen Kasematte des alten Forts ankamen. Dort

Adolf Hitler nimmt die Parade der siegreichen deutschen Truppen in Warschau ab.

standen Lastwagen, sechs an der Zahl. Auf ihnen vollgepackte Kisten mit sämtlichen Akten der 2. Abteilung des polnischen Generalstabes.

Die erste Sichtung ergab, daß hochbrisantes Material gefunden worden war, das offenbar hierher gebracht worden war, um es zu verbrennen, denn einige Kisten waren bereits weiter abseits zu einer Art Scheiterhaufen aufgestapelt worden.

Hierher wäre kaum jemand aus eigenem Antrieb gekommen, denn dieses Fort stammte noch aus der Zarenzeit und war nicht mehr von militärischer Bedeutung, geschweige denn belegt.

Nachdem dieser Fund gesichtet worden war, drang Major Schmalschläger mit zwei seiner Männer mit entsicherter Mpi in das Fort ein. Vor einer verschlossenen Tür blieben sie stehen. Sie wurde geöffnet und sie fanden hier in einem der alten Verliese, wo Wasser von den Wänden tropfte und es nach Schimmel und Fäulnis stank, ein paar roh zusammengezimmerte Regale und darauf in Ölpapier verpackte Kisten.

Als sie eine davon öffneten, hatten sie den Schatz des polnischen Geheimdienstes gefunden. Es waren die Berichte der polnischen Militärattachés aus Tokio, Rom, Paris und Berlin und einige Kisten mit Material aus den Grenz-Exposituren Bromberg und anderer. Offenbar wollten die Polen dieses Material sicherstellen.

Aus diesen Akten wurden noch in Warschau alle Namen polnischer Agenten herausgesucht und 279 in Deutschland tätige Spione auf einen Schlag verhaftet und vor das Reichsgericht gebracht.

Was das Sonderkommando Warschau noch nicht wußte, war die Tatsache, daß unter dem Material auch eine Fülle von Hinweisen auf eine Spionageorganisation zu finden war und eines Spionagefalles, der sich bis in das Jahr 1927 zurückverfolgen ließ. Es war der Fall des Rittmeisters Stosnowski, der im genannten Jahr nach Berlin gekommen war, seine Netze geknüpft hatte und im Jahre 1935 Eingang bei der Abwehr fand, als diese gerade von Kapitän zur See Canaris übernommen worden war.

Über diese Aufklärungsergebnisse hinaus ermöglichte die aufgestöberte Kartei der polnischen Agenten der deutschen Abwehr auch, eine ganze Reihe von ihnen umzudrehen und auch die antisowjetischen polnischen Agenten voll in die deutsche Abwehr gegen Rußland zu integrieren.

Der Einsatz Warschau war damit doch noch zu einem vollen Erfolg geworden.

Die Frontaufklärungskommandos und die Kriegsorganisation der Abwehr

Nachdem der Einsatz eines Frontaufklärungskommandos hier dargestellt wurde, ist es notwendig, auch diesen Sonderverband der Abwehr mit seiner Aufstellung und Ausweitung hier vorzustellen. Dies, zumal noch öfter von ihm die Rede sein wird.

Es waren zunächst die Agentenfunknetze, die nicht nur an den Landesgrenzen, sondern auch in den »potentiellen Feindländern« eingerichtet worden waren. Ein solchen *Afu-Netz* bestand auch in Polen. Es war in seinen Anfängen von Hauptmann Horaczek aufgebaut worden. An der Steuerung dieser Agenten waren die I-Referenten der Abwehrstellen Stettin, Berlin und Breslau beteiligt.

Zusätzlich zu diesem Agentennetz waren kleine Abwehrtrupps aufgestellt und den Großverbänden des Heeres als »Vorspitze« unterstellt worden. Es war Major Schmalschläger, ein erfahrener Offizier der deutschen Gegenspionage, der die ersten Aufstellungen anregte. Nachdem diese kleinen Einsatzgruppen gute Erfolge erzielten und ihre planmäßige Suche nach feindlichen Geheimdokumenten erfolgreich gewesen war, erließ der Generalstab des Heeres im Januar 1941 einen Befehl zur Aufstellung weiterer Verbände der militärischen Abwehr.

Da man bisher diese kleinen Trupps und Einheiten Abwehrkommandos und -trupps genannt hatte, sollten die neu ins Leben gerufenen Abwehrabteilungen I und II eine neue Bezeichnung erhalten. Sie wurden im sogenannten *Halder-Befehl*, mit dem Generaloberst Halder ihre Aufstellung verfügt hatte, *Frontaufklärungskommandos* genannt.

Diesen Kommandos waren eine bestimmte Anzahl Frontaufklärungstrupps unterstellt. Später mußten wegen der Vielzahl dieser Kommandos sogar im Osten wie im Westen Leitstellen für die Frontaufklärung ernannt werden.

Zu den Frontaufklärungskommandos gehörten im Durchschnitt jeweils bis zu 40 Soldaten, während die Trupps eine Stärke von etwa zwölf bis 25 Soldaten aufwiesen; Dolmetscher, Funker und Offiziere inbegriffen.

Frontaufklärungskommandos hießen sie, weil sie im Kriegsfalle mit den Armeespitzen vorgehen sollten, um die vorzeitige Vernichtung der Geheimakten des Gegners durch blitzschnelle Handstreiche zu verhindern. In ihrer Bestimmung waren sie also den »Brandenburgern« in etwa gleich gestellt und – was entscheidend war – sie gehörten wie diese zur Kampftruppe der Abwehr.

Daß sie neben der Sicherstellung feindlicher Dokumente auch deren rasche Auswertung zu übernehmen hatten und unter Einsatz von Vertrauensleuten neue Kenntnisse erlangen sollten,

Hauptmann Horaczek baute das deutsche Agentenfunknetz in Polen maßgeblich mit auf. Die Aufnahme zeigt ihn als Oberstleutnant und Leiter der Abwehrstelle Warschau.

sowie durch Befragung vom Kriegsgefangenen diese Erkenntnisse durch praktische Aussagen ergänzten, die sich auf Stärke, Gliederung und Einsatzorte der gegenüber liegenden Truppen bezogen, war notwendig.

Darüber hinaus aber hatten sie im rückwärtigen, kaum oder nicht geschützten Gebiet alle Maßnahmen zum Schutz der Truppe zu treffen, Sabotageakte von Partisanen zu verhindern und sonst zum Schutz der Truppe zu wirken, der sie beigegeben wurden.

Die Verbände der *Frontaufklärung I* wurden von der *Abwehr I* unter Oberst Piekenbrock geführt. Sie hatten vor allem die Erkundung der Feindkräfte durchzuführen und sollten feindliche Angriffsvorbereitungen rechtzeitig erkennen und melden.

Aufgabe der *Frontaufklärung III* war es, Spione und Saboteure zu bekämpfen und Terroristengruppen im eigenen Frontgebiet auszuschalten.

Dies bedeutete, daß die Frontaufklärungstruppen militärische Einheiten waren, die aus dem Frontgebiet heraus operierend alle Aufgaben geheimdienstlicher *und* militärisch-taktischer Art zu erfüllen hatten.

Die Frontaufklärungsverbände wurden von den Dienststellen des Amtes Ausland/Abwehr geführt, unterstanden aber disziplinär und truppendienstlich den Armeen oder gar Heeresgruppen, in deren Bereich sie tätig wurden.

Damit ergibt sich die Tatsache, daß diese Kommandos als Ergänzung zu den »Brandenburgern« aufgestellt worden waren, um vorwiegend *geheimdienstliche* Aufgaben zu erfüllen, während die »Brandenburger« *militärische* Sonderaufgaben zu lösen hatten.

Vorweg sei gesagt, daß die Frontaufklärungskommandos zum ersten Male mit diesen genannten Aufträgen während des Balkanfeldzuges voll betraut wurden. Dies war in Jugoslawien und Griechenland der Fall. Hier ein kurzer Abriß über diese beiden Einsätze, um den besseren Zusammenhang zu wahren.

Der Jugoslawien-Einsatz des Frontaufklärungskommandos X

Im Februar 1941 erhielt die Abwehrstelle Wien von Amt Ausland/Abwehr Befehl, sofort ein Frontaufklärungskommando mit mehreren Trupps aufzustellen und bereit zu halten. Ein Offizier der *Gruppe IIIf* der Abwehr übernahm die Aufstellung und Führung. Er suchte die befähigten Offiziere, die besten jugoslawischen Dolmetscher, die Funker, Fahrer und Soldaten aus. Das Kommando belief sich schließlich auf 39 Mann. Die unterstellten Trupps hatten eine Stärke von durchschnittlich zwölf Mann.

Das Kommando wurde zur 12. Armee unter Generalfeldmarschall List nach Sofia in Marsch gesetzt. Es rückte mit Beginn des Balkanfeldzuges am 6. April mit den Spitzen der Panzerverbände vor, um so schnell wie möglich die angegebenen Ziele zu erreichen.

Bereits am ersten Tag des Einmarsches nach Jugoslawien erbeuteten die Trupps von der jugoslawischen Heeresführung mehrere Dokumente, die für die kämpfende Truppe von besonderem Wert waren, unter anderem Pläne jugoslawischer Befestigungen, Spezialstraßenkarten mit den eingezeichneten Sperrvorrichtungen und Angaben über die Tragfähigkeit der verschiedenen jugoslawischen Brücken. Bis zum Ende des Feldzuges gegen Jugoslawien waren mehrere Donaukähne mit Akten in Richtung Wien in Marsch gesetzt worden.

Die Auswertung dieser Dokumente brachte die Tatsache zu Tage, daß der jugoslawische Geheimdienst in den Jahren vor dem Kriege nur in begrenztem Umfang Spionage gegen Deutschland betrieben hatte. Allerdings konnte festgestellt werden, daß der jugoslawische Geheimdienst einen Agenten an eine deutsche Abwehrstelle herangeführt hatte und einige wichtige Unterlagen erlangen konnte.

Einige Verräter aus den eigenen Reihen und zwei Nachrichtenschwindler, die getürktes Material verkauft hatten, wurden außerdem dingfest gemacht oder enttarnt.

Ein wichtiges Nebenergebnis war die Erkenntnis über geheimdienstliche Tätigkeiten Englands, Frankreichs und der Sowjetunion in den Balkanländern.

Frontaufklärung gegen Griechenland

Die Abwehrstelle beim Generalkommando des X. Armee-Korps in Hamburg, die im Frühjahr 1940 die Erkundungsgebiete Dänemark und Norwegen verlor, mußte sich nach einer neuen Aufgabe umsehen. Ihr Chef, Kapitän zur See Wichmann, trug seine neue Absicht dem Oberkommando der Kriegsmarine vor. Sie lautete: »Wir müssen in den Mittelmeerraum gehen, denn der wird bald große Bedeutung erlangen.«

Wichmann wurde unter Hinweis auf den italienischen Geheimdienst abgeschmettert.

Dennoch wandte er sich dem Mittelmeer, wenn auch nur zunächst am Rande zu, indem er ein Frontaufklärungskommando für Griechenland aufstellte. Zunächst schickte er zwei Abwehr-Offiziere, als Geschäftsleute getarnt, nach Athen. Sie übermittelten ihre Erkenntnisse täglich über Funk nach Deutschland.

Als dann das italienische Abenteuer im Frühjahr 1941 in Albanien fehlschlug, als sich Hitler dazu durchringen mußte, seinen italienischen Bundesgenossen vor dem Untergang zu bewahren und gleichzeitig die britischen Truppen auf Kreta und dem griechischen Festland zu vernichten plante, weil sich die britische Anwesenheit dort gegen das wichtige Erdölgebiet Rumäniens richtete, erhielt Kapitän z.S. Wichmann Weisung, das geplante Abwehrkommando aufzustellen. Dieses bestand überwiegend aus Angehörigen der deutschen Kriegsmarine.

Das Kommando rückte Mitte März von Hamburg ab und erreichte binnen weniger Tage das deutsche Aufmarschgebiet an der bulgarisch-griechischen Grenze.

Mit dem ersten Angriffstag stürmte dieses Kommando mit den Panzerspitzen nach vorn und erreichte als erster deutscher Verband am Morgen des 27. April 1941 Athen. Hier besetzte das Kommando sofort das Marineministerium und beschlagnahmte alle Geheimsachen. Der kommandierende griechische Admiral übergab dem jungen Stoßtruppführer das gesamte Ministerium.

Einsatz im Westfeldzug

Im Oktober 1939, der Polenfeldzug war zu Ende gegangen, beauftragte Admiral Canaris den inzwischen zum Major beförderten Horaczek mit der Aufgabe, im besetzten Polen einen weiteren Spionagering gegen die UdSSR aufzubauen und damit die Spionage gegen Rußland auszuweiten. Horaczek baute zu diesem Zwecke die sehr schnell entstandenen provisorischen Abwehr-Dienststellen Radom, Chechanow, Lublin und Terespol, Krakau und vor allem Suwalki zu voll einsatzbereiten Zentralen auf. Darüber hinaus wurde der Flugplatz von Terespol für Start und Landung der *Fernaufklärungsgruppe des Oberbefehlshabers der Luftwaffe* unter Major Rowehl ausgebaut.

Am 10. Oktober besuchte Admiral Canaris die in Warschau eingerichtete Abwehrstelle und befahl am selben Tage der Abwehr II, nach Abstimmung mit dem Leiter des militärischen Geheimdienstes Rumäniens, die getarnte Besetzung des rumänischen Erdölgebietes um Ploesti mit seinen Bohrlöchern, den Raffinerien, den Bahntransporten in Kesselwagen und der Dampferfahrt auf der Donau.

Am Vormittag des 27. Septembers 1939 hatte Hitler die Oberbefehlshaber von Heer, Luftwaffe und Marine und deren Generalstabschefs, sowie den Chef der deutschen Abwehr in die Reichskanzlei befohlen. Er erklärte, daß er noch im Oktober im Westen aktiv werden wolle.

Er umriß die dazu notwendigen Schritte und erklärte, daß er als erstes Operationsziel den holländisch-belgisch-französischen Raum gewinnen wolle, der als Puffer zwischen seinen Gegnern und dem lebenswichtigen Ruhrgebiet liegen sollte.

Daraus ergaben sich einige Pläne für handstreichartige Besetzungen verschiedener weit voraus liegender Ziele und in der Vorbereitung dazu überfallartige Angriffe auf jene Ziele, die den schnellen Vorstoß nach Westen behindern konnten, als da wären: Brücken, Kanalübergänge, Eisenbahn-Knotenpunkte, usw.

Canaris ließ nach dieser Befehlsausgabe Hauptmann Dr. von Hippel zu sich kommen und gab diesem den Befehl, eine Sabotage- und Eingreif-Kompanie aufzustellen, die zum Teil aus holländisch bzw. flämisch und wallonisch sprechenden Soldaten rekrutiert sein mußte, um handstreichartige Besetzungen durchführen zu können.

In Brandenburg an der Havel kamen sehr rasch die ersten Männer zusammen, die die erforderliche Qualifikation besaßen. In der Nähe der Kaserne hatte das Amt Abwehr/Ausland bereits vorher, in einem Gutsgebäude am Quantz-See, eine Ausbildungsstätte einrichten lassen. Ihr Chef war Hauptmann Soeliger. Hier durchliefen die Angehörigen aller drei Abwehrabteilungen abwehrspezifische Schulungen; etwa zu Funkern, Fotografen und Agenten. Tarnmittel, wie Uniformen feindlicher Mächte, Sprengstoffe, fremde Waffen und anderes mehr, stellte die Dienststelle des Majors Marguerre zur Verfügung. Die in Brandenburg entstandene Kompanie erhielt die Bezeichnung *Baulehr-Kompanie z.b.V. 800*. Die hier vor allem stattfindende Pionierausbildung lag – wie bereits erwähnt – in Händen des Technischen Inspektors Kutschke.

Im November 1939 traf auch Leutnant Grabert mit elf Angehörigen seiner *Deutschen Kompanie* aus Sliac in der Slowakei hier ein. Er hatte sich mit seinen Sudetendeutschen nach Brandenburg gemeldet als er munkeln hörte, was sich dort tat.

Nach der *Baulehr-Kompanie z.b.V. 800*, die am 25. Oktober ihre Einsatzbereitschaft gemeldet hatte, entstanden bis zum 11. November noch die *1. Baulehr-Kompanie z.b.V.* und die *2. Baulehr-Kompanie z.b.V.*

Am 10. November 1939 erhielt Hauptmann Rudloff von der Abwehr II (siehe auch Seite 35 und Seite 161) den Befehl, sich mit einer kampfstarken Gruppe von zwölf »Brandenburgern« nach Münstereifel zu begeben. Sie waren dazu ausersehen, aus dem Aufmarschraum der 4. Armee mit Beginn der Offensive im Westen, die für die nächsten Tage vorgesehen war, vorzugehen und wichtige Objekte zu besetzen. Der Angriff erfolgte nicht und einige weitere Kommandierungen wurden ebenfalls wieder abgeblasen, weil der Angriffstermin immer wieder verschoben wurde.

Bis zu Ende des Jahres 1939 waren die »Brandenburger« bereits weitgehend ausgeschwärmt. Das seit dem 15. Dezember 1939 in Stärke von vier Kompanien stehende *Baulehr-Bataillon z.b.V. 800* unter Hauptmann Dr. von Hippel, hatte sich bis auf die Ausbildungs- und Stabskompanie in die vorgeschobenen Einsatzgebiete begeben. So war die 1. Kompanie an ihren neuen Standort Innermanzing im Wienerwald verlegt worden. Auf Anforderung der Abwehr III gingen sprachkundige Gruppen nach Rumänien, um den vorsorglichen Schutz der Ölquellen sicherzustellen. Die 2. Kompanie unter Hauptmann Fabian, mit den Zugführern Leutnant Grabert und Leutnant Witzel, befand sich noch in der Generalfeldzeugmeister-Kaserne in Brandenburg,

Korvettenkapitän Wilhelm Schröder, Kommandant des Minenschiffes »Hansestadt Danzig«, nahm Kopenhagen kampflos in Besitz.

während die 3. Kompanie unter Hauptmann Rudloff in Münstereifel zur Verfügung der 4. Armee lag.

Auslandsdeutsche aus allen Ländern des Globus waren nach Deutschland gekommen, um sich in die deutsche Wehrmacht und hier überwiegend in das *Bataillon Brandenburg 800* einzureihen. Den Namen »Brandenburger« erhielt das Bataillon, als anläßlich der Weihnachtsfeier am Heiligenabend 1939 dieser Rufname aufkam und sofort zum Markenzeichen für das Regiment und später dann für die Division Brandenburg wurde.

Ab Anfang Februar 1940 wurden die »Brandenburger« mit neuen Aufgaben betraut: »Inbesitznahme einer Reihe wichtiger Brücken vor Beginn der Offensive im Westen im Handstreich und Halten derselben bis zur Ankunft der Truppe.«

Nahkampf- und Schießausbildung wurden neben Sprengübungen für diesen Zweck durchgeführt. Besonders wichtig schien das lautlose Annähern an die Objekte.

Der Ende Januar 1940 für einen Stoßtrupp ausgesuchte Zug unter Feldwebel und Offiziersanwärter Hermann Kürschner sollte für den Einsatz im Westen bereitgestellt werden. Als sich Feldwebel Kürschner im Februar bei der Abwehr II in Berlin meldete, erfuhr er von Oberst von Lahousen und von Major Stolze, welche Einsätze er durchführen sollte.

Der Zug Kürschner erhielt die Tarnbezeichnung *Baulehrzug 81 z.b.V* und verlegte Ende März 1940 nach Erkelenz. Von dort aus sollte er als Vorauszug der 7. Infanterie-Division (7.ID) einige Stunden vor Beginn des Westfeldzuges die vier Straßenbrücken über den Juliana-Kanal in Besitz nehmen und sie für den Übergang der 7. ID offenhalten.

Zwei Züge der 4. Kompanie der »Brandenburger« hatten ebenfalls Mitte Februar in den Westen verlegt. Es war der 1. Zug unter Leutnant Witzel und Feldwebel Stöhr, der mit 60 Mann in den Reichswald bei Goch-Asperden unterzog, und der 2. Zug unter Leutnant Grabert, der nach Arsbeck westlich Rheydt verlegte. Er hatte eine Stärke von 40 Mann.

Auch diese beiden Züge hatten Vorausaufträge erhalten. Und zwar sollten sie die Brücken über die Maas und über den Maas-Waal-Kanal im Handstreich nehmen und deren Sprengung durch die Niederländer verhindern.

Bei der Operation »Weserübung«

Bereits vor Kriegsausbruch waren im skandinavischen Raum deutsche Nachrichtenbasen installiert worden, die aus den Häfen der Westküste wie Bergen, Stavanger, Christiansand, Oslo und Skagen auslaufende Handelsschiffe erfaßten und diese nach Berlin meldeten.

Bis Anfang 1940 war dieses System derart ausgebaut, daß damit eine lückenlose Erfassung aller ein- und auslaufenden Schiffe möglich war. Die Meldungen wurden mit solcher Schnelligkeit weitergeleitet, daß das X. Fliegerkorps, dessen Gefechtsstand in Hamburg lag, diese Schiffe sofort bekämpfen konnte. So wurden im Laufe des Winters 1939-40 allein vom X. Fliegerkorps unter Generalleutnant Hans Geissler 150.000 BRT britischen Handelsschiffsraums versenkt. Generalleutnant Geissler erhielt dafür am 4. Mai 1940 das Ritterkreuz.

Als Ende Januar 1940 bei der Abwehrstelle Hamburg eine Meldung einlief, daß französische Alpenjäger aus ihrem bisherigen Standort in Metz herausgezogen und an der französischen Kanalküste zum Abtransport nach England eingeschifft würden, war der Abwehr klar, daß damit eine »Schweinerei im Norden«, an der norwegischen Küste, verbunden sein müsse.

Die Abwehr erhielt den Auftrag, Dänemark und Norwegen nachrichtendienstlich intensiver zu erkunden. Diese Aufgabe wurde der Abwehrstelle Hamburg übertragen. Kundschafter gingen

Bei der Besetzung Kopenhagens fiel kein Schuß. Zwei Stunden nach dem Anlegen am Morgen des 9. April kamen die Kopenhagener »mit Kind und Kegel«, um sich die »Hansestadt Danzig« anzusehen.

über die Grenze nach Dänemark und kamen mit den Dislokationen aller dänischen Truppen zurück. Eingreiftrupps der Abwehr wurden für ihre Aufgaben vorbereitet. Es galt nicht nur, die dänischen Nachrichtenverbindungen zwischen Gedser und Nykoebing zu zerstören, sondern auch das Unternehmen »Sanssouci«, die Besetzung des wichtigen Bahnhofs von Tingelv, durchzuführen, Hauptstraßen zu besetzen und die Bahnbrücke bei Padborg vor ihrer Sprengung zu bewahren und damit dem Heer schnellste Durchmarschmöglichkeiten durch Dänemark zu schaffen.

Wichtigster Handstreich war die Besetzung der großen Brücke über den Belt im Tarneinsatz.

Am frühen Morgen des 9. April führte ein Kommandotrupp von »Brandenburgern« unter Feldwebel Sorgenfrey das Unternehmen »Sanssouci« durch. Es gelang dem Kommando, sein Aufgabe reibungslos zu erfüllen. Kein Däne kümmerte sich um die Monteure, die in Zivil zu Werke gegangen waren.

Der Zug von Leutnant Lotzel wurde mit Lastenseglern zum Großen Belt geflogen. Sie gingen direkt an der Brücke nieder und nahmen sie in Besitz, ohne daß es hier zu Zwischenfällen gekommen wäre.

Am frühen Morgen des 9. April lief auch der Minenleger »Hansestadt Danzig« unter Korvettenkapitän Wilhelm Schröder mit 1000 Soldaten des Infanterie-Regiments 308 unter Major

Glein, mit Krädern, Fahrrädern und sonstigem Gerät an Bord in den Hafen von Kopenhagen ein. Das Schiff hatte die Reichsdienstflagge gesetzt. Mit Korvettenkapitän Schröder stand auch der als Marinenachrichten-Offizier für Kopenhagen vorgesehene Kapitänleutnant Skipowski auf der Brücke. Die »Hansestadt Danzig« legte an der »Langen Linie« in Kopenhagen an und die Sturmkompanie eilte an Land. Das Küstenpanzerschiff »Niels Juel« wurde gekapert und Schröder konnte eine Stunde später an die Gruppe Ost melden: »Kessel eingelaufen. Bataillon gelandet.«

Kopenhagen war ohne einen Schuß in einem tollkühnen Handstreich besetzt worden.

Da zur Landungszeit in Norwegen der deutsche Dampfer »Vidar« im Hafen von Oslo lag, auf dem sich Oberleutnant Kempf von der Abwehr/Ausland befand, übernahm dieser sofort den Funkverkehr über das AFU-Gerät an Bord mit der Außenstelle Hamburg. Er gab die Landung der ersten Flugzeuge am Morgen durch, und setzte bis zum Nachmittag 240 Meldungen nach Hamburg ab, die sofort von dort über Telefonleitung zur Abwehr und von dieser dem FHQ zugeleitet wurden.

Der Einsatzstab Kewisch des Amtes Ausland/Abwehr in Oslo wurde eingerichtet und von diesem der Einsatz des in Brandenburg in Bereitschaft liegenden »Nordzuges« angefordert. Unter persönlicher Führung von Major Kewisch machte sich der 41 Mann starke Zug unter Leutnant Knauß am 1. Mai 1940 an die Arbeit. Es gelang ihnen im Zusammengehen mit den Gebirgsjägern eine Reihe von Sonderaufgaben zu lösen, ehe sie nach der am 12. Juni 1940 in Kraft tretenden norwegischen Kapitulation wieder in ihren Standort Brandenburg-Havel zurückkehrten.

»Brandenburger« im Westfeldzug: Die Brückeneinsätze

Die einzelnen Kommandos der »Brandenburger« für den Einsatz im Westen wurden im Laufe des April 1940 eingeteilt. Insgesamt waren von ihnen acht Brücken in Besitz zu nehmen, jeweils vier von den beiden Zügen unter Leutnant Grabert und Leutnant Witzel.

Anhand von Luftbildaufnahmen wurden die einzelnen Objekte in gezielten Einsatzspielen angegangen. Drei Stunden vor dem Antreten der Spitzenverbände des Heeres hatten die einzelnen Trupps, die zwischen sieben und neun Mann stark waren und zu denen noch die niederländischen Dolmetscher kamen, anzutreten. Diese Zeitspanne war notwendig, weil die für die Brücken eingesetzten deutschen Truppen etwa 10 km von diesen Zielen entfernt untergezogen waren und sicherlich beim Antreten sofort bemerkt worden wären.

Alle Männer erhielten niederländische Soldatenmäntel, die sie über die eigenen Uniformen zogen. Unter den Mänteln verdeckt trugen sie in der Achselhöhle jeweils eine MPi. In den Taschen befanden sich Eier- und Stielhandgranaten. Die Pistole steckte in der Hosentasche.

Anfang Mai kam Admiral Canaris in das Waldlager des Zuges Witzel bei Asperden und wohnte einer letzten überaus gelungenen Einsatzübung bei.

Neben den beiden Zügen kam schließlich noch das *Bataillon z.b.V. 100* unter Hauptmann Fleck zum Einsatz, das aus der Abwehrstelle Breslau hervorgegangen war. Dieser Verband sollte die Brücken von Nimwegen und Westerpoort, ostwärts von Arnheim gelegen, im Handstreich erobern. Dem Zug Kürschner wurden die vier Straßenbrücken über den Juliana-Kanal bei Stein, Urmond, Berg und Obbicht in Süd-Limburg zugewiesen.

Am späten Abend des 9. April rückten alle Kommandos der »Brandenburger« und das *Bataillon z.b.V. 100* in die Sturmausgangsstellungen vor. Hier machten sie sich einsatzfertig. Die in

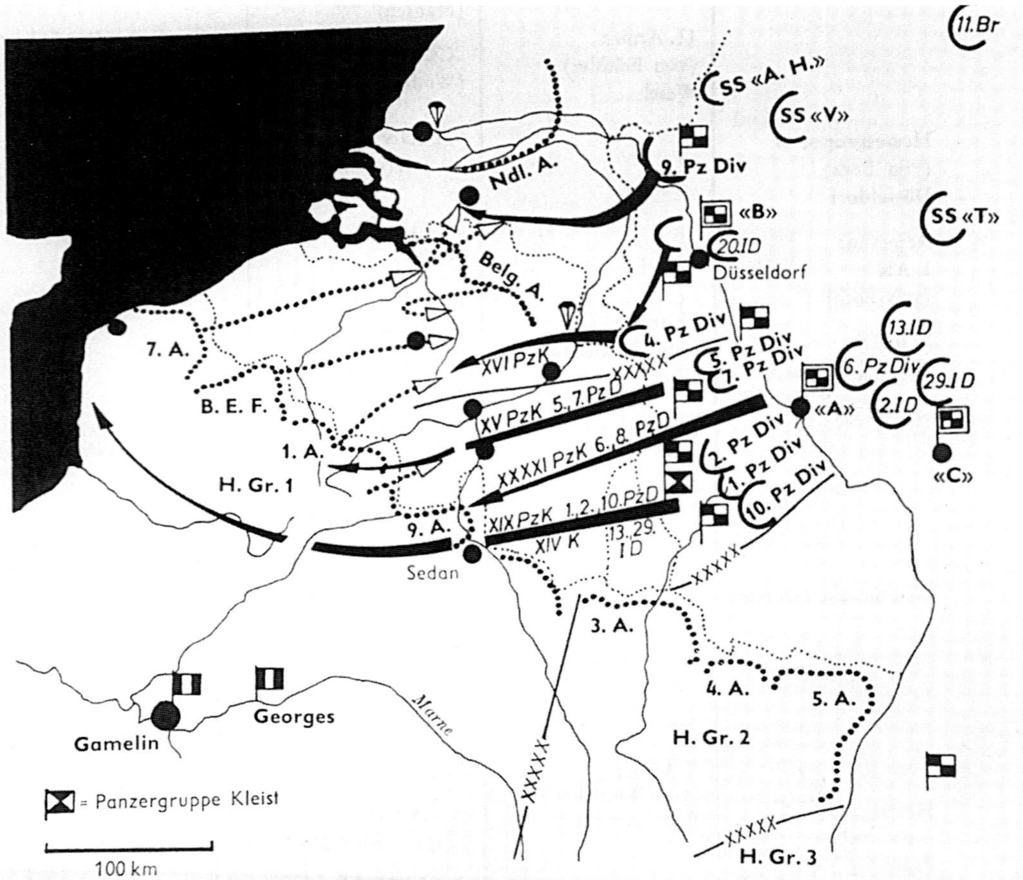

Der Westfeldzug, Phase I.

Volltarnung eingesetzten Männer, welche die Brücken über Maas und Maas-Waal-Kanal in Besitz nehmen sollten, zogen sich die niederländischen Uniformen über.

Jener Trupp, der für die Brücke bei Berg vorgesehen war, fuhr um 0.30 Uhr nach Millen, saß dort ab und marschierte zur Grenze. Um 1.30 Uhr wurde die holländische Grenze überschritten. Der zwei Meter breite Geleen-Bach wurde über einen Steg überwunden. Auf Fahrrädern fuhr der Trupp, allen voran Leutnant Kürschner, nach Berg. Lt. Kürschner berichtete darüber:*

»Mit umgehängten Waffen gehen wir durch den Spalt zwischen zwei Betonröhren hindurch, die als Hindernisse, hochkant gestellt und mit Beton gefüllt, auf der Brückenauffahrt stehen. Wir halten genau auf die holländischen Soldaten zu, die auf der Brücke stehen. Plötzlich laufen diese weg und ich rufe hinterher! ›Halt – waar ist de kommandant van de Wacht?‹

Die Holländer blieben stehen und als wir auf Reichweite herangekommen sind, sage ich ihnen: ›Jongens, legt de wapens neer!‹ Dann entwaffne ich den mir gegenüberstehenden Soldaten.

Zitiert aus Spaeter, Helmut: Die Brandenburger.

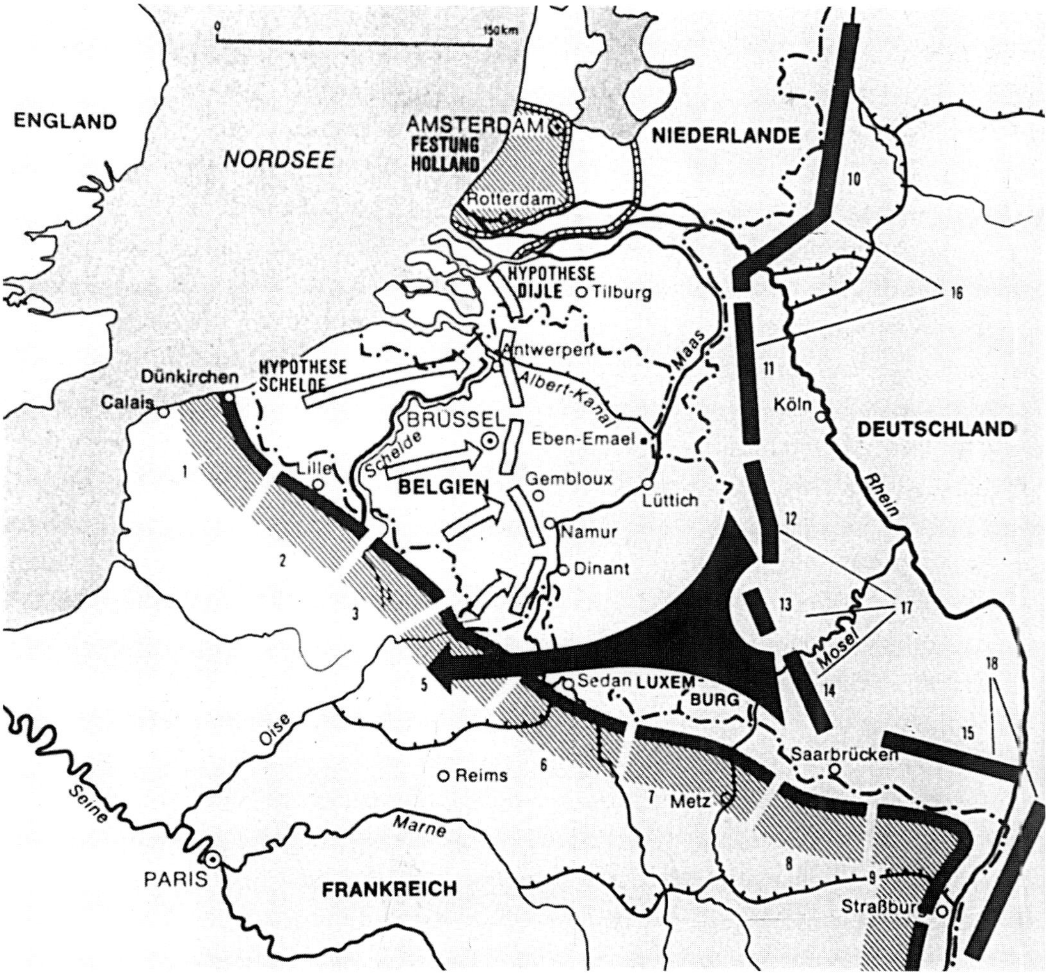

Der »Mansteinplan« und die Festung Holland.

Plötzlich springt ein Holländer zur Zündstelle am Brückengeländer. Unteroffizier Bergner schießt ihm ins Bein, er schreit auf und stürzt zu Boden. Die übrigen Holländer werden entwaffnet und auf die Brücke getrieben. Unter ihren entsetzten Rufen: ›– niet sneijen, niet sneijen‹, schneide ich die Knallzündschnur durch, die als Doppelleitung verlegt ist. – Es hat geklappt.«

Vom Ostufer peitschte eine MG-Salve herüber. Das MG-Nest am Widerlager der Brücke wurde ausgehoben. Danach baute Leutnant Kürschner mit seinen Pionieren die Sprengladungen aus. Bei diesem Einsatz erhielt er einen Schuß durch beide Oberschenkel und einen in den rechten Fuß. Gefreiter Frey schleppte ihn auf dem Rücken aus dem Feuer und wurde dabei selber verwundet.

Auch die Brücke bei Obbicht wurde vor der Sprengung bewahrt. Dort leistete der Gegner mit einem MG an der westlichen Brückenauffahrt heftigen Widerstand. Ein eigenes MG verhinderte alle Versuche der Holländer, die Sprengstelle zu erreichen.

Als gegen 7.00 Uhr die Vorausabteilung der 7. ID eintraf, wurde der gegenüberliegenden Bunker von einer vorgezogenen Pak zusammengeschossen. Damit war der Kampf auch an dieser Stelle beendet.

Das gleiche geschah mit den Brücken bei Stein und Urmond. Alle Brücken wurden gesichert und die Sprengladungen aus den Kammern entfernt.

Die Brücke von Born, die von den Holländern besonders stark verteidigt wurde, konnte nicht gesprengt werden, weil ihre Sprengung die dicht danebenliegende Schleuse beschädigt hätte. Dies war der Grund für die Holländer, hier eine starke Besatzung hineinzulegen.

Unter Führung des niederländischen Oberleutnants Bekkering war hier ein schwerer Infanteriezug mit zwei 4,7 cm-Pak, drei sMG und drei lMG in Stellung gegangen. Die drei leichten MG befanden sich auf dem Ostufer der Brücke und hatten freies Schußfeld nach vorn.

Als sich der hierfür vorgesehene Stoßtrupp gegen 4.00 Uhr der Brücke näherte, war die Besatzung bereits alarmiert worden und eröffnete das Feuer. Als später die deutschen Truppen an der Brücke auftauchten, wurde der vorn rollende Pkw von der 4,7 cm-Pak abgeschossen. Es entwickelte sich ein heftiges Feuergefecht.

Im Getöse dieses Kampfes krochen von holländischer Seite Unteroffizier Engelaar und der Gefreite van de Bogaard über die Brückenrampe und erreichten die aus einem Eisengitter bestehende Schienen-Sperranlage, die Engelaar durch Zerschneiden des Drahtes verriegelte.

Als eines der leichten holländischen MG ausgeschaltet wurde, zogen sich die beiden übrigen auf das Westufer zurück.

Aus der Kasematte am Westufer peitschte den deutschen Angreifern heftiges Abwehrfeuer entgegen. Erst als die ersten deutschen Geschütze nach vorn gezogen waren und die Kasematte einige Volltreffer erhalten hatte, und auch die beiden anderen Bunker rechts und links des Westufers getroffen wurden, ergaben sich die letzten Verteidiger der Brücke. Auch an dieser Stelle konnte der Vormarsch rasch fortgesetzt werden.

Die gesamte 7. ID konnte also über fünf eroberte und gehaltene Brücken im ersten Vorwärtsstürmen 30 km weit auf niederländisches Gebiet vordringen. Das Kommando unter Leutnant Kürschner wurde nach Erfüllung dieses Auftrages nach Erkelenz zurückgefahren.

Daß der Einsatz gegen die Maasbrücken bei Maaseyck besonders schwierig war, weil ja noch vorher bei Oud Roosteren die Brücke über den Juliana-Kanal überwunden werden mußte, war deutscherseits bekannt. Die Abwehr hatte außerdem eine starke infanteristische Besetzung des Gebietes von Süd-Limburg erkannt, die mit Geschützen, Pak und Panzerbüchsen ausgerüstet war.

Hier sollte der *Sonderverband Hocke* angreifen, der sich aus den beiden *Bataillonen z.b.V. 100 und 800* zusammensetzte.

40 Mann dieser Kampfgruppe erreichten am Morgen des 10.5. das Dorf Oud Roosteren ostwärts des Juliana-Kanals und überrumpelten die hier stehende niederländische Infanteriegruppe. Dann näherten sie sich – in niederländischen Uniformen – der Kanalbrücke von Roosteren. Die Brückenwache fragte nach der Parole, die sie nicht kannten. Da sie aber jene des Vortages sagen konnten, ließ der Leutnant der Wache am Ostufer sie passieren.

Am Westende der Brücke wurde die getarnte Kampfgruppe noch einmal angehalten. Einem niederländischen Gefreiten fiel eine Besonderheit an den Stahlhelmen der Deutschen, die aus Pappmaché gemacht worden waren, auf. Er rief den Unteroffizier der Wache heraus, der wenig später mit dem Kompanieführer Oberleutnant Braun auftauchte.

Eine Konfrontation war jetzt unvermeidlich. Der deutsche Führer der Gruppe, der sich als Hauptmann Willemse ausgab, forderte beide auf, sich zu ergeben. Als Hauptmann Braun sich

Die Brücke über den Juliana-Kanal, eines der wichtigsten Objekte für den Vormarsch in den Niederlanden, wurde unzerstört genommen.

weigerte und zur Waffe griff, wurde er von »Willemse« erschossen. Gleich darauf wurde auch »Willemse« angeschossen.

Das nun beginnende Feuergefecht sah auf beiden Seiten Tote und Verwundete. Es gelang den »Brandenburgern«, die Brücke freizukämpfen. Gefreiter Velde, der die Sprengladung zur Detonation bringen wollte, wurde angeschossen und geriet in Gefangenschaft.

Damit war die Brücke über den Juliana-Kanal in deutscher Hand. Die Gruppe marschierte sofort zur Maasbrücke bei Maaseyk weiter. Sie wurde erkannt und unter heftiges Feuer genommen. Dadurch kam sie nicht rechtzeitig an diese Brücke heran, die kurze Zeit nach der Feueröffnung in die Luft flog.

Die weiteren Brückeneinsätze der Brandenburger

Unter Führung von Leutnant Grabert marschierte ein 15 Mann starker Trupp mit einem V-Mann, der als niederländischer Leutnant getarnt war, um 2.00 Uhr nach Roermond. Es war einer der insgesamt 15 Kampftrupps, die auf die Brücken angesetzt waren. Sie trugen holländische Mäntel über den deutschen Uniformen, dazu holländische Stahlhelme.

Mitten durch die Stadt marschierend, erreichte Grabert mit dem V-Trupp schließlich einen Bahnübergang. Da die Schranke geschlossen war, bogen sie nach links ab, um den Übergang außerhalb des Schrankenbereiches zu überwinden. Ein Zivilist folgte ihnen und mit einem Male standen sie vor einer Militärstreife von sechs Mann.

»Halt! Zeigen Sie mir Ihre Papiere!« forderte der Streifenführer Leutnant Grabert auf. Dieser zeigte ihm einen gefälschten Passierschein, aber die Streife hatte bereits Verdacht geschöpft. Leutnant Grabert handelte nun blitzschnell: »Hände hoch!« befahl er den Holländern.

Drei Männer hoben die Hände, einer griff zur Waffe und wurde niedergeschossen. Aus einer Nebenstraße eilten weitere Soldaten herbei. Ein Feuergefecht begann, das Graberts Vorgehen in

Die Eisenbahnbrücke über die Maas bei Gennep.

Richtung Brücke verzögerte. Noch bevor er mit seiner Gruppe die Brücke erreicht hatte, flog diese mit Donnergetöse in die Luft.

*

Die nördlich von Roermond bei Buggenum gelegene Brücke sollte von einem sechsköpfigen Stoßtrupp unter Unteroffizier Hillmers im Handstreich gewonnen werden. Hillmer und seine Männer waren als Streckenarbeiter getarnt und trugen Spaten und Hacken bei sich.

Diese Brücke wurde von zwei niederländischen Unteroffizieren und 20 Mann bewacht. Auf dem Ostufer standen die Gefreiten Touw, Jongkind und Kooyman Wache. Über den Bahnkörper war ein Stahlgitterzaun gespannt. Im Wachhaus auf dem Ostufer befand sich die Telefonverbindung zum Bunker an der Westseite. Dort hatten in dieser Nacht Unteroffizier van der Wetering seine Position als Wachhabender bezogen. Wetering erhielt genau um 3.00 Uhr vom Ostufer eine telefonische Durchsage von der Polizeistelle Roermond, daß sich eine Gruppe unbekannter Personen aus Richtung Roermond entlang der Bahnlinie auf seine Brücke zubewegte. In Roermond sei es zu einer Schießerei gekommen, er möge sofort alles veranlassen, um seine Brücke entsprechend den Befehlen zu sichern.

Sofort ließ Wetering das bis dahin geöffnete Drahtgitter schließen. Etwa zehn Minuten später tauchte die verdächtige Gruppe am Ostaufgang der Brücke vor dem Drahtgitterzaun auf.

Die verständigte Brückenwache hielt sie auf. Einer der drei Wächter, der ebenfalls Bahnarbeiter war, erkannte einen dieser Männer, und da der Wortführer, Unteroffizier Hillmers, auch noch mit deutschem Akzent sprach, schien besondere Vorsicht geboten.

Unteroffizier de Vries, der Wachhabende am Ostufer, ließ auf dem Westufer anrufen um nachzufragen, wie er sich verhalten solle, während seine drei Wachmänner die Gruppe in Schach hielt, die offenbar unbewaffnet war.

Oberleutnant Wilhelm Walther, Stoßtruppführer der 4. Kompanie/ Lehr-Bataillon z.b.V. »Brandenburg«, nahm mit seinen Männern die Eisenbahnbrücke bei Gennep und wurde dafür am 26. Juni 1940 mit dem Ritterkreuz des Eisernen Kreuzes ausgezeichnet.

Plötzlich ließen die »Bahnarbeiter« ihre Werkzeuge fallen, zogen ihre Waffen hervor und eröffneten das Feuer. Gefreiter Touw fiel tödlich getroffen nieder, Unteroffizier de Vries wurde verwundet, konnte jedoch noch das Westufer warnen. Kooyman und Jongkind hatten die Flucht ergriffen und rannten, von den Deutschen verfolgt, dem Westufer entgegen. Noch ehe die Verfolger das Feuer auf die Fliehenden eröffnen konnten, erhielten sie Feuer aus dem Westbunker. Die beiden ersten Deutschen stürzten schwer verwundet zu Boden.

Als der Stoßtrupp die Mitte der Brücke erreichte, wurden vom Westufer aus die Sprengladungen gezündet. Vier wuchtige Detonationen rissen die auf der Brücke befindlichen Deutschen mit den Brückentrümmern in die Tiefe.

Unmittelbar nachdem die holländischen Wachen am Ostufer überrumpelt worden waren, hatte Unteroffizier Hillmer durch Leuchtzeichen einen unmittelbar vor der Grenze unter Dampf wartenden deutschen Panzerzug herangerufen. Als dieser 20 Minuten darauf an der Brücke erschien, war diese gesprengt und der Zug hatte keine Möglichkeit mehr, hinüberzurollen.

Die holländische Pak eröffnete das Feuer. Bereits die ersten Granaten trafen die Lokomotive. Die Besatzung des Panzerzuges mußte diesen verlassen, es bestand Explosionsgefahr. Damit war auch dieser Handstreich gescheitert.

*

Glücklicher für die Deutschen verlief das Unternehmen gegen die Eisenbahnbrücke bei Gennep. Sie sollte von einem Stoßtrupp der 4. Kompanie/Baulehr-Bataillon z.b.V. 800 unter Oberleutnant Walther im Handstreich genommen werden.

An diesem Überfall waren drei Holländer beteiligt, die Mitglieder der Nationalsozialistischen Partei der Niederlande waren. Diese drei waren als Gendarmen verkleidet und bewaffnet. Man wollte den Eindruck erwecken, als hätten sie die neun Männer des Stoßtrupps irgendwo im Grenzbereich aufgegriffen und festgenommen, um sie nun zurückzubringen.

Als sie 800 Meter vor Erreichen des Zieles noch einmal anhielten, um letztmals von Oberleutnant Walther eingewiesen zu werden, waren sie nur noch acht Mann.

Der neunte mußte bei einem der drei Holländer zurückgelassen werden, der sich plötzlich weigerte, mitzumachen. Er hatte Gewissensbisse bekommen und wollte im Falle eines Falles nicht auf seine Landsleute schießen müssen. Oberleutnant Walther akzeptierte dies, war aber vorsichtig genug, einen Mann bei dem Holländer zurückzulassen, damit dieser »keine Dummheiten« machte.

Als sie bei der Brücke auftauchten, wurden sie dort von vier Wachsoldaten empfangen. Oberleutnant Walther und Feldwebel Stöhr zogen ihre Pistolen und stellten sich so, daß ihre Bewegungen und die Waffen vom Westufer aus nicht gesehen werden konnten. Immerhin war die Brücke 150 Meter breit und es war noch finster.

So hielt der Oberleutnant die vier Wächter in Schach, während Feldwebel Stöhr zum Postenhaus hinüberging und mit seinem Kappmesser alle sichtbaren Schnüre zerschnitt. Inzwischen hatte aber der im Postenhaus am Ostufer stehende Soldat die Alarmglocke drücken können. Das Alarmsignal wurde in den beiden Fluß-Kasematten gehört.

Oberleutnant Walther, ein Dolmetscher, ein Soldat des Stoßtrupps und Feldwebel Stöhr gingen nun über die Brücke. Auf der Mitte derselben stand noch ein Posten, der den Wasserlauf unter Kontrolle halten sollte, dieser ließ sie passieren. Am jenseitigen Ufer angekommen, blickten Walther und seine beiden Begleiter in die Mündungen einiger auf sie gerichteter Waffen. Sie wurden in die Mitte genommen und marschierten weiter. Zwar wurden sie nach Waffen untersucht, doch dies geschah so nachlässig, daß die Holländer die versteckten Waffen nicht fanden.

Plötzlich schrie Oberleutnant Walther auf holländisch: »Fliegerdeckung!« Sie brachen aus und rissen ihre Waffen hervor, mit denen sie die Holländer völlig verblüfften, in Schach hielten und entwaffneten.

Auch an dieser Stelle war unmittelbar nach Inbesitznahme des Ostaufganges eine Leuchtkugel abgeschossen worden. Der Panzerzug war inzwischen herangekommen. Er erhielt aus einer der Kasematten Feuer. Doch beim zweiten Schuß versagte das niederländische Geschütz. Die Bunkerbesatzungen ergaben sich.

Die Brücke bei Gennep war unversehrt in deutsche Hand gefallen. Über sie rollten wenige Minuten nach der vorgesehenen Angriffszeit die Spitzengruppen der hier angesetzten 256. Infanterie-Division hinweg nach Westen.

Oberleutnant Wilhelm Walther erhielt als erster Brandenburger am 24.6.1940 das Ritterkreuz. Nach dem Kriege wurde er von der niederländischen Militärbehörde verhaftet und zum Tode verurteilt.

Die Brücken über den Maas-Waal-Kanal

Die Brücken über den Maas-Waal-Kanal wurden stärker bewacht als jene, von denen bisher die Rede war. Die Brücken-Sicherungswache bei Heumen beispielsweise, die im Abwehrbereich des niederländischen Infanterie-Regiments 26 lag, stand unter dem Befehl von Hauptmann Dr. Postma. Die Brückenauffahrten waren durch mehrere Kasematten geschützt. Die Verteidiger verfügten über fünf schwere MG, eine Pak, ein 8 cm-Geschütz und mehrere Granatwerfer.

Ein Unteroffizier und vier Obergefreite der Polizei hielten Brückenwache. Als in der Morgendämmerung des 10. Mai vier »holländische Polizisten« mit 30 deutschen Deserteuren, geführt von Leutnant Witzel auftauchten, ließ der Wachhabende diese nach Durchsicht der Papiere passieren. Als sich die insgesamt 34 deutschen Soldaten auf der Brücke befanden, griffen sie die jenseits des Flusses liegenden Kasematten G 8, G 9 und S 10 auf der Schleuseninsel an, und eroberten sie im Handstreich. Aus der Kasematte G 7 aber, von der aus man sie beobachtet hatte, wurden sie mit einem Feuerhagel empfangen.

Hauptmann Dr. Postma, der soeben die Kasematten inspizierte, hörte das Schießen und wurde wenig später von einem Soldaten gewarnt, der ihm einen Überfall der Deutschen meldete. Dr. Postma fuhr rasch zur gefährdeten Stellung zurück und wurde dort von einer verirrten MG-Kugel getroffen. Ein Holländer namens Lucassen, der die Deutschen geführt hatte, wurde von den Verteidigern getötet.

Der Handstreich war zwar geglückt und die vorzeitige Sprengung der Brücke verhindert worden, dennoch gelang es einer Einheit der Aufklärungs-Abteilung 4 der Waffen-SS, die dem Stoßtrupp nachfolgen sollte, nicht, die Brücke zu überqueren, da sie hochgehievt war. Erst nachdem sie den holländischen Schleusenmeister dazu gezwungen hatten, sie im Handbetrieb niederzulassen (die elektrische Leitung war durch Beschuß ausgefallen), kamen die ersten hinüber. Als ein Mann des Stoßtrupps ein MG auf der Brückenmitte in Stellung brachte, wurde er aus einer noch nicht in Besitz genommenen Kasematte erschossen. Die Kasematten G 7 und G 11 auf der Schleuseninsel feuerten noch immer. Der Führer der Männer von der Aufklärungs-Abteilung 4, Untersturmführer Letz, wurde während dieser Beschießung getötet.

Es kam zu einem längeren Schußwechsel, der auf beiden Seiten Verluste hervorrief. Ein holländischer Gegenangriff mit dem Ziel, die Brücke wieder in die Hand zu bekommen, scheiterte im Feuer der vorgezogenen deutschen Geschütze. Erst am späten Nachmittag konnte die Aufklärungs-Abteilung 4 die Brücke überschreiten.

Die Maldenbrücke wurde ebenfalls von einer Kompanie des niederländischen Infanterie-Regiments 26 unter Hauptmann Peeters gesichert. Auch hier standen schwere und mittlere Waffen zur Abwehr eines Angriffs zur Verfügung. Ein Unteroffizier und zehn Mann standen in der Angriffsnacht Wache. Die Brücke war durch Betonringe und Stacheldrahtverhaue gesperrt.

Als gegen 4.00 Uhr der wachhabende Offizier die Wache inspizierte, wurde ihm gemeldet, daß vier Zivilisten versucht hätten, die Brücke zu überschreiten. Sie seien abgewiesen worden. Der Hauptmann fuhr zu seinem Bataillonskommandeur, machte Meldung und erhielt den Befehl, die Brücke zu sprengen.

In der Zwischenzeit hatte jedoch ein kleines deutsches Kommando die Brücke im Handstreich in Besitz genommen. Es hatte die Wachen überwältigt, die Wachhäuser besetzt und die Sprengleitungen durchschnitten.

Ebenso überraschend und schnell gelang es, die Brücke bei Hatert in Besitz zu nehmen. Zwar konnten die Holländer hier noch eine Sprengladung zünden, doch diese erwies sich als zu schwach.

Der nächtliche Überfall auf die Straßensperre bei Didam hingegen scheiterte. Die Gruppe wurde an den falschen Details an ihren Uniformen erkannt und beschossen. Sie mußte sich unter Verlusten zurückziehen.

Trotz einiger vergeblicher Versuche trugen die gelungenen Brückeneinsätze gemeinsam mit den Fallschirmjäger-Landungen dazu bei, dem deutschen Heer den Weg in die »Festung Holland« hinein zu öffnen und den Feldzug zu einem raschen Abschluß zu bringen.

Weitere Abwehr-Einsätze in Frankreich

Neben diesen Kampfeinsätzen hatte die Abwehr eine Reihe weiterer Unternehmen geplant, mit dem Ziel, die Geheimakten des französischen Generalstabes und hier insbesondere des 2. Büros vor deren Vernichtung durch den Gegner in die Hände zu bekommen.

Ein weiterer Einsatz wurde gezielt angesetzt. Es galt, in der Kriegsmarinewerft der Holländer in Rotterdam das sogenannte Gaussing-Gerät (Gerät zur Bekämpfung deutscher Magnetminen) zu erbeuten und möglichst auch dessen Konstruktionsunterlagen in die Hand zu bekommen.

Mit diesem Unternehmen wurde Korvettenkapitän Kilwen von der Abwehr mit einem Kriegsmarine-Kommando beauftragt. Am 13. Mai gelang es diesem, in die noch feindbesetzte Werft einzudringen und sich bis ins Konstruktionsbüro vorzuarbeiten, wo sie zwei Holländer dabei fanden, diese Unterlagen zu verbrennen. Es gelang ihnen, nicht nur das wichtige Gerät, sondern auch die Konstruktionsunterlagen sicherzustellen und sich so lange zu halten, bis die Niederlande nach dem Fall Rotterdams kapitulierten.

Ein Zug »Brandenburger« stürmte am 25. Mai im Handstreich die Meeresschleusen und Straßenbrücken bei Nieuwport in Belgien und hielt sie gegen den verbissen um die Wiedererlangung kämpfenden Gegner bis zum Eintreffen der ersten Panzerspitzen. Auch hier kam es zu beiderseitig schweren Verlusten.

*

Als der Angriff auf Reims begann, rollte ein französischer Stabswagen mit Korpsstander nach Reims hinein und erreichte – gefolgt von einem französischen Lastwagen – unangefochten die Zitadelle, wo sich die Geheimakten für die französische West-Armee befanden. Abwehr-Major Vossen, als französischer Oberstleutnant getarnt, verlangte in bestem Französisch die sofortige Auslieferung der Geheimakten, um sie nach Paris in Sicherheit zu bringen.

Die Soldaten halfen den beiden Stabsoffizieren, ihren Lastwagen mit diesen Akten zu beladen. Der Oberstleutnant dankte verbindlichst und fuhr wieder los. Außerhalb der Stadt drehten die beide Fahrzeuge in Richtung auf die deutsche Front und ließen sich auch nicht durch zwei wild gestikulierende Posten davon abbringen, in ihr »Unheil« zu fahren.

*

Am 30. Mai – der Fall von Paris stand bevor – rollte eine besondere Stoßgruppe »Brandenburger«, von zwei Offizieren der Abwehr geführt, über die Hauptstraße nach Paris, fädelte sich in das Flüchtlingsdurcheinander ein und fuhren der französischen Metropole entgegen. Sie erreichten am 9. Juni die Stadt. Als niederländische, französische und belgische Flüchtlinge getarnt, sprachen sie in den drei genannten Sprachen miteinander. Sie wurden nicht erkannt. Die Stoßgruppe fuhr bis zum Regierungsviertel und hielt vor dem Seitengebäude des *Bureau Deuxième*, dem Sitz des französischen Geheimdienstes. Alles war hier in Aufbruchstimmung. Im Hof standen Lastwagen. Soldaten waren damit beschäftigt, die Geheimakten in schweren Kisten aufzuladen.

Eine Geste der Ritterlichkeit nach der Kapitulation: Französische Soldaten unter Waffen marschieren an einer angetretenen deutschen Einheit vorbei, deren Offiziere die Ehrenbezeigung erweisen.

Die »Brandenburger« enttarnten sich und nahmen die Franzosen gefangen. Die Soldaten wurden entlassen und die Akten sichergestellt. Damit war Aktenmaterial gesichert worden, das in mehreren Eisenbahnzügen nach Deutschland geschafft wurde. Darunter auch die Zentralkartei und die Aktenverwaltung der *Sûreté Nationale*, der Nationalen Sicherheitsbehörde, die dem Innenminister unterstellt war.

Am 14. Juni rückten die deutschen Truppen in Paris ein. Unmittelbar hinter ihnen zogen die bereitstehenden Männer der Abwehr in die Stadt ein und bauten die Abwehrstelle Paris auf.

Als am Nachmittag des 2. Juni bekannt wurde, daß französische Pioniere die Erdölquellen von Pechelbronn im Elsaß sprengen wollten, wurde in aller Eile ein Zug der 1. Kompanie der »Brandenburger« dorthin entsandt. Auf zwei Lastwagen und einem schnellen Flitzer jagten sie Merkweiler-Pechelbrunn entgegen und rollten direkt auf das Gelände der Quellen. Sie sprangen von den Wagen, rannten in die Unterkünfte der Pioniere und nahmen sie fest. Einer der Männer, ein Deutsch-Elsässer, zeigte ihnen die Sprengleitungen, die sofort durchschnitten wurden. Damit war auch diese Gefahr beseitigt.

Ende Juni befahl Admiral Canaris die Einrichtung der Abwehr- und Abwehr-Nebenstellen in Den Haag, Brüssel, St. Germain, Dijon, Angers, Brest und Bordeaux.

Die Abwehrstelle Brest nahm unverzüglich ihre Arbeit auf, die darin bestand, das Spionagenetz im unbesetzten Teil von Südfrankreich, in Nordafrika, auf der Pyrenäen-Halbinsel und in England auszubauen.

Am 18. Juni waren bereits die in Luxemburg und Frankreich in Haft befindlichen deutschen Agenten befreit worden. In Abbéville, Guise, Saint Quentin, Cambrai, Arras, Doulens, Lille, Boulogne, Calais, Dünkirchen und Verdun wurden ebenfalls von den Frontaufklärungskommandos wichtige Unterlagen und Akten erbeutet, die der französische Geheimdienst dort in seinen Nebenbüros gelagert hatte. Genug jedenfalls, um alle Auswerter des OKW-Amtes Abwehr/Ausland auf Monate und Jahre hinaus zu beschäftigen.

Das Lehrregiment »Brandenburg« z.b.V. 800

Richtlinien und Aufstellung

Die Richtlinien, mit welchen das *Baulehr-Bataillon z.b.V. 800* zum Regiment umgegliedert wurde, kamen vom Chef des Oberkommandos des Heeres, dem Heeresrüstungsstab und dem Befehlshaber des Ersatzheeres AHA Ia (I) unter der Nr. 1450/40 g.Kdos. Sie wurden am 15. Mai 1940 erlassen, als während des Frankreichfeldzuges klar geworden war, daß die Struktur eines Bataillons den gestellten Aufgaben nicht gerecht werden konnte.

Der Führungsstab der »Brandenburger« ließ den Mitte Juni aus dem Norwegeneinsatz zurückgekehrten Major Kewisch an die Spitze des neu zu bildenden Regiments treten. Dieser holte sich den inzwischen zum Oberleutnant beförderten Führer des »Nordzuges« Zülch als Adjutanten in seinen Stab. Beide vertraten die Überzeugung, daß die »Brandenburger« eine reguläre Truppe werden und entsprechend nach strengen militärischen Regeln erzogen und ausgebildet werden müßten.

Kurt von Haehling als Hauptmann. Er übernahm im November 1940 die Führung des Lehrregiments »Brandenburg«. Als Generalmajor und Kommandeur der 126. Division erhielt er am das Ritterkreuz.

Um dies zu erreichen, ließ Major Kewisch junge Offiziere nach Berlin versetzen, die er in die Kompanien und Bataillone einschob. Dadurch wurden viele ältere, verdiente, Offiziere übergangen. Diese Querelen führten dazu, daß Major Kewisch bereits Anfang Oktober abgelöst und durch Major von Aulock ersetzt wurde. Doch auch für ihn war diese Kommandierung nicht von langer Dauer, denn am 2. November 1940 übernahm Oberstleutnant von Haehling die Führung, die er lange Jahre innehaben sollte.

Nunmehr kam Ruhe in die aufgewühlte Truppe. Hier die Stellenbesetzungsliste, wie sie sich aus den diversen Unterlagen ergibt. Sie zeigt auch auf, daß so verdiente Offiziere, wie Hauptmann von Hippel nicht mehr dabei waren.

Regiment »Brandenburg« z.b.V. 800

Regimentskommandeur	Major Kewisch (bis Ende September 1940)
	Major von Aulock (bis Ende Oktober)
	Oberstleutnant von Haehling
Regiments-Adjutant	Oberleutnant Zülch
Ia	Oberleutnant Pinkert
I. Bataillon	Oberleutnant Walther m.W.d.G.b. (= mit Wahrung der Geschäfte beauftragt)
	Major Heinz
1. Kompanie	Oberleutnant Grabert
2. Kompanie	Hauptmann Fabian
3. Kompanie	Hauptmann Rudloff
4. Kompanie	Oberleutnant Walther
II. Bataillon	Oberleutnant Walter (m.W.d.G.b.)
	Rittmeister Dr. Jacobi
5. Kompanie	Oberleutnant Kutschke
	Oberleutnant Pinkert
	Oberleutnant Dr. Kniesche
6. Kompanie	Oberleutnant Meissner
7. Kompanie	Oberleutnant Kutschke
8. Kompanie	Oberleutnant Grabert
III. Bataillon	Oberleutnant Baron von Acken
	Hauptmann Jacobi
9. Kompanie	Oberleutnant Kutschke
	Oberleutnant Wülberg
10. Kompanie	Leutnant Kutscherag
	Oberleutnant Aretz
11. Kompanie	Oberleutnant Schoeler
12. Kompanie	Oberleutnant Schader

Um die im Rahmen des OKH vorgegebenen geplanten Einsatzgebiete schnellstmöglich zu erreichen, wurden die drei Bataillone des Regiments an die Peripherie dieser Einsatzgebiete verlegt. Es waren dies:

Für Spezialaufgaben der Abwehr/Ausland *Berlin:* Der Regiments-Führungsstab. Dort war auch die Nachrichtenkompanie untergezogen. Für alle Aufgaben überregionaler Art und zur Schwerpunktbildung ebenfalls für die Abwehr/Ausland: *Brandenburg/Havel.* Für Einsätze im Ost- und vor allem Südostraum: *Baden bei Wien.* Für den weiteren Westeinsatz und das geplante Unternehmen »Seelöwe«: *Aachen,* später *Düren.*

Unternehmen »Felsennest«: Handstreich auf Gibraltar

Als am 23. Juli 1940 ein gewisser Señor Guillermo mit seinem Fahrer und einer Begleitperson nach einer Rundfahrt durch das nördliche Spanien Madrid erreichte, telefonierte er von einer Privatwohnung aus mit der deutschen Botschaft in der Calle Castellana. Die Durchwahlnummer führte zur *Kriegsorganisation Spanien (KO Spanien).* Oberstabsintendant Franzenbach, der Finanzchef dieser Abteilung, meldete sich. Er hatte auf diesen Anruf gewartet.

Als er hörte, daß der »Onkel« eingetroffen sei, war er erleichtert, denn nun war sicher, daß Admiral Canaris, um keinen anderen handelte es sich hier, unerkannt Madrid erreicht hatte.

Oberstabsintendant Franzenbach gab die Nachricht unverzüglich an den Chef der KO Spanien, Fregattenkapitän Wilhelm Leißner weiter. Dieser firmierte in Madrid als »Ehren-Attaché« Gustav Lenz.

Als »Onkel Guillermo« in der Botschaft eintraf, stellte sich seine Begleitperson als Oberstleutnant Hans Piekenbrock heraus, Chef des Geheimen Meldedienstes in der Abwehr I.

Admiral Canaris eröffnete dem verblüfften Chef dieser Auslands-Abwehrabteilung, daß in Kürze ein deutscher Stab aus verschiedenen Heeres- und Luftwaffenexperten nach Spanien kommen werde, um zu prüfen, ob die Möglichkeit bestehe, die britische Festung Gibraltar zu erobern und damit der Royal Navy den Weg ins Mittelmeer – nach Malta und Alexandria – zu versperren und damit zugleich auch die Ölversorgung dieser Stützpunkte lahmzulegen.

Anschließend fuhr Canaris mit Piekenbrock zum Sitz des spanischen Generalstabes. Generalmajor Juan Vigón, der Chef desselben und Canaris Freund, empfing die hohen deutschen Gäste und berief gleichzeitig Oberst Martinez Campos hinzu, als Canaris ihm den deutschen Plan erläutert hatte.

Der spanische Generalstabschef arrangierte sofort eine Sonderaudienz mit dem spanischen Staatschef General Franco. Der *Caudillo* war von diesem Plan angetan, obgleich er durchblicken ließ, daß die britische Flotte ein sehr starker Gegner sein werde. Dennoch schien für Admiral Canaris klar, daß Franco, und damit Spanien, mitmachen würde.

Die Angehörigen des Sonderstabes Gibraltar waren in der Zwischenzeit in Madrid eingetroffen. Ihnen wurde der Oberstleutnant des spanischen Geheimdienstes Ramon Pardo als Erkunder zugeteilt. Er sollte die Deutschen einweisen und die notwendigen technischen Hinweise geben.

Die Spitzen dieser Gruppe waren:

Oberstleutnant Hans Mikosch, der als Kommandeur des Pionier-Bataillons 51 am 21. Mai 1940 im Westen das Ritterkreuz erhalten hatte. Major Wolfgang Langkau aus dem Stab der Artillerieschule Jüterbog und die Hauptleute der Fallschirmtruppe Rudolf Witzig, der als Führer der Sturmgruppe »Granit« Eben Emael erobert und dafür das Ritterkreuz erhalten hatte, sowie Hauptmann Osterecht.

Am 24. Juli befand sich dieses Gruppe Gibraltar gegenüber und nahm ihre Erkundigungen auf. Oberstleutnant Pardo verschaffte der deutschen Gruppe die Gelegenheit, von La Linea aus direkt nach Gibraltar hineinzublicken. Vom Leuchtturm auf der Punta Gamero aus konnten alle

Als Oberstleutnant und Kommandeur des Pionier-Bataillons 61 führte Hans Mikosch gemeinsam mit den »Brandenburgern« Sondereinsätze durch. Er erhielt das Ritterkreuz am 21. Mai 1940 und das 201. Eichenlaub am 6. März 1943. Sein letzter Dienstgrad war Generalleutnant.

westlichen Verteidigungswerke genau gesehen und vermessen werden. In der Uniform eines spanischen Stadtkommandanten flog Oberstleutnant Mikosch die Zivilflugstrecke Sevilla-Ceuta, die dicht an der Sperrzone von Gibraltar vorbei führte, ab.

Die Hauptleute Witzig und Osterecht suchten das gesamte Gelände nach Landemöglichkeiten für Fallschirm- und Luftlandeeinsätzen ab, während Admiral Canaris mit Piekenbrock durch das Gelände fuhr. In Algeciras, wo die Abwehr an dessen Westufer über drei Häuser verfügte, von welchen aus sie den feindlichen Hafen im Blickfeld hatten, beobachtete er durch ein ausgezeichnetes Glas den Verkehr dort.

Es bereitete ihm ein besonderes Vergnügen, im Hotel »Reina Maria Cristina« in Algeciras einige britische Offiziere zu belauschen. Spanische Armeeposten an der Grenze teilten ihm mit, was sie über die Festung gegenüber wußten. Was Admiral Canaris vorschwebte, war die Eroberung Gibraltars, die Sperrung des Mittelmeers für die britische Flotte und – als letzte Konsequenz – die Beendigung des Krieges gegen England.

Nachdem Frankreich in einem sechswöchigen Feldzug niedergerungen war, hatte General Franco, der noch 1939 zu den deutschen Plänen einer Eroberung Gibraltars ein striktes »Nein« hatte verlauten lassen, am 10. Juni 1940 erklärt:

»Spanien ist nicht mehr neutral, sondern nur noch nicht-kriegführend.« Als Bekräftigung dessen ließ er am 12. Juni spanische Truppen im marokkanischen Tanger einmarschieren und die ersten Umzüge der begeisterten Spanier skandierten eifrig: »Gibraltar para España!«

Daß Gibraltar eine der wichtigsten, wenn nicht die wichtigste Festung der Briten außerhalb des Mutterlandes war, verstand sich aus seiner Lage am Eingang des Mittelmeeres. Wer Gibraltar besaß, der beherrschte das Mittelmeer.

Wenige Tage darauf hatte der spanische Botschafter Marqués de Magaz dem deutschen Staatssekretär im Auswärtigen Amt, Freiherr von Weizsäcker, erklärt, daß Spanien nicht nur Gibraltar, sondern ganz Marokko, das Gebiet von Oran und weitere Teile der Sahara beanspruche. Dafür werde sein Land an der Seite Deutschlands in den Krieg eintreten. Zu diesem Eintreten gehöre auch eine Unterstützung der deutschen Truppen, die Gibraltar in Besitz nehmen wollten.

Dies alles hatte Admiral Canaris aus seinem Bau gelockt und diese raschen Vorbereitungen erwirkt, die soeben dargelegt wurden.

Daß die »Brandenburger« im Westfeldzug eine große Reihe spektakulärer Erfolge errungen hatten, war für das Ansehen von Canaris von großer Bedeutung. Nun wollte der Admiral und Chef der deutschen Abwehr abermals die »Brandenburger« einsetzen, sie durch Spanien schleusen und die britische Inselfestung im Handstreich in Besitz bringen. Dazu hatte er das III. Bataillon unter Hauptmann Hans-Joachim Rudloff ausersehen, das im Westen so erfolgreich gewesen war.

Canaris entsandte Hauptmann Rudloff nach Südspanien. Nun aber wurde die Sache kritisch und Canaris beeilte sich am 6. Juli 1940 auch dem Generalstabschef des Heeres, General der Artillerie Franz Halder (am 19. Juli zum Generaloberst befördert), vorzutragen.

Als Hauptmann Rudloff aus Spanien zurückkam, hatte er schlechte Nachrichten im Gepäck. Der Versuch, größere Gruppen von »Brandenburgern« durch Spanien zu schleusen, ohne daß die britische Spionage dies bemerkte, war ausgeschlossen. Und im Gibraltar gegenüberliegenden Hafen Ceuta fehlten die Krananlagen, um schwere Geschütze aus den Schiffen an Land zu schaffen.

Gerade als Admiral Canaris diese Akte Gibraltar in der Versenkung verschwinden lassen wollte, wurde der Plan plötzlich durch Hitler und seine Berater aktualisiert. Generalmajor Jodl, Chef des Wehrmachtführungsamtes, hatte als Hitlers Planungschef eine Denkschrift erarbeitet, die den Titel »Weiterführung des Kampfes gegen England« trug. Darin nahm die Wegnahme von Gibraltar einen breiten Raum ein.

Hitler wartete noch einige Tage zu, um aus England ein Friedensangebot abzuwarten, das er erhoffte, nachdem Frankreich zerschlagen am Boden lag. Am 15. Juli erließ Hitler die »Führerweisung Nr. 16«, dessen Kernsatz lautete:

»Da England trotz seiner militärisch aussichtslosen Lage noch keine Anzeichen einer Verständigungsbereitschaft gibt, habe ich mich entschlossen, eine Landungsoperation gegen England vorzubereiten und – wenn nötig – durchzuführen.«

Das »Unternehmen Seelöwe« war geboren, womit Gibraltar zunächst zu den Akten gelegt wurde. Doch nicht ganz, denn Hitler fürchtete sich vor der Durchführung von »Seelöwe« und neigte wieder dazu, doch Gibraltar, als weniger gefährliches Unternehmen, anzugehen.

Generalfeldmarschall Walter von Reichenau, hier als General der Artillerie, sollte mit seiner 6. Armee Gibraltar einnehmen.

Als dann Canaris – wie zu Beginn des Abschnittes erwähnt – aus Spanien zurückkehrte, war er sich mit seinem Stab darin einig, daß der Überraschungsangriff gegen Gibraltar nicht durchführbar sei. Dennoch wurde ein Angriffsplan bis in alle Einzelheiten ausgearbeitet, nach welchem Gibraltar binnen dreier Tage in deutscher Hand sein sollte.

Dieser Angriffsplan wurde von Admiral Canaris am 2. August dem neuen Generalfeldmarschall Wilhelm Keitel als Chef des OKW und Generalmajor Warlimont, als Stellvertreter von Jodl, vorgetragen. Fünf Tage darauf hatte Warlimont die Studie »Eroberung Gibraltars« ausgearbeitet und legte sie Hitler vor. Das Unternehmen erhielt den Codenamen »Felix«.

Am 16. August brach Admiral Canaris ein weiteres Mal nach Frankreich auf. Nach Besuch aller Abwehrstellen ließ er seinen Begleiter Erwin Ritter von Lahousen und Vivremont, damals noch Oberstleutnant in der Abwehr II, in Südfrankreich zurück und reiste allein nach Madrid weiter. Dort besuchte er den spanischen Generalstabschef. Als er alle Vorbereitungen zur Landung in Gibraltar durchgesprochen hatte, reiste Canaris nach Algeciras weiter, um dort mit Major Fritz Kautschke, dem dort amtierenden Offizier der Abwehr zu sprechen. Danach fuhr er zu einem Kurzbesuch nach Lissabon.

Am 24. August hatte Hitler inzwischen das Unternehmen »Felix« genehmigt. Zum Schlag gegen die britische Festung sollte die 6. Armee unter Generalfeldmarschall von Reichenau eingesetzt werden.

Die Vorbereitungen zum Unternehmen »Seelöwe«, in das ebenfalls Soldaten der Abwehr eingespannt werden sollten, seien nunmehr eingeblendet, da sie eher zu den Akten gelegt wurden, als »Felix«.

Das Unternehmen »Seelöwe« und die »Brandenburger«

Die Führerweisung Nr. 17 vom 1. August 1940, in der die Landungsoperationen in Ost- und Südengland angeordnet wurden, sah vor, die Truppen der Heeresgruppen A und B aus den Räumen Calais – Le Havre – und Cherbourg in drei Angriffsgruppen zum Sturm auf die Insel antreten sollten. Von rechts nach links waren dazu vorgesehen: Die 26. Armee, die 9. Armee und die 6. Armee. Sie sollten an der Ostküste Englands zwischen Norwich und Brighton landen.

Am 2. Juli 1940 wurde das I. Bataillon der »Brandenburger« noch unter dem Kommando von Major von Hippel und das Bataillon Rudloff alarmiert. Das Regiment »Brandenburg«, das sich gerade in der Aufstellungsphase befand, konnte dennoch rasch beide Bataillone in die vorgesehenen Bereitstellungsräume an der Kanalküste verlegen und einsatzbereit melden.

Zum Bereich der 16. Armee gehörte das Bataillon von Hippel. Bataillonsgefechtsstand wurde Nieuwport, ostwärts von Dünkirchen. Das III. Bataillon unter Hauptmann Rudloff sammelte im Gefechtsabschnitt der 6. Armee. Der Gefechtsstand wurde Caen an der Seinemündung.

Das I. Bataillon sollte im Luftlandeeinsatz zunächst die Schleusen von Folkestone vernichten. Dann sollte ein zweiter Teil des Bataillon an der Halbinsel Dungenes landen und die dortigen Schleusen, B-Werke und Wasserkraftwerke, vor allem aber die dortige Küstengeschützbatterie außer Gefecht setzen.

Das III. Bataillon sollte als erstes Stadt und Hafen Weymouth in Besitz nehmen und dazu einige Zeit vor dem Gros starten, um dessen Ziele – Plymouth und Portsmouth – zu verschleiern.

Das 100 Mann starke Kommando der »Brandenburger«, das aus englisch sprechenden Auslandsdeutschen zusammengestellt worden war, sollte mit der ersten Welle landen und auf Leichtmotor-Krädern schnell durchstoßen, um bereits im Hinterland Spezialaufträge auszuführen und den Gegner zu verwirren.

Alles schien bereit, als zunächst die Marine am 12. Oktober 1940 die Weisung des OKW erhielt, »die Landung in England lediglich als Druckmittel aufrecht zu erhalten.« Damit war das Unternehmen »Seelöwe« gestorben. Die endgültige Absage an eine Landung in England erfolgte dann am 10. Januar 1941.

Damit hatten die für dieses Unternehmen vorgesehenen »Brandenburger« »einen schönen Badeurlaub an der See verbracht«, wie einer derselben zu berichten wußte.

Zurück zum Unternehmen »Felix«. Dazu wurde am 2. Oktober 1940 folgender Tagesbefehl erlassen:

Ib V: 35051/40 geh. Berlin, den 2.10.1940
Mitwirken der Abwehr II bei einem Angriff auf Gibraltar.

A: Sonderaktionen:
Sabotagemäßiges Angehen an folgende Objekte:

1. *Brennstoff-Versorgungsanlagen.*
   a) Kohlen, b) flüssiger Brennstoff.
2. *Flugplatz, Seeflugstation.*
   a) Reparaturwerkstatt, b) Flugzeuge.

3. *Elektrizitätswerk.*
4. *Destillieranlagen für Seewasser.*
5. *Gasanstalt.*

B: Einsatz des Lehrbataillons »Brandenburg« z.b.V. 800:
Vor Angriffsbeginn Durchführung folgender Aufgaben:

1. *Durchschneiden, bzw. Sprengen des Eisenzaunes, der das englische Gebiet von der neutralen Zone trennt.*
2. *Verhinderung der Sprengung der Straße westlich des Flutbeckens am Nordwestrand des Felsens.*
3. *Verhinderung der Sprengung des Durchstiches von Ost nach West am Nordfuße des Felsens (Devil's Tower).*
4. *Die Durchführung der Aufgaben 2 und 3 muß zum Teil mit Schnellbooten erfolgen und – falls notwendig – in englischer Uniform oder in Zivilkleidung.*
   Weiterer Einsatz zu entfernter liegenden Objekten erscheint wegen starker Bewachung bei Angriffsbeginn nicht erfolgversprechend und wird von den jeweiligen Kampfhandlungen abhängig sein.
   Für die gestellten Aufgaben sind drei Offiziere und 100 Mann notwendig.

Zu den Sonderaktionen wurde unter der Registriernummer 1694/152 am selben Tage eine Anlage herausgegeben. Ihr Inhalt:

Anlage 1 1694/152
Sonderaktionen:

1. *Treibstofflager Conling Island,*
2. *Öltanks Sandy Bay,*
3. *Kohlenlager Admirality Mole,*
4. *Flugplatz Rennbahn,*
5. *Seeflugstation,*
6. *Elektrizitätswerk,*
7. *Destillieranlage für Seewasser.*

Aufgaben des Lehrregiments z.b.V. Brandenburg 800:

1. *Eisenzaunsprengung,*
2. *Verhinderung der Straßensperrung,*
3. *Verhinderung der Sprengung am Nordfuße des Felsens.*

Die Kommandos für diese Einsätze wurden durch Teile der 5. Kompanie – dem Jägerzug unter Leutnant Hettinger – und einer Kampfgruppe in Stärke von 100 Mann unter Oberleutnant Graf Thun zusammengestellt.

In einem letzten Gespräch mit dem spanischen Caudillo, Franco, versuchte Hitler am 23. Oktober Franco von seiner Zurückhaltung weg und zum sofortigen Einstieg in diese Aktion zu bringen, vergebens. Dieses Gespräch in Hendaye brachte Hitler zu der Erkenntnis, daß von Spanien und General Franco keine Hilfe zu erwarten sei, es sei denn, er, Hitler, stimmte dem weiteren Gebietserwerb Francos in Nordafrika zu. Dazu konnte sich Hitler aus Rücksicht auf Frankreich und England nicht entschließen.

Nach dem Einfall italienischer Truppen von der albanischen Südgrenze aus nach Griechenland am 28. Oktober 1940, der im sofortigen Gegenzuge ein massiertes britisches Eingreifen folgte, mußte Hitler in bezug auf Gibraltar sofort handeln. Am 4. Dezember entsandte er Admiral Canaris nach Madrid. Hier sollte dieser Verhandlungen mit der spanischen Regierung und General Franco die spanische Beteiligung zum Angriff auf Gibraltar und damit den Kriegseintritt Spaniens auf deutscher Seite erwirken.

Während in Madrid noch verhandelt wurde, schickte Oberst Piekenbrock zehn bestausgebildete, Englisch sprechende Agenten in die britische Festung am Westende des Mittelmeeres, deren Aufgabe es war, weitere »weiche« Stellen in der britischen Verteidigung des Felsens und der Festung aufzuspüren und umgehend über Funk zu melden.

Während am 6. Dezember 1940 die Weisung Nr. 21 »Barbarossa« (Rußlandfeldzug) ausgearbeitet wurde, erteilte das Oberkommando der Wehrmacht Admiral Canaris den Auftrag, von General Franco zumindest das spanische Einverständnis zum Überschreiten und Überfliegen der französisch-spanischen Grenze durch die Wehrmacht zu erlangen und auch den Durchmarsch bis zur Südküste zu genehmigen.

Darüber hinaus sollte Franco auch noch die Genehmigung zur Stationierung schwerer deutscher Artillerie auf den Kanarischen Inseln und auf Teneriffa erteilen. »Brandenburger« seien für den Einsatz bereitzuhalten.

Am nächsten Tage wurde der von der Abwehr-Abteilung I in Spanien stehende und gegen Gibraltar und die Azoren operierende Erkunderstab durch einige Herren aus dem Generalstab des Heeres verstärkt.

Admiral Canaris beantragte an diesem 7. Dezember bei Franco die Genehmigung für den Durchzug von Einheiten der »Brandenburger« durch Spanien, zur Eroberung von Gibraltar.

Am 8. Dezember mußte der »kleine Grieche« aus Dortmund-Aplerbeck – wie Canaris genannt wurde – Hitler melden, daß Franco jeder Antwort auf die Frage nach einer Kriegserklärung Spaniens ausweiche. Hitler wies ihn an, alle Spionageeinsätze gegen Gibraltar weiter zu führen, ließ aber zugleich laut werden, daß vorerst der Angriff gegen das Felsennest nicht stattfinden werde, der bis zum 10. Januar geplant war.

Admiral Canaris, bemüht den Hinderungsgrund zum Handstreich auf Gibraltar zu beseitigen, lancierte am 10. Dezember 1940 über den ungarischen Gesandten in Madrid ein offizielles Friedensangebot an Griechenland und die Vermittlung im griechisch-italienischen Konflikt. In diesem Angebot war enthalten, daß Griechenland nach Rückkehr zur Neutralität alle bisher in Albanien eroberten Gebiete behalten dürfe.

Was war geschehen, das Hitlers plötzliche Sinnesänderung bewirkt hatte?

Am 28. Oktober 1940 hatten italienische Truppen von Albanien aus die griechische Grenze überschritten und damit einen neuen Kriegsschauplatz in Europa eröffnet.

Dies gab Großbritannien den Grund zum sofortigen Eingreifen und damit war auch für die deutsche Wehrmacht ein neuer Kriegsschauplatz entstanden.

Am 10. Dezember entschied Hitler:

»Das Unternehmen ›Felix‹ wird nicht durchgeführt. Die politischen Voraussetzungen dazu sind nicht mehr vorhanden.«*

Damit war eines der wichtigsten Angriffsziele in dieser Phase des Krieges aufgegeben worden. Zugleich damit wurde der neue Kriegsschauplatz Mittelmeer und schließlich Nordafrika geschaffen, der starke deutsche Kräfte dort band und die spätere Ostfront schwächte.

---

* Zitiert aus Buchheit, Gerd: Der deutsche Geheimdienst.

Am 18. Dezember hatte Hitler die Weisung Nr. 21 (» Barbarossa«) unterzeichnet. Darin war zu lesen, daß alle Angriffsvorbereitungen gegen die Sowjetunion bis zum 15. Mai abgeschlossen sein müßten. Im Zuge dieser Vorbereitungen wurden von der Abwehr/Ausland armenische Emigranten der Daschnakzutiun-Partei, die Überreste der von den Russen zerschlagenen Mussawat-Partei unter Emin Resulzade, ferner Anhänger der georgischen antikommunistischen Sai K-Schamyl zusammengestellt, um sie für den Einsatz in diesen südostwärtigen Gebieten Rußlands und der an Rußland angrenzenden Länder einsatzbereit zu machen.

So wurden beispielsweise auch in Afghanistan Kontakte zu jener Organisation geknüpft, die der letzte Emir von Buchara und die Söhne und Neffen des letzten Emirs von Chiwa um sich geschart hatten.

Gleichzeitig damit wurde mit der militärischen Aufklärung der Grenzgebiete Libyen – Französisch Zentralafrika begonnen. Unter dem Codenamen »Dora« ging es hierbei um die Verbesserung und Präzisierung des vorhandenen Landkartenmaterials und die Erkundung der Möglichkeiten für Umgehungsangriffe des inzwischen in Nordafrika eingetroffenen *Deutschen Afrika-Korps* durch die südlichen Wüstengebiete nach Osten in Richtung Nil.

In schneller Abfolge wurden weitere Aktivitäten in Afghanistan mit Hilfe der dortigen Bergstämme gegen britische Stellungen im Indischen Grenzgebiet in Gang gebracht.

In Indien selber wurde mit Hilfe des indischen Politikers Subhas Chandra Bose, Bürgermeister von Delhi, der bereits 1921 eine »Ungehorsamkeitsbewegung« gegen die Briten gegründet hatte und 1938 zum Vorsitzenden der Kongreßpartei gewählt worden war, eine Spionage- und Sabotageorganisation aufgebaut. Bose mußte 1941 nach Deutschland flüchten. Von dort aus leitete er die Einsätze seiner Gruppe in Indien. Er versuchte von Deutschland und 1943 von Japan aus eine Indische Nationalarmee zum Kampf gegen England aufzustellen.

Darüber hinaus wurden Sabotageakte und Handstreiche auf britische Garnisonen, Depots und andere Anlagen vorbereitet.

Etwa zur gleichen Zeit wurde Argentinien zur Hauptbasis des Geheimdienstes in ganz Südamerika ausgebaut.

Am 16. Februar 1941 verhandelte der deutsche Gesandte im Auswärtigen Amt, Grobba, mit der Abwehr/Ausland über geheime Waffenlieferungen an den Irak (weiter dazu im Abschnitt: *Der Irak-Einsatz* ab Seite 117.)

Die hektischen Aktivitäten nahmen von Monat zu Monat zu, und es stand in der allernächsten Zeit eine Fülle von Einsätzen der »Brandenburger« auf dem Programm.

Ergänzend zu dieser Afghanistan-Notiz ein allgemeiner Überblick über diesen Krisenherd an der sowjetischen und der Grenze von Pakistan/Indien.

Die Afghanische Kompanie

Die Vorbereitungen zum ersten Waffen- und Personentransport nach Afghanistan liefen auf vollen Touren. Die Firma Rheinmetall-Borsig AG hatte sich verpflichtet, diese Agenten gewissermaßen als Tarnung für ihre Arbeit anzustellen. So traf am 29. April 1940 – der Polenfeldzug war zu Ende und der Frankreichfeldzug stand unmittelbar bevor – Hauptmann Morlock von der Abwehr in Termez/Afghanistan ein, um zu Geschäftsabschlüssen zu gelangen. Er führte neben seiner kleinen Truppe 30 »Diplomaten-Gepäckstücke« bei sich, die ein Gesamtgewicht von zwei Tonnen hatten. Es waren dies Handfeuerwaffen und eine 2 cm-Flak mit Munition und Lafette. Alles sollte der Bewaffnung der bereits ins Leben gerufenen Agenten- und Beratergruppen dienen. Die Agenten waren vorwiegend über die Bau-Organisation Todt nach Afghanistan gelangt und wurden nun bewaffnet, um ihre Aufträge angehen zu können.

Wo sie einzusetzen waren, das hatten bereits zu Jahresbeginn 1940 Agenten des Amtes Abwehr und solche der italienischen Abwehr in enger Zusammenarbeit erkundet, indem sie die Bergstämme im Grenzgebiet Indien-Afghanistan 1938 bis 1939 besuchten und deren Stimmung erkundeten.

Vor allem galt es, die konterrevolutionären Emigrantenorganisationen des letzten Emirs von Buchara und die Nachkommen des Emirs von Chiwa zu mobilisieren und zu motivieren.

Am 20. April 1940, »Führergeburtstag«, gab die Abwehr mit einem gKdos-Fernschreiben an die deutsche Gesandtschaft in Kabul ihre Zustimmung und zugleich den Auftrag, mit den Sabotageakten im afghanisch-indischen Grenzgebiet zu beginnen. Ab dem 24. April fanden Aktionen statt, die durch von Lahousen-Vivremont in enger Zusammenarbeit mit der deutschen Gesandtschaft in Kabul koordiniert wurde.

Um diesen einzelnen Gruppen eine geschlossene Führung zu geben, wurden im Juli 1940 der Oberleutnant der Abwehr Dr. Oberdörffer und der Abwehrführer Brandt nach Afghanistan entsandt. Getarnt als Studiengruppe zur Erforschung der Lepra reisten sie mit der sogenannten *Afghanischen Kompanie* 32 Tage lang durch Afghanistan, und führten die ersten antibritischen Aktionen durch.

Die Angehörigen der *Afghanischen Kompanie* waren von Rittmeister Habicht ausgebildet worden. Dieser hatte auch alle flankierenden Maßnahmen getroffen und das Unternehmen bestmöglich vorbereitet. Aber noch bevor das Unternehmen startete, hatte die Abwehr den Rittmeister abberufen und ihn mit der Aufstellung der Indischen Legion »Asad Hind« beauftragt (darüber mehr im Abschnitt *Das Fronteinsatzkommando 200 in Afghanistan* ab Seite 133).

Die kleine Gruppe der Abwehr zog durch Afghanistan bis zur Nordwestgrenze Indiens. Dort setzte sich Dr. Oberdörffer mit dem Fakir von Ipi, dem anerkannten Führer der afghanischen Bergstämme an der Grenze, deren einzelne Stämme bis nach Indien hineinreichten, in Verbindung.

Der Fakir von Ipi sagte den Deutschen seine Unterstützung bei einigen Einsätzen gegen britische Einrichtungen zu. Er stellte den Männern der Abwehr drei Führer zur Verfügung, welche die Gruppen zu den ersten Sabotagezielen führten.

Sie kamen in den Hütten eines verlassenen Bergdorfes unter und unternahmen am nächsten Tage die ersten Erkundungsgänge in diesem schwierigen Gelände.

Zweimal stießen die beiden Gruppen auf britische Patrouillen. Dank der Geschicklichkeit ihrer Führer konnten sie sich ihnen entziehen.

Als sie die erste Brücke über eine schmale Schlucht fanden, unter der ein reißender Wildbach bergab strömte, hielten sie dies für ein geeignetes Ziel. Sie kehrten um und berichteten Dr. Oberdörffer. Dieser entschied sich für einen Einsatz. Die Sprenggruppe unter Führung des Pionier-Feldwebels Gerd Kessler brach am folgenden Abend auf. Wieder war ihr Führer Amah Singh dabei, als sie sich auf den Weg machten. Kurz vor Erreichen der Brücke ging Amah Singh allein weiter vor. Er kam nach einer Viertelstunde zurück und sagte, daß sie in Aktion treten könnten.

Sie arbeiteten sich vor, erreichten die Brücke und brachten die erste Sprengladung unter dem jenseitigen Stützpfeiler an. Dann gingen sie über die Brücke zurück, rollten die Zündschnur aus und verbanden sie mit der zweiten Sprengstelle am diesseitigen Ende der Brücke.

Aus der sicheren Deckung der Felsbarriere, wo der Weg einen Knick beschrieb, zündeten sie die Sprengung. Mit Donnergetöse flogen beide Widerlager der Holzbrücke in die Luft. Die Brücke selbst stürzte in die Schlucht.

Sie überzeugten sich davon, daß das Werk auch gründlich getan war. Als sie gerade den Rückweg antreten wollten, erhielten sie aus erhöhter Stellung jenseits des Flusses Feuer.

»Volle Deckung!« rief Feldwebel Kessler.

Für Heinz Schultze kam diese Warnung zu spät. Er wurde von einer Kugel in den Hals getroffen und stürzte zu Boden. Kessler kroch zu ihm hinüber und zog ihn in die Deckung der Felsen zurück. Schultze versuchte noch etwas zu sagen, aber der Blutstrom, der aus dem Ausschuß an der linken Halsseite stob, erstickte jedes Wort. Noch ehe der Druckverband angelegt werden konnte, war Schultze bereits tot.

Kessler trug den Kameraden auf dem Rücken zum Lager zurück. Sie hatten den ersten Erfolg errungen, aber auch den ersten Verlust erlitten.

In den nächsten Wochen gelang es ihnen, eine vorgeschobene Funkstation der britischen Grenzwachen zu zerstören. Der Gegner hatte sich unmittelbar nach dem Feuerüberfall zurückgezogen. Die Funkstelle flog nach Sicherstellung aller dort gefundenen Unterlagen in die Luft.

Vier Tage darauf meldete einer der vorgeschobenen ortsansässigen Späher, daß eine englische Patrouille unterwegs sei. Am Nachmittag dieses Tages stieß ein englisches Aufklärungsflugzeug tief auf ihr Dorf herunter, das sie gut getarnt hatten und das als Bergdorf eines Stammes angesehen werden konnte. Sie gingen sofort in Deckung. Die Maschine drehte eine weite Schleife und die Späher und Führer winkten zum Flugzeug hinauf.

»Die haben nichts gemerkt«, meinte Sonderführer Brandt. Aber Dr. Oberdörffer schüttelte nur den Kopf.

»Sie haben erkannt, daß dies kein normales Dorf ist. Hier fehlen Frauen und Kinder. Sie werden wiederkommen und uns hinausbomben.«

Eine Stunde später waren die Späher unterwegs, um einen neuen Lagerplatz zu suchen. Sie fanden ein weiteres Bergdorf, in dem einige Hütten leergeräumt wurden, die unbewohnt waren. Darin richteten sich die Männer ein.

Am selben Nachmittag meldeten die Späher Flugzeuge. Sie eilten auf den Adlerhorst, wie sie den hochgelegenen Spähplatz nannten, und sahen, wie drei Flugzeuge tief auf das Dorf herunterstießen und dann ihre Bomben in die Hütten warfen. Explosionen grollten, Staub und Rauch und Flammen stoben empor. Dann drehten die drei Flugzeuge wieder ab.

An diesem Abend feierten sie ihren »Geburtstag«. Dr. Oberdörffer hatte sie gerettet.

Als sie sich wenige Tage darauf 30 Kilometer weit auf indisches Gebiet vorwagten, um in einer nächtlichen Unternehmung einen britischen Telegraphenposten zu vernichten, hatten sie Pech. Sie liefen einer Grenzpatrouille in die Arme und wurden in ein stundenlanges Gefecht verwickelt, in dessen Verlauf sie sich schrittweise auf die afghanische Grenze zurückzogen. Sie hatten noch nicht die Hälfte des Weges zurückgelegt, als es bereits hell wurde. Eine Stunde später flogen sechs Flugzeuge über sie hinweg und dann sahen sie hinter sich, zwischen ihrer Vorhut und der Grenze, der sie zustrebten, die weißen Glocken vieler Fallschirme aufblühen. Englische Fallschirmjäger waren in ihrem Rücken abgesprungen und versuchten, ihnen den Rückzugsweg abzuschneiden.

Eine Stunde später trafen sie auf die ersten von ihnen und damit standen sie zwischen zwei Feuern.

Mit seiner Maschinenpistole sicherte Dr. Oberdörffer den Rückzug. Er schaffte es, daß das Gros seiner Männer durchkam.

Mit Feldwebel Kessler wurde er beim entscheidenden Sprung durch die Linie der Fallschirmjäger in ein Feuergefecht verwickelt, bei dem Dr. Oberdörffer einen Brustschuß erhielt und fiel. Kessler geriet in Gefangenschaft.

Nach diesem Zwischenfall, bei dem auch zwei Späher fielen, war es mit der Arbeit in diesem Raum zu Ende. Die *Afghanische Kompanie* löste sich auf. Die Männer verstreuten sich in alle Winde und die Deutschen der Gruppe schlugen sich unter Führung von Sonderführer Brandt nach Kabul durch, wo sie zunächst in der deutschen Botschaft Unterschlupf fanden, ehe sie auf verschlungenen Wegen nach Hause geschickt wurden.

Nach dieser Schilderung des Afghanistan-Einsatzes nur zurück auf den Kriegsschauplatz Europa.

Von »Marita« bis Rumänien

Rumäniens Erdöl

Am 13. Dezember 1940 erging die Führerweisung Nr. 20 zum Unternehmen »Marita« gegen Griechenland. Bereits lange Zeit vorher waren jene Aktionen festgelegt worden, die dem Objektschutz auf dem Balkan dienten.

Dazu war das Baulehr-Bataillon z.b.V. »Brandenburg« vorgesehen. Um den Objektschutz optimal zu gestalten, war es jedoch zu klein. Das Regiment »Brandenburg« wurde – aus diesen und anderen Gründen – aus der Taufe gehoben.

Für die Einsätze im Südosten und Osten wurde das II. Bataillon vorgesehen, dessen Stab in Baden bei Wien lag. Der Stab des III. Bataillons lag in der Gallwitz-Kaserne bei Aachen und jener des I. Bataillons. nach wie vor in der Magdeburger Straße in Brandenburg/Havel.

Daß sich auf dem Balkan etwas zusammenbraute, war der Abwehr spätestens seit 1939 bekannt. Es war später durch die Auswertung der Akten der französischen Abwehr klar geworden, daß Großbritannien an verschiedenen exponierten Stellen dieser Gegend Sabotageunternehmen vorbereitet hatte; vor allem gegen die rumänische Erdölindustrie.

Auf dieses Erdöl und seine Raffinerieprodukte war Deutschland (vor allem dann, wenn die russischen Lieferungen ausblieben) angewiesen. Wenn es gelang, Deutschland davon abzuschneiden, wie dies bereits einmal im Ersten Weltkrieg geschehen war, dann war der Krieg für Deutschland so gut wie verloren.

Mitte September 1939 bereits trafen zwei französische Experten in Bukarest ein mit dem Auftrag, die vorsorgliche Zerstörung der Bohranlagen, Raffinerien, der Transportwege und der lagernden Vorräte vorzubereiten. Es waren dies Ingenieur Léon Wenger und Hauptmann Pièrre Angot vom *Bureau Deuxième* in Paris.

Am 18. September wurde Wenger durch den französischen Botschafter in Bukarest dem britischen Gesandten Sir Reginald Hoare vorgestellt. Auch die Engländer wollten ihn als Experten für Sabotagemaßnahmen anheuern.

Bereits am 27. Oktober schrieb der französische Außenminister an seinen Botschafter in London, Corbin: »Unsere Sonderdienststellen sind mit den britischen Stellen überein gekommen, die Handelsschiffahrt auf der Donau durch geeignete Zerstörungen zu blockieren.«

Die französischen Behörden hatten dazu ihre Zustimmung gegeben. General Gamelin, OB des französischen Heeres, hatte sich an Kriegsminister Daladier gewandt und sich mit dessen Plänen zur Zerstörung der rumänischen Erdölförderung einverstanden erklärt. Er meinte, daß Herr Wenger der beste Mann für diese Aufgabe sei. Daß außerdem auch die russischen Erdölquellen in Baku auf der Sabotageliste Frankreichs standen, wurde ebenfalls durch Beutedokumente erhärtet. Immerhin bezog ja Deutschland noch 1940 aus der UdSSR Erdöl und Erdölprodukte.

Admiral Canaris hatte bereits im August 1939 Generaloberst Keitel gewarnt, daß lediglich zwei mit Zement beladene große Lastkähne – im *Eisernen Tor* versenkt – den Schiffsverkehr auf der Donau für lange Zeit lahmlegen könnten.

Generaloberst Keitel hatte daraufhin den Abwehr-Admiral gebeten, die rumänische Regierung über die Vorhaben Frankreichs und Englands ins Bild zu setzen.

Es gelang Canaris, den Chef des rumänischen Geheimdienstes, Moruzow, zu einer Aussprache zu gewinnen. Beide kamen zu der einstimmigen Überzeugung, daß man sofort und getarnt den Ölschutz veranlassen müsse. Moruzow sicherte dem Admiral die Hilfe des rumänischen Geheimdienstes Siguranza zu.

König Carol wollte davon zunächst nichts wissen. Erst als ihm vorgetragen wurde, daß die britisch-französischen Planungen zu Sabotageakten ihn und sein Land treffen mußten, das an der Erdölausfuhr nicht schlecht verdiente, war er mit einem deutsch-rumänischen Übereinkommen zur Sicherung dieser Geldquelle einverstanden.

Die Ölschutz-Organisation

Diese Organisation richtete sich binnen kurzer Zeit in Rumänien ein. Die Abwehr II entsandte 60 Soldaten der *Deutschen Kompanie* in Sliac unter Feldwebel Süß nach Wien. Alle sprachen fließend serbokroatisch und/oder rumänisch.

Ihre Aufgabe war die Sicherung derr rumänisch-deutschen Transporte auf der Donau. »Brandenburger« befanden sich auf jedem Schiff, das Erdöl nach Deutschland transportierte und auf allen Eisenbahn-Transporten. An sämtlichen Donau-Anlegestellen waren »Brandenburger« als Angestellte vertreten und hielten alles unter ständiger Kontrolle.

Die Geheimdienstorganisationen von Ungarn, Bulgarien und Deutschland schlossen ein Abkommen, damit die Sondereinheiten auch auf dem jenseitigen Donau-Ufer präsent waren. Sie gaben ihre Bestätigung zu notwendigen Maßnahmen bis hin zur Eliminierung feindlicher Saboteure und Agenten.

Die Abwehrführer Süß, Stohr und Kriegisch reisten im Dezember 1939 nach Rumänien, um diese Maßnahmen vorzubereiten. Anfangs 1940 folgten »Brandenburger« in kleinen Gruppen nach.

Dieser Schutz war jedoch nicht ausreichend, so daß Ende August 1940 die 5. Kompanie des Lehrregiments »Brandenburg« unter Oberleutnant Pinkert ausgewählt und von Oberleutnant Dr. Kniesche auf den Rumänieneinsatz vorbereitet wurde.

Ab dem 1. September erfolgte ihre Einschleusung nach Rumänien.

Ein Teil der »Brandenburger« ging, als Montagetrupp getarnt, nach Ploesti, dem Hauptstandort der rumänischen Erdölindustrie. Die Männer arbeiteten sowohl in rumänischen Betrieben als auch in der Erdöl-Raffinerie »Standard«, die von der deutschen Reichsregierung erworben worden war.

Eine weitere Kompanie mußte, ebenfalls in Zivil, nach Rumänien verlegt werden. Sie hatte sich als »Sportverein Wiking« getarnt.

Am Stadtrand von Ploesti lagen jene zwölf Raffinerien, die das aus den Bohrfeldern geförderte Erdöl bearbeiteten. Zu jeder gehörten Tanklager und Industriebetriebe, Verladeeinrichtungen und Pipelines, die gesichert werden mußten.

Eine weitere, große Raffinerie mit mehreren Tanklagern und Betrieben befand sich in Campina, 30 km nördlich von Ploesti.

Das Bohrgebiet mit seinen Bohrtürmen verlief etwa 60 km und einer Breite von 20 km nordwestlich Ploesti, Hauptort dieses Erdölzentrums war Moreni. Von hier aus verlief eine Bahnstrecke und eine Pipeline nach Baicoi. In Giurgiu an der Donau gab es neben weiteren kleinen Raffinerien eine große Verladestation für Erdöl, die es besonders zu schützen galt. Ebenfalls schutzwürdige Objekte waren in Konstanza und Bukarest vorhanden.

Die »Brandenburger« und ihre Helfer

Obgleich das gesamte Erdölgebiet von Ploesti Sperrgebiet war, gelangten immer wieder Franzosen, Engländer und Holländer mit Sondererlaubnis zum Besuch. Es handelte sich in den meisten Fällen um Offiziere der diversen Geheimdienste.

Mit Leutnant Dr. Dr. Drögler, ein bekannter Chemiker, der sich Dr. Luptar nannte und fließend rumänisch sprach, wurde ein Mann zum Führer des Abwehrdienstes ernannt, der Land und Leute gut kannte. Oberst Moruzow von der *Siguranza* gab ihm jüngere rumänische Kriminalbeamte zur Seite, die ein wenig deutsch sprachen.

Jeder Sabotageakt wurde dieser Gruppe zu Aufklärung übergeben. Gelegentlich waren es Brände, dann wieder gelockerte Flanschenverbindungen, Manipulationen an Geräten und Maschinen, die verfolgt und geklärt wurden.

Auf den Kesseltransportwagen der Bahn, die nach Österreich gingen, befanden sich »Brandenburger« in den Bremserhäuschen.

Bis Ende 1940 gelang es der deutschen Abwehr in Rumänien, die Sabotage auf ein Minimum zu begrenzen. Karteikarten wurden erstellt, mit einigen tausend Namen und Decknamen von Agenten beider Seiten, möglichen Saboteuren und unsicheren Elementen.

Für die deutsche Abwehr in Rumänien bedeutete Stalins Forderung vom 26. Juni 1940 an Rumänien, die Bukowina und Bessarabien zu räumen, eine Krisenlage. Alarmbereitschaft wurde ausgelöst.

Die deutsche Regierung erklärte der rumänischen Staatsführung, daß sie entschlossen sei, die Grenzen des Landes notfalls mit Waffengewalt zu schützen.

Am 28. Juni 1940 rollten russische Panzertruppen in die Bukowina ein. Sie blieben aber am Sereth stehen.

Die Arbeit des Sonderdienstes griff nun auch auf englische Lastschiffe über. In Ploesti wurden einige englische Agentennetze ausgehoben. Am Snagov-See und in Bukarest fanden Durchsuchungen britischer Häuser, Fabriken und Lastkähne statt. Besonders auf letzteren wurden große Mengen Waffen und Sprengstoffe beschlagnahmt. Die rumänischen Behörden verwiesen in dieser Zeit 1300 Engländer und Franzosen des Landes.

Der Untergrundkampf in Rumänien um die Erhaltung bzw. die Zerstörung der Erdölfelder von Ploesti wurde von den »Brandenburgern« und der Abwehr gewonnen. Den Schlußpunkt setzte hier Marschall Ion Antonescu, der am 4. September 1940 durch König Carol II. zum Staatschef ernannt wurde, zwei Tage darauf den Rücktritt des Königs erzwang und für Deutschland den Weg freimachte.

Marschall Antonescu erlaubte Ende Oktober 1940 die Anwesenheit deutscher Truppen in Rumänien. Die deutsche Militärmission begann unverzüglich mit der Ausbildung rumänischer Truppen. Deutsche Fliegerkräfte übernahmen den Schutz des gesamten Erdölgebietes und des rumänischen Teils der Schwarzmeerküste.

Admiral Canaris schickte den Oberst der Abwehr Brinckmann nach Bukarest, um die Schlagkraft der Militärmission zu verbessern.

Zu Ende dieses ereignisreichen Jahres wurde eine weitere Kompanie des Regiments »Brandenburg« zur Sicherung der Donau-Wasserstraße und des Erdölgebietes nach Rumänien in Marsch gesetzt. Im Frühjahr 1941 verlegte dann das gesamte II. Bataillon von Baden-Unterwaltersdorf nach Ploesti. Die Erdölgebiete waren damit optimal gesichert.

Wien, 25. März 1941: Unterzeichnung des Dreimächtepaktes. In der Mitte Reichsaußenminister von Ribbentrop, links im Bild sein jugoslawischer Kollege Cinar Marcivic.

Die »Brandenburger« im Balkanfeldzug

Als Jugoslawien nach dem Drängen Hitlers, sich zum Dreimächtepakt mit Deutschland zu bekennen, am 18. März 1941 den Kronrat einberief, war dessen Mehrheit für den Beitritt zum Pakt. Deutschland müsse aber auf Jugoslawien als Durchmarschgebiet für weitere militärische Aktionen verzichten. Dies wurde zugesichert.

Am 25. März kam es in Wien zur Unterzeichnung und damit zum Beitritt Jugoslawiens zum Dreimächtepakt. Als dies offiziell bekanntgegeben wurde, nahm Colonel William Joseph Donovan, Leiter des US-Geheimdienstes in Südosteuropa, später Chef des *Office of Strategic Services,* Kontakt zum Fliegergeneral Dusan Simovic und dessen serbisch-nationaler Gruppe auf und brachte diese dazu, die Regierung zu stürzen.

In der Nacht zum 27. März 1941 übernahm der General die Macht in Jugoslawien und machte einige Stunden darauf gegen Deutschland mobil. Amerikanische Hilfszusicherungen in schwindelerregender Höhe ließen ihn hoffen.

Aber auch hier hatten die Westmächte nur ein Windei gelegt und ließen Jugoslawien die Suppe allein auslöffeln.

Noch am Mittag des 27. März teilte der deutsche Chef des Wehrmachtführungsstabes mit, daß sich »der Führer entschlossen hat, Jugoslawien zu zerschlagen.« Der OB des Heeres und jener der Luftwaffe seien noch bei ihm. Um 16.00 Uhr sei eine große Besprechung in der Reichskanzlei angesetzt.

Nach dieser Besprechung erließ Hitler am Abend die Führerweisung Nr. 25, den Feldzug gegen Jugoslawien und Griechenland betreffend.

In internen Besprechungen wurde ein Luftangriff auf Belgrad zum 1. April beschlossen und der Angriff »Marita« auf den 2. April angesetzt. Eine Kriegserklärung sei nicht notwendig, da sich Jugoslawien ja bereits einseitig im Kriegszustand mit Deutschland befinde, den Vertrag gebrochen und gegen Deutschland mobilgemacht habe.

Noch vor Beginn dieses Feldzuges trafen die für den Südostraum vorgesehenen Einheiten der »Brandenburger« an der Grenze ein. Erste Trupps sickerten in Volltarnung und Halbtarnung nach Jugoslawien und Griechenland ein, um die wichtigsten Objekte zu sichern und deren Sprengung zu verhindern.

In der Nacht zum 6. April – dem Angriffstag – standen die Kommandos des II. Bataillons bereit. Die beiden Halbkompanien der 5. unter Oberleutnant Kutschke bei der 2. Armee in Kärnten, die 7. Kompanie für einen Sondereinsatz am *Eisernen Tor* (Durchbruch der Donau durchs Banater Gebirge), während die 8. Kompanie das Gebiet des Dreiländerecks bezog, wo die 12. Armee bereitstand.

Die 12. Kompanie unter Oberleutnant Schader war aus Düren nach Baden bei Wien verlegt worden.

Einer der ersten Aufträge für die 5. Kompanie war die Sicherung des *Eisernen Tores*, dessen Durchfahrt erhalten bleiben mußte.

Der Einsatz *Eisernes Tor*

In Berlin erhielt Oberst Bazing, Chef der Deutschen Wehrmachtsmission in Rumänien, durch Admiral Canaris Weisung, mit einer »Brandenburger«-Kampfgruppe von 50 Mann zum rumänischen Flugplatz Mehadica zu verlegen, welcher der Gefahrenstelle direkt gegenüber lag. Dort würden ihm noch Pioniere zugeführt werden. Diese Kampfgruppe wurde in der Nacht zum 6. April auf Lastwagen nach Swijima an der Donau gefahren. Dort lagen die Sturmboote bereit, die sie zum jugoslawischen Donauufer bringen würden. Ihr Auftrag: »Die Sperrung des *Eisernen Tores* im Handstreich verhindern.«

Der Einsatz verlief wie geplant. Die Kampfgruppe jagte auf Sturmbooten über den Fluß. Jedes Boot hatte eine geballte Ladung und andere Sprengmittel mit. Die Männer waren mit Maschinenwaffen ausgerüstet.

Am jenseitigen Ufer angekommen, sprangen die Pioniere und Brandenburger an Land; sie hatten das Feuer des Gegners bereits unterfahren, als dieses einsetzte.

Aus MG und Maschinenpistolen feuernd, stürmten die Brandenburger die ersten vorgezogenen Gräben, erreichten die Bunker und sprengten sie mit Hafthohlladungen. Es waren die gleichen Ladungen, die bei der Eroberung des belgischen Sperrforts Eben Emael von den Fallschirmpionieren verwandt worden waren.

Der Feuerkampf und der Einsatz Mann gegen Mann in den Flankenstellungen dauerte ganze sieben Minuten, dann trat hier Stille ein. Alle Bunker wurden besetzt. Die in der Bucht zur Sperrung der Enge bereitliegenden Lastkähne, die bis an den Rand mit Beton angefüllt waren, wurden gesichert. Damit war die Lage bereinigt. Eine Wachtruppe blieb am *Eisernen Tor* zurück und wehrte einige Saboteurgruppen ab. Im letzten Absatz des abschließenden Wehrmachtberichtes vom 17. April über den Jugoslawienfeldzug hieß es dazu:

Sturmboote im Einsatz. Auch der Umgang mit diesen Verbringungs- und Übersetzmitteln, eigentlich eine Domäne der Sturmpioniere, gehörte zur Ausbildung der »Brandenburger«, wenngleich ihre Aufgabe bei Brückeneinsätzen vorwiegend darin bestand, diese handstreichartig »im Landgang« zu nehmen. Beim Einsatz Eisernes Tor war dies anders.

»Eine aus Pionieren, Teilen der Luftwaffe und Sonderformationen zusammengestellte Gefechtsgruppe unter Oberst Bazing hat im Morgengrauen des 6. April die Donau am *Eisernen Tor* bei Orsova unter schwierigsten Stromverhältnissen überschritten. Im kühnen Handstreich wurde das jugoslawische Ufer genommen, zäher Widerstand gebrochen und alle feindlichen Versuche, die Fahrrinne zu sperren, vereitelt.

Damit wurde durch entschlossenes Zufassen weniger deutscher Soldaten ein lebenswichtiger Schiffahrtsweg gesichert und dem beabsichtigten feindlichen Zugriff entzogen.«

Die »Brandenburger« in Belgrad

Am frühen Morgen des 6. April hatten starke deutsche Fliegerkräfte Belgrad und seine kriegswichtigen Anlagen und Gebäude angegriffen. Hauptziele waren Kasernen, Staatsgebäude und Ministerien. Der Hauptbahnhof von Belgrad, eine Pontonbrücke über die Donau ostwärts der Stadt und einige Transportzüge wurden schwer getroffen. Ein Stoßtrupp unter Hauptsturmführer Klingenberg von der Waffen-SS war nach Belgrad eingedrungen und hatte die Kapitulation veranlaßt. Klingenberg erhielt dafür am 14. Mai 1941 das Ritterkreuz.

Hauptsturmführer Fritz Klingenberg von der Division »Das Reich« drang mit einem elfköpfigen Stoßtrupp seiner 2. SS-Kradschützen-Kompanie nach Belgrad ein und erreichte in einem Gespräch mit dem Bürgermeister die Übergabe der Hauptstadt, die der Gesamtkapitulation der jugoslawischen Armee vorausging. Der Mecklenburger fiel am 22. März 1945 bei Herxheim-Rheinpfalz als Oberführer und Kommandeur der 17. SS-Panzergrenadier-Division »Götz von Berlichingen«.

Die Luftflotte 4 unter General der Flieger Löhr, startete an diesem Morgen mit 400 Stukas, Kampfflugzeugen und Zerstörern, sowie Me 109-Eskorten. Die Gesamtzahl der Jäger belief sich auf 210, die der Aufklärer, die auch weitere Aufträge erhalten hatten, auf 140. Die Stukas zerstörten u.a. auch den Flugplatz Semlin. Die jugoslawischen Luftstreitkräfte wurden mit einem Schlage zum größten Teil auf ihren Plätzen vernichtet.

Im Unternehmen »Jupiter« besetzten Kräfte der deutschen Minderheit in Ungarn und Jugoslawien unter ihrem Volksgruppenführer Sepp Janko, die aus Ungarn nach Jugoslawien vorstießen, die beiden wichtigen Brücken über die Drau und hielten sie bis zum Eintreffen deutscher Truppen.

In der Spitzengruppe der 12. Armee, vorn bei der 2. Panzer-Division, gingen »Brandenburger« mit den Panzerspitzen und Vorausabteilungen vor, um die jugoslawischen Geheimarchive zu bergen. Ein Kommando setzte sich durch Handstreich in den Besitz der Donaubrücken und einer Reihe von Lastkähnen, die mit Staatsdokumenten vollgepackt waren; darunter Pläne jugoslawischer Stellungen und Festungen ebenso wie Spezialkarten über Straßenverminungen, Panzersperren, die Tragfähigkeit der Brücken und umfassende Papiere über den jugoslawischen Geheimdienst.

»Brandenburger« als Serben im »Räuberzivil« vor dem 6. April 1941 zum Sprung nach Belgrad bereit.

Zur Erkundung des 7976 m langen Karawanken-Tunnels nach Jugoslawien wurde die Kampfgruppe Hettinger von Rosenbach nach Jesenice geschafft. Ihr Auftrag: Eindringen in den Tunnel, Beseitigung der Sprengmittel und Sicherung des Tunnelausgangs.

Am frühen Morgen des 7. April drangen Männer der Kampfgruppe in den Tunnel ein, in dessen Mitte die Grenze verlief. Dort war der Weg durch Sprengungen und Verbauungen gesperrt worden. Hettinger schlug nun mit seinen Männern den Weg über den Gebirgskamm auf die andere Seite ein. In der Nacht zum 9. April war der noch tief verschneite Kamm (1800 m) überwunden.

Am Tunneleingang auf jugoslawischer Seite wurde der Gegner im Handstreich überwältigt. Der Rückmarsch nach Rosenbach wurde angetreten. Pioniergruppen gingen an die Arbeit, den Tunnel wieder befahrbar zu machen.

Die Kampfgruppe Grabert erhielt Weisung, die bei Axioupolis in Bulgarien nach Griechenland führende Brücke über den Wardar handstreichartig in Besitz zu nehmen. Allein über diese 400 Meter lange Holzbrücke konnte der Vorstoß der 2. Panzer-Division nach Saloniki erfolgen.

Oberleutnant Grabert hatte vorher mit seinem Dolmetscher und Adjutanten von einer Erkundungsstelle aus das Gelände inspiziert. Er sah durch sein Fernglas, daß sich dichte Flüchtlingstrecks auf die Brücke zubewegten.

Oberleutnant Siegfried Grabert, ein »Brandenburger« der ersten Stunde. Für seinen Handstreich auf die Wardar-Brücke bei Axioupolis erhielt er am 10. Juni 1941 das Ritterkreuz. Am 6. November 1943 wurde er für weitere bedeutende Einsätze als 320. deutscher Soldat mit dem Eichenlaub ausgezeichnet.

Seine 8. Kompanie zog nunmehr die bereitliegenden jugoslawischen Militärmäntel und Stahlhelme über. Mit zwei Gruppen auf jeweils einem Lastwagen fuhr Grabert in Richtung Brücke. Unterwegs baten sie jugoslawische Soldaten, mitfahren zu dürfen. Grabert zeigte auf die Ladefläche. Die Jugoslawen sprangen auf und wurden »empfangen«.

Beide Wagen erreichten die Brücke und fuhren im Treck der Flüchtlinge mit. Auf der Mitte kam es zu einem Stau. Durch sein Fernglas erkannte Grabert am jenseitigen Brückenende einen britischen Sprengtrupp, der die Brücke zur Vernichtung bereitmachte.

»Gruppe Berke kommt mit mir!« befahl der Oberleutnant. Sie saßen ab und rannten zum jenseitigen Brückenende vor. Mit MPi-Salven konnten sie den Sprengtrupp zur Aufgabe zwingen. Die Flüchtlinge bekundeten den beherzten »jugoslawischen Soldaten« begeistert Beifall.

Die Männer sicherten die Brücke und schleusten alle Flüchtlinge hinüber. 90 Minuten darauf traf die Vorausabteilung der 2. Panzer-Division ein. Sie fand die Brücke unversehrt vor und rollte zügig hinüber. Dieser Einsatz der Brandenburger trug entscheidend zum schnellen Durchstoß nach Saloniki bei, Oberleutnant Siegfried Grabert erhielt für diesen entscheidenden Beitrag am 10. Juni 1941 das Ritterkreuz.

Nach ihrem Einmarsch in Belgrad mit den Spitzen der 11. Panzer-Divison am 12. April drangen die Männer des Sonderkommandos Belgrad in das Bürogebäude des jugoslawischen Generalstabes ein, das zum Teil durch Bomben schwer beschädigt war. Hier wurden wichtige Dokumente des jugoslawischen Geheimdienstchefs sichergestellt.

Am 18. April weilte Admiral Canaris in Belgrad, um die hier eingerichtete Abwehrstelle Südost zu instruieren, nach welchen Dokumenten weiter zu suchen sei.

Vom 21. bis zum 27. April besetzten Teile des II. Bataillons »Brandenburg« die griechische Insel Evvia im Golf von Volos. Damit stand dieser Verband bereits im Rücken der Engländer, die Griechenland zu verteidigen trachteten. Die Engländer zogen sich zurück.

Teile des Bataillons besetzten anschließend den Isthmus von Korinth und zogen mit den ersten deutschen Truppen in Athen ein.

Spezialisten der Abwehrstelle Hamburg, die fließend neugriechisch sprachen, trafen am 27. April in Athen ein. Sie wurden von Agenten der deutschen Botschaft in Empfang genommen. Die Geheimarchive im griechischen Marineministerium fielen ihnen unversehrt in die Hand.

Als Admiral Canaris von seiner Südostreise nach Berlin zurückgekehrt war, erstattete er Hitler einen detaillierten Bericht.

Der Einsatz von Teilen des II. Bataillons gegen den Flugplatz Malemes auf Kreta am Morgen des 20. Mai 1941 schlug fehl. Die Männer wurden mitten in ein feindliches Lager hinein abgesetzt und im Kampf aufgerieben.

Ihr Auftrag, Malemes mitzuerobern, von dort zur Sudabucht vorzustoßen und die Fluchtbewegung der Briten zu Schiff nach Alexandria zu vereiteln, war damit gescheitert.

Die Abwehr-Ausland im Ostfeldzug

Die Vorbereitungsphase

Fünf Monate vor Beginn des Rußlandfeldzuges hatte Admiral Canaris im Januar 1941 die Stäbe *Walli I* bis *III* gebildet. Hinter dieser Tarnbezeichnung verbargen sich die *Frontaufklärungs-Leitstellen,* die im Ostfeldzug zum Einsatz gelangen sollten.

Diese erhielten ihre Aufträge für Sabotage, Spionage und Kampfeinsätze gegen Rußland. Und zwar einmal direkt vom OKW-Amt Ausland/Abwehr, zum anderen von der dem Oberkommando des Heeres unterstellten *Organisation Fremde Heere Ost.* Diesen drei *Walli*-Stäben waren sämtliche *Frontaufklärungskommandos* und *-trupps* unterstellt.

Der *Walli-I*-Stab wurde in Sulijewek in Polen eingerichtet und verlegte später nach Winniza in die Ukraine. Der Stab *Walli II* lag in Suwalki, während *Walli III* zunächst in Breslau unterkam. Er bestand aus der Führungsgruppen unter Oberstleutnant Schmalschläger und dessen erstem Vertreter Hauptmann Krickendt, der auch die Auswertungsgruppe führte. Hier wurden die Referate Lageberichte, Auswertung und Abwehrtrupp-Angelegenheiten bearbeitet. Unter Oberst Eberhard Kinzel von der *Abteilung Fremde Heere Ost* in Berlin wurde am 1. Januar 1941 die Studie über die »Kriegswehrmacht der Sowjetunion« vorgelegt. Daß die dort vertretenen Prognosen über die sowjetischen Armeen und ihre Waffen völlig daneben lagen, sei am Rande erwähnt.

Beginnend mit dem 2. Februar 1941 bezogen die Gruppen der 1. Kompanie der »Brandenburger« Standorte im Raume Allenstein/Ostpreußen und begannen ihre Spezialausbildung für den Rußlandfeldzug.

Am 15. Februar wurde Admiral Canaris durch eine von Generalfeldmarschall Keitel unterzeichnete Geheime Kommandosache zum »Koordinator aller geheimdienstlichen und militärischen Aktionen zur Verschleierung des deutschen Aufmarsches gegen Rußland« ernannt. Er entsandte am 19. Februar den Leiter der Abwehrabteilung II, von Lahousen-Vivremont, ins Lager Zeppelin bei Zossen. Dort sollte er mit dem Generalstab des Heeres alle Aktionen der Abwehr mit dem Heer koordinieren.

Canaris selber reiste nach Krakau, um sich mit dem Chef der dortigen Abwehrstelle zu beraten, wie der Gegner im Osten überrascht werden könne. Nach Berlin zurückgekehrt, gab er dem Chef der Abteilung III, Oberst Bentivegni, folgende Weisungen:

»Vorbereitung aller Gliederungen der Abwehr III zur aktiven Spionageabwehr gegen die Sowjetunion, beispielsweise:

a) Lähmung der Tätigkeit der sowjetischen Nachrichtendienststellen.
b) Irreführung der ausländischen Nachrichtendienste durch eigene Agenten über eine Verbesserung der deutsch-russischen Beziehungen und der Vorbereitung eines gemeinsamen Schlages gegen England.
c) Abwehrmaßnahmen zur Geheimhaltung der Vorbereitungen zum Krieg gegen die UdSSR und Sicherung der geheimen Truppentransporte nach dem Osten.«

Am 11. März erhielt Admiral Canaris Weisung, den russischen Militär-Attaché in Berlin, Generalmajor W.I. Tupikow, durch Falschmeldungen irrezuführen. Diese Irreführung gelang dank der Mitarbeit des sowjetischen Agenten Orestes Berlings, der von den Russen in ihre Botschaft in Berlin eingeschleust worden war. Dieser war bereits durch Görings *Geheimes For-*

schungsamt (den ultrageheimen Nachrichtendienst der Luftwaffe) enttarnt und umgedreht worden.

Berlings gab also die neuesten Erkenntnisse über »deutsche Aktionen« nach Moskau durch.

Mit diesen Mitteln gelang die Täuschung der Sowjets so vollkommen, daß noch am 20. März 1941 der Chef des Geheimdienstes der Roten Armee, General Fedor Golikow, Marschall Stalin melden konnte, daß jene Kriegsgerüchte der Engländer, die von deutschen Truppenkonzentrationen und einem Überfall Deutschlands auf Rußland berichteten, nur ein besonderer Schachzug der Gegner Rußlands sei, der – von den Briten ausgedacht – Rußland zu einem Krieg gegen Deutschland zwingen sollte.

Der Direktor des britischen *Military Intelligence,* Generalmajor Francis Davidson, schrieb in seiner Lagebeurteilung vom 13. März 1941 an sein Oberkommando:

»Wir haben keinen Anlaß zu der Annahme, daß ein Angriff Deutschlands auf Rußland bevorsteht.«

Daß dennoch die Rote Armee bis zum 4. April 1941 bereits 171 Divisionen hinter der deutsch-russischen Demarkationslinie hatte aufmarschieren lassen, deutete auf einen bevorstehenden russischen Angriff hin. Diese Meldungen bewogen die Abwehr dazu, mit aller Kraft Sonderverbände in den Osten zu schicken.

Die Helfer der Abwehr

Ende März 1941 erhielt Oberstleutnant Stolze von seinem Vorgesetzten, dem Chef der Abwehr II, Oberst von Lahousen Vivremont, Weisung, zu ihm zu kommen. Im Dienstzimmer des Obersten eingetroffen wurde Stolze mitgeteilt, daß der deutsche Angriff gegen die Sowjetunion in Kürze erfolgen werde.

»Werten Sie sämtliche Unterlagen über die UdSSR aus, über die wir verfügen. Stellen Sie daraus die erforderlichen Einsätze und die zu ergreifenden Maßnahmen fest. Unter Ihrer Leitung ist eine Sondergruppe aufzustellen, die den Tarnnamen ›Gruppe A‹ erhalten wird. Sie hat alle Vorbereitungen der Sabotage- und Zersetzungsarbeit im sowjetischen Hinterland durchzuführen.«

Die Abwehr II erhielt folgende Direktive: »Nach dem blitzartigen Schlag der deutschen Luftwaffe und dem Vorprellen des Heeres am 22.6. ist ein V-Mann-Netz gegen die UdSSR einzurichten, mit dem das ganze Land nach der Eroberung sofort zu überziehen ist.«

Dementsprechend stellte die Abwehr II ihre Kampftrupps auf, die zum Einsatz im Norden der Ostfront, auf dem Gebiet der baltischen Republiken der UdSSR, Lettland, Litauen und Estland, vorgesehen wurden. Gemeinsam mit seinem Chef, von Lahousen-Vivremont, begann auch Oberstleutnant Stolze seine Kommandos aufzustellen, die zu den deutschen Heeresgruppen im gesamten Aufmarschgebiet entsandt werden sollten.

Parallel dazu wurden die Abwehrstellen Königsberg, Krakau und Warschau sowie die Kriegsorganisation Finnland durch Admiral Canaris aufgestellt.

Das Lehrregiment »Brandenburg « z.b.V. 800 wurde dem Chef der Abwehr II, von Lahousen, direkt unterstellt. Dieser sollte alle Einsätze der ersten Stunde ebenso wie alle folgenden Aktionen leiten.

Am 11. Juni dieses Jahres wurden sechs Agenten der Abwehrstelle Krakau mit dem Auftrag über die Grenze geschickt, in der Nacht zum 22. Juni die Bahnstrecke Stolpunowa-Kiew zu sprengen (dieses Unternehmen scheiterte).

Vom 15. Juni an ging eine große Zahl an Einsatz- und Sabotagetrupps gegen die russische Grenze vor, überschritt sie in den folgenden Nächten und sickerte tief ins Hinterland ein. Sie sollten zu Beginn des Feldzuges ebenfalls gegen bestimmte Ziele angreifen. Es galt, die Telefonverbindungen der Roten Armee zu unterbinden, den Funkverkehr zu stören und die wichtigen Vormarschobjekte handstreichartig in Besitz zu nehmen und sie bis zum Eintreffen der Heerestruppen zu halten.

Andere *Frontaufklärungskommandos* wurden zu den Heeresgruppen in Marsch gesetzt und den Armeestäben truppendienstlich und einsatzmäßig unterstellt.

Im Verlauf des 21. Juni schickten die Armeen ihre *Frontaufklärungskommandos* zu den Panzerdivisionen und deren Aufklärungseinheiten vor. Am frühen Morgen des 22. Juni um 1.00 Uhr bezogen sie ihre Ausgangsstellungen, um ab 03.00 Uhr anzutreten und mit den vorrollenden Panzer-Aufklärungs-Abteilungen vorzugehen.

150 Gruppen in Stärken zwischen drei und zehn Männern unternahmen diesen ersten Vorstoß. Sie waren im *Abwehrkommando 104* zusammengefaßt und bestanden sämtlich aus Freiwilligen.

Die OKW-Abteilung *Fremde Heere Ost* wollte alle Unterlagen über den Feind so schnell wie möglich haben, um Aufklärungslücken schließen zu können.

Der Verbindungsoffizier der OKW-Abteilung *Fremde Heere Ost,* Oberstleutnant Cartellieri, bat *Walli III* um die rascheste Übergabe der betreffenden Dokumente. Die Einsatzgruppen der Abwehr für den Nordabschnitt der Ostfront, die in den baltischen Republiken der UdSSR eingesetzt wurden, hatten, vor allen anderen Aufgaben, den Eisenbahntunnel und die Brücken dieser Bahnlinie bei Wilna in Besitz zu nehmen. In Lettland sollten Stoßtrupps die Brücken über die westliche Düna in Besitz nehmen und sie bis zum Eintreffen der Heerestruppen halten. Sie befanden sich wenige Tage vor Angriffsbeginn bereits in ihren Ausgangsstellungen.

Das dem Chef der Abwehr III von Lahousen-Vivremont unterstehende Lehrregiment »Brandenburg« z.b.V. 800 stand wie folgt bereit:

I.	Bataillon:	Brandenburg/Havel:	Kdr. Major Heinz
II.	Bataillon:	Baden bei Wien:	Kdr. Rittmeister Jacobi
III.	Bataillon:	Düren:	Kdr. Hauptmann Jacobi

Die Regimentseinheiten der 13. bis 17. Kompanie befanden sich teilweise noch in der Ausbildung oder – wie die 13. Kompanie – in der Umrüstung zur Tropenkompanie Afrika.

Im Osten kamen vom Regiment in den ersten Feldzugstagen die 4. Kompanie ohne den Fallschirmzug Lütke und die 7. Kompanie sowie die 8. Kompanie in Nordostpreußen zum Einsatz.

Die 10. Kompanie wurde aus dem Raum Düren für Kommandounternehmen nach Ostpreußen verlegt. Die 9. und 12. Kompanie sollten später dorthin entsandt werden.

Die Einheiten im Überblick

Am 3. Juni stand auch das III. Bataillon/Lehrregiment »Brandenburg« z.b.V. 800 unter Hauptmann Jacobi in Düren einsatzbereit. Auf Befehl von Oberst von Haehling wurde die 11. Kompanie aus dem Bataillonsverband zu anderen Aufgaben herausgelöst. In vier Einsätzen sollte eine halbe Kompanie in Stärke von einem Offizier und 124 Mann, mit einem 14köpfigen Troß und elf Palästinensern mit 5 Dreitonner-Lastwagen, drei Personenwagen, drei Beiwagenkrädern und einem Solokrad vier Einsätze durchführen.

Der Kompanie-Trupp, der diese Halbkompanie begleitete, bestand aus zwei Offizieren und sieben Mann, zusätzlich einem Kompanie-Trupp von acht Mann. Damit standen dieser Kampfgruppe insgesamt 164 Mann zur Verfügung.

Dieser *Sonderverband Fendt* – benannt nach dem Chef der 11. Kompanie, Oberleutnant Fendt, mit den Leutnanten von Einem-Josten und Leuffen war dazu ausersehen, als 1. Kompanie mit dem *Sonderverband 288* nach dem Nahen Osten zu gehen und mit seinen teilweise arabisch sprechenden Soldaten dort zum Einsatz zu kommen. Sie standen für den Rußland-Feldzug nicht zur Verfügung.

Die letzten Standorte zum Einsatz in Osten waren für das Regiment folgendermaßen ausgewählt worden:

I.	Bataillon, Standort Brandenburg/Havel, mit	
1.	Kompanie	einschließlich Stabs-Kompanie zur 5. Kompanie zusammengefaßt, bleibt in Brandenburg.
2.	Kompanie	Bereitstellung für den Einsatz »Barbarossa«.
3.	Kompanie	dito
4.	Kompanie	dito.

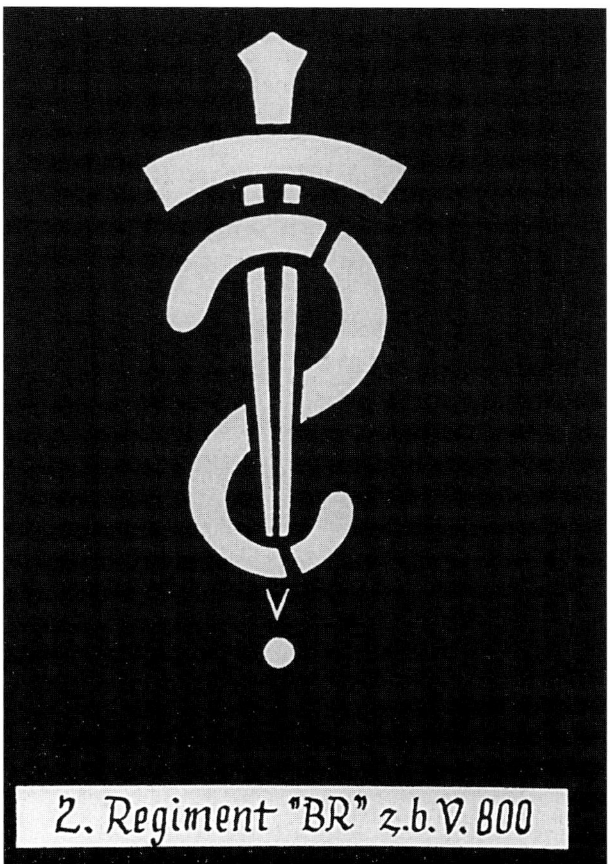

Das Zeichen der »Brandenburger«: Dolch und Fragezeichen. Später Wappen des 2. Regiments »Brandenburg« z.b.V. 800.

II.	Bataillon, Standort Baden bei Wien, mit	
5.	Kompanie	davon Teile bereits im Einsatz zum Schutz der Wasserwege der Donau. Rest in Baden bei Wien.
6.	Kompanie	Rumänien – Schutz der Ölfelder von Ploesti. Bereitstellung zum Einsatz im Verband der 22. Infanterie-Division nach Südosten.
7.	Kompanie	Verlegung mit dem Gros nach Nordostpreußen.
8.	Kompanie	dito

III.	Bataillon, Standort Düren, mit	
9.	Kompanie	in der Aufstellung begriffen. Steht erst am 1.9.1941 für den Osteinsatz zur Verfügung.
10.	Kompanie	Bereitstellung zu Kommandounternehmen in Ostpreußen.
11.	Kompanie	Ausgegliedert und unter Oberleutnant Fendt als Keimzelle des *Sonderverbandes Felmy (288)* vorgesehen.
12.	Kompanie	Rückverlegung von Baden bei Wien nach Düren. Vorgesehener Einsatz im Ostfeldzug.

Die Regimentseinheiten:

13.	Kompanie	Umgliederung zur Tropenkompanie »Afrika«
14.	Kompanie	(Ergänzungseinheit) als Ausbildungskompanie für das II. Bataillon vorgesehen.
15.	Kompanie	(Leichte) Umgliederung als »Finnland-Kompanie«.
16.	Kompanie	Aufstellung in Düren. Vorgesehen zum kombinierten Luft-See-Einsatz gegen die Insel Ösel.
17.	Kompanie	Befindet sich in Aufstellung. Anschließend Umbenennung in 1. Kompanie/Lehrregiment »Brandenburg« z.b.V. 800.

Da das Oberkommando der Wehrmacht auch im Rußlandfeldzug damit rechnete, einen weiteren Blitzfeldzug führen zu können und das Ziel der Heeresgruppe Nord (Leningrad) binnen weniger Wochen zu erreichen, wurden die »»Brandenburger« Stoßtrupps in die grenznahen Räume verlegt, um noch vor der eigenen Truppe über die Grenze vorzustoßen und ihre Aufgaben im Hinterland durchführen zu können. In diesem Raum befindliche »Brandenburger« wurden Hauptmann Walther unterstellt.

Aus Neuhaus im Wienerwald wurde die 8. Kompanie unter Oberleutnant Grabert in Eiltransport nach Tilsit verlegt. Von dort aus zog sie bis nahe Tauroggen nahe der Grenze vor. Nach dem Ausfall von Oberleutnant Grabert durch einen Unfall wurde Oberleutnant Knaak mit der Führung der 8. Kompanie beauftragt. Die bevorstehenden Einsätze waren bereits »vergeben«. Jede Kompanie oder Halbkompanie wollte als erste an der Reihe sein. So mußte immer wieder Oberst Haehling eingreifen und die Entscheidungen fällen.

So wurde die 7. Kompanie geteilt. Ein Halbzug verlegte unter Leutnant Pfannenstiel in den Bereich des I. Armee-Korps der 18. Armee.

Die 10. Kompanie unter Oberleutnant Aretz bezog nach ihrer Eilverlegung aus Düren in Schönwalde bei Allenstein Quartiere. Am 18. Juni erhielt sie den Einsatzbefehl:

»Aus dem Suwalki-Zipfel bei Sudauen antretend, über Augustowo, entlang der Straße nach Grodno, alle Straßen- und Eisenbahnbrücken unversehrt in Besitz zu nehmen und sie bis zum Eintreffen der Infanterie halten.«

Hierzu wurde die Kompanie ebenfalls in zwei Halbkompanien unterteilt. Die erste führte Leutnant Kriegsheim, die zweite Leutnant Kohlmeyer.

Die 12. Kompanie, geführt von Oberleutnant Schader, wurde am 8. Juni aus Vöslau nach Ostpreußen in Marsch gesetzt. Ihre Bereitstellung erfolgte an der deutsch-sowjetischen Demarkationslinie bei Modlin. Ihre Aufgabe:

»Im Nachteinsatz gegen die große Straßen- und Eisenbahnlinie über den Bug antreten, sie in Besitz nehmen, die Sprengung derselben verhindern und sie bis zum Eintreffen der Infanterie halten«.

Der Fallschirmjägerzug unter Leutnant Lütke wurde aus seiner Ausbildung herausgerissen und in Alarmbereitschaft versetzt.

Er empfing die Sprungausrüstung, Waffen und Waffenbehälter und verlegte im Eiltransport nach Suwalki, um mit der dort bereitstehenden Infanteriedivision Verbindung aufzunehmen, von welcher sie zum Sondereinsatz eingeteilt werden würde.

Als ersten Lufteinsatz der »Brandenburger« erhielt sie Weisung, eine wichtige Brücke hinter der vordersten russischen Linie im Sprungeinsatz zu nehmen und bis zum Eintreffen der eigenen Truppen zu halten.

Das I. Bataillon unter Major Heinz stand im Rahmen der Heeresgruppe Süd im Einsatz. Als Verbindungsoffizier im Heeresgruppen-Hauptquartier in Krakau stand Leutnant Dlab zur Verfügung. Während die 1. Kompanie in Brandenburg verblieb, verlegten die übrigen Kompanien am 28. Mai nach Zakopane in der Hohen Tatra. Dort stieß – dem Bataillon unterstellt – das Legionärbataillon »Nachtigall« mit zwei Kompanien unter den Oberleutnants Herzner und Oberländer zu ihnen. Hier erhielt Heinz folgenden Einsatzbefehl:

»Mit der 2. und 4. Kompanie und den unterstellten Bataillon »Nachtigall« bis nach Przemysl vorziehen. Die 3. Kompanie begibt sich unter der Tarnbezeichnung »Sturmkompanie Schulze«, geführt von Oberleutnant John in den Bereitschaftsraum des III. Panzer-Korps, General der Kavallerie Eberhard von Mackensen, und hält sich dort zum Einsatz am Bug bereit.«

Die 9. Kompanie unter Oberleutnant Aretz verlegte am 20. Juni in den Wald nördlich Plaska etwa 2.500 m vor der Demarkationslinie, die durch die Augustowski, einem schmalen, aber versumpften Wasserlauf, gebildet wird.

Es galt, die Brücken im Verlaufe der Vormarschstraße sämtlich unversehrt in Besitz zu bringen und so dem angreifenden Heer den Weg zu bahnen.

Alles war zum Einsatz bereit. Der Krieg gegen Rußland stand unmittelbar bevor. Niemand ließ sich träumen, daß er vier Jahre dauern und Millionen von Opfern fordern würde. Man hoffte, bis zum Winter wieder zu Hause zu sein und mit den Familien das Weihnachtsfest feiern zu können.

Die Eisenbahnbrücken von Augustowo, Siolko und Holynka – die Brücke von Lipsk

Gegen 01.30 Uhr des 22. Juni 1941 stieß Leutnant König, Führer eines zwölfköpfigen Einsatztrupps die Faust empor und setzte sich in Bewegung. Die Männer folgten in Reihe dicht aufgeschlossen und versuchten, so lautlos wie möglich voranzukommen. Alle Männer trugen Volltarnung, das heißt: russische Uniformen. Es ging zunächst durch den deutschen Drahtverhau an der Grenze, in den Pioniere eine schmale Gasse geschnitten hatten. Ziel dieses Trupps war die Eisenbahnbrücke von Augustowo. Als die Männer den Grenzbach erreichten, fanden sie die

»Brandenburger« in sowjetischen Uniformen. Auffällig an ihrer »Volltarnung« ist auf dieser Abbildung nur, daß sie mit deutschen Karabinern 98k bewaffnet sind.

Meldungen der Spähtrupps bestätigt. Der Gegner hatte den Bohlenbelag der Holzbrücke über denselben entfernt. Zu beiden Uferseiten waren nur noch die Brückenpfähle zu erkennen.

Die mitgeführten Bohlen wurden auf die Holzpflöcke gelegt und ein Mann als Späher über den Bach geschickt. Plötzlich erklang aus der Dunkelheit jenseits des Flusses ein röchelnder Laut. Der »Iwan« hatte den Späher geschnappt, soviel war klar.

Leutnant König beschloß, nunmehr den Feuerschlag der eigenen Artillerie abzuwarten, eher er über den Bach setzen ließ.

Als der Feuerschlag um 3.05 Uhr einsetzte, überschritt der Trupp den Bach. Sie fanden den Gefreiten. Er war von einem russischen Posten erwürgt worden.

Der Trupp erreichte die Straße und fädelte sich in die Rückzugsbewegungen ein, die hier eingesetzt hatten. So erreichten sie unerkannt die Brücke von Augustowo. Sie war unbewacht, aber zur Sprengung vorbereitet. Die Zündleitungen wurden durchschnitten und als der Trupp eben dabei war, die aus den Kammern entnommenen Sprengstoffpakete in den Fluß zu werfen, eröffnete der Gegner auf dem Ostufer das Feuer.

Leutnant König erhielt einen Brustschuß. Er war sofort tot. Die Männer gingen in Deckung und schossen auf die schemenhaft am anderen Ufer auf die Brücke huschenden Gegner, die sich zurückzogen. Auf diese Weise hielten sie mit ihren Schnellfeuerwaffen die Brücke so lange, bis die deutsche Infanteriespitze herangekommen war, mit ihren Vorausabteilungen hinüberrollte und den Gegner am anderen Ufer in die Flucht schlug.

Eine in der Anfangsphase des Ostfeldzuges genommene Brücke wird von Infanteristen gesichert. Im Vordergrund ein schweres MG 34 auf Lafette.

Die Brücke südlich von Siolko wiederum wurde von nur drei »Brandenburgern« in russischer Uniform überschritten und die Sprengladungen durch das Zerschneiden der Zündkabel unscharf gemacht. Im Feuergefecht mit den Russen fielen zwei dieser drei Männer. Truppführer Unteroffizier Zöllner hielt die Brücke allein, bis auch hier die Vorausabteilung der Infanterie eingetroffen war.

Feldwebel Rennkamp, der mit zehn Mann die Brücke von Holynka im Handstreich erobern und halten sollte, kam bis zur Brücke durch und nahm sie in Besitz. Doch sie konnten die Zündleitungen nicht finden und als sie eben dabei waren die Sprengkammern leerzuräumen, wurde die Brücke durch Fernzündung in die Luft gejagt.

Mit ebenfalls nur zwei volksdeutschen »Brandenburgern« und einem V-Mann, der ausgezeichnet russisch sprach, arbeitete sich Leutnant Kriegsheim an die Bobr-Brücke südwestlich von Lipsk heran.

Dieser Einsatz war deshalb schwieriger als die übrigen, da dieser kleine Trupp, um zum Ziel zu gelangen, zuerst die Straße Augustowo-Grodno überschreiten mußte, ehe er an die 100 Meter lange Holzbrücke herankommen konnte. Mit von der Partie war hier ein Kriegsberichterstatter, der allerdings vor dem Überschreiten der Straße zurückbleiben mußte.

Als die kleine Gruppe von zwei russischen Posten gestoppt wurde und man sie nach der Parole fragte, nannten Kriegsheim und seine Männer »Astrachan«. Die Russen verneinten und trieben die vier Männer zusammen, um sie zu ihrem Gefechtsstand zu bringen. Was das hieß,

»Brandenburger« im Sommer 1941. Oft mischten sie sich in sowjetischen Uniformen und mit Beutefahrzeugen unter feindliche Marschkolonnen, um ihre Ziele unauffällig zu erreichen. Die Abbildung zeigt Männer in Volltarnung und in regulärer Uniform.

war klar, denn auch sie waren in russischer Uniform angetreten. Als sie sich einem Gebäude näherten und ihre Enttarnung unmittelbar bevorstand, zog Leutnant Kriegsheim seine Pistole aus der Tasche, dann öffnete er den Mantel, um die darunter liegende deutsche Uniform zu zeigen, schnellte herum und schoß auf den ersten Russen. Der zweite Russe zog den Abzug seines Gewehrs durch, das er am Hüftanschlag getragen hatte. Auch er wurde von Leutnant Kriegsheim niedergeschossen.

Unmittelbar nach dem ersten Schuß wurden von verschiedenen Seiten Leuchtkugeln geschossen, die alles in ihrem Bereich in strahlende Helle tauchten.

Nun würden sie auf keinen Fall mehr nach Lipsk durchkommen können. Leutnant Kriegsheim befahl, in einem Graben in Deckung zu gehen.

Als etwa 40 Minuten später – das Trommelfeuer hatte um 3.05 Uhr eingesetzt – die deutsche Spitzentruppe auftauchte und sich die »Brandenburger« zu erkennen geben wollten, wurden sie – da sie immer noch die Russenmäntel trugen – beschossen. Der V-Mann und ein Gefreiter wurden verwundet, ehe die Infanterie erkannte, daß es sich um Kameraden handelte.

Leutnant Kriegsheim und ein Obergefreiter, die übriggeblieben waren, marschierten nun in Richtung Lipsk weiter. Sie schmuggelten sich in eine russische Rückzugskolonne hinein und konnten unerkannt mitmarschieren. Der Obergefreite, der russisch sprach, rief sogar einen Posten an, wie sie auf dem schnellsten Weg zur Brücke kämen. Dessen Beschreibung des Weges folgend, erreichten die beiden die Bobr-Brücke und sahen, daß es hier ziemlich turbulent zuging. Sowjetische Fahrzeug-Kolonnen und Fußtruppen rollten und marschierten dicht aufgeschlossen in unaufhörlichem Strom über diese Brücke nach Osten.

Teilweise im Laufschritt versuchten einzelne kleinere Einheiten den Weg über die Brücke zu schaffen. Hatten sie etwa Nachricht über eine geplante Sprengung erhalten?

Leutnant Kriegsheim und sein Obergefreiter suchten nun nach den Zündleitungen und kontrollierten die Brückenpfeiler, ohne daß auch nur ein Rotarmist auf die Idee gekommen wäre, zu fragen, was sie dort machten. Von Sprengvorbereitungen war nichts zu entdecken.

Erst als auf der anderen Brückenseite ein Kommando von etwa 40 Rotarmisten auftauchte, von denen einige Kabeltrommeln abrollten und andere Sprengmittel von einem Lastwagen herunterwuchteten und damit über die Brücke näherkamen, warfen die beiden Deutschen ihre zur Halbtarnung dienenden Mäntel ab und eröffneten aus einer Distanz von 70 Metern das Feuer.

Die Russen gingen in Deckung und schossen zurück. Der Obergefreite wurde durch einen Halsschuß tödlich verwundet und als auch Kriegsheim, der in volle Deckung gegangen war, bereits mit seinem Leben abgeschlossen hatte, verlegten die Russen plötzlich ihr Feuer – die deutsche Vorausabteilung war eingetroffen.

Leutnant Kriegsheim sprang zu seinem Kameraden hinüber, um diesen zu verbinden. Als er sich über ihn beugte, tauchten plötzlich hinter ihm drei sowjetische Soldaten auf, die sich ebenso wie er im Ufergebüsch versteckt hatten. Einer von ihnen stach Kriegsheim sein dreikantiges Bajonett in den Nacken. Er stürzte zur Seite und verlor die Besinnung. Als er wieder zu sich kam, befand er sich in den Händen deutscher Soldaten, die ihn so schnell wie möglich zurückschafften. Die Vorausabteilung aber rollte über die Brücke. Damit war ein weiterer Sprung nach vorn getan.

Das Unternehmen »Bogdanow« und der Vorstoß zur Festung Brest-Litowsk

Der Fallschirmzug Lütke, der mit einem Einsatz am 22. Juni gerechnet hatte, wurde erst am 23. zum Feldflugplatz Varene, 70 km nordostwärts von Suwalki, verlegt. Das an und für sich für diesen Zug vorgesehene Objekt war im schnellen Panzervorstoß bereits genommen worden. Nunmehr sollte Leutnant Lütke mit seinen Männern das Unternehmen »Bogdanow« durchführen, bei dem es sich um eine vorzeitige Besetzung der Brücke über die doppelgleisigen Bahnlinien von Lida nach Molodetschno handelte. Einsatzbeginn war der 24. Juni um 5.00 Uhr.

In drei Maschinen des Typs Ju 52 startend, flog der Zug im Tiefflug in Richtung eines kleinen erkundeten Absetzplatzes etwa 1200 Meter hinter der Brücke. Vom Landeplatz aus zog sich ein schmales Wäldchen bis zur Brücke hinunter. Dieses als Deckung benutzend, hätten sie leichtes Spiel, wurde ihnen gesagt.

Als die drei Ju 52 in nur noch 40 Meter Höhe fliegend das Plateau erreichten und zur Landung ansetzten, wurden sie von heftigem MG- und Gewehrfeuer empfangen. Der Flugzeugführer der Spitzenmaschine wurde durch Mundschuß verwundet. Zwei weitere Männer dieser Maschine wurden ebenfalls verwundet.

Direkt vor ihnen waren die Brückenbunker zu erkennen. In einer scharfen Linkskurve drehte die Maschine auf den Platz zurück. Aus 55 m Höhe gab der Zugführer den Befehl zum Sprung.

Als Leutnant Lütke sah, daß der ebenfalls verwundete Bordfunker der Maschine den Waffenbehälter nicht ausgelöst hatte, befahl Lütke einen weiteren Anflug. Der verwundete Flugzeugführer schaffte es. Lütke hatte als Absetzer die Weisung erhalten, selber nicht zu springen. Nachdem er den Waffenbehälter ausgelöst hatte, schnellte er sich dennoch durch die Tür ins Freie und landete wenige Sekunden später sicher am Boden.

Gefangengenommene Rotarmisten werden am 23. Juni 1941 von Männern des I. Bataillons/Lehrregiment »Brandenburg« z.b.V. 800 befragt.

Der Zug sammelte sich blitzartig. Es zeigte sich, daß sie sehr dicht am Objekt heruntergekommen waren. Diese Tatsache erwies sich als lebensrettend, denn am Rand des Plateaus waren nicht weniger als 16 gepanzerte Fahrzeuge aufgefahren, die sie bei der Landung direkt *auf* demselben zweifellos zusammengeschossen hätten.

Während sich die Kampfgruppe an die Brücke heranarbeitete, versuchten die russischen Panzerbesatzungen im Punktfeuer die Sprengladungen der Brücke hochzujagen. Dann mischten sich noch Granatwerfer ein.

Dennoch erreichte der Kommandotrupp die Brücke und besetzte sie. Zu seinem Glück trafen – wie geplant – drei deutsche Panzerspähwagen ein, die dem Zug Lütke Feuerunterstützung gaben. Ihnen folgten unmittelbar die Spitzen eines Kradschützen-Bataillons, das sich von Süden her näherte und direkt auf die Brücke einschwenkte. Zwei russische Gegenstöße, mit dem Ziel, die Brücke in die Luft zu jagen, wurden abgewiesen. Ein von allen Beteiligten erwarterter massiver Angriff blieb jedoch aus.

Beide Brücken waren unversehrt in deutsche Hand gefallen. Über sie rollte der Vormarsch in schnellem Tempo weiter nach Osten. Als am 27. Juni Entsatz eintraf, wurde der Fallschirmzug Lütke, der bei diesem Unternehmen vier Tote und 16 Verwundete zu verzeichnen hatte, kurzerhand von den Heerestruppen vereinnahmt und trotz aller Proteste im Rahmen eines Bataillons weiter eingesetzt. Es waren noch sieben Männer, die schließlich am 4. Juli 1941 zu ihrem Bataillon zurückkehrten. Leutnant Lütke war nicht mehr unter ihnen – er war in einem Waldgefecht im infanteristischen Einsatz gefallen.

*

Die Einsätze der »Brandenburger« und der *Frontaufklärungskommandos* in den ersten Tagen und Wochen des Rußlandfeldzuges sind in Zahl und Art derart vielfältig, daß es im gegebenem Rahmen nicht möglich ist, mehr als nur einige wenige zu schildern.

An der Spitze des Angriffskeiles der Heeresgruppe Mitte gegen die sowjetische Festung Brest-Litowsk beispielsweise gingen *Frontaufklärungskommandos* der Abwehr gegen diese Festung vor, um Akten, Befehle und wichtige Unterlagen vor der Vernichtung durch die sowjetischen Dienststellen sicherzustellen.

Als der Kampf um die Festung tobte, rollte ein russischer Stabswagen, verfolgt von deutschem Granatwerferfeuer, in vollem Karacho aus Südosten in die Festung hinein. Am Steuer des Wagens ein Kommissar, im Fond ein Oberst der Roten Armee. Es waren Angehörige eines Sonderkommandos der Abwehr, das hier die wichtigen Dokumente der größten russischen Landfestung sicherstellen sollte. Der Oberst wies den Wachen einen Originalbefehl des *Stawka* (Sowjetisches Oberkommando), der sogar Stalins Unterschrift aufwies.

Oberst Golujew sollte die wichtigen Geheimdokumente aus der Festung sicherstellen und sie nach Smolensk bringen. Im Gefolge des Oberst befand sich ein Mannschaftswagen mit acht Soldaten, die den Transport der Akten begleiten sollten.

In aller Eile, immer wieder durch deutsche Feuerüberfälle schwerer Geschütze in volle Deckung gezwungen, wurden vier Lastwagen beladen.

Als sie damit fertig waren, hatten deutsche Verbände bereits einen Teil der Festung in ihre Gewalt gebracht. Nur die Kommissarschule der Roten Armee hielt sich noch, ebenso das Hauptquartier in der Zitadelle und einige Seitenforts.

Oberst Golujew wurde nun bedrängt, so schnell wie möglich loszufahren. Inzwischen waren zwei der vier Lastwagen beladen worden. Die unwichtigen Akten sollten verbrannt werden. Die Männer des Fahrkommandos besetzten die beiden Wagen und kurz nach Mitternacht des 27. Juni rollte der kleine Konvoi – der Kommandeurswagen an der Spitze – mit abgeblendeten Scheinwerfern nach Südosten aus der Festung hinaus. Sie wurden nach etwa vier Kilometer Fahrt von den Einweisern der »Brandenburger« umgeleitet und erreichten eine Stunde darauf mit ihrer sagenhaften Beute ihr rückwärtiges Kommando, wo sich Oberst Golujew wieder in Leutnant Bauffke zurückverwandelte. Einer der tollkühnsten Coups der Brandendurger war ohne einen Tropfen Blutvergießens zu Ende gegangen. Der Leutnant erfuhr, daß er viel Glück gehabt habe, denn am anderen Tage sollten das russische Haupt- und die Kommissarschule, in der er genächtigt und mit sowjetischen Offizieren Wodka getrunken hatte, durch deutsche Kampfflugzeuge mit 1000 Kilo-Bomben angegriffen werden.

Alle Unterlagen wurden an den Stab *Walli III* geschickt. Aus Berlin kamen zusätzliche Auswerter in den Stab, um die Unterlagen zu studieren, die der Wehrmacht wichtige Hinweise auf die russischen Truppenstärken- und Absichten gaben.

Weitere Kommandoeinsätze

Mit der Vorausabteilung der 8. Panzer-Division rollte auch Oberleutnant Knaak, der stellvertretend für den verunglückten Oberleutnant Grabert die Führung der 8. »Brandenburger«-Kompanie übernommen hatte, mit einem Kommandotrupp vor, um sich im Handstreich der Düna-

Die Eisenbahnbrücke über die Düna bei Dünaburg (Dwinsk) 1941 vor der Inbesitznahme durch die »Brandenburger«.

Brücken zu bemächtigen. Als Spitzenverband des LVI. Panzer-Korps im Nordabschnitt der Ostfront sollte die 8. PD unter General Brandenberger entlang der Straße Wilkomierz – Utena auf Dünaburg vorstoßen.

Aus dieser Spitzengruppe löste sich im Morgengrauen des 26. Juni die Gruppe Knaak, die auf zwei russischen Beutelastwagen hockte, und fuhr in schneller Fahrt allein weiter nach Osten. Sie erreichten unbehelligt die Düna-Brücken und schickten sich an, diese zu überschreiten. Dabei sollte erst einmal ein Fahrzeug über die Brücke fahren, das andere in einem gewissen Abstand folgen. So rollte der erste Lkw über die Brücke und hatte schon das andere Ufer erreicht, als er – durch welches Ereignis auch immer – als Feindfahrzeug erkannt und beschossen wurde. Er rollte eine Böschung hinunter. Die Männer sprangen ab und erwiderten das Feuer.

Der zweite Wagen, der sich mittlerweile auf dem ersten Brückendrittel befand, erhielt ebenfalls Feuer. Die Besatzung sprang ab und raste tiefgeduckt, aus der Hüfte feuernd, dem jenseitigen Brückenende entgegen. Dabei erlitt die Gruppe schwere Verluste. Dennoch konnten die Überlebenden zur ersten Gruppe aufschließen; sich sich unter Feuer eingrub und den Feind abwiesen, der mehrfach versuchte, die Brücke zurückzugewinnen um sie zu sprengen.

Unter den Gefallenen war auch der Kommandoführer, Oberleutnant Hans-Wolfram Knaak, er wurde nachträglich zum Rittmeister befördert und am 31. November 1942 posthum mit dem Ritterkreuz ausgezeichnet. Feldwebel Prohaska, der nach dem Tod Knaaks die Führung des Unternehmens übernommen hatte, wurde im Wehrmachtsbericht genannt.*

*

Oberleutnant Hans-Wolfram Knaak fiel beim Handstreich auf die Düna-Brücken bei Dwinsk am Morgen des 26. Juni 1941.

Das Grab von Oberleutnant Wolfram Knaak und seiner Männer nahe der Düna-Brücken. Das aus einfachen Brettern zusammengezimmerte Kreuz zeigt das Symbol der »Brandenburger« – Dolch und Fragezeichen.

Wenige Tage nach dem verlustreichen Husarenstreich traf Oberleutnant Grabert wieder bei seiner Kompanie ein und übernahm ihre Führung. Weitere Unternehmen standen an: In der Nacht zum 30. Juni wurde Lwow im Handstreich von Teilen des I. Bataillons der »Brandenburger« genommen. Strategisch und verkehrstechnisch wichtige Objekte wurden besetzt und gesichert. An diesem 30. Juni wurde das Regiment »Brandenburg« durch die inzwischen einsatzbereiten Kompanien 13 und 17 verstärkt.

Eine Reihe weiterer handstreichartiger Angriffe wurde von den »Brandenburgern« ausgeführt. Am 17. Juli 1941 schrieb der Oberbefehlshaber der Heeresgruppe Nord, Generalfeldmar-

---

Ein genauer Bericht des Handstreichs auf die Düna-Brücke findet sich bei *Heinz Drenger: Herr Gott, wie Du willst – Ein deutsches Schicksal 1939 – 1955*. Der Verfasser war unmittelbar am Unternehmen beteiligt. Das Werk (Broschur) ist zu beziehen bei: Heinz Drenger, Grandweg 162, 22529 Hamburg.

Wilhelm Ritter von Leeb wurde für seine Erfolge im Westfeldzug zum Generalfeldmarschall ernannt. Zu Beginn des Rußlandkrieges führte er die Heeresgruppe Nord.

schall Ritter von Leeb, an den Chef der Abteilung II im Oberkommando der Wehrmacht Amt Ausland/Abwehr, daß der »Einsatz der von der Abwehrabteilung II für Sonderaufgaben ausgebildeten und zur Verfügung gestellten Kräfte wesentlichen und an einigen Stellen entscheidenden Anteil an der raschen und erfolgreichen Durchführung der Operationen der Heeresgruppe Nord gehabt habe«.

Der Generalfeldmarschall weiter:

»Durch ihren todesmutigen Einsatz haben die Männer dieses Regiments der Panzerwaffe und der übrigen Truppe den Weg zum Sieg gebahnt und Werte erhalten, deren sicherer Verlust für die Durchführung der Operationen unersetzlich gewesen wären.

In kühnem und opfermutigem Vorstoß haben die zahlenmäßig geringen Einsatzgruppen sieben wichtige Brücken gestürmt und gehalten, sowie erfolgreiche Spähtruppunternehmungen durchgeführt. Ihre hohen Verluste sind ein Zeichen heldenhafter Einsatzbereitschaft und deutschen Soldatentums. Vor den Gefallenen senken wir die Fahnen in Ehrfurcht und Dankbarkeit.... Ich spreche allen Beteiligten meinen Dank und meine volle Anerkennung für ihre hervorragenden Leistungen aus. gez. v. Leeb Generalfeldmarschall.«

Die Holzbrücke über den Styr steht in Flammen.

Ebenso wie im Nordabschnitt hatten auch in den Abschnitten der Heeresgruppen Mitte und Süd die »Brandenburger« ihre Einsätze erledigt. Bei der Heeresgruppe Mitte war es die Sturmkompanie Schulze, die bei den Brücken über den Styr nahe Rozyszce einen Brückenkopf bilden sollte. Dazu mußten zunächst die beiden feindbesetzten Ortschaften Rudnia und Duza in Besitz genommen werden. Hier verteidigten unter anderem russische Scharfschützen, denen noch leichte Feindpanzer zur Hilfe kamen. Der verlustreiche Angriff wurde von Oberleutnant John abgebrochen.

Dennoch gelang es kurz darauf, einen Brückenkopf über den Styr zu errichten, ihn auszubauen, die Eisenbahnbrücke zu besetzen und deren Sprengung zu verhindern. Die hölzerne Straßenbrücke konnte allerdings von sowjetischen Kräften in Brand gesetzt und völlig zerstört werden. Die Sturmkompanie des Oberleutnant John hatte 16 Gefallene und zahlreiche Verwundete zu beklagen.

In den nächsten Wochen und Monaten des raschen Vormarsches folgte ein Kommando-Unternehmen auf das andere. Wo es galt, wichtige Objekte im Handstreich zu nehmen, wurden »Brandenburger« »in den Skat« geworfen, wie man dies seinerzeit nannte, um als Trümpfe zu stechen.

Die Kampfgruppe Heinz im Einsatz

Als die 17. Armee an 28. Juni 1941 Halt machte, stand sie in der Linie Grodek – Jagiellonski – Hezama – Kozize, etwa neun Kilometer westlich von Lemberg und dem zehn Kilometer nordwestlich davon gelegenen Rokitno. Der Angriff gegen diese stark befestigten Verteidigungslinien wurde für den 30. Juni vorgesehen. Dazu wurde im Abschnitt den XXXXI. Gebirgskorps auf Vorschlag von Major Heinz die »Brandenburger« vor der eigenen Truppe angesetzt, um Lemberg am 29. Juni im Handstreich zu nehmen und so die Abwehrkraft der dortigen Verteidiger von ihrer Westfront abzulenken.

Zum Bataillon Heinz der »Brandenburger« stieß das Legionärsbataillon »Nachtigall«. Diese Einheit, die aus ukrainischen Emigranten der *Organisation Ukrainischer Nationalisten* unter Melnyk (durch das Einwirken der Abwehr II) in Neuhammer bei Liegnitz aufgestellt worden war, war zunächst von Hitler nicht zum Einsatz zugelassen worden. Erst nachdem der Ostfeldzug bevorstand, erhielt die Abwehr/Ausland II freie Hand. Die Ukrainer stammten zu einem großen Teil aus dem Raume Lemberg und waren für den nächtlichen Einsatz aufgrund ihrer Ortskenntnisse bestmöglich geeignet.

Kommandeur des Bataillons war Oberstleutnant Dr. Herzner; der Ukrainer Sconprynka stand ihm zur Seite. Hauptmann Dr. Oberländer (in der Bundesrepublik von 1953 bis 1960 Vertriebenenminister) fungierte als Berater in ukrainischen Angelegenheiten und hatte mit der Führung des Bataillons nichts zu tun.

Das Bataillon hatte seinen besonderen Namen »Nachtigall« erhalten, weil es einen Chor besaß, der selbst einen Vergleich mit den berühmten Donkosaken nicht zu scheuen brauchte.

Nach Einbruch der Dunkelheit am Abend des 29. Juni zog Major Heinz seine Truppe bis dicht vor Lemberg an die vorderste Frontlinie. Lediglich Sicherungen und vorgeschobene Beobachter der 1. Gebirgsdivison standen auf gleicher Höhe.

Um 23.00 Uhr begann der Angriff. Die ukrainischen Kompanien jagten in wilder Fahrt auf Lemberg zu. Sie trafen nur auf sporadischen Widerstand. Die Feindstellungen entpuppten sich als Scheinanlagen. Der NKWD (Truppen des sowjetischen Geheimdienstes) und die regulären Truppen der Roten Armee hatten Lemberg im Schutze der Dunkelheit verlassen.

Als die Legionäre die einst vom NKWD besetzten Gebäude, darunter drei Gefängnisse, erreichten, fanden die Männer überall Leichen vor – Ukrainer, die der NKWD teilweise bestialisch ermordet hatte.

Major Heinz ließ die eigenen Kampftrupps eine Stunde darauf folgen. Er selbst setzte sich mit 30 Mann auf Beiwagen-Krädern an die Spitze und raste dem Rathaus von Lemberg entgegen.

Als er die vom NKWD angezündete Kathedrale erreichte, ordnete er unverzüglich Löscharbeiten an, so daß die Kirche und mit ihr wertvolle Reliquien gerettet werden konnten. Ebenso der Bischof der *Unierten Kirche der Ukraine,* Graf Czepticki, den das NKWD gefesselt in der brennenden Kathedrale zurückgelassen hatte.

Unteroffizier Fielitz, der Major Heinz begleitet hatte, erhielt am Rathaus Befehl, mit seiner Gruppe die NKWD-Zentrale zu besetzen. Mit ihren Krädern rollten die Männer dorthin und entdeckten im Innenhof mehrere Massengräber. Diese waren teilweise noch offen, teilweise dürftig zugeschüttet worden. Mehrere Tausend Menschen waren vom NKWD ermordet worden.

Als die Gruppe Fielitz gegen 8.00 Uhr zum Rathaus zurückfuhr, wurde sie von frenetischem Jubel begleitet – die von Todesangst befreiten Menschen der Stadt feierten ihre Retter.

Der Sender und das Sendegebäude wurden von den Ukrainern besetzt. Um 11.00 Uhr erließ deren Führer eine Proklamation, in welcher die Bildung eines freien, selbständigen Staates Westukraine verkündet wurde.

Gegen 14.00 Uhr marschierten die ersten Verbände der 1. Gebirgsdivision in voller Ordnung und unbeschossen in die Stadt ein.

Teile des I. Bataillons »Brandenburg« – die 2. Kompanie unter Hauptmann Dr. Hartmann – die von Norden nach Lemberg hineingestoßen waren, blieben mit dem Bataillon »Nachtigall« einige Tage in der Stadt. Und Major Heinz war für eine Woche Stadtkommandant von Lemberg. Im seinem Einsatzbericht an den Ic des XXXXIX. Gebirgskorps nahm Major Heinz zu den grausigen Funden Stellung: »In den Lemberger Gefängnissen befinden sich Tausende von viehisch ermordeten Menschen. Und zwar in allen drei Gefängnissen der Stadt.«

Dazu der Ic: »Die 1. und 4. Gebirgsdivision sind angewiesen, ihre Wort- und Bildberichte auf diese Greueltat anzusetzen. Der Oberkriegsgerichtsrat des Korps, sowie der hier eingetroffene Verbindungsoffizier des Auswärtigen Amtes zum Armee-Oberkommando 17 sind zu näheren Feststellungen nach Lemberg entsandt worden.«*

Noch am 30. Juni rückte die Feldkommandantur 603 in Lemberg ein. Feldkriegsgerichtsrat Tomforde begab sich unter Hinzuziehung des Truppenarztes Stabsarzt Dr. Georg Saeltzer in das Brigitti-Gefängnis (das als NKWD-Gefängnis eingerichtet war).

Danach besuchten sie das Samarstinow-Gefängnis, das als Militärgefängnis diente. Sie befragten überlebende Häftlinge und Zeugen unter den Stadtbewohnern. Danach erstattete Feldkriegsgerichtsrat Dr. Tomforde einen Bericht.**

Oberkriegsgerichtsrat Dr. Wilke, Korpsrichter beim XXXXIX. Gebirgskorps, wurde ebenfalls hinzugezogen. Er berichtete nach ausführlichen Recherchen:

»Wie der Augenschein der im Gefängnis vorgefundenen Leichen ergab, sind den Ermordungen schwerste Folterungen und Marterungen vorausgegangen.

Bei den Ermordeten handelt es sich zum größten Teil um Ukrainer, im übrigen Teil um Polen. Nach Zeugenaussagen sind in diesem Gefängnis auch zwei verwundete deutsche Flieger eingeliefert worden. Ein Fliegerkoppel und eine Fliegermütze wurden in den Räumen den Gefängnisses gefunden ......

Es ist mit Sicherheit anzunehmen, daß sich auch diese beiden Flieger unter den Ermordeten befinden, die nicht mehr identifiziert werden können.« (Die Leichen wurden bereits in verwesendem Zustand vorgefunden. Die unteren Schichten waren in den vier untersuchten Kellern nicht mehr zu identifizieren. Im ehemaligen GPU-Keller waren auch die Bekleidungsstücke der Flieger geborgen worden).

Die mit der Leichenschau und weiteren Erkenntnissen der Todesarten und der Todeswaffen beauftragten Experten, Generalarzt Dr. Richard Eckl, der Veterinär Dr. Joseph Brachetka und Unterfeldmeister Kurt Dittrich wurden bis zum 6. Juli 1941 vernommen.

Der »Fliegende Armeerichter« der 17. Armee, Wilhelm Möller, befragte weitere Zeugen, polnische und ukrainische Überlebende aus den drei Gefängnissen. Hier ein Auszug aus seinem Bericht:

---

* Siehe Bundesarchiv/Militärarchiv: Tätigkeitsbericht der Abteilung Ic beim XXXXIX. Gebirgskorps, Bd. 19253/1, S. 65

** Siehe dazu: Bundesarchiv/Militärarchiv: RW 2/v. 149, S. 335ff.

»Unter den 423 Leichen, die auf dem Hof den Brigitti-Gefängnissen zur Identifizierung gelegt wurden, befanden sich Knaben im Alter von 10, 12 und 14 Jahren, weiterhin junge Frauen von 18, 20 und 22 Jahren, außerdem Greise und ältere Frauen....

Das Militärgefängnis war im Norden der Stadt gelegen. Dort waren die Keller bis unter die Decken mit Leichen angefüllt. 460 Leichen wurden geborgen. Es war nur mit Gasmasken möglich, in diese Keller einzudringen. Die Hitze dort war derart, daß alles bereits in Verwesung übergegangen war.

Im Militärgefängnis wurden schließlich auch drei tote Luftwaffensoldaten gefunden. Im NKWD-Gefängnis fand man vier weitere deutsche Luftwaffensoldaten. Die verwundeten Soldaten waren in ihren Betten erschossen worden, wie der Pathologe der 17. Armee, Dr. Herbert Siegmund erörterte. Bei den vier weiteren Soldaten, die unverwundet gefangen genommen worden waren, wurden Genickschüsse festgestellt.«

Die hier ermordeten Menschen waren seit vielen Monaten bereits in russischem Gewahrsam. Der polnische Hausverwalter in der chirurgischen Abteilung des Krankenhauses gab Kriegsgerichtsrat Dr. Möller folgende Aussage:

»Die Erschießungen begannen zwei Tage vor Kriegsausbruch. Alle, die auf einer schwarzen Liste standen, wurden umgebracht. Bis auf zwölf Personen starben sie. Acht Männer unter ihnen, auch ich, entgingen dem Massaker. Ebenso vier Frauen.«*

Das Ukrainische Rote Kreuz beteiligte sich von erster Stunde an an den Untersuchungen. Acht Ukrainer sagten am 7. Juli in der Stadtkommandantur aus, daß man allein in Lemberg in den Kellern vieler Häuser »über 4000 Leichen gefunden hatte, darunter auch solche, die erhängt worden waren. So beispielsweise ein etwa achtjähriges Mädchen, das unbekleidet an einer Deckenlampe erhängt worden war.«**

»Außerdem«, so das Ukrainische Rote Kreuz, »wurden Leichen in verschiedenen Kellern gefunden, die man gefesselt und lebendig eingemauert hatte.«***

Diese Vorkommnisse, die während der Nürnberger Siegertribunale deutschen Truppen angelastet wurden und damit auch den »Brandenburgern«, die als erste in Lemberg eingedrungen waren, sind aus dem einen Grunde hier wiedergegeben, weil sich aus diesen Daten und Fakten die Schuld des sowjetischen NKWD zweifelsfrei erwiesen hat.

Erhärtet wurden diese Tatsachen noch durch eine US-Kongresskommission, die im Jahre 1954 zusammentrat. Vorsitzender war der Abgeordnete Charles J. Kersten. 18 weitere Mitglieder gehörten dieser Kommission an, darunter der Abgeordnete Ray J. Madden, der bereits 1952 die amerikanische Katyn-Kommission geführt hatte. Es wurden in München, New York und Chicago Zeugen vernommen. Der zusammenfassende Bericht lautete:

»In den ersten Kriegstagen des Zweiten Weltkriegen erschoß der NKWD in jeder Stadt in der westlichen Ukraine alle politischen Gefangenen, mit Ausnahme von einigen wenigen, die wie durch ein Wunder überlebten.«****

---

* Der Zeuge wurde nach dem Krieg von den Sowjets nach Sibirien verbannt. 1975 wurde er freigelassen und wanderte in die USA aus.

** Siehe dazu BA/MA RW 2/v. 149 S. 346.

*** Siehe: BA/MA RV 2/v. 149 S. 373 f.

**** Siehe: 83rd. Congress, 2nd. Session Communist Takeover and Occupation of Ukraine. Special Report No. 4 of the selected Committee on Communist Aggression. House of Representatives, December 31, 1954.

Als im Herbst 1959 Professor Dr. Theodor Oberländer, seinerzeit Vertriebenenminister im Kabinett Dr. Adenauer, für diese Mordtaten in Lemberg vom März bis September 1941 verantwortlich gemacht wurde und am 5. September 1959 ein Artikel in der kommunistischen *Radianska Ukraina* erschien, der diesen die Vorwurf zu erhärten versuchte, begann im deutschen Blätterwald ein Kesseltreiben gegen diesen Soldaten, der weder Befehlsgewalt über das Bataillon »Nachtigall«, noch irgend etwas mit dem Einsatz desselben zu tun gehabt hatte. In der genannten Zeitung aber hieß es dazu:

»Vor 18 Jahren begingen die Faschisten in der Nacht vom 29. auf den 30. Juni 1941 ein entsetzlichen Verbrechen in Lemberg. Die hitlerischen »Nachtigallen« verhafteten aufgrund einer vorher angefertigten Liste Hunderte von Kommunisten, Komsomolzen und Parteilosen und ermordeten sie im Hofe den Gefängnisses in der Zarmarotynowska Straße in bestialischer Weise.«

Diese erbärmliche Lüge, die sich jenen Lügen von Katyn, Winniza und anderen »ebenbürtig« zur Seite stellte, wurde sehr rasch von einem deutschen Gericht als solche entlarvt.

Die gegen Dr. Oberländer von »guten Deutschen« angestrengte Anzeige führte zu einem Ermittlungsverfahren der Oberstaatsanwaltschaft beim Landgericht Bonn.

Das Gericht kam zu der einhelligen Erkenntnis, »... daß für keine der Behauptungen und der Anschuldigungen auch nur ein einziger Beweis erbracht worden konnte und daß Oberländer kein Verschulden an irgendeinem Massaker zur Last gelegt werden konnte. Im Gegenteil wurde aufgrund der vorliegenden Berichte der deutschen, neutralen und gegnerischen Seite (USA) folgender Spruch erlassen:

›In den ersten Kriegstagen erschoß der NKWD in jeder Stadt in der westlichen Ukraine alle politischen Gefangenen mit Ausnahme von einigen wenigen, die wie durch ein Wunder überlebten.‹«

Eine Internationale Kommission, die sich aus vier ehemaligen Widerstandskämpfern zusammensetzte, versuchte zur gleichen Zeit Möglichkeiten zu finden, Dr. Oberländer ans Zeug zu flicken.

Sie setzte sich aus folgenden Mitgliedern zusammen:

Aus dem norwegischen Juristen Dr. Hare Cappelen, dem früheren dänischen Reichstagspräsidenten Ole Bjorn Kraft, dem niederländischen Sozialisten Karel van Staal und dem belgischen Universitätsprofessor Floor Peeters. Hinzu kam als fünftes Mitglied der Kommission der Schweizer Jurist und Abgeordnete Dr. Kurt Schoch.

In insgesamt fünf Sitzungen, davon vier zur Zeugenbefragung in Den Haag, erschienen mehrere Augenzeugen aus Lemberg. Auf der fünften Sitzung löste sich die Kommission auf, ohne ihre Arbeit vollständig abgeschlossen zu haben, weil nichts mehr von den Beschuldigungen gegen Dr. Oberländer übrig geblieben war. Es hatte sich eindeutig erwiesen, daß der sowjetische NKWD für die Greuel in Lemberg und anderswo verantwortlich war. Anstatt dieses Ergebnis der Untersuchung öffentlich bekanntzugeben, beschränkte sich die Kommission auf folgende Verlautbarung:

»Nach viermonatiger Untersuchung und Überprüfung von 232 Zeugenaussagen aus allen beteiligten Kreisen ergibt sich die Feststellung, daß die Anschuldigungen, die gegen die Einheit »Nachtigall« und den damaligen Oberleutnant und heutigen Bundesminister Dr. Oberländer erhoben worden sind, jeder Grundlage entbehren.«

Dazu, zu bekennen, daß es der NKWD war, der diese Untaten verübt hatte, konnte sie sich nicht durchringen. Allerdings hat dann später Hans Cappelen in einem Brief an den Autor Alfred M. de Zayas vom 31. März 1977 der Wahrheit die Ehre gegeben und festgestellt:

»Die Kommission, einschließlich meiner Person, ist nach gründlicher Untersuchung zu dem Ergebnis gekommen, daß Dr. Oberländer an den Morden in Lemberg 1941 nicht beteiligt war.... Es war die NKWD, die diese Morde begangen hatte.«

Nun wußte die Welt, wie es in Lemberg zugegangen und wer der Urheber dieser Abschlachterei gewesen war. Was aber in Winniza, in Uman, in Lopatin, in Berditschew und an vielen, vielen anderen Orten in der Ukraine während des Zweiten Weltkriegen geschah und was deutschen Soldaten angelastet worden war, das, was in Nürnberg für die Verurteilung vieler deutscher Soldaten, einschließlich des Generalfeldmarschalls Erich von Manstein, zum Ausdruck kam und von den sowjetischen Anklägern mit großem Pathos in die Verhandlungen hineingeschleudert wurde, waren nichts anderes als Lügen von solcher Dreistigkeit, daß jeder Leser, der die Wahrheit kennt, nur mit Abscheu darauf reagieren kann.

Daß wir mehr über diese Vorkommnisse wissen, ist dem ukrainischen Autor Borys Levytzkyi zu verdanken, der in der exilpolnischen Zeitschrift »Kultura« in Paris dazu folgendes aussagte:

»Die Verantwortung der sowjetischen Dienststellen für die Morde in den Lemberger Gefängnissen, wie auch für jene Morde in anderen Gefängnissen Galiziens und der Ukraine sind so eindeutig, daß der Verdacht nahe liegt, daß sich in den sowjetischen Reihen Provokateure befunden haben, die diese Greueltaten auf das Konto der deutschen Besatzungstruppen, bzw. die Gestapo abschieben wollten.

Auch die in Kiew stattgefundenen Erschießungen, die ebenfalls den deutschen Truppen in die Schuhe geschoben wurden, sind von der NKWD erfolgt. Erst nach dem Kriege und nach vielen diplomatischen und außerdiplomatischen Anfragen gelang es der Polnischen Botschaft in Moskau das Zugeständnis zu erreichen, daß viele ehemalige höhere polnische Staatsbeamte im Kiewer Gefängnissen ums Leben kamen... Die Erschießungen in den Lemberger Haftanstalten in den tragischen Junitagen 1941 waren bei der gesamten Bevölkerung des Landes weithin bekannt.«*

Damit ist zweifelsfrei erwiesen, daß weder das Bataillon Heinz noch das der Abwehr unterstellte Bataillon »Nachtigall« auch nur das Geringste mit den ihnen angelasteten Lemberger Bluttaten zu tun hatten.

Neugestaltung des Regiments »Brandenburg«

Als im Osten und hier vor allem im Mittelabschnitt der deutsche Ansturm auf Moskau zum Stehen kam und nach einigen Wochen verheerender Abwehrkämpfe der Rückzug befohlen wurde, hatten alle eingesetzten Einheiten des Regiments »Brandenburg« schwere Verluste hinnehmen müssen. Das Gros der »Brandenburg«-Einheiten war in die Heimatstandorte zurückgekehrt, um sich neu zu ordnen und mannschafts- und ausrüstungsmäßig wieder auf den Sollzustand aufzufüllen. Im Dezember 1941 befanden sich lediglich die »Tropenkompanie« unter Oberleutnant von Koenen in Afrika, die 9. Kompanie unter Oberleutnant Dr. Kniesche im Raume nordwestlich Moskau und die 6. Kompanie unter Oberleutnant Bansen auf der Krim im Einsatz.

---

* KULTURA, Band I 1960. S. 174.

Für alle in die Heimatstandorte zurückgekehrten Einheiten ließ der Kommandeur des Lehrregiments »Brandenburg«, Oberst Haehling, neue Richtlinien aufstellen, die zunächst in Einzelbefehlen ergingen, um schließlich in gesammelter Form nach Ende der Neuaufstellung- und ausbildung veröffentlicht zu werden. Darin waren sämtliche Kampferfahrungen von Kriegsbeginn an eingebettet. Hier das für den weiteren Einsatz der »Brandenburger« so wichtige Dokument, das nach den Meldungen von Oberst Haehling an das Amt Ausland/Abwehr durch letzteren erstellt wurde:

Chef der Abwehr II: Bericht Nr. 1509/42 gKdos vom 26.6.1942

Allgemeine Aufgaben:

Aufgabe des Lehrregiments »Brandenburg« z.b.V. 800 ist der kampfmäßige getarnte Einsatz gegen taktisch, operativ oder kriegswirtschaftlich wichtige Objekte. Er erfolgt dort, wo andere Einheiten der kämpfenden Truppe noch nicht oder nicht mehr kämpfen können.

Im Hinblick auf die Bedeutung rascher Bewegungen im modernen Krieg steht die Inbesitznahme von Verkehrsanlagen, insbesondere von Brücken, im Vordergrund aller Einsätze. Der Sondereinsatz von Einheiten des Lehrregiments »Brandenburg« z.b.V. 800 soll den Gegner durch Anwendung von Kriegslisten aller Art täuschen und ihm solcherart kriegswichtige Objekte im Handstreich entreißen. Den Erfolg dieses Sondereinsatzes taktisch und operativ auszunutzen, ist Aufgabe der Führung der nachfolgenden Truppe.

Die Richtlinien für den Einsatz:

1.) Die Einheiten des Lehrregiments »Brandenburg« z.b.V. 800 sind ausschließlich Kampfinstrumente des Bewegungskrieges. Ihr Einsatz bei motorisierten- und Panzerverbänden im Rahmen von Vorausabteilungen bildet daher die Regel.

Der Einsatz im Rahmen von Nachhuten kann in besonderen Fällen zweckmäßig und notwendig sein.

2.) Mit Übergang zum Stellungskrieg sind die Einheiten des Lehrregiments »Brandenburg« z.b.V. 800 aus der Front herauszuziehen.

Zeiten längerer Defensivkämpfe und des Stellungskrieges sind von den Einheiten des Lehrregiments »Brandenburg« z.b.V. 800 beschleunigt zur Erprobung und Umstellung auf neue Kampfverfahren auszunutzen. Nur so werden einem »geweckten« Gegner gegenüber auch künftig Überraschungserfolge gewährleistet.

3.) Der infanteristische Einsatz des gesamten Lehrregiments oder deren Einheiten ist mit Rücksicht auf die für Sondereinsätze ausgesuchte und besonders ausgebildete und schwer zu ersetzende Truppe nur in ausgesprochenen Notlagen und nur vorübergehend gerechtfertigt.

4.) Die Kampfeinheit für den Sondereinsatz des Lehrregiments »Brandenburg« ist die Kompanie. Sie gliedert sich in zwei Halbkompanien zu jeweils zwei Einsatzzügen und einem schweren Zug. Die Gesamtstärke jeder Kompanie beträgt 300 (!) Mann.

5.) Die Kompanien des Lehrregiments »Brandenburg« werden den Heeresgruppen bzw. den Armeen zur Verfügung gestellt. Ihr Einsatz hängt vom Schwerpunkt der Kampfhandlungen ab und wechselt dementsprechend.

6.) Eine Kompanie des Lehrregiments ist möglichst nur einer Division zuzuteilen. Eine Verteilung der Kompanie auf mehr als zwei Divisionen gefährdet ihre Schlagkraft und ist kategorisch abzulehnen.

7.) Stärke und Zusammensetzung der Einsätze für die jeweiligen Kampfaufgaben richten sich nach Lage und Auftrag.

8.) Mit dem Zeitpunkt, in dem die zur Verfügung gestellten Kompanien des Lehrregiments »Brandenburg« in den Bereich der Armeen treten, sind sie diesen taktisch und – soweit es

Die »handstreichartige Besetzung kriegswichtiger Objekte« im »kampfmäßig getarnten Einsatz« gehörte weiterhin zu den Aufgaben der »Brandenburger«. Die Aufnahme vom Sommer 1941 zeigt eine Straßenbrücke über einen Fluß im Nordabschnitt der Ostfront, die unzerstört genommen wurde und jetzt von einer 2 cm-Flak der Luftwaffe und einem Panzer II des Heeres überwacht bzw. gesichert wird.

sich um den Einsatz handelt – auch disziplinarisch unterstellt. Im übrigen verbleibt die personelle Fürsorge und Betreuung auch während des Einsatzes beim Regiment.

9.) Der Einsatz von Einheiten der »Brandenburger« erfolgt ausschließlich und verantwortlich nach den Weisungen der kämpfenden Truppe.

10.) Das Lehrregiment »Brandenburg« stellt in der Regel bei jedem Einsatz von Kompaniestärke an einen Verbindungsoffizier (V.O.) zu der im Einsatz stehenden befehlsführenden Kommandostelle ab. Der Verbindungsoffizier unterrichtet die für den Einsatz verantwortliche Truppenführung über Stärke, Gliederung und Kampfverfahren der unterstellten Regimentseinheiten.«

Gleichzeitig mit diesem Befehl wurde aus Gründen der gemeinsamen Kampfführung die Bewaffnung und Ausrüstung der »Brandenburger« an jene des Heeres angeglichen.

Im Zuge dieser Neuordnung wurde auch alles das, was bisher von der Abwehrabteilung Ausland II an Anforderungen erging, ausgegliedert. Darunter fiel auch die Ausbildungsstätte der Abwehr auf dem Gut Quentz bei Brandenburg, die in einen neuen Befehlsbereich einging.

Die in Brandenburg liegende 1. Kompanie, die bisher als Sammel- und Einsatzstelle für V-Männer und Spezialeinsätze galt, wurde in eine V-Abteilung übernommen und bildete deren A-Kompanie. Ebenfalls in die V-Abteilung übernommen wurde die Kompanie von Oberleutnant Johannes, einem »Brandenburger« der ersten Stunde.

Der Kommandeur des I. Bataillons der »Brandenburger«, Major Heinz, wurde mit der Aufstellung einer Abwehrschule und ab Dezember 1941 mit der Führung der V-Abteilung beauftragt. Sein Nachfolger wurde Hauptmann Walther.

Am 28. Oktober verabschiedete sich der alte Kommandeur, während er gleichzeitig den neuen Bataillonskommandeur vorstellte.

Die V-Abteilung unter Major Heinz wurde bis zum 19. November aufgestellt. Sie bezog eine vorläufige Unterkunft auf dem Truppenübungsplatz bei Meseritz, das »Regenwurmlager«.

Die hier stehende Lehr- und Ausbildungskompanie unter Rittmeister Dr. Harbich wurde der V-Abteilung unterstellt.

Gegen Ende des Jahres 1941 stand das Lehrregiment »Brandenburg« z.b.V. 800 in folgender Aufstellung zu neuen Einsätzen bereit:

Regimentskommandeur:	Oberst Haehling
I. Bataillon:	Hauptmann Walther
1. Kompanie:	Oberleutnant Babuke
2. Kompanie:	Hauptmann Dr. Hartmann
	Oberleutnant Pinkert
3. Kompanie:	Oberleutnant (ab 1942 Hauptmann) John
4. Kompanie (le. Kompanie)	Oberleutnant Kürschner
II. Bataillon:	Major Dr. Paul Jacobi
5. Kompanie:	Oberleutnant Zülch
6. Kompanie:	Oberleutnant Bausen (noch auf der Krim)
7. Kompanie:	Oberleutnant Kutschke (ab 1942)
	Oberleutnant Oesterwitz
8. Kompanie:	Oberleutnant Grabert
III. Bataillon:	Hauptmann Jacobi
9. Kompanie:	Oberleutnant Kniesche (vor Moskau)
10. Kompanie:	Leutnant Kriegsheim (verwundet)
	Hauptmann Auch
11. Kompanie:	noch unbesetzt
12. Kompanie:	Oberleutnant Schader
15. Kompanie (le. Kompanie)	Leutnant Trommsdorf
	(auch Kompanie Trommsdorf)

Die Kompanie Trommsdorf beim AOK Lappland

Die Idee zum Einsatz einer Sonderkompanie stammte von dem seinerzeitigen Leutnant Trommsdorf. Auf dem Truppenübungsplatz Zossen sammelte dieser nach Einverständnis der Abteilung Abwehr/Ausland II etwa 90 Soldaten, von denen jeder für sich ein Experte war. So standen in dieser winzigen Einheit bestausgebildete Pioniere ebenso wie beispielsweise Hundeführer für Polarhunde, die sich aus der Heereshundeschule in Sperenberg freiwillig zu einem Sondereinsatz im Hohen Norden gemeldet hatten. Die Soldaten waren an Pistole und Karabiner, an Schnellfeuerwaffen ebenso wie an Leichtgeschützen ausgebildet. Unter ihnen befanden sich zwei voll ausgestattete Funktrupps und eine Sanitätsstaffel mit einem Arzt und sechs Sanitätsdienstgraden.

Daß unter den Freiwilligen vor allem erstklassige Skiläufer sein mußten, lag in der Natur des voraussichtlichen Kampfplatzes begründet.

Nach sehr rascher Aufstellung wurde diese »halbe Kompanie« in den Nordraum entsandt. Leutnant Trommsdorf meldete seinen »Verein« bei Generaloberst Dietl, der seine »Buam« herzlich begrüßte, zumal einige wohlbekannte Skiläufer unter ihnen waren.

In einer kurzen Unterrichtung beim Stab der Lapplandarmee erfuhr Trommsdorf, daß zum Frühjahr eine neue deutsche Offensive geplant sei. Dietl, der am 14. Januar 1942 das neu gebildete *Armeeoberkommando Lappland* übernommen hatte und am selben Tage zum Generaloberst befördert worden war, hatte mit seinem Chef des Generalstabes, Generalmajor Ferdinand Jodl, (dem jüngeren Bruder des Chefs des Wehrmachtsführungsstabes, Alfred Jodl) im neuen Hauptquartier Rovaniemi am Polarkreis – im dortigen Hotel Pohjanhovi (»Hof des Nordens«) Unterkunft bezogen.

In Karelien und Lappland hatte die Rote Armee ab Ende März 1942 ihre Späh- und Stoßtruppunternehmungen verstärkt, mit dem Ziel, den geplanten Vorstoß ihrer Südkräfte nach Norden bis zur sogenannten *Russenstraße* vorzubereiten. Eine Frühjahrsoffensive der Roten Armee stand unmittelbar bevor.

Diese Situation zwang die bereits seit einiger Zeit im Hohen Norden stehenden Soldaten Trommsdorfs, die durch 30 kommandierte finnische Jäger verstärkt worden waren, ihre Ausbildung zu forcieren. Dietl, der diese Kompanie im Auge behielt, erkannte, daß sie sich rasch an die bestehenden Verhältnisse gewöhnte. Ende März war es dann so weit. Das Unternehmen »Lutto« konnte starten (Lutto: Fluß südwestlich von Murmansk bei Alkawetti). Geführt wurde das Unternehmen von Generalleutnant Ferdinand Schörner, der seit dem 15. Januar 1942 das XIX. Gebirgs-Armeekorps führte.

Im Rahmen diesen Angriffs, der am 6. April 1942 – dem Ostersonntag – begann, fiel den »Brandenburgern« die Aufgabe zu, bis tief in den Rücken der sowjetischen Front hineinzustoßen und dort durch Überfälle und Störaktionen vor allem den Nachschub zu unterbinden, zumindest zu verzögern. Wichtigste Aufgabe war es, den Weg vom Riesendepot der Russen bei Ristikent südwestlich von Murmansk zur Front zu unterbrechen.

Die Kompanie Trommsdorf trat ebenfalls am 6. April 1942 an. Im dichtesten Schneetreiben seit langer Zeit verfehlte die Kompanie trotz der finnischen Fährtensucher den Treffpunkt mit dem Gebirgsbataillon, das den russischen Stützpunkt in Lutto-Dorf erobern sollte, doch auch das Gebirgsbataillon traf verspätet ein und griff den Feind – ohne die nächtliche Vorarbeit der Trommsdorf-Kompanie abzuwarten – am hellichten Tage erfolglos an. Schwere Verluste waren die Folge. Die kurz darauf eintreffende Kompanie Trommsdorf kam gar nicht erst zum Einsatz, sie stand allein im Gelände und mußte sich bei Tauwetter schrittweise zurückkämpfen. Die Männer irrten tagelang durch den dicht verschneiten Urwald und nährten sich von letzten Resten ihrer Verpflegung. Erst als ein Gebirgsjäger-Spähtrupp auf sie stieß, gelangten die Reste der Truppe in ihr Auffanglager zurück.

Inzwischen war es Mitte April geworden. Leutnant Trommsdorf wurde nach Berlin zurückbefohlen. Sein Nachfolger wurde Leutnant Sölder.

Generaloberst Eduard Dietl (Mitte), der »Held von Narvik«, bei einer Geländebesprechung mit Generalmajor Ritter von Hengl und Generalleutnant Ferdinand Schörner (rechts), der 1942 den Oberbefehl über das XIX. Gebirgskorps im hohen Norden übernahm.

Als die Rote Armee dann eingangs Mai 1942 in Karelien, nördlich von Kiestinki, durch die deutsch-finnischen Linien sickerte, wurden die »Brandenburger« der Kompanie Trommsdorf wieder gegen spezielle Ziele angesetzt. Es gelang ihnen, einige russische Durchbruchsversuche abzuriegeln, den Feind durch geschickt angelegte Minengürtel zu stoppen und in nächtlichen Handstreichen zu dezimieren. Eine russische Vorpostenstellung, in der sich etwa vier erkannte russische Scharfschützen festgesetzt hatten, wurde in einem nächtlichen, von Leutnant Sölder geführten Handstreich zurückerobert. Bei diesem Einsatz kam es zu einigen Nahkämpfen Mann gegen Mann, den die »Brandenburger« trotz Verluste an Toten und Verwundeten für sich entschieden.

In den erkämpften Stellungen verteidigte die nur noch etwa 60 Köpfe starke Kompanie gegen immer wieder vorgetragene russische Angriffe erfolgreich, und hielt die Stellungen bis eingangs Juni, als die Rote Armee ihre Angriffe plötzlich einstellten.

Im Verfolgungsangriff nach Norden erreichten die deutsch-finnischen Truppen den Raum weit nördlich von Kestenge. Die Rote Armee verlor allein an der Murmanfront, wo sie 118 Angriffe führte, an denen 37 Bataillone der Roten Armee beteiligt war, 8000 Tote und 200 Gefangene. Dies sollte – wie sich später herausstellte, der letzte große Angriff der Roten Armee im Hohen Norden gewesen sein. Dennoch hatte auch die Lapplandarmee unter Generaloberst

Ein Stoßtrupp von Skijägern macht sich bereit. Schneehemden und weiße Mützenüberzüge waren für den Winterkampf und das Überleben in Karelien und Lappland ebenso wichtig wie ausreichende Mengen an Verpflegung und Munition, die von den Fernspäh- und -stoßtrupps über große Entfernungen tage- und wochenlang am Mann mitgeführt werden mussten.

Dietl schwere Verluste hinnehmen müssen. So fielen 680 Soldaten, darunter 16 Offiziere; 2630 Soldaten und 60 Offiziere wurden verwundet und 163 deutsche Soldaten, unter ihnen drei Offiziere, blieben für immer vermißt.

Der Einsatz der »Brandenburger« in Finnland und Nordwestrußland war damit beendet.

Der Irak-Einsatz

Erste Fühlungnahmen

Bereits 1937 wurden deutscherseits die ersten Fühler nach dem Irak ausgestreckt. So unternahm der deutsche Militärattaché in Griechenland und in der Türkei, Oberstleutnant Rohde, bis ins Jahr 1938 hinein einige ausgedehnte Reisen durch Syrien, Palästina, den Irak und den Iran und reiste sogar bis nach Afghanistan weiter. Sein Ziel war es, alle die Abwehr interessierenden Fakten aufzuspüren und die Stimmung in den betreffenden Ländern zu erkunden.

Nach Rohdes Meldung reisten schließlich auch der (am 1. April 1938) zum Vizeadmiral ernannte Chef des Amtes Ausland/Abwehr, Wilhelm Canaris, in Begleitung von Major Groscurth nach Bagdad, um dort Gespräche mit arabischen Persönlichkeiten zu führen und sie auf ihre Bereitschaft zum Kampf gegen England abzuklopfen.

Von diesem Zeitpunkt an wurde von der Abwehr/Ausland die Aufstellung einer »Arabischen Brigade« in die Wege geleitet, die im Verband der »Brandenburger« zusammentrat und auf ihren Einsatz im Nahen Osten – Libanon, Syrien und Irak- vorbereitet wurde.

Es galt zu allererst, die afghanischen, iranischen und irakischen Selbstbehauptungsversuche zu unterstützen und zudem, sich der Lebensmittel- und Erdöllieferungen aus diesen Ländern zu versichern.

Darüber hinaus aber war mit einem erfolgreichen Auftreten in den genannten Ländern die russische Grenze erreicht. Von diesen Basen aus konnten die sowjetischen Ölförderanlagen in Batum und Baku bombardiert werden. Später bestand von hier aus die Chance, mit einem schnellen Raid sich der Ölförderanlagen des südlichen Kaukasusgebietes zu bemächtigen und sie für den eigenen Bedarf wieder in Gang zu bringen.

In den genannten Ländern wandten sich die Sympathien mehr und mehr der deutschen Seite zu. Falls es in diesen Regionen zu offenen Aufständen und zum Krieg gegen die britische Kolonialherrschaft kam, war deren stets angestrebte Landverbindung zwischen Indien und dem inzwischen durch das Eingreifen des *Deutschen Afrika-Korps* in Nordafrika bedrohten britisch besetzten Ägypten in Frage gestellt und eine drohende Isolierung der arabischen Halbinsel und eine ebenso bedrohliche Präsenz deutscher Truppen an der türkischen Grenze, an der Grenze zu Vichy-Syrien und zum Iran eingetreten.

Damit stand für Großbritannien fest, daß man sich des Iraks durch eine Invasion versichern mußte. Die Hegemonie im »Vorfeld Indiens« mußte erhalten bleiben.

So hatte das Amt Ausland/Abwehr im Herbst 1940, sodann auch im Januar 1941 weitere Stützpunkte in Südostländern errichtet. Darunter Afghanistan. So reiste Oberstleutnant Rohde bereits im September 1940 nach Afghanistan, um für die Abwehr relevantes Material zu sammeln. Nach seiner Rückkehr unterbreitete er Canaris die ersten Vorschläge über die vorhandenen Möglichkeiten einer Einbeziehung im Kampf gegen England.

Doch zurück zum Irak.

Das Königreich Irak war erst nach Ende des Ersten Weltkrieges entstanden. Das zum Gebiet des ehemaligen Osmanischen Reiches gehörende neue Königreich war durch die Friedensschlüsse von Sèvres hervorgegangen und zum britischen Mandatsgebiet erklärt worden. Abdallah, Sohn des Scherifen von Mekka, Hussain Ibn Ali, wurde Statthalter der Briten im Irak, bis schließlich auf der Konferenz von Kairo im März 1921 Faisal zum König einer neuen irakischen Monarchie ausgerufen wurde. So war jener Staat entstanden, den England im Jahre 1941 zu erobern versuchte.

Trotz der Aufnahme des Irak in den Völkerbund am 30. Juni 1930 war dieses Königreich nichts anderes als eine Farce. Jeder Minister und auch der König erhielten einen britischen »Berater«. England bildete die irakische Armee aus, unterhielt Soldaten im Irak und im Kriegsfalle hatte der Irak Großbritannien zu dienen.

Als England mit Ausbruch des Krieges gegen Deutschland, den es am 3. September 1939 erklärte, irakische Teilnahme forderte, folgte die irakische Regierung den britischen Weisungen, Deutschland den Krieg zu erklären, nicht.

Gegen die von England protegierte Führungsschicht im Irak war eine »Vaterländische Bruderschaft« von Yasin al Hashimi im Jahre 1930 gegründet worden. Diese wurde nach dessen Tod 1937 von Rashid Ali al-Gailani, einem Juristen, weitergeführt. Nach dem Tode von König Faisal übernahm Abd al-Ilah im April 1939 die Regentschaft. Premierminister war seit 1938 Nuri Tes-Said.

Nach dem ersten sondierenden Besuch deutscherseits fanden im Juni und Juli 1940 Besprechungen des *Arabischen Komitees* mit dem italienischen Gesandten Gabbrielli statt. Dieser stellte das Ziel der italienischen Politik besonders heraus: »Sicherung der Unabhängigkeit aller Länder des arabischen Ostens.«

Das *Arabische Komitee* entsandte Usman Kamal Haddad nach Berlin. Dort wurde ihm nach langen Gesprächen eine »deutsche Sympathieerklärung für den arabischen Nationalismus« abgegeben.

Im Irak erhielt Ali-al-Gailani von der britischen »Besatzung« die ultimative Aufforderung »alle Kontakte zu den Achsenmächten abzubrechen.«

Er ließ sich darauf nicht ein, worauf der britische Botschafter Bagdad verließ und sämtliche Dollarguthaben des Irak bei ausländischen Banken gesperrt wurden. Die laufenden Rüstungsgeschäfte wurden auf Eis gelegt und schließlich forderte US-Präsident Roosevelt die Regierung in Bagdad auf, zurückzutreten.

Rashid Ali al-Gailani, seit 1940 Ministerpräsident, weigerte sich und der Regent konnte seinen Rücktritt nicht erzwingen, auch wenn er dies versuchte. Der Regent Nuri es Said demissionierte am 21. Januar 1941. Der Irak stand am Rande des Bürgerkrieges. Schließlich trat Gailani doch noch zurück.

Diese Ablösung Gailanis wirkte sich auf die internationalen Beziehungen des Irak verhängnisvoll aus. Schließlich wurde Gailani erneut zum Chef einer provisorischen Regierung ernannt, weil der Amtsinhaber Taha sein Amt nicht mehr ausübte und Nuri, der Regent, sich in den Süden abgesetzt hatte.

So war Gailani seit dem 10. April 1941 wieder Regierungschef. Am Abend des 16. April teilte die britische Führung dem Irak mit, daß sie das Land besetzen werde. Am 2. Mai begann offiziell der Krieg Englands gegen den Irak.

Inzwischen waren die deutschen Verhandlungen am 15. Februar 1941 bis zu einer ersten Aktion gediehen. Die Abwehr hatte mit dem Gesandten Grobba vom Auswärtigen Amt die Waffenlieferungen für die geplanten antibritischen Aktionen des Generals Rashid Ali al-Gailani festgelegt und als Lieferweg die per Flugzeugtransport geeignete Route über die Türkei mit einer Zwischenlandung auf Rhodos, aber auch durch U-Boot-Transport nach Latakije in Syrien, bestimmt. Als militärischer Sachverständiger wurde General der Flieger Felmy bestimmt.

Die Hälfte der »Arabischen Brigade« der »Brandenburger« wurden ab dem 11. Mai nach dem Irak in Marsch gesetzt, wo der Abwehrkampf der Iraker gegen die britischen Truppen entbrannt war. Die »Arabische Brigade« begann mit den Störangriffen und konnte zwei britische Kanonenboote und etwa 50 Versorgungsschiffe der Briten zerstören oder aufbringen.

Gleichzeitig damit wurde die Sperrung des Schatt el-Arab (vereinigter Unterlauf von Euphrat und Tigris, mündet in den Persischen Golf) durch die Versenkung deutscher Schiffe in der Einfahrt vorbereitet, um die britischen Truppentransporte von Indien nach Basra zu verhindern.

Am 22. Mai wurde die »Arabische Brigade« auf der großen Karawanenstraße von Damaskus nach Rutba mit der britischen »Arabischen Legion« in schwere Kämpfe verwickelt.

Am 25. Mai gelang der »Arabischen Brigade« ein großer Erfolg, als sie im Tigris-Tal in einem Hinterhalt etwa 100 Briten, darunter elf Offiziere restlos aufrieben.

Am 27. Mai versuchte Hauptmann Berger von der Abwehr, der die »Arabische Brigade« führte, Einheiten der britischen »Arabische Legion« wieder in einen Hinterhalt zu locken. Dieser Versuch schlug fehl.

Am 30. Mai mußten der Regierungschef des Iran, Rashid Ali al-Gailani und der seit über einem Jahr dort im Exil lebende Großmufti von Jerusalem aus Bagdad fliehen. Sie fanden im Iran Asyl, von dort aus gelangten sie später über die Türkei nach Deutschland. Hier wurden sie und einer der ägyptischen Prinzen, die in ihrem Gefolge waren, von der Abwehr/Ausland betreut.

Am selben Tage mußte sich auch die »Arabische Brigade« vor den übermächtigen britischen Streitkräften aus dem Irak nach dem Iran zurückziehen. Dort sollten weitere Aufträge auf sie warten. Der 31. Mai sah dann die Unterzeichnung des Waffenstillstandes in Bagdad zwischen Irak und Großbritannien.

Deutsche Luftwaffen-Einsätze im Irak

Bereits am 24. April 1941 hatte Reichsmarschall Göring in einer Besprechung mit Reichsaußenminister von Ribbentrop die Zusage gegeben, daß fünf Ju 52 in zehn Flügen etwa 100 Tonnen Material nach Syrien schaffen würde. Weitere 600 Tonnen sollten auf dem Bahntransport über die Türkei dorthin gelangen. Hitler gab seine Zustimmung, als der Außenminister ihm am 27. April die ersten Zahlen über das wirtschaftliche Potential des Irak und die Bedeutung des Ausfalles desselben für England vorgetragen hatte.

Nunmehr ging es darum, von der Vichy-Regierung die Freigabe der in Syrien eingelagerten französischen Waffen zu erreichen und vor allem Landerechte für deutsche Flugzeuge und die Versorgung derselben in Syrien mit Flugbenzin zu erhalten.

Der ehemalige Gesandte in Bagdad, Fritz Grobba, erhielt Auftrag, nach Bagdad zu fliegen und mit der irakischen Regierung enge Kontakte aufzunehmen. Das weitere Geschehen wurde durch das Ausbrechen der Kämpfe im Irak am 2. Mai 1941 bestimmt.

In einem weiteren »Deal« verpflichtete sich Frankreich, bei weitgehenden deutschen Zugeständnissen im Falle eines britischen Angriffs auf Syrien, dieses französische Mandatsgebiet »mit allen Kräften zu verteidigen«.

Der Gesandte Grobba, der Weisung erhalten hatte, die politische Verbindung zum Irak herzustellen, war ein Orientkenner, dennoch war er nicht in der Lage, die Schlagkraft der irakischen Streitkräfte zu beurteilen. Sein Ansehen unter den Arabern aber war groß.

Reichsaußenminister Joachim von Ribbentrop.

Die Grobba-Mission flog in zwei He 111 der *Führerkurierstaffel* unter Hauptmann Leytheuser und Oberleutnant Grauthoff am 6. Mai über Foggia nach Rhodos und von dort am 9. Mai weiter nach Aleppo.

Die Maschinen landeten am 10. Mai in Mossul. Herr Grobba meldete sich beim irakischen Regierungschef und erhielt die Weisung, sofort nach Bagdad zu kommen.

Im Kraftwagentransport erreichten Grobba, Konsulatssekretär Hornberger, Dolmetscher Dr. Falkenstein, Presse-Attaché Steffen, Funker Emde und die Verbindungsoffiziere Hauptmann Darjes vom Luftwaffenführungsstab und Hauptmann Kohlhaas von der Abwehr II (Ausland) mit den beiden Palästina-Deutschen Feldwebel Wienand und Feldwebel Bulach von den »Brandenburgern« die Hauptstadt.

Die zweite deutsche Gruppe mit der Delegation des Außenministeriums, an der Spitze Gesandtschaftsrat Ribbentrops »Hausfotograf«, Obersturmführer Laux, traf in drei Ju 52 in Bagdad ein. Auch in dieser Maschine waren wieder zwei »Brandenburger« mitgeflogen, die Unteroffiziere Brass und Krautzberger. Diese vier »Brandenburger« hatten Auftrag, bei einem deutschen Rückzug alle Erdölanlagen zu zerstören. Dafür waren einige Hundert Kilo hochexplosiven Sprengstoffs von einer Ju 52 mitgebracht worden.

Gesandtschaftsrat Hans Ulrich Granow hatte Bargeld in US- und britischer Währung im Gepäck. Am 25. Mai wurden noch 640 Kilogramm Gold für die irakische Staatsbank bereitgestellt. Der Gesandte Grobba sollte diese Goldlieferung in den Irak bringen, was auch geschah.

Bei der Frage, wer von den Luftwaffenkommandeuren den Einsatz der Luftwaffe im Irak führen sollte, verfiel Göring auf Oberst Werner Junck, dem Jagdfliegerführer der Luftflotte 3 in

Deauville. Junck war tropenerfahren, hatte er doch 1930 als Chefinstrukteur der deutschen Militärmission unter General Kundt in Bolivien gewirkt.

Am 6. Mai wurde Junck von Reichsmarschall Göring empfangen, dessen Generalstabschef, Generalleutnant Jeschonnek, ihm die Lage im Irak und seine Aufgabe erläuterte.

Zum *Fliegerführer Irak* ernannt, führte Junck nun das Sonderkommando Junck. Der Transportverband stand unter dem Befehl von Major Pinagel. Er verfügte über drei Ju 90 und zehn Ju 52. Hinzu kamen neun He 111 und zwölf Me 110. Hauptmann Schwanhäußer führte die 4./KG 4 (KG = Kampfgeschwader) mit den He 111, während die Me 110-Staffel unter ihrem Kapitän Oberleutnant Holbein stand. Es handelte sich um die 4./ZG 76 (ZG = Zerstörergeschwader).

Eine Aufklärungsgruppe sollte dem Verband vorausfliegen. Diese wurde von Major Axel von Blomberg, Sohn des Feldmarschalls von Blomberg, geführt.

Nachfolgend ein Kurzbericht darüber, wie es den Aufklärern erging.

*

Oberst Junck flog am 11. Mai 1941 nach München. Gleichzeitig starteten acht He 111 von Silistea aus zum Überführungsflug nach Athen, wo bereits einige Ju 52 bzw. Ju 90 bereit standen. Zehn weitere Ju 52 standen unter Hauptmann Rother in Köthen (Anhalt) zum Abflug bereit. Die sechs ersten He 111 erreichten noch am 11. Mai Rhodos.

Als Oberst Junck am 12. Mai in Athen eintraf, mußte er feststellen, daß die Kampffliegerstaffel bereits weitergeflogen war. Sie hatten inzwischen bereits mit zwei Ju 90 Damaskus erreicht.

Am 13. Mai hatten sich einmal die Offiziere der Aufklärungsgruppe unter Oberleutnant Knemeyer mit Leytheuser und Hauptmann Schwanhäußer in Mossul versammelt. Oberst Junck kam über Rhodos und Palmyra nach Mossul, wo er vom Verbindungsoffizier der irakischen Luftstreitkräfte und dem Mutasarrif von Mossul (= Oberpräsident und Chef eines Verwaltungsbezirks), sowie dem Kommandeur der 2. irakischen Division, Generalleutnant Kas, in Maksud empfangen wurde, was für die Wichtigkeit sprach, welche die irakischen Führung dem deutschen Luftwaffeneinsatz beimaß.

Nach Klärung der Treibstoff-Frage wurden am 15. Mai die ersten Einsätze der deutschen Luftwaffe im Irak geflogen: Eine Wüstenstreife über syrischem Gebiet.

Während Oberst Junck in Bagdad von der irakischen Führung empfangen wurde und im dortigen HQ der Streitkräfte mit Grobba, Rashid al-Gailani und dem OB der irakischen Luftstreitkräfte, General Salman, sowie dem irakischen Generalstabschef Zaki zusammentraf und eine Einweisung erhielt, bemerkte er sehr rasch den sehr unterschiedlichen Ausbildungsgrad der irakischen Truppen.

Am 16. Mai befahl Oberst Junck die ersten scharfen Einsätze. Drei He 111 griffen Hallen und Unterkünfte des britischen Stützpunktes Habbaniya an. Sie schossen dabei eine britische Gloster ab und bombten die gesamte Anlage, wobei eine He 111 angeschossen wurde und eine Notlandung unternahm.

Dem nachfolgenden Tiefangriff von sechs Me 110 war einiger Erfolg beschieden: Neben der Zerstörung weiterer Hallen und eines Treibstoff-Depots wurde eine weitere Gloster im Luftkampf abgeschossen.

Zwei Zerstörer flogen einen weiteren Angriff auf ein Flugfeld zwischen Habbaniya und Falluja, wo sie eine Hurricane am Boden zerstörten und weiteren Schaden anrichteten.

Im Gegenzug griffen britische Flugzeuge das Flugfeld von Bagdad an. Die dagegen gestarteten Me 110 wurden in einen turbulenten Luftkampf verwickelt und verloren eine Maschine durch Abschuß. Eine weitere fiel durch Notlandung aus. Bereits jetzt machte sich das Fehlen von mindestens einer weiteren Staffel He 111 und vor allem einer Staffel Me 109 bemerkbar. Doch so kurz vor Beginn des Rußlandfeldzuges wollte die oberste Luftwaffenführung keine weiteren Maschinen in diesen abgelegenen Raum abgeben. Daß dies ein gravierender Fehler war und schließlich mit ursächlich dafür war, daß Ende Mai der irakische Widerstand zusammenbrach und damit auch alle weiteren deutschen Pläne, sei am Rande vermerkt.

Zur gleichen Zeit hatten ja auch die Luftlande- und Fallschirmjäger-Einsätze gegen die Insel Kreta begonnen und dort wurden nicht weniger als 151 Ju 52 Transportflugzeuge im Verlaufe der vom 20. bis zum 30. Mai dauernden Kämpfe abgeschossen bzw. zerstört. Von ihnen hätten etwa 20 den Nachschub Waffen und Materialtransport nach dem Irak erledigen sollen.

Bedingt durch diese nicht vorhersehbaren Verluste hatte die deutsche Führung keine Maschinen für den Nachschub nach dem Irak frei. Dennoch ging der Kampf der wenigen He 111-Besatzungen weiter. Von Mossul aus starteten am 18. Mai vier Me 110 zum Angriff gegen die im Vormarsch befindliche »Habforce« der Briten durch die syrische Wüste. Die vier weiteren einsatzbereiten Me 110 verlegten nach Kirkuk. Von dort aus hatten sie eine bessere Einsatzmöglichkeit gegen angreifende britische Flugzeuge, die den Raum Bagdad attackierten. Am Abend des 18. Mai war nur noch eine He 110 einsatzbereit. Diese flog Aufklärung und griff anschließend vorrückende britische Kräfte an.

In Mossul waren inzwischen drei italienische Savoia Marchetti-Transportflugzeuge eingetroffen. Die italienische Ankündigung, daß ihnen 60(!) Transportflugzeuge folgen würden, verwirklichte sich nicht.

Der 20. Mai sah einen Höhepunkt des Einsatzes. Eine He 111 flog Aufklärung und drei weitere, die inzwischen wieder einsatzbereit waren, griffen erneut den Flugplatz von Habbaniya an und erzielten Bombentreffer auf abgestellte Flugzeuge und Hallen. Vier Me 110 griffen bei Falluja in die Erdkämpfe ein. Im Verlauf dieses Einsatzes schossen sie eine Blenheim und eine Gladiator ab.

Die RAF griff im Gegenzug mit der dreifachen Anzahl an Maschinen das irakische Luftwaffen-HQ Rashid in Hinaidi bei Bagdad an. Sie vernichteten eine dort abgestellte Me 110, die dort eine Notlandung unternommen hatte.

Am 20. und 21. Mai verlegte Oberst Junck jeweils eine weitere Me 110 nach Kirkuk. Damit blieben in Mossul nur noch zwei Me 110 zurück.

Im Oberkommando der Luftwaffe und im Führerhauptquartier wurde am 21. Mai 1941 der Entschluß gefaßt, eine Militärmission für den gesamten Bereich des Mittleren Ostens zu schaffen und zunächst nur Lehrpersonal, später aber einen Eingreifverband von »Brandenburgern« mindestens in Bataillonsstärke nach Syrien zu schicken. Diese sollten in Tropenuniformen mit irakischen Kennzeichen und Dienstgradbezeichnungen ausgestattet werden.

Während der Gesandtschaftsrat Rahn in Syrien und Grobba im Irak die politischen Vertreter des Reiches waren, wurde General der Flieger Felmy zum Chef des *Sonderstabes »F«* ernannt.

Auch Felmy war tropenerfahren, war er doch während des Ersten Weltkrieges als Flieger an der Sinai-Front mit hohen osmanischen Kriegsauszeichnungen dekoriert worden.

Der Luftwaffeneinsatz des 22. Mai sah zwei He 111 und fünf Me 110 im Angriff gegen einen langen britischen Lastwagen-Konvoi bei Habbaniya. Anschließend flogen zwei Me 110 einen weiteren Angriff gegen britische Fahrzeugkolonnen bei Falluja, während zwei He 111 mit zwei Zerstörern als Begleitsicherung wiederum Habbaniya angriffen und das auf dem dortigen Großstützpunkt der Briten stehende Kraftwerk in Brand warfen und- schossen. An diesem Tage gingen zwei Me 110 und eine He 111 verloren.

Der 23. Mai sah den Angriff zweier Zerstörer, die zweimal bewaffnete Aufklärung flogen auf den britischen Brückenkopf von Falluja. Zwei Gladiator, die sich ihnen entgegenwarfen, wurden in einem rasanten Luftduell abgeschossen.

Zwei He 111 bombardierten ein weiteres Mal Habbaniya. Eine dritte flog Aufklärung.

Während die letzten zwei He 111 noch einmal einsatzbereit gemacht werden konnten und zwei Me 110 ebenfalls Angriffe gegen Habbaniya flogen, ging eine der letzteren durch Bruchlandung verloren, die zweite blieb vermißt. Sie war von britischen Hurricanes abgeschossen worden, wie sich später herausstellte.

Damit war die 4./ZG 76 völlig aufgerieben worden. Die überlebenden Besatzungen, die in Kirkuk saßen, hatten keine einzige Maschine mehr. Unter ihnen, die auf einen Einsatz brannten, befand sich auch der junge Leutnant Wilhelm Herget, der später als Kommandeur der I./NJG 4 (Nachtjagdgeschwader 4) mit dem Ritterkreuz und am 11. April 1944 als Major und 451. deutscher Soldat mit dem Eichenlaub ausgezeichnet werden sollte.

Am 26. Mai flogen die Briten einige Angriffe gegen Bagdad und andere Ziele, während eine (!) He 111 den letzten Bombenangriff auf Habbaniya flog. Es gelang ihr, die Bomben ins Ziel zu setzen und den eigenen Horst wieder zu erreichen.

Im Gegenzuge bombten fünf Vickers Wellington-Bomber Mossul und beschädigten eines der letzten He 111-Kampfflugzeuge.

Als am 27. Mai Major Hansen vom OKH und Major Arnold von der Auslandsabteilung Abwehr II eintrafen und Hansen Oberst Junck erklärte, daß mit der Entsendung von Heereskräften und Nachersatz für seine Luftwaffeneinheiten frühestens in drei Monaten zu rechnen sei, ahnte Junck, daß diese Herren, unter denen sich auch noch Hauptmann Roser von der Abwehrabteilung I befand, bereits die Abschlußpläne für den Rückzug aus diesem Abenteuer in der Tasche trugen. Dennoch forderte er zwei Zerstörergruppen und jeweils eine Staffel Kampfflugzeuge, Jäger und Aufklärer.

Während die Abwehr-Offiziere die geplante Zerstörung aller Erdölanlagen im Irak besprachen, was mit vier »Brandenburgern« reine Utopie war, erklärte der Gesandte Grobba am 28. Mai in Bagdad, daß seine Gruppe den Irak am nächsten Tage verlassen werde.

Die am 28. Mai in Mossul landenden elf italienischen Jäger des Typs CR 42 (Fiat-Falco) und ein Savoia-Transporter kamen zu spät. Dennoch flogen sie von Kirkuk aus am 29. und 30. Mai noch zwei Einsätze, bevor sie am 31. Mai den Irak wieder verließen.

Noch während Oberst Junck in Athen beim Führungsstab »F« fünf weitere Me 110 zusammenschnorrte, hatte Gesandter Grobba also am 28. Mai den Abflug aus Bagdad befohlen. Sie hielten es nicht einmal für notwendig, Oberst Junck oder gar die noch im Mossul sitzenden deutschen Flieger zu verständigen.

Zur gleichen Zeit dieses überstürzten Aufbruchs landeten noch einmal sechs Ju 52 mit Waffen, Munition und Medikamenten in Mossul. Dort hatte inzwischen Major Hentschel zwei He 111 notdürftig flugbereit machen lassen, um sie gegen Mittag mit dem Fliegenden Personal loszuschicken. Um 14.00 folgte eine der beiden zurückgehaltenen Ju 52, während die Flakbesatzung, der Stab und der Nachrichtenzug noch bis 16.00 Uhr in Mossul blieben.

Als Grobba am Morgen des 30. Mai in Mossul eintraf, fand er den Stützpunkt verlassen vor. Dies war das Ergebnis seiner Unterlassungen in bezug auf direkte Weisungen für das Personal.

Obwohl Oberst Junck keine Schuld an diesem letzten Desaster traf, obwohl er am 30. Mai mit drei He 111 und fünf Me 110 auf Rhodos zum Abflug in den Irak bereitstand, um den Kampf fortzusetzen, wurde er seines Kommandos enthoben und durch Major Schemell ersetzt. Am 3. Juni aber wurde diese ungerechte Maßnahme von Reichsmarschall Göring persönlich korrigiert.

Die Gesandtschaft erreichte in der Nacht zum 1. Juni bei Tal Kuchiuck die syrische Grenze und war damit auch in Sicherheit.

*

Die Niederlage des Irak gegen Großbritannien traf auch die deutsche Führung schwer. Nicht zuletzt deshalb weil sie bis August 1941 den Verlust von Syrien und dem Iran nach sich zog. Dennoch blieb der Sonderstab »F« weiter bestehen und erhielt im Laufe der Zeit einige gut ausgerüstete deutsche Eingreifverbände, denen auch freiwillige arabische Truppen zugesellt wurden.

Wenn trotz des bevorstehenden Ostfeldzuges stärkere Luftwaffenverbände nach Syrien und in den Irak geleitet worden wären, hätten General Felmy und Oberst Junck die Lage mit Sicherheit meistern können.

Vor dem Ehrengericht der Luftwaffe, das Oberst Junck selber gegen sich angestrengt hatte, erklärte er, daß bei Zuführung von einer Gruppe He 111 und einer weiteren Me 110-Gruppe sowie einer kampfstarken Jagdstaffel noch im Mai allen Bewegungen der britischen Truppen ein Ende hätte bereiten können. Daß dies im Bereich der Möglichkeiten lag, zeigt die Wirksamkeit der wenigen He 111-Maschinen auf, die der britischen Führung im Irak schwer zu schaffen machten. Ein Teilnehmer der Irak-Einsätze unterstrich dies in einem Schreiben an den Verfasser vor wenigen Jahren: »Wenn wir eine ganze Staffel von etwa 18 bis 20 Maschinen gehabt hätten, wären wir in der Lage gewesen, unseren Erdtruppen wirksame und vielleicht entscheidende Hilfe und Unterstützung zu geben.«

Werner Junck wurde vollständig rehabilitiert. Die Leistungen seiner wenigen Flieger fanden volle Anerkennung. Allerdings änderte diese Rehabilitierung nichts an der Tatsache, daß Werner Junck als Generalmajor erst am 9. Juni 1944 das Ritterkreuz erhielt, nachdem er kurze Zeit vorher zum Kommandierenden General des II. Jagdkorps ernannt worden war.

Während die deutschen Einheiten aus dem Irak entkamen, wurden die irakischen hohen Militärs, insbesondere alle höheren Befehlshaber und die Oberbefehlshaber der Armee und der Luftstreitkräfte, vor ein Militärgericht gestellt und größtenteils zum Tode am Galgen verurteilt.

Erneut im Irak

Vom 9. Juni bis zum 3. Juli 1941 zog sich die »Arabische Brigade« aus dem Irak nach Syrien zurück, um dort gegen britische Truppen weiter zu kämpfen. Doch das war nicht das Ende deutscher Aktivitäten im Irak.

Im Auftrag von Major Schulze-Holthus von der Abwehr II ging im Iran der deutsche Geologe Friedrich Kümmel bis zum Paitag-Paß an der irakischen Grenze vor, um die Möglichkeiten eines Durchkommens auf der Straße nach Bagdad zu erkunden. Dazu erhielt er Weisung, sich über den Paß und durch den Irak zur Kriegsorganisation Naher Osten mit Sitz in Ankara durchzuschlagen.

Friedrich Kümmel wurde von Kurden gefaßt und gegen einige Pfunde Tee und Zucker an die Engländer ausgeliefert. Er sollte nunmehr als Spion erschossen werden.

Am 15. Juli 1941 empfing Hitler den aus dem Irak entkommenen Ministerpräsidenten Rashid Ali al-Gailani. Dieser erklärt sich bereit, als Radiosprecher eines Diversionssenders in den Nahen Osten antibritische Propaganda zu betreiben.

Im Herbst des Jahres 1941 wurde von der Abwehr II ein Plan ausgearbeitet, die britischen Erdölfelder im Iran und Irak schlagartig zu besetzen. Voraussetzung zu diesem Handstreich war

Der Großmufti von Jerusalem, Amin al-Husseini, war ein einflußreicher Freund Deutschlands und unterstütze die panarabischen Freiheitsbestrebungen nach Kräften. Die Aufnahme zeigt ihn beim Abschreiten einer Ehrenkompanie der neu aufgestellten 13. SS-Freiwilligen-Gebirgs-Division »Handschar« in Agram (Zagreb) 1943. Die Division setzte sich vor allem aus bosnischen Freiwilligen mohammedanischen Glaubens zusammen.

die Eroberung der Kaukasus-Region und der Durchmarsch deutscher Truppen durch dieses Gebirgsland bis nach Baku und Grosny.

Noch im Herbst kamen in Berlin alle für den Nahen und Mittleren Osten verantwortlichen Chefs im Sitz der Abwehr zusammen. Auf deutscher Seite waren Admiral Canaris, General Felmy und Erwin Edler von Lahousen-Vivremont anwesend. Von Lahousen war als Oberstleutnant und österreichischer Abwehrspezialist ins Amt Ausland/Abwehr gekommen und hatte dort sehr rasch Karriere gemacht. Von italienischer Seite nahmen Geheimdienstchef General Cesare Amé und der Kommandeur der *italienischen* »Arabischen Legion«, Oberst Ivrea, an der Besprechung teil. Als Hauptperson aber stand der Großmufti von Jerusalem, Amin al-Husseini, im Mittelpunkt des Interesses. Die Anwesenden kamen darin überein, in Nordafrika ein Zentrum für alle Bereiche antibritischer Subversion einzurichten.

In Rom sprachen am 15. September dieses Jahres Admiral Canaris und General Felmy gemeinsam mit Rashid Ali al-Gailani und Amin al-Husseini über den Zusammenschluß der *deutsch-arabischen Lehrabteilung* mit dem »Arabischen Freiheitskorps«.

Einer der noch immer im Irak amtierenden Agenten, Hamudi Janabi, wurde jedoch im Oktober in Bagdad von den Engländern festgenommen.

Es war der Großmufti von Jerusalem, Amin al-Husseini, der das OKW-Amt Ausland/Abwehr eingangs November 1942 über eine bevorstehende Landung anglo-amerikanischer Truppen in Nordwestafrika frühzeitig informierte.

Im November 1944 aber, und dies sei an dieser Stelle abschließend über den Irak berichtet, wurde im Amt Abwehr/Ausland der Entschluß gefällt, fünf Männer mit dem Fallschirm über irakischem Gebiet abzusetzen. Führer des Trupps war der irakische Generalstabsoffizier Oberstleutnant Ali al-Rashid. Auftraggeber war Amin al-Husseini, der erklärte Englandfeind im Nahen Osten, der unter Hitlers besonderem Schutz stand. Im Gepäck führten die Fünf neben einem beachtlichen Arsenal an Waffen, Munition und Sprengstoffen noch Geld, Schmuck und verschiedene Geschenke mit sich.

Am Nachmittag des 27. November 1944 um 16.29 Uhr startete vom Flugplatz Wiener Neustadt eine Ju 290 der *I./Kampfgeschwader 200 z.b.V.* zum Flug nach Mossul. An Bord neben dem Piloten, Hauptmann Braun, dem Gruppenkommandeur, und der Besatzung jene fünf Männer, die das Wagnis auf sich nehmen wollten.

Einige Stunden nach dem Start war es bereits stockdunkel. Das Ziel, etwa 3000 Kilometer weiter ostwärts gelegen, stellte vor allem große Anforderungen an den Navigator. Als er die eigenen Funkfeuer und Rundfunksender passiert hatte, kam es darauf an, mit kleinen Kurskorrekturen nach den errechneten Werten Mossul zu erreichen. Dies erwies sich als sehr schwierig, zumal die Maschine die einfachere Route über das Schwarze Meer und die Türkei nicht nehmen durfte. Hauptmann Braun hatte strikte Weisungen, über Ungarn, Jugoslawien und Griechenland zu fliegen.

Hauptmann Braun stellte nach Erreichen der optimalen Flughöhe von 3000 Metern die Trimmung des Höhenruders auf Horizontalflug. Die Geschwindigkeit nahm zu und der Leistungshebel der vier Triebwerke wurde leicht zurückgenommen, die Drehzahl der vier Luftschrauben so eingestellt, daß mit sparsamster Motorleistung und entsprechendem Benzinverbrauch geflogen wurde.

Mit 300 Stundenkilometern flog die Transportmaschine dem Ziel entgegen. Mit Rechenschieber und Stoppuhr arbeitend und mit Zirkel und Lineal die errechneten Werte auf die Flugkarte eintragend, hing nun alles von Braun ab. Daß es gelang, Mossul zu erreichen und noch ein Stück wieder zurückzufliegen, bis sie in den Bereich jener Plätze kamen, die noch in deutscher Hand waren und wo sie auftanken mußten, war wichtigstes Gebot.

In Rhodos sollte auf dem Rückflug zwischengelandet und aufgetankt werden. Der Treibstoff würde von einer weiteren Ju 290 nach Rhodos überflogen werden.

Als die Maschine die bulgarisch-griechische Grenze überflog, ging soeben der Mond auf, der eine weitere Orientierungshilfe bedeutete. Noch sechs Stunden bis Mossul! Nach eineinhalb Stunden des Weiterfluges war Rhodos zu erkennen. Eine Stunde darauf setzte die Ju 290 zum Sinkflug an und als schließlich der Tigris und eine bestimmte Eisenbahnlinie gefunden war – die Maschine flog zur besseren Orientierung in der Finsternis knapp 500 Meter über Grund –, atmeten alle erleichtert auf.

»Dreihundert Meter, Herr Hauptmann«, meldete der Co-Pilot, Leutnant Pohl.

»Die hinteren Luken öffnen!«

Die fünf Iraker standen bereit, der Absetzer stand vor ihnen. Als er das Wort »Achtung!« hörte, griff er den Oberstleutnant an die Schulter. »Jetzt«, erscholl das nächste Kommando. Die Springer verließen die Maschine und aus der Ladeluke schwebten die an Fallschirmen hängenden Lasten hinterher.

»Alles raus«, meldete der Absetzer und Hauptmann Braun zog die Maschine in einer weiten Linkskurve wieder hoch. Die Motoren liefen nun auf Steigflugleistung, und nach einem geflogenen Halbkreis flog die Maschine wieder westwärts. Der neue Kurs wurde vom Navigator angegeben.

Als sie vier Stunden später Rhodos erreichten, zeigte die Borduhr 05.10 Uhr an. Sie überflogen die Insel in geringer Höhe und Braun entdeckte grüne Leuchtkugeln, die vom Boden aufstiegen. Das war der Platz. Er drehte ein, flog in einem weiten Bogen an, sichtete den Leuchtpfad und schwebte herunter, um die Maschine um 05.20 Uhr butterweich aufzusetzen und auszurollen.

13 Stunden waren nach dem Start in Wiener Neustadt vergangen. Eine Meisterleistung war vollbracht worden, ohne daß besonderes Aufhebens darum gemacht wurde. Das war für das Kampfgeschwader 200 zur besonderen Verwendung bereits zur Routine geworden.

Die zweite Ju 290 war zur Stelle und nun wurde getankt, während die Besatzung sich in der Offizierskantine niederließ und ein kräftiges Frühstück zu sich nahm.

Als am anderen Abend der Mond aufging, startete Hauptmann Braun seine Maschine, mußte aber nach wenigen Minuten wegen eines technischen Fehlers wieder landen. Beim zweiten Startversuch versagte die technischen Anlage ebenfalls.

Inzwischen war die Versorgungsmaschine, hinter Brauns Vogel startend, bereits am Himmel im Nordwesten verschwunden. Sie würde daheim melden, daß Braun vorher gestartet war, dann aber verschwunden sei. Eine Verständigung mit dem Horst war nicht möglich.

Nach intensiver Suche nach dem Fehler gelang es Leutnant Pohl, im Zivilberuf Ingenieur, zwar nicht, den Fehler zu finden, aber alle Elemente der Hydraulikanlage, alle anderen Dinge der Technik wurden ausgebaut, gereinigt und wieder eingebaut und – die Maschine lief fehlerfrei.

In der dritten Nacht starteten sie erneut. Nach wenigen Minuten stellte einer der Männer einen »Brandenburger« fest, wie sie Brandgeruch nannten. Alle elektrischen Anlagen außer dem elektrischen Höhenmesser fielen aus, aber die Maschine war flugfähig, und als die elektrische Kompaßanlage von Leutnant Pohl wieder in Gang gesetzt werden konnte, wurde der Flug fortgesetzt. Als sie im Mondlicht die ersten Alpengipfel erreichten, ließ Braun die Ju 290 im Sinkflug heruntergehen. Leutnant Pohl sagte ihm alle Werte an, wie: Höhe, Geschwindigkeit. Sie durchstießen die Wolkendecke nach unten und Leutnant Pohl sah voraus unter sich eine glatte schneebedeckte Fläche.

»Wir haben es geschafft, Herr Hauptmann!« rief er. »Das ist der Neusiedler See!«

Von Osten flogen sie dem Platz von Wiener-Neustadt entgegen. Sie schossen im Sinkflug Erkennungszeichen und wurden im Gegenzuge von der Platz-Flak beschossen! Braun zog die Maschine herum und schlich sich dann im Tiefstflug an den Platz heran. Er überflog die Platzgrenze und setzte die schwere Maschine vorsichtig auf den Schnee des Platzrandes. Sie rollten aus und dann stand die Kiste endlich, ohne daß sie an ein Hindernis gestoßen oder sonstwie beschädigt worden wären. Sie waren noch einmal durchgekommen.

Zur Charakteristik dieser Gruppe und des gesamten Geschwaders 200 z.b.V. muß gesagt werden, daß dieser Verband, unter dem Befehl von Oberstleutnant, dann Oberst Baumbach stehend, unter dem Befehl des Luftflottenkommandos 6 operierte, das von Generaloberst Ritter von Greim geführt wurde.

Das Geschwader wurde am 20. Februar1944 aufgestellt. Neun Tage darauf erfolgte die Klarmeldung des Geschwader und Gruppenstabes der I./KG 290 z.b.V. und der I. Gruppe. Die drei Staffeln der I./KG 200 z.b.V. waren aus dem Versuchsverband des Oberbefehlshabers der Luftwaffe, der Transportkolonne XI »Ost« zusammen mit dem Rest der Fernaufklärergruppe zusammengestellt. Letztere hatte mit ihren Ju 290 am Atlantik gelegen und Fernaufklärung betrieben.

Die stehende I. Gruppe wurde von Major Karl-Edmund Gartenfeld geführt, der als Hauptmann und Staffelführer in der Fernaufklärergruppe des Ob.d.L.(Nr. 5) am 3. Februar 1943 das

Ritterkreuz erhalten hatte. Von April 1944 bis Kriegsende führte dann Major Koch diese Gruppe. Die Gruppe verfügte über Flugzeuge aller Art, vom Schulflugzeug bis zum Fernbomber. Lastensegler und Nahaufklärer kamen hinzu. Daß auch italienische, französische, britische und amerikanische Maschinen aller Typen bis hin zur B 17 und B 24 geflogen wurden, verstand sich aus der Natur der Einsätze, die fast immer über weite Strecken über feindlichem Gebiet erfolgten und dementsprechend gefährdet waren.

Als Mitte November 1944 die III./KG 66 in das KG 200 z.b.V. aufgenommen wurde, bildete sie die II. Gruppe desselben, während die bisherige II. Gruppe in III. Gruppe umbenannt wurde.

Noch im November 1944 erfolgte dann die Aufstellung der IV. Gruppe des Geschwaders. Sie war für das Schulungswesen und die Weiter- und Spezialausbildung der zum Geschwader stoßenden Flieger zuständig.

Auf dem Fliegerhorst Finow bei Berlin wurden alle Flugzeuge auf ihre Sondereinsätze vorbereitet. Hier erfolgte auch der Ein- und Umbau von Maschinen durch die Techniker, über die das Geschwader aufgrund seiner Sonderstellung verfügte. Daneben amtierten hier die Fallschirm- und Lastenabwurf-Fachleute.

Als der erste Kommodore des Geschwaders, Oberst Heigl, im Oktober aus dem Geschwader abberufen wurde, übernahm Werner Baumbach die Führung, um sie bis Kriegsschluß nicht mehr abzugeben, auch wenn er noch kurz vor Kriegsende noch in besonderer Mission ins Führerhauptquartier gerufen wurde. Er wurde Bevollmächtigter für Brückenbekämpfung.

Am 17. April 1945 wurde die I./KG 200 z.b.V. dem Reichssicherheitshauptamt zur Verfügung gestellt. Die II. Gruppe in Burg bei Magdeburg, die III. Gruppe in Blankensee, wurden der Luftflotte Reich unterstellt, während das Einsatzkommando 200 in Parchim dem Gefechtsverband unter Oberst Helbig zugeführt wurde.

Aufgrund der Unterstellung der I. Gruppe unter das RSHA gab es nach dem Kriege Gemunkel darüber, daß das »Geheimgeschwader 200« den Transport »hoher Nazi-Führer« ins Ausland, vor allem nach Spanien und Südamerika, durchgeführt habe und daß die eine oder andere Maschine spurlos verschwunden sei.

Alles dies fällt in den Bereich der Fabeln und Märchen. Das Geschwader wurde kurz vor Kriegsende aufgelöst und die Kommandos weit verstreut eingesetzt.* Die Treibjagd der Sieger auf Hitlers »Spionagegeschwader« verlief im Sande, weil es keines gab. Zwar hatte es einen Bereitstellungsbefehl zum Verbringen höchster politischer Führungspersönlichkeiten nach Barcelona gegeben, aber auch dieser Flug wurde von der Obersten Luftwaffenführung storniert, so daß der damit beauftragte Hauptmann Braun in der Lage war, von Hörsching bei Linz aus 70 seiner Kameraden in seiner Ju 290 mit der Kennzeichnung PJ + PS mit nach Deutschland zurückfliegen konnte.

Hauptmann Braun und seine Besatzung wurde dort von den Amerikanern vereinnahmt und mußten einige Wochen lang die verschiedensten deutschen und ausländischen Flugzeugtypen, die von den Amerikanern in die USA verbracht werden sollten, auf die Startplätze nach Südwestfrankreich schaffen.

In Orly bei Paris schulte dieser erfahrene und versierte Langstreckenflieger noch im Sommer 1945 eine US-Besatzung auf die Ju 290 um, die nach den USA fliegen würde. Er war damit der letzte aktive Offizier und Flugzeugführer der deutschen Luftwaffe.

---

* Eine ausführliche Darstellung des KG 200 und seiner Einsätez findet sich bei *P.W. Stahl: Geheimgeschwader KG 200*, das beim Motorbuch Verlag Stuttgart in mehreren Auflagen erschien.

Der Einsatz im Iran

Die Abwehrstelle Täbris

Als Anfang 1940 im Iran von der Abwehr/Ausland und dem Sicherheitsdienst (SD) gemeinsam drei antibritische Agentenstellen eingerichtet wurden, war der Grundstein zu einer Entwicklung gelegt, die mit einem persischen Bürgerkrieg endete. Die Stationen der Zentralen waren Teheran, das Gebiet der Kaschgais und jenes der Bachtiaren.

Bis dahin hatten der Nahe und der Mittlere Osten für die deutsche Kriegführung keinerlei Bedeutung gehabt, denn niemand rechnete auch im entferntesten damit, daß in so weit entlegenen Weltgegenden jemals deutsche Truppen eingesetzt werden würden.

Die deutsche Abwehr befaßte sich deshalb zunächst mit den Möglichkeiten, Stalin zu einem Einfall nach Afghanistan zu motivieren und damit einen besonderen Druck auf die indische Nordwestgrenze auszuüben. Dies hätte starke britische Kräfte gebunden, die London nicht mehr zum Einsatz in Europa oder später in Afrika zur Verfügung gestanden hätten.

Doch dieser Wunschgedanke mußte ebenso aufgegeben werden wie jener zweite, der darin gipfelte, daß die Rote Armee aus dem Kaukasus heraus in Richtung auf die Ölfelder von Mossul vorstoßen, oder gar mit einem Sturmlauf durch ganz Persien den Persischen Golf erreichen würde.

Oberst Warlimont, Chef der *Abteilung Landesverteidigung* im OK, schlug bei Admiral Canaris eine Erkundung von Aserbaidschan vor. Darüber hinaus sollten Stärke und Kampfkraft der französischen Armee unter General Weygand im Nahen Osten erkundet werden.

Admiral Canaris schlug in einer Besprechung am 22. Februar 1940 seinen Hauptmann Leverkuehn für diesen Auftrag vor.

Anfang März 1940 reiste dieser als neuer deutscher Konsul nach Täbris. Er konnte sich in kurzer Zeit einen genauen Überblick verschaffen. Die Straße durch den Kara Dagh war für Gebirgstruppen passierbar und zwei schnelle Divisionen würden nach Leverkuehns Meinung ausreichen, hier über das Gebirge und dann durch die Steppe nach Baku zu den russischen Ölfeldern zu gelangen.

Der Konsul ließ des weiteren auch den strategisch wichtigen Schibli-Paß südostwärts der Stadt Täbris ebenso wie den Kaflankuh-Durchbruch erkunden.

Nachdem der deutsche Sieg im Westen die durch die Armee Weygand drohende Gefahr beseitigt hatte, die sich auf Seiten von Vichy-Frankreich gestellt hatte, war der Weg für deutsche Operationen im Nahen und Mittleren Osten frei geworden.

Aus den in Frankreich erbeuteten Geheimakten ging hervor, daß der französische Ministerpräsident Daladier seinen Generalstabschef General Gamelin und den Chef der Marineleitung, Admiral Darlan, angewiesen hatte, die Möglichkeiten eines Angriffs auf Baku zu untersuchen.

Als Hauptmann Leverkuehn in Täbris durch einen Zufall enttarnt wurde, entsandte Admiral Canaris den Major bei der Abwehr I, Julius Schulze-Holthus, unter dem Decknamen Dr. Bruno Schulze mit dem Geheimauftrag nach Täbris, das Erdölgebiet von Baku zu erkunden und darüber ebenso zu berichten, wie über alle wichtigen Erkenntnisse, die er auf der Reise durch die Sowjetunion erlangen würde.

Wieder nach Berlin zurückgekehrt meldete sich Schulze-Holthus beim Abwehrchef und erstattete Admiral Canaris Bericht. Von Canaris wurde er dann als Konsulatssekretär in Täbris eingesetzt. Gemeinsam mit dem SD-Agenten Thielicke wurde die Agententätigkeit von Täbris aus forciert.

Die »Brandenburger« beim Unternehmen »Amina«

Im Juni 1941 begann das Unternehmen »Amina«. Es wurde von einer Abwehrgruppe unter Leutnant Merzig vorbereitet. Ziel war die Zerstörung der Erdölraffinerie von Abadan. Damit sollte die Treibstoffversorgung für die britische Nahostflotte ebenso wie die Versorgung der britischen Landstreitkräfte gestoppt werden.

Die zweite – der insgesamt drei – für das Unternehmen »Amina« vorgesehene »Brandenburger«-Gruppe stand unter dem Kommando von Leutnant Dr. Heinrich Meinhard. Sie wurde von der Insel Samos im Dodekanes zur türkischen Grenze gebracht und erreichte am 13. Juli 1941 die türkische Stadt Afkon Karahisar. Sie überquerte das Reza-Gebirge und erreichte die persische Stadt Choi, wo sie sich gemäß ihres Auftrages bei dem Kurdenfürsten Murchen meldete.

Der Fürst, der keinerlei offizielle Funktionen innehatte, galt dennoch als ungekrönter Herrscher dieses Gebietes, auch wenn ihm der Gouverneur des Militärkreises Sawalan ebenso wie der Bürgermeister von Choi vorgesetzt waren.

Kurdenfürst Murchen war unumschränkter Herrscher. Wenn er es befahl, dann gab es Krieg, und wenn er es wollte, herrschte Frieden.

Zwar hatten die »Brandenburger« Befehl, sich nach Teheran durchzuschlagen und dort eine Funkstelle zu errichten, doch Fürst Murchen hielt sie in seiner Residenz zurück. Er wollte, daß sie seine Stammeskrieger im Gebrauch der Feuerwaffen unterrichteten. Der Fürst hatte einen direkten Draht zu den südsowjetischen Garnisonen und war darüber informiert worden, daß ein sowjetischer Überfall in naher Zukunft erfolgen werde. Dem wollte er mit seinen Kriegern begegnen.

Nachdem über Funk die Zustimmung Teherans zu diesem Aufenthalt eingeholt worden war, blieb das kleine Kommando in Choi. Es zog in die Berge und begann mit der Unterweisung der Kurden an Waffen und Gerät.

Die Gruppe des Leutnant Merzig wurde unterdessen mit einem U-Boot an die libanesischen Küste gebracht und mit einem Schlauchboot an Land gesetzt.

Etwa zur gleichen Zeit war es südlich von Beirut zu erbitterten Gefechten der vereinigten arabischen Einheiten und vichytreuen französischen Truppen gegen die dort gelandeten Engländer gekommen. Auf den Höhen des Antilibanon herrschte Kriegsrecht.

Es gelang dieser deutschen Gruppe, sich bis nach Beirut durchzuschlagen und die Adresse einer Anlaufstelle zu erreichen. Es war jene von Abul Rasman in der Rue Minet el Nosr Nr. 8. Dieser leitete die Gruppe nach Damaskus. Dort hatte das Amt VI des Reichssicherheitshauptamtes einen Agenten eingesetzt, der unter dem Namen Dr. Smith arbeitete. Dr. Smith ließ seine Verbindungen spielen. Es gelang ihm, ein Flugzeug zu chartern, die Starterlaubnis zu erhalten und diese zweite Gruppe nach Bagdad zu bringen. Von dort aus schlug sie sich bis zum Persischen Golf durch.

Ihr Auftrag lautete: Vernichtung der Erdölraffinerien von Abadan und damit das Versiegen der Treibstoffproduktion für die britische Nahost-Flotte und die britische Armee.

Es gelang den Männern, bis nach Basra durchzukommen. Dort konnten sie wegen eines Verräters, der sie an den *Secret Service* »verpfiff«, nicht zum Zuge kommen und mußten untertauchen.

Am 19. Juli 1941 startete von Eleusis eine Maschine mit der dritten Gruppe unter Leutnant Helferich. Ihr Weg führte sie über Rhodos an Zypern vorbei durch Syrien und den Irak hindurch in Richtung Teheran.

Zwischen der Stadt Hamadan und Teheran, in den zerklüfteten Felsgebirgen des Adjemi, zerschellte die Maschine an einem Felsen. Alle Soldaten konnten jedoch noch kurz vorher das Flugzeug im Fallschirmabsprung verlassen. Sie erreichten nach einer unbeschreiblichen Odyssee Teheran und kamen dort beim Fürsten Bachtschari, einem Vertrauten des Schah, unter. Die Männer wurden auch vom Schah in Audienz empfangen.

Diese Gruppe übermittelte bald alle Nachrichten aus Teheran nach Deutschland. Dann erhielt sie den Auftrag, den von England unterstützten Fürsten Schirwan zu entführen. Nach den Unterlagen der *Kriegsorganisation Mittlerer Osten* beabsichtigte der Fürst, den Einzug der Briten in Persien mit allen Kräften zu unterstützen. Dazu hielt er engsten Kontakt zum *Secret Service*, der stark in ganz Persien vertreten war.

Diese Haltung des Fürsten war zwar nach geltendem iranischen Recht Hochverrat, aber der Schah war zu schwach, um diesen Hochverrat entsprechend ahnden zu können. Für seine Freunde hatte Fürst Schirwan ein Dekret unterschrieben, in welchem die Anweisung erteilt wurde, alle iranischen Waffendepots im Süden des Landes auszulagern und nach Norden zu transportieren. Dieses Dekret ging seinen Freunden in der Armeeführung zu. Damit wollte er zunächst verhindern, daß Schah-treue Generäle beim Einmarsch der Engländer im Süden Widerstand leisteten.

Da sich in den nördlichen persischen Armeebezirken inzwischen die aus Irak entkommenen Reste der »Arabischen Brigade« (siehe Seite 119) versammelt hatten und weitere Freiwillige aus dem Irak bei Nacht über die Grenze gingen und ihnen zuströmten, hoffte die kleine deutsche Kampfgruppe, mit diesen Kämpfern und mit Hilfe der nunmehr zur Verfügung stehenden Waffen, hier noch vor dem Antreten der Engländer zum Zuge zu kommen und einer deutschfreundlichen Regierung den Weg ebnen zu können.

Aus dem Süden rollten nun die Waffentransporte in den Norden des Landes. Von diesen Waffen gelangten freiwillig, aber auch durch Überfälle auf diese Transporte, ein Großteil in die Hände der Freiheitskämpfer.

Am 25. August 1941 marschierten britische und sowjetische Truppen gleichzeitig von Süden und aus Norden in Persien ein. Das Land leistete erbitterten Widerstand, mußte jedoch bereits am 28. August angesichts der überwältigenden Stärke dieser beiden Gegner kapitulieren. Schah Reza Pahlewi dankte am 17. September 1941 zugunsten seines Sohnes Mohammed Reza ab und wurde von den Engländern nach Südafrika ins Exil geschickt. Er starb in Johannesburg am 26. Juli 1944.

Die neue Regierung in Persien leitete unter britischem Druck unverzüglich alles in die Wege, »um das deutsche Diversantennest auszurotten«. Die deutsche Militärmission und die Geheimkommandos wurden verfolgt und teilweise aufgespürt. Lediglich Major Schulze-Holthus und seine Frau konnten in einer abenteuerlichen Flucht entkommen.

Die Gruppe »Amina«, die als erste unter Leutnant Dr. Meinhard in Nordpersien gemeinsam mit den Kriegern des Fürsten Murchen, die sie ausgebildet hatte, gegen die sowjetischen Grenzstädte vorging und immer wieder Anschläge auf Nachschub- und Nachrichteneinrichtungen der Russen verübte, konnte jedoch – ungestört von den Engländern – weiter wirken. Diese enthielten sich aus Rücksicht auf den empfindlichen sowjetischen Bundesgenossen jeglicher Aktivitäten an der Nordgrenze.

Der Untergrundkampf in Persien selbst war damit noch nicht zu Ende. Anfang 1942 setzte die deutsche Abwehr etwa 100 der von ihr ausgebildeten Inder als Diversanten in Ostpersien ab, mit dem Befehl, sich von dort aus nach Indien durchzuschlagen. Auch sie verursachten den Engländern manche schlaflose Nacht.

Das ganze übrige Jahr hindurch herrschte im Iran Funkstille im wahrsten Wortsinne, bis Ende 1942 in einer gemeinsamen Aktion der Abwehr-Abteilungen I und II, des SD-Amtes VI und des Reichssicherheitshauptamt die Arbeit wieder aufgenommen wurde. Koordinator dieser neuen Aktionen wurde Korvettenkapitän Schüler, dem vom RSHA Hauptsturmführer Kurt Schuback beigegeben wurde.

Diese neuen Gruppen, von denen einige als Funktrupps, andere wieder als Sabotagetrupps eingesetzt werden sollten, kamen zu schnellen und spektakulären Erfolgen. Sie sprengten in Bushir und Schira Straßen, verübten Sprengstoffanschläge auf Brücken und Tunnels und heizten die Volksgruppe der Luren derart an, daß diese einen Aufstand gegen die Regierung begannen.

Die Kaschgais wurden durch Schulze-Holthus in die richtigen Bahnen gelenkt und nur das Fehlen einer ständigen Funkverbindung mit der Heimat und ausreichende Ausrüstung mit schweren Waffen verhinderten einen Sieg von Nasr Khan, dem erklärten Führer der Kaschgais im Süden Persiens.

Am 1. September 1943 wurden wieder Agenten und Funktrupps über Persien abgesetzt. Die Landungen mit dem Flugzeug und auch durch Fallschirmabsprünge erfolgten in verschiedenen Teilen des Landes. Diese Trupps nahmen, nachdem sie die Kontakte mit den im Land befindlichen Führern geknüpft hatten, ihre Sabotagetätigkeit auf. Dies steigerte sich in den nächsten Tagen derart, daß die persische Regierung nur noch eine Antwort darauf wußte. Sie erklärte am 9. September 1943 Deutschland mit folgenden Worten den Krieg:

»Deutsche Agenten sind in beträchtlicher Zahl mit Fallschirmen über unserem Lande abgesetzt worden und haben schwere Schäden angerichtet. Dies ist ein Angriff des Deutschen Reiches gegen unser Land, den wir nur mit dieser Kriegserklärung beantworten können.«

Als schließlich zwei der aus Berlin nach Persien zurückreisenden Brüder von Nasr Khan unterwegs festgenommen, nach Kairo gebracht, vor ein britisches Gericht gestellt und zum Tode verurteilt wurden, war es mit der Sicherheit von Major Schulze-Holthus und dem Funktrupp vorbei, denn die Engländer forderten für eine Begnadigung der Brüder Nasr Khans die Auslieferung der gesamten deutschen Militärmission.

Die Deutschen sollten zunächst erschossen werden, wurden dann aber doch an die Engländer ausgeliefert. Unter den britischen Offizieren befand sich auch ein Zivilist. Er stellte sich dem deutschen Major als Major Jackson und englischer Konsul in Schiras vor und erklärte ihnen, daß die englische Regierung mit Nasr Khan ein Abkommen getroffen habe, die Deutschen gut zu behandeln.

Nach zwanzigstündiger Autofahrt kamen sie in Teheran an. Es war früher Morgen und der erste Weg führte ins Hauptquartier des *Secret Service.*

Fünf Tage später wurde Schulze-Holthus vernommen. Danach wurde er in ein Lager gebracht. Im Lager Emmaus traf der Major den SD-Agenten Mayr und auch Dr. Kümmel. Anfang 1945 wurde Schulze-Holthus gegen einen englischen Abwehroffizier ausgetauscht und kehrte über die Schweiz nach Berlin zurück. Eine sagenhafte Odyssee mit ebenso sagenhaften Chancen war zu Ende gegangen.

Das Fronteinsatzkommando 200 in Afghanistan

Nach den – in den vorangegangenen Abschnitten bereits geschilderten – Einsätzen der Sonderkommandos im Nahen und Mittleren Osten waren die Aktionen der deutschen Abwehr in Afghanistan noch nicht zu Ende. Nunmehr erhielt Oberleutnant Dietrich Witzel-Kirn, Chef des *Fronteinsatzkommandos 200* der Abwehr, den Befehl, gemeinsam mit afghanischen und indischen Agenten und den in einer Sonderausbildung für diesen Einsatz vorbereiteten Männern nach Kabul zu reisen und von dort aus zu Fuß und im Motormarsch bis an die indische Grenze vorzustoßen, um an einem günstigen Ort einen Stützpunkt mit Funkmöglichkeit zu schaffen. Darüber hinaus sollte Witzel die nachfolgenden Entsendung von Funkern und Funkgerät dorthin organisieren, einen Lande- und Startplatz im Aktionsbereich des Fakirs von Ipi erkunden und sich der Zustimmung dieses obersten Hirten der Bergvölker zu versichern, denn ohne dessen Wohlwollen und Hilfe ging im nordöstlichen Teil Afghanistan nichts.

Zur gleichen Zeit erhielt der in Kabul residierende Schenk von seinem Chef der Abteilung II der Abwehr Weisung, die in Afghanistan lebenden weißgardistischen Emigranten der ehemaligen Zarenarmee zu mobilisieren und diese in Hinblick auf antisowjetische Sabotage und Unterwanderung in den südlich gelegenen russischer Turkstaaten und in Usbekistan vorzubereiten.

Das Unternehmen »Tiger« konnte beginnen. Die Abwehroffiziere in Kabul, an ihrer Spitze neben Major Schenk Oberleutnant Witzel-Kirn, dessen Kriegsname hier »Pathan« lautete, meldeten nach drei Wochen die Bereitstellung von Funkgeräten Sprengmitteln, Waffen und Munition zum Abtransport und wenig später auch den Abschluß der Ausbildung der Funkagenten.

Am 16. September 1941 wies die Abwehr Oberleutnant Witzel-Kirn in seinen Auftrag ein und legte ihm das Einsatzprogramm gegen die UdSSR vor. Am 25. September traf sich Major Schenk nach längeren Vorverhandlungen mit Exil-Usbeken, deren Führer Mahmud war. Danach reiste er zu dem Fakir von Alinbar weiter und konnte auch diesen zu einer antibritischer Bewegung motivieren. Der Agentenführer Jacub Khan hatte als Mitarbeiter der Abwehr seine Spitzel ausschwärmen lassen. Ihre Meldungen wurden an den Einsatzstab weitergeleitet. Die Operationen konnten beginnen.

Mit einem Schlag wurden in der Nacht zum 19. Oktober 1941 drei sowjetische Grenzstationen und ein Bahn-Endpunkt überfallen und die wichtigen Anlagen in die Luft gesprengt. Noch ehe die Sowjets reagieren konnten, krachten in der folgenden Nacht weitere Explosionen und zerstörten einen Bahnreparaturbetrieb und ein kleines Kraftwerk, das auch die Grenzgarnisonen der Roten Armee mit elektrischer Energie versorgte.

Am 13. Januar 1942 berichtete Oberleutnant Witzel aus Afghanistan, daß die von der Abwehr betreute Organisation der indischen Nationalisten unter Bose im Grenzgebiet bereits über 5500 Deserteure verfüge, darunter 2000 bewaffnete Soldaten der britischen Kolonialarmee in Indien. Diese bildeten nunmehr in vielen Grenzdörfern afghanische und indische Guerillas aus.

Die Bose-Organisation habe bereits – so Witzels Report – in ganz Nordindien und auch in Madras Vertrauensleute sitzen und Zellen gebildet, aus denen heraus Sabotageakte auf britische Anlagen und Versorgungswege durchgeführt würden. Die Eisenbahnwerkstätten seien immer wieder Ziele dieser Sabotageakte. Ebenso die Jutefabriken in Kalkutta.

Unter den in Deutschland lebenden Indern – vor allem Studenten –, den im Exil lebenden Bose-Anhängern sowie unter Kriegsgefangenen der indischen Kontingente der britischen Armee rekrutierten Wehrmacht und Abwehr Hunderte von Freiwilligen. In der zweiten Hälfte des Krieges verfügte die Wehrmacht über Zehntausende europäischer und außereuropäischer Mitkämpfer und wurde damit zur größten Fremden-Legion aller Zeiten. Die Inder wurden schließlich in der Legion Freies Indien zusammengefasst. Die Abbildung zeigt Generalmajor von Lahousen-Vivremont, Chef des Amtes Ausland/Abwehr II, im Gespräch mit indischen Freiwilligen.

Am 15. März 1942 zog sich Oberleutnant Witzel-Kirn mit seinem einheimischen und landeskundigen Funkagenten Doh auf Weisung der Abwehr II in das Bergland an der afghanisch-indischen Grenze zurück. Hier organisierte er eine Reihe Sabotageakte und Überfälle auf britische Streifen und Vorposten, auf die Versorgungswege und Anlagen und die Kommunikationsdienste.

Als Witzel Ende Mai den Auftrag erhielt, die gesamte Wegestrecke von Kabul nach Baraki und Barah und von dort weiter nach Saiydabad und Ghasni und zurück nach Kabul abzureiten, unterwegs Möglichkeiten zur Lahmlegung dieser strategisch wichtigen Verbindungs- und Nachschubstraße zu erkunden und möglichst wirksame Unterbrechungsmöglichkeiten zu finden, machten sich Witzel-Kirn und Doh auf den Weg.

Am 3. Juni ritten sie los. Beide in der Tracht der Bergbewohner. Witzel-Kirn über und über mit Walnußsaft eingerieben und ebenso braun wie Doh. Sie erlebten auf diesem Ritt die seltsamsten Dinge. Sie ritten einmal in einer kleinen Karawane mit, die zum Schutz gegen räuberische Überfälle von einer britischen Patrouille gesichert wurde.

Dabei kam Oberleutnant Witzel mit einem englischen Hauptmann ins Gespräch, der ihn für die britischen Streitkräfte anwerben wollte. Witzel zeigte sich interessiert und ließ sich allerlei aus dem Einsatzleben der britischen Truppen berichten.

Am vierten Tage ihres Rittes wurden sie bei der Skizzierung eines Überganges über ein Flußbett von einer anderen Patrouille entdeckt, die sie aus dem Gebirge mit Feldstechern beobachtete. Doh bemerkte das Aufblitzen der Sonne auf der Optik und warnte seinen Chef, der sofort den notwendigen Austausch vornahm und das vorbereitete Blatt mit den Bergkräutern auf das Zeichenbrett spannte und daran herumstrichelte.

Als die Streife sie erreichte, konnten die Männer sich von der ausgezeichnet gelungenen Arbeit dieser Zeichnung überzeugen und der Oberleutnant erklärte ihnen mit vielen botanischen Ausdrücken gespickt die Wichtigkeit dieser Kräuter, während Doh dazu assistierte. Sie erlangten sogar eine Notiz des Streifenführers an seinen Chef, daß dieser den Botanikern und seinen Gehilfen durchziehen lassen möge.

So konnte Witzel auch noch einige Seitentäler durchreiten und wichtige militärische und technische Anlagen sehen, die später skizziert wurden.

Als sie am Abend des 10. Juni in Kabul eintrafen, brachten sie eine Fülle wertvoller Nachrichten und Hinweise mit. Dies alles ergänzte die von der Organisation Todt im Jahre 1940 bereits vorgenommene Geländeerkundung auf das beste.

Falls es der deutschen Wehrmacht gelingen sollte, den Durchbruch durch den Kaukasus zu erzielen, dann war alles für eine rasche Besetzung dieses Landes und die Sicherung der wichtigen Straßenlinie getan.

Die afghanische Regierung unter Sahir Schah, die sich zunächst neutral verhielt, konnte nunmehr aufgrund des Druckes der britischen Botschaft, die mit Geheimdienstleuten des britischen Nachrichtendienstes vollgestopft war, nicht mehr umhin, einzugreifen, als *Secret Service*-Agenten ihr Jacub Khan ans Messer lieferten. Dieser deutsche Top-Agent wurde am 15. August 1942 verhaftet. Sechs Tage darauf wurde ein weiterer deutscher Abwehrmann, der in Kabul selbständig arbeitete, dort festgenommen. Damit war für alle übrigen das Signal gegeben, sich zunächst unauffällig zu verhalten, neue Schlupflöcher zu finden und erst dann, wenn die *Secret Service*-Agenten ausgeschaltet waren, wieder aktiv zu werden.

Um die Funkverbindung zwischen Kabul und Berlin sicherer und weniger anfällig zu machen, wurde am 8. September 1942 im Kaukasus eine Relaisstation errichtet, die den Verkehr Kabul-Berlin optimierte. Diese Operation »Tigerschloß« ging in aller Heimlichkeit vonstatten. Vier Funker der Abwehr und zwei kaukasische Helfer hielten hier noch lange nach Räumung des Kaukasus von deutschen Truppen durch und ermöglichten die Weiterarbeit der Agenten und des *Fronteinsatzkommandos 200* in Afghanistan und Indien.

Das Ziel ist Kairo und der Nil – »Brandenburger« in Afrika

Die Vorbereitungen – Erste Einsätze

Anfang 1940 begann ein Sonderkommando der Abwehr/Ausland, das sich aus Wissenschaftlern, Geographen, Geodäten, Geologen, Mineralogen, Meteorologen und Straßenbauern zusammensetzte, aus dem Raume Mittellibyen mit der militärischen Aufklärung in Nord- und Mittelafrika. Das Codewort für dieses breitangelegte Unternehmen lautete »Dora«.

Im August dieses Jahres erhielt die Abwehrstelle Münster den Auftrag, sämtliche karthographischen Unterlagen über Marokko, Algerien, Tunesien, Libyen und Ägypten auszuwerten, die in den vergangenen Feldzügen aus Beuteunterlagen verfügbar waren.

Dieses Suchkommando erhielt die Codebezeichnung *Unternehmen »Theodora«*. Hierbei waren neben den deutschen Karthographen und Geographen vor allem gefangene Offiziere der französischen Kolonialarmee eingespannt, die sich freiwillig zu diesem Dienst gemeldet hatten. Sie wurden heimlich auf einem Schloß im Rheinland zusammengezogen, wo sie ihren Kampf gegen wahrhaft gigantische Aktenbergen aufnahmen und manche wissenschaftlich-kriegsgeschichtliche Studie erarbeiteten, die für ein mögliches deutsches Eingreifen in Afrika von Bedeutung sein würde.

Nachdem die Wehrmacht mit dem Unternehmen »Sonnenblume« ihre Teilnahme am Kampf der Italiener gegen die Briten in Nordafrika am 12. Februar 1941 begonnen hatte, war auch die Zeit für den Einsatz verschiedenster Sonderkommandos gekommen.

Das Unternehmen »Dora« wurde nach der theoretischen Einstimmung in die Praxis übergeführt. Die »Brandenburger« unternahmen Erkundungsvorstöße in der Grenzregion zwischen Libyen und Französisch-Zentralafrika. Ihr Auftrag lautete: »Vervollständigung des vorhandenen Kartenmaterials.«

Die Patrouillen durchstreiften die Wüstengebiete, indem sie Pfade benutzten, die nur den Beduinen bekannt waren. Ihre Weisung lautete, befahrbare Pisten für das *Deutsche Afrika-Korps* zu finden, die es ermöglichen sollten, den Gegner zu überflügeln und einzukesseln.

Im Januar 1941 wurde eine Patrouille der »Brandenburger« in die italienische Provinz Eritrea geschickt. Sie sollte, falls britische Truppen ins Land eindringen sollten, deren Stärke erkunden und sich vor ihnen über die Grenze des von Italien annektierten Abessinien zurückziehen.

Zunächst war General Rommel ganz entschieden gegen den Einsatz von Agenten- oder Spezialeinheiten, die möglicherweise sogar in der Uniform des Gegners auftraten. Als der Feind dann aber mit Spezialtruppen in den Kampf eingriff, war Rommel zu der Einsicht gelangt, daß Deutschland ebenfalls solche Einheiten benötigte.

Der *Sonderverband 287,* der in den Ruinenberg-Baracken in Potsdam aufgestellt wurde und seinen Stamm durch die 11. Kompanie des Regiments »Brandenburg« erhielt, wurde ebenso für den Einsatz in der Wüste ausgebildet wie eine weitere Einheit, der *Sonderverband 288.*

Operationsgebiet für beide Verbände sollte die westliche Wüste sein. Geplant war, daß sie bis zum Suezkanal vorstoßen und diesen für jenen Großverband offen halten sollten, der im Südabschnitt der Ostfront, durch den Kaukasus über Persien und den Irak bis dorthin vorstoßen werde, um so den Gegner in der Wüste in eine Zange zu nehmen. Als die Briten am 4. April 1941 nach

Addis Abeba eindrangen, kämpfte dort einer dieser Sonderverbände mit Teilen gegen die britischen Eindringlinge und lieferte ihnen ein verlustreiches Gefecht. Als die Engländer sich Massaua am Roten Meer näherten, versenkte ein anderes Kommando dort einen italienischen Frachter, so daß die Durchfahrt gesperrt wurde.

Am 3. Mai 1941 wurden auf Befehl von Oberst Piekenbrock ein als Forscher getarnter Agent mit zwei Begleitern über Südlibyen in das Tibesti-Gebirge nach Französisch-Westafrika geschleust. Er sollte für nachfolgende Kommandos der »Brandenburger« Erkundungen durchführen.

Die 13. Kompanie des Lehrregimentes »Brandenburg« z.b.V. 800 wurde ab Mitte 1941 in Brandenburg als Auffangbecken für die Aufstellung einer Tropen-Kompanie bereitgestellt. Aus ihr wurde am 28. Oktober 1941 eine erste Halbkompanie unter Oberleutnant Friedrich von Koenen über Neapel nach Tripolis in Marsch gesetzt. Die zweite Halbkompanie verlegte aus Brandenburg nach Bagnoli bei Neapel. Sie sollte als Nachschubkompanie eingesetzt werden.

Der erste scharfe Einsatz der »Brandenburger« in Nordafrika erfolgte im Rahmen des Vorstoßes der *Panzergruppe Afrika* ab dem 22. Januar 1942 nach Osten. Als die deutschen Spitzenverbände am 24. Januar die ägyptische Grenze erreichten, standen ganz vorn die Männer der »Brandenburger« unter Oberleutnant Bisping, über deren Einsatz jedoch nichts bekannt wurde.

Gleichzeitig mit der Gruppe Bisping drang in der Nacht zum 22. Januar ein weiteres Kommando unter Oberleutnant Konrad von Leipzig aus der Ortschaft Tarabulus in Libyen, wo es sich »in Araber verwandelt« hatte, über Garian und Mizda bis in die britische Garnisonsstadt Murzuk vor.

Hinter dem Rücken der britischen Truppen wurden Funkstationen eingerichtet. Ein weiteres »Brandenburger«-Kommando baute im Januar 1942 in Gatron an der algerischen Grenze einen Feldflugplatz, um von dort aus zu Aufklärungsflügen in das Tibesti- und Tümmogebirge starten zu können.

Der Einsatz von Oberleutnant von Leipzig aus Tripolis in südlicher Richtung wurde mit einer beachtlichen Streitmacht von etwa 100 Mann angegangen, die mit erbeuteten britischen Lastwagen, darunter zwölf Selbstfahrlafetten mit 4 cm Bofors-Kanonen, ausgerüstet waren. Hinzu kamen vier Jeeps mit Flieger-MG, ein Chefwagen, ein Funkwagen und jeweils ein Tankwagen für Benzin und Wasser. Ein Instandsetzungstrupp unter einem erfahrenen Schirrmeister und ein Beuteflugzeug des Typs Spitfire gehörten ebenfalls dazu. Das Flugzeug wurde von einem Hauptmann der »Brandenburger« geflogen.

Der Marsch sollte zunächst nach dem Fort Murzuk gehen, dem vorgeschobenen Wüstenposten der Italiener vor der gleichnamigen Stadt. Von dort aus sollte Oberleutnant von Leipzig mit drei Stoßtrupps Erkundungs- und Kampfaufträge durchführen:

Stoßtrupp A unter Oberleutnant von Leipzig geht in Richtung Süden gegen das Tümmo-Gebirge vor. Von dort erfolgt der Weitermarsch zum Tassili-Plateau, an dem die mutmaßliche britische Nachschubstraße entlangführte.

Stoßtrupp B unter Feldwebel Stegmann klärt in Richtung Tibesti-Gebirge auf.

Stoßtrupp C unter Leutnant Becker dringt nach Westen in Richtung Gath an der algerischen Grenze vor.

Nach zweiwöchiger Vorbereitung begann ein Unternehmen, im Zuge dessen die Männer eine Strecke von über 4000 Kilometern bewältigen sollten. Es galt vor allem, den Materialnachschub der britischen Truppen auf dieser Route zum Erliegen zu bringen. Auf der West-Ost Route, die im Westen im Golf von Guinea begann und quer durch Zentralafrika nach Port Said führte, lief ein ununterbrochener Strom an Versorgungsgüter der Briten.

Ein Leutnant beobachtet mit dem Scherenfernrohr aus einer Stellung heraus. Sorgfältige Aufklärung des Gegners ist unverzichtbare Voraussetzung jedes Unternehmens und sichert dessen Erfolg zu über 50 %. Die »Brandenburger« in Afrika machten sich außer durch Kommando- insbesondere durch Fernspäh-Unternehmen einen Namen.

Sicherungsposten der Tropen-Kompanie »Brandenburg« im Raum Murzuk.

Durch das Gebiet von Gafara südlich von Tripolis kam der Verband zunächst zügig vorwärts. Es galt, befahrbare Pisten zu erkunden, Wasserlöcher ausfindig zu machen und weitere Erkundungen durchzuführen. Viele Soldaten der Gruppe sprachen fließend englisch, einige arabisch. Nach einer Wüstenfahrt von etwa 1000 Kilometer stieß die Fernspäh-Kampfgruppe auf jene Piste, die aus Misurata nach Hun und Socna führte. Am Nachmittag dieses Tages wurde schließlich Murzuk erreicht. Hier trafen sie Major Matteo Rinaldi, einen wüstenerfahrener italienischer Offizier, der noch mit Marschall Graziani am Feldzug gegen die Senussi teilgenommen hatte. Er stand in dieser Garnison mit vier Italienern und 150 eingeborenen Kamelreitern an der Grenze des italienischen Kolonialreichs auf Wacht.

Major Rinaldi verwies auf Gatrun, als die Frage des Feldflugplatzes erörtert wurde. Gatrun lag noch etwa 100 km südostwärts von Murzuk. Da die Gegebenheiten dort günstig waren, gingen die Pioniere sofort an die Arbeit.

Die Erkundung begann mit dem geplanten Vorstoß der Hauptgruppe auf das Tümmo-Gebirge. Feldwebel Stegmann marschierte mit seiner Gruppe nach Tibesti und Leutnant Becker nahm Kurs nach Westen, auf Gath an der algerischen Grenze zu.

Die Basis wurde von Murzuk zum rasch entstandenen Feldflugplatz nach Gatrun verlegt. Dort richtete sich auch die Funkstelle ein. Der Instandsetzungstrupp und zwei Selbstfahrlafetten zur Sicherung des Platzes kamen hinzu.

Die Gruppe Becker erlebte auf ihrem Wege nach Ghat eine Piste, die diesen Namen – gelinde gesagt – nicht verdiente. Außerdem galt es den Paß hinter Serdèles zu überwinden. Als dieses Ochsentour geschafft war, ging es zügiger voran. Die Piste nach Wadi Tenezruft war unproblematisch. Als die Gruppe das Wadi erreichte, an dem auch Ghat lag, trat ihnen ein Weißer entgegen, der jedoch in einer arabischen Burnus gekleidet war. Seine ersten Worte lauteten: »Hummel Hummel!«

Sie wiesen den Menschen als waschechten Hamburger aus, der aus der französischen Fremdenlegion getürmt und hier in Ghat gelandet war.

Dieser Hamburger war in der Lage, ihnen das gesamte Wüstengebiet südlich von Ghat zu beschreiben, das sie ja erkunden sollten. Auf seine Hinweise hin unternahm die Gruppe Becker ihre Aufklärungsfahrten und stellte eine Karte von dem Gebiet südlich von Ghat her. Als der Spähtrupp Becker nach Gatrun zurückkehrte, fanden die Männer hier ein richtiges Nachschublager vor, in das sogar Feldpost weitergeleitet worden war.

Oberleutnant von Leipzig war mit seiner Gruppe bis ins Tümmo-Gebirge vorgedrungen. Sie war bereits auf der ersten Paßhöhe auf eine französische Streife gestoßen, die im Spähwagen durch die Wüste rollte. In ihrer Volltarnung als Engländer wurden die »Brandenburger« nicht erkannt. Ein paar Grüße und gute Wünsche wechselten hin und her und schon ging es weiter.

Schwieriger war es bei Ghezedia. Dort wurden sie gestoppt und erkannt. In einem kurzen Feuergefecht schoß der Gegner zwei Kraftfahrzeuge zusammen. Die Männer konnten jedoch noch absitzen, auf die anderen Fahrzeuge aufsitzen und sich mit jenen absetzen (dieser Satz stammt *nicht* von Heinz Erhard). Sie waren in ein gut getarntes französisches Truppenlager von de Gaulle-Truppen hineingerollt.

Weiterfahrend besetzte von Leipzig alle Pässe und Höhenzüge, von denen aus sie das gesamte Gelände beobachten und überwachen konnten. Der Tümmo-Paß wurde besonders stark belegt.

Bliebe noch die Gruppe unter Feldwebel Stegmann, die über das Wüstendorf Aui zum Wadi Arahi am Fuße des Tibesti-Gebirges vorstieß und mit den dort lebenden Tibbu erste Kontakte knüpfen konnte.

Im Lager der Tibbu erfuhren sie, daß die Franzosen auch hier einen vorgeschriebenen Stützpunkt eingerichtet hatten und den südlich des Tibesti gelegenen Landstrich unter scharfer Beobachtung hielten. Die »Brandenburger« erfuhren ferner, daß ein deutsches Kampfflugzeug vor sieben Monaten die Garnison Fort Lamy im Taschad angegriffen habe. Es habe den Franzosen hohe Verluste beigebracht und seit dieser Zeit hätten diese ihre Truppen in Fort Lamy verstärkt und seien bis zum Fuße des Tibesti-Gebirges vorgedrungen. Dabei seien von ihnen auch einige Bergspitzen besetzt und mit Beobachtungsposten belegt worden.

Über Funk wurde die Spitfire des Sonderverbandes in diesen Raum angefordert. Als sie eintraf, hatte die Gruppe mit Hilfe der Tibbu einen schmalen Landestreifen freigeräumt, auf dem das englische Beute-Jagdflugzeug landen konnte.

Von hier aus unternahm Hauptmann Gerlach einige Erkundungsflüge, wie er sie vorher bereits von Gatrun aus gestartet hatte. Er stellte fest, daß die niedrigeren Gebirgszüge südlich des Tibesti von französischen Truppen besetzt waren. In Bardai und Vur stellte er französische Stabsquartiere fest.

Seine Maschine wurde nie beschossen, weil sie mit englischen Hoheitskennzeichen und entsprechender Bemalung daherflog; und man sie schlicht für eine britische Spitfire hielt, die sie ja war...

Vier Tage nach seiner Ankunft startete Hauptmann Gerlach zu einem Flug zum Tschadsee, dessen Süd- und Südostufer er erkundete, mit dem gleichen Ergebnis: Überall lagen französische Truppen.

Als Ergebnis dieser drei Vorstöße mußte Oberleutnant von Leipzig melden, daß ein beabsichtigter Vorstoß von Gatrun in Richtung Zentralafrika – wie in Planung – nur mit starken motorisierten Verbänden in Stärke von mindestens drei Divisionen durchgeführt werden könnte. Eine einzelne Division würde bereits am Tümmo-Paß scheitern. Hinzu kommen müßten mindestens eine Kampffliegergruppe und eine Gruppe Jäger zu deren Schutz.

Damit war diese Planung gestorben, denn es stand ja nicht einmal für den nordafrikanischen Kriegsschauplatz eine weitere Panzer-Division zur Verfügung, die Rommel für dringend notwendig hielt, um den Gegner endgültig niederringen und als Sieger in Alexandria und Kairo einziehen zu können.

Rommels Versuch, zum Nil durchzustoßen, mußte im September-Oktober 1942 vor der Alamein-Stellung der Briten begraben werden. Und nach der britischen Gegenoffensive, die mit einem gewaltigen Feuerschlag am Abend des 22. Oktober 1942 begann, war auch dieser Traum ausgeträumt.

Die Tropen-Kompanie unter Oberleutnant von Leipzig mußte aus Murzuk und dem Gebiet südlich davon bei Gatrun zurückgerufen werden, wenn sie nicht abgeschnitten werden sollte. Sie verlegte in den Raum Tunesien, der nach den Landungen der Westalliierten bei Oran, Casablanca und Algier am 8. November (Operation »Torch« = Fackel) ebenfalls zum Kriegsschauplatz geworden war.

Das Unternehmen »Salaam«

Zur gleichen Zeit, als Teile der Tropen-Kompanie wie beschrieben im Süden standen, startete der Rest der Kompanie im Norden einige weitere Aktionen, die mehr oder weniger Aufklärungscharakter hatten. Aus ihnen ragt das Unternehmen »Salaam« als große Sonderunternehmung heraus. Ziel dieser Operation war die Aufnahme von Kontakten zu ägyptischen Nationalisten, die sich in die Oase Fayum zurückgezogen hatten. Diese Nationalisten hatten sich gegen England verschworen. Es sollte nunmehr der Versuch unternommen werden, sie zu aktivieren und gegen die Briten einzusetzen.

Aus diesen Männern sollte ferner noch so etwas wie ein Industrieschutz gebildet werden, der alle wichtigen Anlagen schützte, damit die deutschen Truppen sich bei ihrem Einmarsch in Kairo ihrer sofort bedienen konnten.

Die Vorbereitungen zu diesem Unternehmen liefen bereits seit November 1941. Es mußte aber auf später verschoben werden, nachdem das *Deutsche Afrika-Korps* im November nach der großen Offensive der Briten den Rückzug nach Westen antreten mußte.

Erst nachdem am 21. Januar 1942 die deutsche Offensive wieder begonnen und bis zum 20. Juni mit der Eroberung von Tobruk den größten Erfolg zu verzeichnen hatte, konnte mit der Durchführung der Operation begonnen werden.

Führer der Kampfgruppe war Hauptmann Laszlo Graf Almaszy, ein ausgewiesener Ägypten-Kenner. Schließlich war er vor dem Kriege in Kairo als Fluglehrer tätig gewesen. Er verfügte über dichtgeknüpfte Kontakte. Ein weiterer Auslandsdeutscher aus Ägypten stand Hauptmann Almaszy zur Seite. Hinzu kam noch ein Auslandskorrespondent, der lange Zeit in London gelebt hatte und Ägypten ebenfalls kannte. Laszlo Graf Almaszy hatte ein Empfehlungsschreiben des Großmufti von Jerusalem bei sich, das in der arabischen Welt schieres Gold wert war. Dieses Schreiben sollte er jenen beiden Agenten mitgeben, die er an ihre Ausgangsposition zu bringen hatte, von der aus sie ins Herz des Gegners nach Kairo vorstoßen würden, um alle Nachrichten, die sie erlangen konnten, für Rommel zurückzufunken, damit dieser jederzeit über die Truppenbewegungen und alle Vorbereitungen des Gegners orientiert war und rechtzeitig gegensteuern konnte.

Diese beiden Agenten, die als Lehrer an der Dolmetscherschule tätig gewesen waren, konnten auf eine jahrzehntelange Erfahrung in Sachen Ägypten zurückblicken. Der Rest der Kampfgruppe setzte sich aus »Brandenburgern« zusammen, die sich freiwillig zu diesem Unternehmen gemeldet hatten.

Bei diesem Unternehmen bedeutete der Anmarschweg von etwa 3000 km die größte Schwierigkeit.

Das Unternehmen nahm am 29. April 1942 in Tripolis seinen Anfang. Bis zur Oase Gialo kam die Kampfgruppe, deren Ausrüstung aus zwei Beute-Ford-Pkw der Engländer und zwei Eineinhalbtonner-Ford-Mannschaftswagen bestand, sehr gut vorwärts. Der weitere Weg mußte nach Kompaßzahl gefunden werden. Alle Männer trugen deutsche Uniformen. Die Wagen waren mit Balkenkreuzen gekennzeichnet, die allerdings mit Dreck unkenntlich gemacht wurden und nur aus nächster Nähe erkennbar waren.

Politische Aktionen in Ägypten

Über das Unternehmen »Salaam« hat der Hauptmann der Abwehr II, John W. Eppler, einen ausgezeichneten Bericht geliefert. Daraus geht hervor, daß diesem Unternehmen größte Priorität und Wichtigkeit beigemessen wurde. Hier sein Bericht:

> Pünktlich am nächsten Morgen des 12. April 1942, kurz vor 11.00 Uhr, stehe ich vor dem Eingang des Hotels »Uaddan« – was soviel wie Bergschaft bedeutete – und mache mich bereit, vor Rommel hinzutreten.

Generaloberst Erwin Rommel in einer Vorpostenstellung. Wo steht der Tommy?

Das »Uaddan« liegt auf einer kleinen Anhöhe am Rande von Tripolis. Es wurde im Auftrage von Luftmarschall Italo Balbo* als eine seiner Residenzen im Lande errichtet. Von hier aus lag das Meer ebenso vor einem wie die Landschaft und ganz Tripolis.
Als ich an dem salutierenden Doppelposten vorbei in den Hof eintrete, stelle ich mit Genugtuung fest, daß Almaszy bereits eingetroffen ist.
Nach und nach kommen auch die anderen: Oberstleutnant Maurer, Verbindungsmann zum *Centro Militare Offizia Informazione* (offizielle Bezeichnung der italienischen Abwehr), Oberst Melzer und Admiral Canaris.
Wir sind alle uniformiert, lediglich Canaris ist in Zivil erschienen. Während wir uns freundlich begrüßen, trifft auch General Rommel ein. Er trägt diesmal Feldgrau. Auf seiner steifen Offiziersmütze ohne Kordel sitzt eine Autobrille, die aus englischen Beutebeständen stammt. Ich bemerkte zum ersten Mal, daß er zu seiner sonst überkorrekten Uniform einen Schal trägt. Das gibt ihm etwas Volkstümliches und mildert seine Härte. – – –
Die Besprechung findet in zwangloser Form statt. Wir sitzen gemütlich beim Bier zusammen und General Rommel umreißt dabei noch einmal seine nächsten Ziele. Zu dieser Zeit stand das *Deutsche Afrika-Korps* im großen Syrtebogen in der Nähe des Arco dei

---

* Balbo gehörte 1922 zu den *Quadrumvirn* beim Schwarzhemden-Marsch auf Rom, war militärischer Berater Mussolinis und seit 1934 Generalgouverneur von Libyen. Balbo vertrat eine englandfreundliche Neutralitätspolitik. Er stürzte am 28. Juni 1940 mit seiner Maschine im Raume Tobruk ab.

Fileni. Seine Absicht war ein Vorstoß zum Halfaya-Paß und von dort aus die Eroberung von Sidi Barani und Marsa Matruk. Es war für Rommel entscheidend wichtig, so rasch wie möglich vorzustoßen und somit die Schwächeperiode des Gegners voll auszunutzen, denn: ›Ausnutzen, ausnutzen!‹ das war Rommels Parole, die er überall ausgab.

Für Rommel war es ausgemachte Sache, daß er nicht nur das im vergangenen Jahr aufgegebene Gebiet von Tripolitanien wieder in Besitz nehmen, sondern darüber hinaus ganz Libyen befreien und mit einem raschen entscheidenden Stoß nach Alexandria vordringen und somit den in Ägypten auf einen solchen Vorstoß wartenden nationalen Kräften den Weg zum Aufstand gegen Großbritannien eröffnen werde.

Dazu Rommel:

Das Führerhauptquartier weiß, wie wichtig die Leistungen des Afrika-Korps sind. Vor uns steht die große und nur unter äußerster Kräfteanspannung zu bewältigende Aufgabe, auf den Suez-Kanal durchzustoßen und Ägypten in unsere Hände zu bekommen.

Wenn uns das gelingt, dann ist der ganze Vordere Orient für England verloren. Die dort gelegenen riesigen Erdölgebiete fallen in unsere Hand und sind für die gesamte Wehrmacht nutzbar. Nur damit wird es möglich sein, Heer und Luftwaffe ebenso wie die Marine mit verstärkter Motorisierung zu versehen und dies wird eine schwere Niederlage für die Alliierten werden.

Wir würden den Persischen Golf mit allen seinen Häfen kontrollieren und somit auch die umfangreichen Kriegslieferungen der Amerikaner an die Sowjetunion verhindern.

Dies würde noch nicht alles sein, denn nach einem solchen Sieg würden uns Malta und Zypern und letzten Endes schließlich auch Gibraltar zufallen. Damit wäre auch der Nachschub nicht nur für das deutsche Afrika-Korps, sondern auch für die Truppen gesichert, die dann in Syrien, im Iran und Irak sowie in Südostrußland bei Baku und zum Kaspischen Meer stehen werden.

Dies alles ist noch Zukunftsmusik. Wir müssen zunächst die Voraussetzungen dafür schaffen.*

John Eppler fuhr fort:

General Rommel wandte sich nach dieser Einleitung unserer direkten Aufgabe zu: »Wir brauchen Nachrichten vom Gegner. Vor allen Dingen solche, die zuverlässig sind. Auch die kleinste Meldung kann von Bedeutung werden. Die Informationen aus Kairo lauten günstig. Seit Juli besitzt die Abwehr, wie mir Admiral Canaris bestätigte, den Code des US-Militärattachés in der US-Botschaft in Kairo. Alles was Oberst Feller von dort aus nach Washington funken läßt, wird von uns dechiffriert und Oberst Feller gibt als gewissenhafter Offizier jede Bewegung der britischen 8. Armee durch, er meldet jeden Geleitzug und jede Verstärkung der britischen Truppen aus dem Irak oder Palästina.

Doch dies kann nicht ewig dauern. Dieses Leck wird einmal entdeckt und verstopft werden. Man wird einen neuen Code benutzen. Bis dahin müssen wir einen perfekten Nachrichtenapparat mit einem Geheimsender in Kairo eingerichtet haben, der uns mit dem neuesten Geschehen in Ägypten versorgt. Es ist also für Sie, Hauptmann Eppler und für Sie, Major Almaszy und Ihre Männer von entscheidender Bedeutung, zur Arbeit in Kairo zu kommen. Sie werden uns mit den neuesten Nachrichten und Strömungen in Ägypten und vor allem im ägyptischen Widerstand versorgen.«

---

* Siehe *Rommel papers* und Rommel-Tagebuch in: *Krieg ohne Haß*, Heidenheim 1950.

Rommel wandte sich Admiral Canaris zu: »Dies waren meine Beweggründe, sofort auf Ihren Vorschlag einzugehen, Herr Canaris. Wir brauchen für die nächste Zeit nicht nur eine weitestgehende Feinderkundung, sondern auch eine Erkundung der Stimmung unter den jungen ägyptischen Offizieren des Widerstandes. Dies muß eine durchdachte und vor allem voll funktionierende Operation werden.«
»Herr General, unsere Soldaten, vor allem Major Almaszy als Experte der Wüstenerkundung der Sahara und Hauptmann Eppler, Sohn eines ägyptischen Paschas, die sich beide in arabischer Sprache unterhalten können und Hauptmann Epplers Begleiter, der als Amerikaner den Einsatz mitmachen wird, sind Angehörige der Abwehr und mit allen Dingen verdeckter Kriegführung vertraut. Dennoch kann es keine hundertprozentige Sicherheit geben. Aber ich habe Zuversicht, daß diese Operation reibungslos abläuft. Sie ist vorzüglich geplant, wird von Kennern der Wüste durchgeführt und hat für den Kairo-Einsatz die besten Voraussetzungen. Auch die übrigen Teilnehmer dieser Operation »Salaam« sind von Hauptmann Eppler und mir persönlich ausgesucht. Da auch die ärztlichen Befunde einwandfrei sind, sind alle Erfordernisse optimal gegeben.«
Am Ende der Besprechung, nachdem Rommel auch einige Sätze mit Almaszy gewechselt hatte, meinte er abschließend in seiner typisch schwäbischen Art:
»Ha no, Verrückte haben meischtens Glück. Worom sollt ihr koins haben?«
Anschließend verabschiedete Rommel die Männer des Kommandounternehmens zum Nil persönlich. Er gab jedem von ihnen die Hand und wünschte ihnen Hals und Beinbruch.
Die letzten Vorbereitungen wurden getroffen. Dazu gehörte auch, daß der Sendecode festgelegt wurde und daß neben der Hauptfunkstelle in der Nähe des Stabes der Panzerarmee Afrika auch die beiden als Nebenstellen ausersehenen Funkstellen in Smyrna und Alexandrette einsatz- und vor allem empfangsbereit waren. Senden sollte nur die Haupt-Gegenstelle bei der Panzerarmee.
Der Code war so einfach wie unberechenbar. Zur Findung der passenden Wörter diente das Buch von Daphne du Maurier »Rebekka«. Dieses Werk in der völlig identischen Ausgabe erhielten alle Funkstellen. Sollte ein Funkspruch abgesetzt werden, mußten die zu benutzenden Wörter diesem Werk entnommen werden. Die Seitenzahlen wurden dann nach einem bestimmten System verschlüsselt, daß der Feind annehmen mußte, es handele sich um einen Zahlen-Chi-Spruch.
Die vereinbarten Sendezeiten waren 6.00 Uhr, 13.00 Uhr und 19.00 Uhr. Die zehn Soldaten des Gesamt-Teams bereiteten sich auf den Start vor, der an und für sich zum 29. April 1942 festgesetzt worden war. Die beiden Funker der Hauptstelle, Aberle und Weber, fuhren nur bis nach Mamelin in der Cyrenaika, nahe bei Rommels Hauptquartier mit, wo sie abgesetzt wurden, um ihre Funkstelle einzurichten.
Als Einsatzwagen standen fünf britische Beutefahrzeuge zur Verfügung. Einmal zwei Ford sodann drei Eineinhalbtonner-Mannschaftstransportwagen.
Auf jeden Wagen wurde ein MG 15 aufgebaut. Die Besprechungen kreisten fast ständig um die Frage: Können wir jene errechneten 3000 Kilometer durch unerforschtes Gebiet der Sahara schaffen? Daß danach noch einmal 3000 Kilometer für die Rückfahrt draufgingen, sei am Rande erwähnt.
Worum es neben den bereits genannten Erkundungsaufträgen ging, war geheim, aber die Eingeweihten wußten natürlich, daß sie »so nebenbei« General Asis el-Misri, der bei Kriegsausbruch Generalstabschef der ägyptischen Armee gewesen war und den man wegen seiner deutschfreundlichen Haltung auf größten Druck Englands 1940 seines Postens

Feldmarschall Rommel zeichnet einen bewährten »Afrikaner« aus. In der Mitte Generalleutnant Geisler, Kommandierender General des X. Fliegerkorps.

enthoben hatte, zu befreien und nach Deutschland zu bringen hatten. Die Fama meldete, daß der General verhaftet werden sollte.

Die Versuche, den General zu befreien, hatten bereits im Februar 1941 begonnen. Damals hatte Major Ritter von der Auslandsabteilung der Abwehr den Forscher und Wüstenreisenden Almaszy für diese außergewöhnliche Aktion gewonnen. Nikolaus Ritter hatte Admiral Canaris unmittelbar vorher den abenteuerlichen Plan erklärt, mit einem Sonderkommando von zehn Mann der Abwehr unter Graf Laszlo von Almaszy im Rahmen des X. Fliegerkorps nach Ägypten starten zu lassen, um den General zu befreien.

General Misri Pascha war zunächst einem Plan zugeneigt, der ihn mit einem U-Boot aus dem Berollos-See im Nildelta herausholen sollte. Diese Aktion war für ein deutsches U-Boot undurchführbar. Danach war er mit dem Vorschlag einverstanden, ihn in einem Flugzeug außer Landes zu holen.

Erst nach dem 30. Mai 1941, als das Kreta-Unternehmen erfolgreich abgeschlossen war, konnte Major Ritter von General Geisler, der das X. Fliegerkorps befehligte, zwei He 111-Maschinen ergattern. Sie kamen vom Kampfgeschwader 26, Empfangsplatz für den General war eine flache Landestelle am Roten Djebel, an der großen Oasenstraße. General El Misri Pascha konnte diesen binnen weniger Stunden von Kairo aus erreichen. Der erste Einsatz

wurde abgesagt, da General Misri einen Autounfall erlitten hatte. Am Samstag, dem 7. Juni 1941, starteten die beiden Maschinen zum Flug von Derna aus nach Osten.
Hauptmann Haller, Gruppenkapitän im Kampfgeschwader 26, flog die erste Maschine, sein Bordfunker war Hauptmann Blaich, der schon einige Wüstenweitflüge unternommen hatte. Major Ritter flog in dieser Sicherungsmaschine mit.
In der zweiten Maschine war von Almaszy. Sie sollte landen und den General aufnehmen, während die Sicherungsmaschine jeden sich nahenden Gegner fernhalten würde.
Als der Landungsplatz gegen 18.00 Uhr erreicht wurde, war von dem zu transportierenden Gast nichts zu sehen. Im Tiefflug ließ von Alamszy die Landungsmaschine auf dem Kurs der Piste in Richtung Kairo weiterfliegen. Als bereits die Türme von Kairo zu sehen waren, drehte er um. Der General war nicht gekommen.
Am nächsten Tag meldete der in Kairo sitzende Funker, daß der General verhaftet und wahrscheinlich auch ihr Sender verraten worden sei und daß der Funkbetrieb sofort abgebrochen werden müsse.
Dies war mit ein Argument, ein neue Funkstelle zu errichten.
General El Misri Pascha war zwar mit einem Flugzeug in Richtung Treffpunkt gestartet, aber seine vom Flugplatz Heliopolis startende Maschine ging beim Auftauchen eines britischen Flugzeuges steil herunter und setzte zur Notlandung an. Dabei streifte sie die Krone eines Ölbaumes und stürzte ab.
Eine britische Feldwache fuhr zur Absturzstelle und nahm den General fest. Es gelang durch einen Doppelgänger die britischen Behörden zu täuschen und anstelle des Generals ging ein Major der Verschwörer für diesen ins Gefängnis, während der General weiter mit den Verschwörern unter Nasser in Kontakt blieb.
Was war es denn nun mit den Verschwörern und Nationalisten in Ägypten, wer führte sie an, wie standen sie zueinander und wie zur Besatzungsmacht England?

Die ägyptischen Verschwörer

Neben der Untergrundtätigkeit arabischer Nationalisten unter Schükrü el-Kuwatli in Syrien und Beschara al-Khury im Libanon, waren auch in Ägypten Offiziere der Armee und andere Nationalisten am Werke.

Kairo und Alexandria, die seit Kriegsbeginn zu Etappenstädten der britischen Truppen geworden waren, litten unter dieser Besetzung und den dauernden britischen Schikanen. König Faruk I. war seinem Vater Fuad I. nach dessen Tod am 28. April 1936 auf den ägyptischen Thron gefolgt, wenngleich er auch noch bis zum 29. Juli 1937 unter einem Regentschaftsrat stand, ehe er für volljährig erklärt wurde.

Er bewunderte nicht nur Mussolini, sondern in noch höherem Maße Hitler und versuchte, ihnen nachzueifern, was ihm unter britischer Besetzung nicht gelingen konnte. Er und die Paschas der führenden Wafd-Partei waren sich darüber im klaren, daß ein Sieg des Afrika-Korps und schließlich ein Endsieg Deutschlands für Ägypten die völlige Freiheit von Großbritannien bringen werde. Der Gründer der Partei – Saghlul Pascha und – während des Zweiten Weltkrieges – Nahas Pascha – waren glühende Verfechter der nationalen Unabhängigkeit Ägyptens. Diese schien ihnen durch Deutschland gesichert. Hasan al-Banna, der militärische Führer der Moslem-Bruderschaft, war ebenso antibritisch eingestellt. Der überwiegende Teil der ägyptischen Studenten und Intellektuellen waren derart von der Möglichkeit des Vordringens des

Deutschen Afrika-Korps und – später – der Panzergruppe Afrika nach Kairo angetan, daß sie 1941 und 1942 in den Straßen Kairos und unter den Augen der Engländer ihre Demonstrationen durchführten, dabei riefen sie, so wurde nach Deutschland gemeldet, »Wir sind Rommels Soldaten!« Ein weiterer Slogan lautete: »Hinaus mit den Engländern!«

In der Armee waren es vor allem die jüngeren Offiziere, die während des Kampfes des Afrika-Korps ihre Revolution vorbereiteten. Die breite Masse der Bevölkerung stand außerdem auf der Seite jener, die gegen die Briten kämpften, die sie für ihre Unterdrücker hielten.

Als sich Ende Januar 1942 das Afrika-Korps in Blitzgeschwindigkeit in Bewegung setzte und binnen 17 Tagen(!) die gesamte Cyrenaika wieder eroberte, griff London vorbeugend in einen vorbereiteten Aufstand ein. Am 4. Februar 1942 stürmte der britische Botschafter in Kairo, Sir Miles Lampson, mit einer starken Offiziersgruppe – alle mit gezogenen Pistolen – in den Abding-Palast, die Residenz des ägyptischen Königs. Panzer und Infanterie umstellten den Palast. Sir Miles Lampson stürmte in das Arbeitskabinett des Königs und stellte ihm das Ultimatum, entweder binnen 24 Stunden den Führer der Wafd-Partei, Nahas Pascha zum Ministerpräsidenten zu ernennen, oder abgesetzt und deportiert zu werden.

Nun war zwar auch Nahas Pascha ein Gegner Großbritanniens, aber dieser, von König Faruk I. mit der Neubildung der Regierung betraut, hielt sich neutral zu England, was diese auch erwartet hatten.

Der Wafd war also von einer Freiheitspartei zu einer die Freiheit unterdrückenden Institution übergewechselt. Nunmehr lag es an den national gesinnten Offizieren, die Führung des Befreiungskampfes zu übernehmen. An ihrer Spitze zwei Namen, die in späteren Tagen noch bekannter werden sollten: Anwar el Sadat und Gamal Abd el-Nasser.

Sie standen 1941 und mehr noch 1942 in enger Verbindung zu Rommels Panzerarmee Afrika. Sie waren mehrmals im Begriff, den Aufstand auszulösen, doch jedesmal trat irgend ein besonderes Ereignis ein, das den Zeitpunkt zum offenen Aufstand nicht angeraten sein ließ.

Oberhaupt der Offiziersverschwörung war – wie bereits angedeutet – der ehemalige Generalstabschef der ägyptischen Armee, General Asis el-Misri. Er hatte die Pläne ausgearbeitet, nach denen die Armee die Macht an sich reißen und der Panzerarmee Afrika den Einmarsch über Alexandria nach Kairo ermöglichen sollte.

Diese Verschwörer setzten sich durch Kuriere mit dem HQ des Deutschen Afrika-Korps in Verbindung und Rommel erklärte sich zur Zusammenarbeit mit ihnen bereit. General el-Misri wurde aufgefordert, Ägypten heimlich zu verlassen und Rommel persönlich seine Pläne vorzutragen und mit ihm die Strategie und Taktik dieses Schrittes festzulegen.

Damit begann das, was der spätere Oberst Sadat als die »Pechsträhne der ägyptischen Patrioten« bezeichnete. Die Offiziersgruppe arbeitete danach den Plan aus, der nach Sadat folgendes Aussehen hatte:

»Ein bewaffneter Staatsstreich soll die Regierung in Kairo stürzen und ein nationales Kabinett installieren. Im Kleinkrieg gegen die Briten wird die ägyptische Armee den Feind schwächen, große Truppenkontingente binden und so die britischen Verbände vor der deutschen Front schwächen. Unmittelbar nach Vereinigung mit den Truppen der Achsenmächte ist das Schicksal des britischen Weltreiches besiegelt.«

Diesmal engagierte sich Admiral Canaris besonders in dieser Wiederholung der Befreiung des Generals aus Kairo und dessen Zusammenführung mit Rommel, zum Zwecke der Ausarbeitung eines gemeinsamen Planes zur Vertreibung der Briten aus Ägypten.

Zwei als arabische Derwische getarnte Agenten der Abwehr hatten beinahe gleichzeitig mit Eppler, von dem später noch die Rede sein wird, versucht, nach Kairo zu gelangen. Beide Agenten erreichten die Oase Fayum, ein Zentrum der ägyptischen Nationalisten und nahmen dort die Verbindung auf. Von hier aus sollten sie nach Kairo eingeschleust werden.

Nunmehr ging Canaris aufs Ganze. Er berief Mitte Juni 1941 eine Besprechung in seinem Hauptquartier ein. Den versammelten Offizieren sagte er:

»Rommel braucht zuverlässige Informationen aus dem britischen Aufmarschgebiet Ägypten. Rommels Strategie ist auf Tricks und Überraschungen des Gegners gegründet. Jede Nachricht aus dem Feindlager, die ihm dabei hilft, ist mehr wert als eine Panzer-Abteilung.«

Major Ritter hatte nicht aus Derna kommen können, weil er alle Vorbereitungen zu einem zweiten Flugzeugeinsatz treffen mußte. Diese Voraussicht erwies sich als nützlich, denn als kurze Zeit später in seinem Hauptquartier zwei deutsche Hauptleute auftauchten, deren Namen mit Klein und Mühlenbruch angegeben waren, ging es sofort zur Sache. Beide Männer sprachen perfekt Arabisch. Sie hatten lange Zeit in Alexandria und Haifa gelebt und sich bereit erklärt, für Deutschland in Kairo zu spionieren. Hauptmann Almaszy von der Abwehrstelle/Ausland, der sich noch in Derna aufhielt, zeichnete – als Geologe mit der Wüste bestens vertraut – eine Kartenskizze, die von der Oase Farafrah über einen Karawanenweg nach Deirut am Nil führte. Noch 100 Kilometer vor dem Nil zeichnete Almaszy einen Hügel auf, der als »Markanter Punkt im Gelände« genutzt werden konnte.

»Daneben«, so verkündete er den versammelten Männern des Sonderkommandos, »verläuft ein breiter Streifen festen Wüstenbodens, der sich Serirboden nennt. Darauf kann ein Flugzeug mit Leichtigkeit landen. Bis dorthin beträgt die Flugzeit von Derna aus etwa viereinhalb Stunden. Von dort aus bis ins Niltal sind es dann nur noch 100 Kilometer.«

Man kam darin überein, daß ein leichtes Krad die beiden rasch über die 100-Kilometer-Distanz bringen würde. Also wurde eine Maschine besorgt und am 16. Juli 1941 sollte die He 111 in Derna landen, die den Trupp abholen und auf den Weg bringen sollte.

Das Flugzeug meldete einen Reifendefekt und traf nicht ein. Major Ritter befahl, das als Sicherungsmaschine vorgesehene Flugzeug zum Agententransport zu nutzen und auf eine Sicherungsmaschine zu verzichten. Als dann die zugesagte Maschine doch noch eintraf, wurde sie als Sicherungsmaschine eingesetzt.

Beide Maschinen starteten dicht hintereinander von Derna. Es ging zunächst in nur 500 Metern Höhe nach Osten, um in der Nähe des feindbesetzten Gebietes auf 4000 Meter hochzuziehen, weil darunter ein *Ghibli* (Sandsturm) die Sicht vernebelte.

Nach knapp fünfstündigem Flug kam der angepeilte Höhenzug in Sicht. Während die Sicherungsmaschine auf 1000 Meter blieb, ging die Agentenmaschine tiefer und tiefer herunter. Der Flugzeugführer befahl dem jungen Piloten zu landen. Aber der Pilot setzte die Maschine nicht auf.

Er hatte einen britischen Spähwagen entdeckt, der quer zu ihrer Flugrichtung auf sie zurollte. Eine weite Schleife wurde geflogen, wieder setzte der Pilot zur Landung an und abermals riß er »vor zu großen Bodenerhebungen« die Maschine wieder hoch. Bei der nächsten Wendeschleife und dem Hinuntergehen zur Landung war plötzlich die Sonne verschwunden, sie war schlicht untergegangen.

Major Ritter mußte den Rückflug nach Derna befehlen. Als sie in den Landebereich einflogen, wurde dem Funker die Landung per FT-Spruch verboten, weil ein feindlicher Angriff gegen den Platz stattfand. Der nächste Platz war Bengasi. Als der linke Motor ausfiel, wurde der Kurs wieder auf Derna gelegt, denn Bengasi war mit einen Motor nicht mehr zu erreichen.

Zu allem Übel wurden sie dann noch von einem britischen Bomber beschossen. Wieder drehte der flugerfahrene Pilot ab, der ja die Sicherungsmaschine fliegen sollte, und dann befanden sie sich über dem Mittelmeer und wenig später mußten sie nach Aufbrauch des Treibstoffes auf dem Wasser landen. Bei dem schweren Aufprall fand der Agent Mühlenbruch den Tod, Major Ritter wurde mit einer Gehirnerschütterung geborgen. Hauptmann Leicht, der Flugzeugführer, war ebenfalls schwer verletzt, konnte aber ebenfalls geborgen und ins Schlauchboot geschafft werden.

Vier Mann im Boot sitzend, zwei an das Schlauchboot angeklammert, trieb die Gruppe im Wasser. Nach knapp zwei Tagen wurden sie durch die Brandung auf den Strand geworfen. Sie erreichten ein Araberdorf und diese alarmierten die *Wüstennotstaffel* der Luftwaffe, die sie zurückholte.

Major Ritter wurde ins Lazarett geflogen und sein Nachfolger wurde Hauptmann von Almaszy von der Abwehr.

Gialo – Kairo und zurück?

In Gialo angekommen, erfuhr Hauptmann von Almaszy, der mit seinem Trupp am 29. April 1942 aufgebrochen war, daß die von den Italienern angegebenen Wegeverhältnisse – »glatter Sand, der so hart ist, daß ein Kraftfahrzeug gut darauf fahren kann« – nicht zutrafen und daß sich zwischen Gialo und der etwa 450 km weiter südostwärts gelegenen Oase Kufra ein Dünengürtel erstreckte, der umfahren werden mußte.

Hauptmann von Almaszy mußte nun erst einmal zu einem Erkundungsflug starten. Auf dem italienischen Flugplatz in El Agheila trieb er eine Maschine auf und flog die zu fahrende Strecke ab. Er fand die Eingeborenenmeldung bestätigt. Darüber hinaus war auch das Trinkwasser in der Oase Gialo nicht gut und begann nach drei Tagen zu faulen. Gutes Trinkwasser wurde aus dem Bir Butafall geschöpft, der etwa 20 km ostwärts der Oase Gialo lag und nur den Eingeborenen bekannt war.

Dennoch fuhren sie nach dem Auftanken mit Wasser am 4. Mai aus Gialo los. Im Wagen von Hauptmann Almaszy saß der Führer der zweiköpfigen Agentengruppe der deutschen Abwehr, Hans Eppler. Dieser war vorher gemeinsam mit seinem Freund Gerd Sandstede in der deutschen Gesandtschaft in Kairo im Sondereinsatz gewesen.

Nach Rommels energischer Intervention, daß er Feindnachrichten aus erster Hand haben müsse, waren Eppler, sein Freund Sandstede und Graf Almaszy von Admiral Canaris zu diesem Unternehmen ausgewählt worden. In den nachfolgenden drei Wagen saßen ebenfalls jeweils zwei Abwehr-Männer.

Der erste Tag brachte eine erhebliche Strecke, die in schneller Fahrt zurückgelegt werden konnte. Erst am zweiten Tage wurde das Gelände schwieriger. Hohe Sanddünen galt es mit einer raffinierten Technik zu überwinden. In den 48 Stunden des zweiten und dritten Tages legte die Gruppe insgesamt 40 km zurück.

Der mit eingestiegene Arzt erlitt als erster einen sogenannten Wüstenkoller, womit die Fahrt für die gesamte Gruppe praktisch beendet war, denn mit einer solchen Krankheit, die mit Bewußtseinstrübung und Kreislaufstörungen einherging, war ein Weitermarsch nicht möglich.

Dann erlitt auch der »Brandenburger«-Unteroffizier, der als technischer Experte für Ausrüstung und Fahrzeuge mitgefahren war, einen Herzanfall. Sie fuhren denselben Weg wieder zurück und erreichten die Oase Gialo fünf Tage nach ihrem dortigen Aufbruch.

Am frühen Morgen des 11. Mai starteten sie nach Neuausrüstung ohne Neubesetzung der beiden Positionen, die ausgefallen waren, abermals. Von Almaszy hatte eine neue Route ausge-

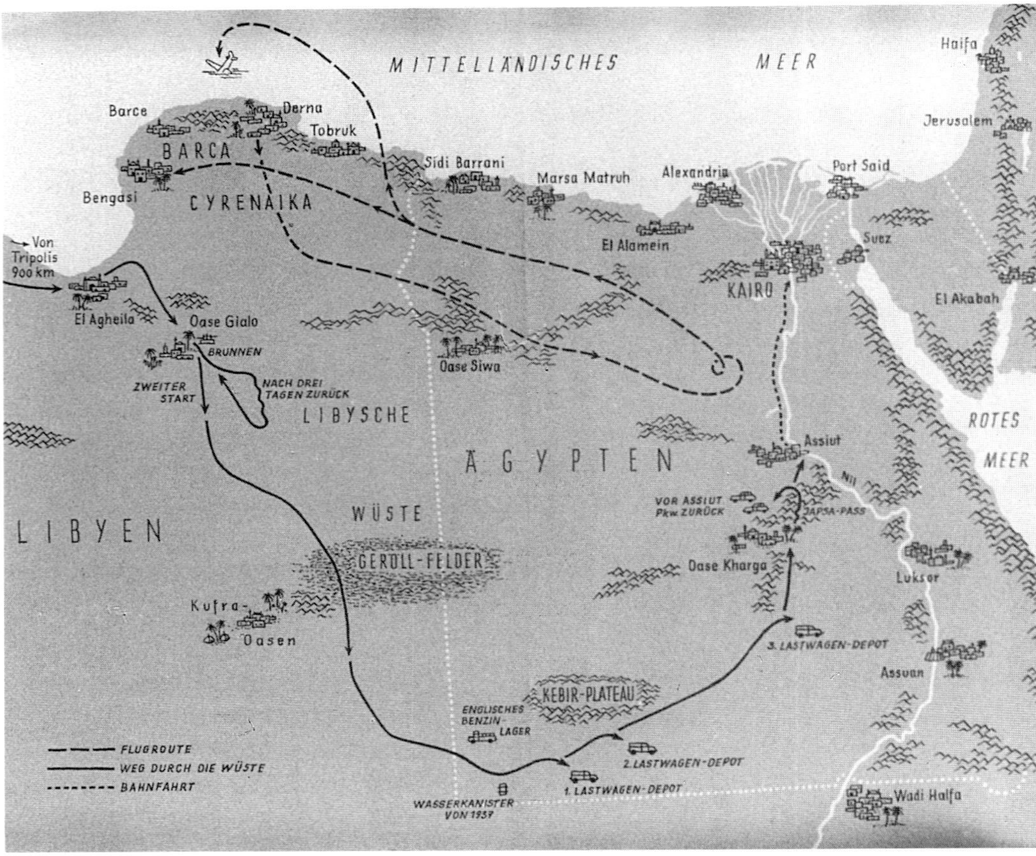

Unternehmen »Salaam«. Die Routen des Major Ritter (per Flugzeug, oben) und des »Wüstenschleichers« Hauptmann von Almaszy.

kundschaftet. Und zwar ging es diesmal entlang der bekannten »Eisenstangenroute« der Italiener mit der Bezeichnung »Balifikata« direkt nach Süden. Diese Strecke führte um das Sanddünengebiet herum.

Nach sechs Tagen erreichte die Gruppe ein gewaltiges Felsgebiet, ein sogenanntes *Gàret,* wie die Beduinen diese Geröllfelder mit teilweise gewaltigen Basaltblöcken nennen. Almaszy fuhr mit Eppler Geländeerkundung, um eine Umgehung zu finden. Schließlich entdeckten sie eine Route, über die sie zwar oftmals im Schritt, aber dennoch weiterfahren konnten. Sechs Stunden lang quälten sie sich durch Stein und Sand, dann zeigte sich das Gelände wieder »freundlicher«. Voraus erschien das Hochplateau des Kebir-Gebirges, in dem Graf Almaszy zwischen 1930 und 1932 und später 1937 auf Forschungsfahrt gewesen war. Wichtig war es nun, den Paßweg über das Gebirge zu finden.

Am Fuße des Gilf el Kebir fand Almaszy sogar ein von ihm angelegtes Wasserdepot aus dem Jahre 1937 wieder. Das in den zugelöteten Kanistern befindliche Wasser war noch trinkbar. Von hier aus, wo ein Wagen als Depot für die Rückfahrt abgestellt wurde, ließ Almaszy über Funk nach Gialo melden, daß sie dieses erste Ziel erreicht hätten.

Drei Stunden später war auch der Übergang über das Gebirge gefunden. Auf der Hochfläche angelangt, wurden Vermessungsarbeiten für einen Flugplatz durchgeführt. Von hier aus bis zum Nil und nach Kairo waren es in Luftlinie noch genau 700 Kilometer.

Der südlichste Punkt war damit erreicht. Nun ging es am 22. Mai nach Osten und wenig später nach Nordosten weiter, bis zur Oase Charga, etwa 270 Kilometer nordwestlich von Assuan.

In sicherer Entfernung zur Oase, die sich in einer Senke befand, blieben sie die Nacht über liegen, um am anderen Morgen zu Fuß weiter zu erkunden: In der Oase gab es keine Engländer.

Es war Sonntag, der 23. Mai 1942, als sie – jeweils drei Mann in einem Fahrzeug – auf die Oase zufuhren. Der dritte Wagen war vor der Oase in einer Schlucht als zweites Wagendepot zurückgelassen worden. Unmittelbar vor der Oase wurden sie von einem ägyptischen Posten gestoppt. Als der Ägypter ihren Auftrag wissen wollte, meldete ihm Eppler aufgrund einer Aufforderung von Almaszy, daß sie das Vorkommando eines britischen Divisions-Hauptquartiers seien und daß der General bald nachkommen werde.

Sie durften passieren. Am Nachmittag erreichten sie nach einer tollen Fahrt über den Japsa-Paß den Raum 10 km südwestlich von Assiut, jener am Nil gelegenen Stadt, in der Eppler und sein Gefährte abgesetzt werden sollten, um von dort aus mit dem Zug nach Kairo zu fahren.

Hier angelangt holten die beiden Agenten ihre Sachen aus dem Stauraum. An alles war gedacht, um sie in Kairoer Geschäftsleute zu verwandeln. Es gab ägyptisches und englisches Geld, ägyptische Kleidung, Notizbücher mit ägyptischen Anschriften und die Beschreibung des ägyptischen Automobilclubs zu einem Autoausflug in die Wüste. Im Koffer befand sich der Geheimsender mit dem die beiden aus Kairo den Funkverkehr für Rommel übernehmen sollten. In einem zweiten Koffer waren weitere 20.000 Pfund versteckt, nach damaligem Stand etwa 400.000 Reichsmark.

Während Eppler und Sandstede sich nach Assiut aufmachten, ließ Almaszy seine beiden Wagen drehen und trat die Rückfahrt an. Unterwegs wurde das Gelände genau vermessen. Als sie hinter Gilf el Kebir auf eine Kolonne sudanesischer Kolonialtruppen stießen, schlossen sie sich ihr eine zeitlang an. Dann erreichten sie ein unbewachtes Verpflegungsdepot der »Kameraden von der anderen Feldpostnummer«, der *Long Range Desert Group* (britische Fernaufklärungs- und Kommando-Einheit) wo sie sich aus den zwölf Lastwagen mit Wasser, Benzin und Lebensmitteln versorgten.

Der Funk-Unteroffizier tastete zur Gegenfunkstelle in der Cyrenaika: »Operation ›Salaam‹ durchführt, kehren zur Basis zurück.«

Wenige Tage später meldete Hauptmann von Almaszy sein Kommando bei Generaloberst Rommel zurück. Hier erfuhr er, daß seine kleine Funkstelle von Rommels Stab einverleibt worden war und bei den Kämpfen im Raume Knightsbridge von den Engländern gefangen genommen worden sei. Dies sollte später für die beiden Agenten in Kairo fatale Folgen haben.

Generaloberst Rommel beförderte von Almaszy zum Major und gab der Hoffnung Ausdruck, daß er ihn bald in Kairo wiedersehen werde.

Nach Assiut und Kairo

23. Mai 1942. Mit einem Funker, ausgestattet mit dem Namen Peter Monkaster und einem waschechten amerikanischen Paß, fuhr John Eppler, nun als Hussein Gaafar (so hieß sein Vater) – von Charga aus auf der gut befahrbaren Straße in Richtung Assiut. Kurz vor Assiut hieß es endgültig Abschied nehmen von Almaszy und den Kameraden und sich allein und zu Fuß wei-

Hauptmann Laszlo Graf Almaszy am Japsa-Paß. Das Fern-Unternehmen »Salaam« gelang dank seiner Kenntnisse der Wüste und des Landes.

ter nach Assiut zu begeben. Und das mit zwei Koffern, in denen einmal das Funkgerät und im anderen das Geld deponiert waren.

Sie erreichten den Rand der Stadt und sahen sich einer Einheit exerzierender Soldaten gegenüber. Eppler und sein Funker meldeten sich bei dem *Captain,* der diesen Dienst beaufsichtigte. Sie erklärten, einen Ausflug von Kairo aus in die Wüste gemacht zu haben, daß der Motor ihres Wagens verreckt sei und sie zwei Marschstunden hinter sich hätten. Der *Captain* ließ sie mit einem Jeep nach Kairo bringen und versprach, sich in den nächsten Tagen um das Auto zu kümmern.

Mit viel Glück und einem in Heluan angeheuerten Diener namens Achmed schafften sie die beiden brisanten Koffer per Bahnfahrt durch die britische MP-Sperre in Kairo. Damit war der erste Teil ihres Unternehmens erfolgreich beendet.

Als Sohn des Richters und Paschas Gaafar kannte Eppler Kairo sehr gut. Er zog zunächst in eine italienische Pension ein, von wo aus der Funker den ersten FT-Spruch an die Funkstelle Mamelin funkte. Die Gegenstelle meldete sich sofort.

Damit lief das Unternehmen »Condor«, wie es nun genannt wurde, erfolgreich an. Funker Hans-Gert Sandstede – alias Peter Monkaster – hatte allen Grund stolz zu sein, denn in den nächsten Tagen funktionierte der Funkverkehr wie am Schnürchen. Er war es, der den prächtigen Spruch erfand, der alle zum Lachen brachte:

»Allah weiß alles, Adolf Hitler weiß alles besser!«

Inzwischen kannte er sein Buch »Rebekka«, das er natürlich in englischer Sprache zur Hand hatte, auswendig und konnte so zügig seine Funksprüche verschlüsseln.

Eppler fuhr wieder in das berühmte Nachtlokal »Kit-Kat«, das auf der Nilinsel Zamalek gelegen war, und fand dort eine alte Freundin, die Tänzerin Hekmat, wieder.

Hier passierte es ihm, daß er an einem Tisch Platz nahm, an dem bereits mit Major Dunstan ein Vertreter des britischen *Intelligence Service* Platz genommen hatte.

Bei Madame Amer, einer gebürtigen Österreicherin, knüpfte er den Kontakt mit seiner in Kairo auf einem großen Gut lebenden Familie. Er traf sich mit seinem Bruder und erfuhr, daß sein Vater einige Wochen zuvor gestorben war.

Mit Vermittlung alter Freunde gelang es Eppler, ein Hausboot am Nilufer zu mieten. Sein Nachbar im nächstgelegenen Boot war Major Dunstan, von dem Eppler inzwischen wußte, daß er der Chef des *Secret Investigation Middle East* war. Eppler stellte sich als Hussein Gaafar, Sohn des verstorbenen Oberrichters vor. Die ersten Verbindungen wurden geknüpft. Der führende Kopf der Kairoer Moslem-Bruderschaft, Prinz Abbas Halim, sicherte ihnen seine volle Unterstützung zu.

Inzwischen hatte urplötzlich die Gegenfunkstelle in Afrika ihren Funkverkehr eingestellt. Was war geschehen? Es war Graf Almaszy, der sich, wie bereits erwähnt, Anfang Juni westlich von Bir Hacheim bei Generaloberst Rommel meldete und folgendes erfuhr:

»Wissen Sie, Almaszy, die Sache ist mir sehr peinlich. Als wir ab dem 28. Mai südlich von Gazala bei Knightsbridge ins Gedränge gerieten und uns nach Westen durchschlagen mußten, gelang es dem Tommy, einen Teil meiner Nachrichtenstaffel zu schnappen. Unter ihnen unglücklicherweise auch der Funkwagen mit Aberle und Weber und allen Unterlagen.«

Graf Almaszy konnte sich denken, was dies für Eppler und Sandstede bedeuten mußte. Er berichtete von seinem Unternehmen, und daß er ein Gebiet etwa 600 Kilometer südwestlich von Kairo erreicht und vermessen habe, wo sich ein deutscher Flugplatz zur Bombardierung der Briten einrichten ließe.

Rommel beförderte von Almaszy auf der Stelle zum Major und befahl, den Funkverkehr mit Kairo sofort einzustellen, um die Funker nicht zu gefährden.

Dies war der Grund für das Schweigen der Gegenstelle. Die beiden anderen Empfangsstellen durften nicht funken. Dennoch kamen alle Funksprüche der beiden aus Kairo an.

Die Tänzerin Hekmat konnte Eppler verraten, daß die britische Führung im Nahostkommando die Verlegung der 10. Armee aus Syrien und Palästina befohlen habe. Wenig später teilte sie ihm mit, daß eine Ladung von 100.000 Minen zur Alameinfront geschafft würde, um die Deutschen dort zu stoppen. Außerdem erfuhr er, daß die 2. neuseeländische Division in die Festung Marsa Matruk verlegt worden sei, um das Afrika-Korps hier endgültig zu stoppen, falls es ihm gelingen würde, Tobruk zu gewinnen.

Die Parties auf dem Hausboot erfreuten sich immer größeren Zuspruchs. Einmal war auch Anwar el Sadat eingeladen. Ihm mißfiel, was er sah. Er sah dieses Boot als reine Lasterhöhle an und war dementsprechend mißtrauisch, was die beiden Agenten betraf. Er sah in Eppler den Faulenzer-Sohn eines reichen Mannes.

Der Fall von Tobruk beschwor in Alexandria und Kairo Weltuntergangsstimmung herauf. Viele Geheimdienstleute und Offiziere gingen daran, ihre Unterlagen zu verbrennen. Im Hof des britischen Hauptquartiers im Hotel Semiramis mußten die hohen Aktenhaufen mit Benzin übergossen werden, um sie überhaupt zum Brennen zu bringen.

Die Kairoer Bevölkerung nahm dies alles mit unverhohlener Schadenfreude zur Kenntnis und bereitete sich auf den Einmarsch der deutschen Truppen vor. An Hauswänden erschienen Parolen wie »Sieg Heil« und »Duce, Duce!«. Ganz wilde Schmierer hatten »Go home you bastards!« angepinselt. Das war zwar nicht das reinste Englisch, wurde aber dennoch verstanden.

In einer nächtlichen Razzia Anfang September 1942 wurden Sandstede und Eppler schließlich vom *Intelligence Service* festgenommen. Die »Häscher« waren – wie dies so üblich ist – im Morgengrauen gekommen, einer Zeit, die für Verhaftungen aller Art die günstigste zu sein scheint. Handschellen knackten über ihren Gelenken zu. Zum Glück hat Sandstede den belastenden Teil der Unterlagen noch verbrennen können. Während sich die Briten um Eppler kümmerten, hatte Sandstede das Hausboot zum Absaufen fertig gemacht. Im Lager von Maadi wurden die beiden verhört und mit dem Revolver zu einem Geständnis gedrängt, aber es gab nichts zu gestehen.

In der folgenden Nacht öffnete sich Sandstede die Pulsadern und »starb unbemerkt von den Wachen«. Erst Monate später erfuhr Eppler, daß Sandstede lebte. Zwar hatte er sich die Pulsadern aufgeschnitten, aber sein Tod war durch die Briten fingiert worden.

Eppler und Sandstede, die nicht gestehen wollten, wurden einer immer härter werdenden Prügeltortur unterzogen,

Eppler gab schließlich an, sein Geständnis schreiben zu wollen. Er wurde in eine besondere Zelle geschafft, erhielt Sonderverpflegung und schrieb in vier Wochen das »Geständnis«, das nur aus einem Wort bestand. Von der ersten bis zur 200. Seite das eine Wort »Station«.

Das Ende dieses »Liedes« waren deftige Prügel von acht Soldaten unter Major Kennedy, dem Chef der Schlägertruppe. Dennoch erntete die »Station-Story« im britischen Hauptquartier ein sportliches Schmunzel-Echo.

Nachdem sie dann nacheinander einige Aussagen gemacht hatten, ohne einen einzelnen eigenen Agenten oder einen ägyptischen Nationalisten zu »verpfeifen«, mußten sie vors Kriegsgericht, das schließlich den zu erwartenden Urteilspruch fällte:

»Verurteilt zum Tode durch Erschießen!«

Der britische Premierminister Winston Churchill – hier bei einem Truppenbesuch mit Feldmarschall Montgomery (zu seiner Linken) – ließ es sich nicht nehmen, die deutschen Agenten Eppler und Sandstede in der Kairoer Haft zu besuchen.

Eine Woche später wurden sie begnadigt und dies durch ein Gesuch britischer Offiziere, doch das wurde zunächst nicht bekannt. Vorher noch tauchte plötzlich Winston Churchill, der sich in Kairo befand, wo er mit Tschiang Kai-schek und Ibn Saud konferiert hatte, in der Zelle der Todesdelinquenten auf. Als sie im Verlaufe der kurzen Unterredung den britischen Kriegspremier fragten, ob er denn seine Hintermänner preisgegeben hätte und gestanden hätte, sagte dieser:

»Not a word!«

»Not a word!«, sagten auch Eppler und sein Freund.

Wenige Tage nach Kriegsschluß wurden die beiden Spione Rommels nach Deutschland entlassen, aber nicht in die Freiheit, sondern in das ehemalige Konzentrationslager Neuengamme. Hier waren sie »zwei Figuren unter 8000 Nazis«, die hungerten, verprügelt wurden und starben. Am 17. Juli 1946 wurden sie nach Hamburg verfrachtet und dort am Gänsemarkt einfach aus einem Jeep geworfen. Sie waren frei.

Kurzer Überblick über die Schauplätze Libanon und Syrien

Bevor der weitere Afrika-Einsatz der »Brandenburger« in Tunesien dargestellt werden soll, sei an dieser Stelle in einer straffen Übersicht das Geschehen in Syrien und im Libanon des Jahres 1941 dargelegt. Bereits im September 1940 war Oberleutnant Rosler von der Abwehr als »Vorkommandant« nach Beirut in den Libanon entsandt worden.

Zum Einsatz in den Räumen des Nahen Ostens mit Libanon, Syrien und dem Irak wurden ab Ende 1940 die ersten Teile der »Arabischen Brigade« der »Brandenburger« dorthin im Marsch eingesetzt.

Ab dem 7. März 1941 drängte die Abteilung Ausland/Abwehr des OKW beim Auswärtigen Amt darauf, endlich deutschen Einsätzen in den genannten Ländern zuzustimmen. Dazu konferierten am 24. März Admiral Canaris mit den Offizieren Brückner, Piekenbrock, von Lahousen sowie Oberstleutnant Stolze im Auswärtigen Amt mit den dortigen Repräsentanten des Nahen Ostens über die geplanten Maßnahmen. Der Ausbau des Agentennetzes vor allem in der Türkei, in Ägypten, in Syrien und im Irak und die Provozierung antibritischer Aktionen bis hin zu Aufständen in Palästina, Transjordanien und im Irak wurden gefordert.

Die Aufständischen in Palästina sollten ebenso wie jene in Transjordanien und vor allem im Irak durch Zuführung von Waffen aller Art gestärkt werden. Das Hauptaugenmerk der Abwehr richtete sich zunächst auf den Irak; darüber wurde bereits ausführlich berichtet. Aber auch Syrien stand auf dem Plan und dort sogar die erbetene Bombardierung der Erdölraffinerie von Haifa in Palästina. Im Zeitraum vom 9. Juni bis zum 3. Juli überschritt dann ein Kommando der »Arabischen Brigade« der »Brandenburger« die irakisch-syrische Grenze und kämpfte in Syrien gegen die britischen Truppen weiter.

Dort hatte sich der als Diplomat getarnte Abwehroffizier Rahn eingerichtet, um die britischen Truppenstärken- und lager, sowie deren Generalkommandos in Transjordanien und Palästina zu erkunden.

Am 25. Juni zog sich Oberleutnant Roser, der Beauftragte bei der Waffenstillstandskommission in Damaskus, mit seinem kleinen Kommando in die Türkei zurück. Ihm und seinen Männern schlossen sich bis zum 30. Juni 1941 etwa 300 irakische, syrische und palästinensische Nationalisten an, die von der Abwehr mit deutschen Pässen ausgestattet und in die Türkei geschleust wurden, um von dort aus nach Deutschland zu gelangen, was allerdings nur eine kleine Zahl schaffte.

Für den Einsatz in der syrischen Wüste wurden ab Sommer 1941 arabische Agenten in einem Lager bei Kap Sunion, an der südlichen Spitze des griechischen Festlandes, ausgebildet. Sie konnten in Syrien nicht mehr zum Einsatz gelangen, weil sich die »Freien Franzosen« des Landes bemächtigt hatten. Hier dieser französische Coup.

Die Freien Franzosen in Syrien

Am 8. Juni 1941 regneten über viele Städte des Nahen Ostens Flugblätter auf die überraschten Bewohner herunter. Sie trugen die Unterschrift des Generals Georges Catroux.

Catroux, der als vorzüglicher Afrikakenner galt, weil er dort ebenso wie in Indochina gedient und gekämpft hatte (1939-1940 Generalgouverneur von Indochina), hatte sich General de Gaulle angeschlossen und wurde von diesem im Frühsommer 1941 zum Oberkommissar in Syrien ernannt. Im Auftrage von General de Gaulle hatte er diese Flugblatt-Aktion über Beirut und Tripoli, über Damaskus Homs und Aleppo und alle übrigen Städte und Dörfer Syriens und des Libanons gestartet.

Kern der Flugblatt-Propaganda waren die Worte:

»Wir sind gekommen, um dem Mandatsregime ein Ende zu bereiten und Syrien sowie den Libanon zu freien, unabhängigen Staaten zu machen«.

Die britische Regierung schloß sich dieser Propagandaerklärung an und übernahm die Garantie für die Erfüllung des Versprechens.

Am selben Tage noch marschierten britische, freifranzösische und indische Truppen, aus dem Irak und Transjordanien sowie Palästina kommend, in den Libanon und nach Syrien ein.

Dies war ein eklatanter Bruch des Vertrages, den das Deutsche Reich mit der Vichy-Regierung unter General Pétain geschlossen hatte. Da aber die Versuche, dies auf freiwilliger Basis zu erreichen, fehlgeschlagen waren, ging es nun mit der »Brechstange« zur Sache.

Als Vertreter Generals Pétain residierte in Syrien und im Libanon der General Dentz als französischer Hochkommissar. Dieser war verpflichtet, sich für die Erfüllung der deutsch-französischen Waffenstillstandsbedingungen einzusetzen und loyal mit Deutschland zusammenzuarbeiten.

So hatten denn auch die Aufständischen im Irak aus Syrien einen Großteil ihrer Waffen erhalten. In Syrien hatten die – leider zu wenigen – deutschen Flugzeuge ihre Zwischenlandungen unternommen, um aufgetankt weiterzufliegen. Die deutschen Agenten in Syrien konnten sich frei entfalten, ohne Gefahr zu laufen, durch den Hochkommissar verhaftet zu werden.

Es war – wie so oft vorher und immer wieder nachher – Winston Churchill, der britische Kriegspremier, der – noch während des Verlaufes der Irak-Operation seiner Truppen – den Entschluß faßte, dieses Wespennest auszuräuchern und Syrien ebenso wie den Libanon den Vichy-Franzosen zu entreißen und das Land unter die Verwaltung der Freien Franzosen zu stellen.

Unter dem Codewort »Exporter« wurde diese Operation vorbereitet. Doch Vichy war nicht gewillt, sich diese beiden Länder entreißen zu lassen, damit vor den Deutschen als »Buhmann« dazustehen und einen Einmarsch deutscher Truppen in die unbesetzte Zone Frankreichs zu riskieren.

Marschall Pétain befahl, Widerstand zu leisten. Als der US-Botschafter, Admiral Leahy, dem greisen Marschall von Frankreich vorhielt, daß er die Interessen Hitlers und nicht jene Frankreichs vertrete, erwiderte dieser: »Wir wissen, daß wir Syrien verlieren werden, aber wir sind entschlossen, bis zum Ende zu kämpfen.«

Die Kämpfe begannen bereits am 9. Juni. Sie dauerten bis zum 12. Juli 1941. An diesem Tage wurde ein Waffenstillstand geschlossen. Zwei Tage darauf zogen General Catroux und der britische General Wilson in Beirut ein. Wenige Wochen später besuchte auch General de Gaulle einen Teil »seines Territoriums«.

Sehr schnell sollten die libanesischen und syrischen Politiker erfahren, daß Franzosen und Engländer miteinander im Clinch lagen. England drängte darauf, beiden Ländern sofort die versprochene Unabhängigkeit zu gewähren. De Gaulle hingegen vertrat den Standpunkt, daß bis Ende des Krieges an ein Ende der Mandatsherrschaft nicht zu denken sei.

Darüber hinaus verlangte er für die Freien Franzosen genau die gleichen Rechte über beide Länder wie sie früher Frankreich ausgeübt hatte, weil dies im Völkerbund so festgelegt worden sei.

De Gaulle war sicher, daß die Engländer überhaupt nicht die Selbständigkeit und Unabhängigkeit Syriens und des Libanon wollten, sondern daß sie darauf »spitz« waren, Frankreich für immer als Konkurrenten aus dem Nahen Osten zu verdrängen. Der General, der in England wie ein rotes Tuch wirkte und im unbesetzten Teil Frankreichs ebenso eingeschätzt wurde, telegrafierte noch *vor* Abschluß der Kämpfe an Churchill in seinem Sinne.

Am 23. Juli schloß de Gaulle, der sich durchgesetzt hatte, mit dem britischen Staatsminister für den Nahen Osten, Sir M.O. Lyttleton ein Abkommen, nachdem er – de Gaulle – für Frankreich handelnd, alle Frankreich zustehenden Rechte in Syrien und Libanon ausüben könne. Er müsse sich allerdings mit der Ernennung eines Engländers zum militärischen Oberbefehlshaber einverstanden erklären.

Der britische General Spears wurde zum gemeinsamen Oberbefehlshaber in beiden Ländern ernannt. Dieser erlaubte sich öffentlich, Frankreich und die Franzosen in Syrien und im Libanon als unfähig zu bezeichnen.

Zwischen diesen beiden verfeindeten »Siegern« standen dann noch die arabischen Führer mit Schükrü el-Kuwaiti in Syrien und Beschara al-Khury im Libanon. Als sie es durchsetzten, daß im August 1943 die ersten Wahlen abgehalten wurden, bei denen sie als Sieger hervorgingen, erklärte das neue Parlament im Libanon alle noch bestehenden Beschränkungen der Unabhängigkeit für nichtig und bezeichnete die Mandatsherrschaft als »zu Ende«.

General Catroux war nunmehr in Zugzwang. Er ließ die libanesische Verfassung außer Kraft setzen und den zum Präsidenten der Republik gewählten Beschara al-Khury, den Ministerpräsidenten und fast alle Mitglieder der Regierung in Beirut verhaften.

Nun griffen die Engländer ein und forderten die Freilassung der Verhafteten. Kairo und Bagdad schlossen sich dieser Forderung ebenso an wie die USA; letztere allerdings heimlich und unter der Decke einer Geheimdepesche. Die Franzosen mußten ihre Gefangenen wieder in die Freiheit entlassen und hatten damit im Libanon und in Syrien ihr »Gesicht verloren«.

Soweit die Lage in diesen beiden Ländern, in denen die deutsche Abwehr sehr aktiv gewesen war.

Daß nach Kriegsende im Mai 1945 französische Truppen versuchten, das Land für sich zu behalten, daß sie sich nicht einmal scheuten, am 29. Mai 1945 auch Damaskus zu bombardieren – wie sie dies bereits 20 Jahre vorher schon einmal mit Erfolg praktiziert hatten – lag ganz auf der de Gaullschen Linie. Britische Truppen griffen ein und »stellten die Ordnung wieder her«.

Nach einem beiderseitigen Abkommen im Dezember 1945 verließen die letzten französischen Truppen am 14. April 1946 das syrische und am 31. Dezember 1944 das libanesische Territorium.

Die »Brandenburger« in Tunesien

In der Nacht zum 30. Oktober 1942 fand im Gefechtsstand des Lehr-Regimentes »Brandenburg« z.b.V. 800 nahe Woroschilowsk jene Besprechung statt, als deren Ergebnis die 13. Kompanie des Regimentes und ein Zug der leichten Pionier-Kompanie unter Oberleutnant Kuhlmann aus dem Regimentsverband herausgelöst wurden.

Daraus sollte ein Sonderverband gebildet werden, der mit weiteren Zuführungen verschiedener Einheiten rechnen durfte. Chef dieses Verbandes wurde Hauptmann Friedrich von Koenen, ein »alter Afrikaner«, und es bedurfte keiner Prophetie, um vorauszusagen, daß dieser Verband in Afrika eingesetzt werden würde.

Die 9. Kompanie des III. Bataillons/Lehr-Regiment »Brandenburg« z.b.V. 800, die im Raume Dorogobusch zur Partisanenbekämpfung eingesetzt gewesen war, wurde ebenfalls in die Heimat zurückgeschickt. Dort wurden die Männer auf Tropentauglichkeit untersucht und im November 1942 nach Nordwestafrika verlegt, wo der Gegner inzwischen seine Operation »Torch« gestartet hatte, mit der er der *Panzerarmee Afrika* in den Rücken fallen wollte.

Wimpel der Tropen-Abteilung von Koenen.

Der Zug Kuhlmann wurde noch im Oktober im Raume Trapani zur Kompanie aufgestockt und als 5. Kompanie in die Tropen-Abteilung des Hauptmann von Koenen eingegliedert.

Ab dem 12. November führten die Einheiten unter Hauptmann Friedrich von Koenen die offizielle Bezeichnung *Tropen-Abteilung von Koenen*. Dieser selbständige Verband wurde zunächst zur Küstenverteidigung eingesetzt. Sein besonderer Einsatz erfolgte erst einige Wochen später.

Vom Flugplatz Bizerta aus starteten am Abend des 26. Dezember 1942 in nur Minutenabstand hintereinander zwei Unternehmungen. Die erste, die von Hauptmann von Koenen geführt wurde, war gegen die Eisenbahnbrücke von Sidi bou Bakr gerichtet, während die zweite unter dem Kommando von Leutnant Hagenauer auf die Bahnbrücke nördlich von Kasserine angesetzt war.

In seinem Werk über die »Brandenburger« hat Helmuth Spaeter, ein Stabsoffizier der späteren Division »Brandenburg« über den »Einsatz Clormann« berichtet. Danach sollte diese Kampfgruppe mit 30 Soldaten in drei Lastenseglern zum Ziel geschafft werden. Leutnant Hagenauer, der unmittelbar vor dem Einsatz zu den »Brandenburgern« gestoßen war, sollte diesen Auftrag führen.

Anstelle der benötigten drei Lastensegler standen jedoch nur zwei zur Verfügung. Der Einsatz der Sicherungsgruppe unter Feldwebel Clormann mußte entfallen, denn die Pioniere waren Hauptakteure. Lediglich Clormann selber und sein MG-Schütze I machten den Einsatz mit einem MG 42 mit.

Der Auftrag der Gruppe Hagenauer lautete, die Eisenbahn- und Straßenbrücke nördlich Kasserine in die Luft zu jagen. Damit wäre der Hauptnachschubweg der Engländer unterbrochen.

Von zwei Ju 52 geschleppt, erreichten die beiden Lastensegler am Abend des 26. Dezember 1942 das Zielgebiet. Dort wurden sie durch starkes Flakfeuer abgelenkt und landeten in einem Nebental so weit auseinander, daß nur eine Lastenseglerbesatzung in der Lage war, dieses Ziel zu erreichen.

Der Lastenseglerführer hatte beide Beine gebrochen. Er mußte im Segler zurückbleiben. Neun übriggebliebene Männer des Seglers mußten den verletzten Führer, Leutnant Hagenauer, mitschleppen. Der Pionier-Unteroffizier war ebenfalls verwundet. Nunmehr führte Feldwebel Clormann diese Gruppe. Nach der sofort aufgenommenen Orientierung befanden sie sich etwa

20 km vom Einsatzort entfernt. Am Nachmittag brachen sie auf, wobei sie alle Sprengsachen mitschleppen mußten.

Als sie in der Abenddämmerung einen einsamen Kamelreiter sichteten, hielten sie diesen an und brachten ihn dazu, das Material zu übernehmen und ihnen als Führer zur Brücke zu dienen.

Sie kamen an dem trockenen Flußbett an, das irgendwo von der Brücke überspannt wurde. Da bereits die Morgendämmerung einsetzte, suchten sie sich Verstecke, in denen sie den Tag über bleiben konnten. Leutnant Hagenauer, der wieder einsatzbereit war, gab Clormann den Befehl, mit seinem Schützen I, dem Obergefreiten Wodjarek, so weit in Richtung zur Brücke zu gehen, daß sie sie gut im Gesichtsfeld hatten. Die beiden machten sich zur Brücke auf den Weg. Dies rettete ihr Leben, denn nachdem sie zwei Stunden unterwegs waren, hörten sie in ihrem Rücken aus der Richtung des Lagerplatzes hektisches Gewehr- und Maschinenpistolen-Feuer. Sie rannten ein Stück zurück, bis sie eine große Zahl Franzosen sahen, die ausgeschwärmt von drei Seiten auf die Gruppe zugingen und das Feuer auf diese unterhielten.

»Wir dürfen nicht weitergehen«, meinte Obergefreite Wodjarek. »Das ist mindestens eine Kompanie, die würden uns zur Wildsau machen.«

Sie machten sich in nordostwärtiger Richtung davon. Ihr Ziel war Kairouan, wo deutsche Truppen lagen. Bis dahin waren jedoch etwa 130 Kilometer zurückzulegen. Hier der Bericht von Feldwebel Clormann:

> Wir hatten noch 67 Zigaretten, zwei Schachteln Streichhölzer, eine Dose Schoka-Kola und eine Dose Cola Damlan. In unseren zwei Pistolen hatten wir insgesamt 14 Schuß Munition.
>
> Sechs Nächte marschierten wir vorwärts. Als der Hunger unerträglich wurde, gingen wir in ein Gehöft, das von Beduinen bewohnt war. Dort gaben wir uns schließlich als Deutsche zu erkennen und wurden gut aufgenommen und versorgt. Es gab zwei Hände voll Kuskus und einen Hühnerbollen, dazu drei heiße Tassen Kaffee für jeden. In dieser Hütte haben wir unsere Uniformen gegen Burnusse getauscht. Mit unseren Freunden sind wir dann auch bei Tage weitergewandert.
>
> Bei Pichon stießen wir ganz unvermutet auf einen deutschen Posten. Dieser brachte uns – in großem Abstand zu uns gehend – da wir nach elf Tagen dieser Flucht sicherlich nicht sehr angenehm dufteten, zu seinem Kompanieführer.
>
> Nach einigen Fragen und Vorzeigen unserer Soldbücher glaubte man uns und wir wurden über Bataillon und Regiment zum *Fliegerführer Tunis* zurückgeleitet, wo wir Meldung machten.*

Über alle übrigen Kameraden erfuhren die »Brandenburger«, die den großen Orlog überlebten, daß sie von den Engländern gefangengenommen, durch Verhörcamps geschleust und nach Kanada geschafft wurden.

Am 10. Januar 1943 startete eine weitere Gruppe unter Leutnant Luchs zur Brücke über das Wadi el Melah. Die Männer kamen gut heran, legten die Sprengladungen und zündeten sie. Doch die Brücke wurde nur zum Teil vernichtet. Der späteren Nachsprengung eine arabischen V-Mannes fielen die beiden stehengebliebenen Brückenpfeiler zum Opfer, so daß diese Brücke endgültig ausfiel.

Als Mitte Januar 1943 ein britisches Kommando vor der Küste bei Hammamet mit einem U-Boot abgesetzt und im Schlauchboot an Land gerudert worden war, konnte dieses von Teilen der

---

* Siehe Spaeter, Helmuth: Die Brandenburger. a.a.O.

Major Hans-Joachim Rudloff gelang es mittels fingierter Funksprüche, einen britischen Kommandotrupp nach Hammamet zu locken, wo er von »Brandenburgern« empfangen wurde. Die Aufnahme entstand 1943/44 und zeigt Hans-Joachim Rudloff als Oberstleutnant und stellvertretenden Kommandeur der Frontaufklärung III, West.

13. Kompanie der »Brandenburger« entdeckt werden. Es waren insgesamt acht Soldaten unter einem *Captain* (Hauptmann). Die Verfolgung dieses Kommandos begann.

Der britische Offizier und zwei mitgegebene Funker hatten den Auftrag, als Funktrupp die Einschleusung weiterer Kommandos zu leiten und die ankommenden Männer einzuweisen. Darüber hinaus sollten die übrigen Männer dieses Vortrupps das Hauptquartier der *Tropen-Abteilung von Koenen* aufspüren, damit dieses später durch ein Handstreich-Kommando ausgehoben und erledigt werden konnte.

In diesem Falle waren auch Spähtrupps der ebenfalls der Abwehr unterstehenden »Arabischen Legion« unter Oberst von Hippel an der Verfolgung beteiligt. Sie waren erfolgreich und nahmen den britischen Captain mit seinen sieben Soldaten in einem Versteck gefangen.

Unter Benutzung der Funkunterlagen dieses Kommandos war es Major Rudloff von der Abwehr, der als Fachmann für Funktäuschung sofort für ein Funkspiel abkommandiert wurde, möglich, mit Hilfe eines »umgedrehten« Funkers einen lange andauernden Funkverkehr mit der Basis der Marine-Kommandos der Engländer auf Malta zu unterhalten. Als die Hauptstelle in Malta einen neuen sicheren Anlandeplatz für einen weiteren Kommandotrupp anforderte, wurde ihr sofort ein solcher sicherer Platz durchgetastet. Der Kommandotrupp sollte in französischer Uniform landen, wurde von den »Brandenburgern« noch übermittelt.

Als das U-Boot der auf Malta stationierten 10. britischen U-Flottille vor der Küste von Hammamet auftauchte, wurde von Land mit einem Signalscheinwerfer das vereinbarte Leuchtzeichen gegeben. Der Scheinwerfer war dem ersten Kommando mitgegeben worden.

Die Schlauchboote wurden von einem perfekt Englisch sprechenden »Brandenburger« eingewiesen und die Männer zu einer Seitenschlucht geführt. Dort wurden sie von den »Brandenburgern« gebührend empfangen, entwaffnet und untergebracht. Das U-Boot erhielt nur den kurzen Morsespruch: *MS – o.k.*, was soviel bedeutete wie: Sicher gelandet, alles in Ordnung.

Dieses Funkspiel wurde noch vier Wochen aufrechterhalten. Die Engländer schickten auch den über Funk »für die Beduinen erbetenen Tee«, der den »Brandenburgern« gut mundete.

Dann aber fiel alles bei einem Frequenzwechsel auf. Die Quelle versiegte für immer.

Die sogenannte *Deutsch-Arabische Lehrabteilung* der Abwehr war bereits im Dezember 1942 nach Tunis verlegt worden. Ihre Aufgabe lautete: Aufstachelung der Araber im Großraum Tunesien zum Kampf gegen die Anglo-Amerikaner. Oberst von Hippel, einer der ganz alten »Brandenburger«, hatte diese Lehrabteilung neu aufgestellt. Ihre erste Station war Stalino gewesen, bevor sie nach Nordafrika überführt wurde.

Als die Geheimkonferenz der westlichen Alliierten in Casablanca vom 4. bis zum 21. Januar 1943 stattfand, wurde das Ergebnis derselben einschließlich der Verkündung der Forderung nach einer bedingungslosen Kapitulation Deutschlands binnen weniger Stunden an die deutschen Stellen der Abwehr weitergeleitet. Die Gerüchte, daß selbst der Sultan von Marokko als V-Mann für die deutsche Seite gearbeitet haben sollte, stellten sich allerdings als Ente heraus.

Der Handstreich von Sidi-Bou-Zid

Am frühen Morgen des 14. Februar 1943 griff Hauptmann von Koenen mit einer größeren Streitmacht ganz überraschend, ohne jede Feuervorbereitung, die wenige Kilometer westlich von Faid gelegene Ortschaft Sidi-Bou-Zid an, die genau einen Monat später Schauplatz des Kampfes der 10. und 21. deutschen Panzer-Division werden sollte. Diese Ortschaft war von US-Truppen belegt.

Wie ein Sturmwind jagten die in drei Gruppen gestaffelten Fahrzeuge – überwiegend aus Beutebeständen – in die Ortschaft hinein. Sie saßen unten am kreisrunden Platz ab, stürmten durch das Tor, an den amerikanischen Posten vorbei bis zum US-Hauptquartier.

Der Schreckensruf *»Rommelboys are attacking!«* pflanzte sich von einem Haus zum anderen fort. Die Amerikaner warfen ihre Waffen weg und türmten, »daß nur noch Hacken und Staub zu sehen waren«, wie einer der Männer dem Autor berichtete.

Alle Amerikaner schlugen den Weg nach Sbeitla ein, wo sie Hilfe erwarteten. Auf dem Wege dorthin entledigten sie sich aller Dinge, die sie am Laufen hinderten. Neben Handfeuerwaffen und Ausrüstungsgegenständen erbeuteten die »Brandenburger« 27 Panzer und Schützenpanzer, 23 Geschütze, MG und Munition, sowie Treibstoff in großen Mengen.

Die »Brandenburger« klärten bis nach Feriane auf. Sie fanden hier keinerlei Feindkräfte vor. Erst in Gafsa erhielten sie schwaches Feindfeuer, das ihnen zeigte, daß hier der »leere Raum« zu Ende sein mußte.

Bei Nacht fahrend, rollte die Kampfgruppe von Koenen durch anhaltenden Dauerregen, der die Straßen grundlos machte und oftmals die Fahrzeuge bis zu den Achsen im Schlamm versinken ließ, zurück. Um Rommel diese Chance zu melden, war es aber bereits zu spät.

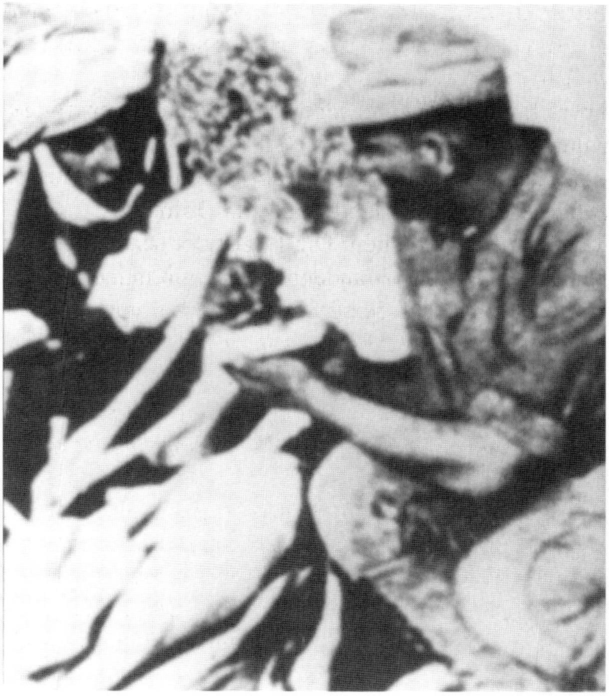

Angehöriger der Kampfgruppe von Koenen mit einem arabischen Kundschafter in Tunesien.

Rommel war ebenfalls am 14. Februar 1943 angetreten. Kurz nachdem die »Brandenburger« auf dem Wege zum Durchbruchsraum waren, hatte die *Panzerarmee Afrika* zum Angriff geblasen. Rommel war in einem Zuge bis kurz vor Tebessa durchgestoßen. Aber sein Plan, Tebessa ebenso, wie bereits in Gafsa geschehen, in Besitz zu nehmen und damit im Rücken des Feindes zu stehen, wurde am Abend des 20. Februar bei Thala zunichte gemacht.

Zwar konnte Rommel am Abend dieses entscheidenden 20. Februar 1943 noch seine 10. Panzer-Division auf Thala ansetzen, aber die Alliierten hatten hier in letzter Minute dicht gemacht.

Die Hauptgruppe der *Panzerarmee Afrika*, die im Vorgehen über Tebessa am 21. Februar den Paß über den Djebel el Hamra nahm, schien freie Bahn zu gewinnen, denn am 21. hatte die 10. Panzer-Division sich auch der Stadt Thala bemächtigt.

Hier aber wurden die Rettungsmaßnahmen von General Alexander wirksam, der soeben sein Amt als neuer Oberbefehlshaber der alliierten Streitkräfte in Afrika angetreten hatte. Er ließ die 9. britische Panzer-Division vorrollen und beorderte auch die 6. Panzer-Division zum Angriff. Die 10. deutsche Panzer-Division mußte nach empfindlichen Verlusten Thala wieder aufgeben und sich zurückziehen. Der Gegner hatte sich wieder gefangen. Dies war die Situation, in der Hauptmann von Koenen Generalfeldmarschall Rommel Meldung machte, daß noch ein Weg frei sei.

Eine letzte Lagebesprechung am Abend des 22. Februar brachte dann die Entscheidung: Der Rückmarsch wurde angetreten. Die letzte *große* Chance der *Panzerarmee Afrika* konnte nicht mehr genutzt werden. Der bravouröse Einsatz der »Brandenburger« als Initialzündung war verpufft.

Nach einem Besuch des Kommandeurs der »Brandenburger« bei der *Tropen-Abteilung von Koenen* in Tunis wurde Hauptmann von Koenen abberufen, um eine neue Aufgabe zu überneh-

Major Friedrich von Koenen, als Hauptmann Chef der Tropen-Abteilung von Koenen, wurde als Kommandeur des III. Bataillons/4. Regiment »Brandenburg« am 16. September 1943 für seine Einsätze in Tunesien mit dem Ritterkreuz ausgezeichnet. Er fiel am 20. August 1944 als Oberstleutnant und Kommandeur des 4. Jäger-Regiments »Brandenburg« bei Visegrad in Kroatien.

men und sich auf die Führung eines Regimentes vorzubereiten. Seine Stelle in Afrika wurde von Oberleutnant Hoffmann übernommen (Friedrich von Koenen fiel als Oberstleutnant und Kommandeur des 4. Jäger-Regimentes »Brandenburg« am 20. August 1944 in Visegrad/Kroatien).

Die 5. Kompanie der Tropen-Abteilung erhielt die Aufgabe, unter ihrem neuen Chef Oberleutnant Dr. Wagner im Großraum Cap Bon die Küstensicherung zu übernehmen. Dazu wurde sie dem *Marine-Kommando Tunesien* unter Kapitän z. S. Meixner unterstellt.

Andere Teile der Abteilung waren bei der ad hoc zusammengestellten Division von Manteuffel im Norden der tunesischen Front eingesetzt. Sie verminten Straßen und Objekte und führten gewaltsame Erkundungen durch.

Als sich Ende April die Schlußphase des Kampfes im Brückenkopf Tunesien anzeigte, wurde das Spezialgerät und das Schlüsselpersonal der »Brandenburger« im Lufttransport ans Festland überflogen, damit sie als Geheimnisträger erster Ordnung nicht in die Hände des Gegners fielen.

Die 5. Kompanie legte in arabischen Häfen und Schlupfwinkeln einige Depots an, kaperte Boote und sicherte deren Brennstoff, um mit ihnen im Falle des Endes in Tunesien von Afrika fortzukommen. Die verwundeten »Brandenburger« wurden zu den Nachtflughäfen geschafft und von dort mit Ju 52 in die Heimat geflogen.

Die letzten »Brandenburger« verließen unter der Führung von Oberleutnant Dr. Wagner am frühen Morgen des 8. Mai 1943 auf zwei großen Sturmbooten den Hafen Ferryville und liefen nach Kap Ras Zebib.

Am nächsten Tag wurden hier die beiden Boote von einem Marinestab kassiert und konnten erst nach einem Armee-Funkspruch wieder freikommen. Am Abend des 9. Mai 1943 gingen die letzten dazu ausersehenen »Brandenburger« an Bord ihrer Sturmboote. Sie legten ab und liefen über See dem italienischen Festland entgegen.

Für die »Brandenburger«, von denen ein Teil unter Oberleutnant Hoffmann in Afrika zurückbleiben mußte, war der Einsatz im nördlichen Afrika zu Ende.

Im Kaukasus und vor Leningrad

Vorstöße nach Bataisk und Maikop

Die deutsche Sommeroffensive 1942 mit den Zielen Gewinnung des Kaukasus und Vorstoß nach Stalingrad an der Wolga brachte auch für die »Brandenburger« neue Aufgaben. Zum Unternehmen Kaukasus wurde das II. Bataillon der »Brandenburger« Anfang Juli 1942 in Baden bei Wien verladen und verlegte, ohne seine 6. Kompanie, über Odessa in den Raum Nikolajew am Bug, wo die einzelnen Kompanien in der Zeit vom 10. bis 12. Juli eintrafen.

Eine Woche nach dem Eintreffen dieses Bataillon im Einsatzgebiet verlegte auch das III. Bataillon aus Düren in den Raum Stalino, um von dort nach Rowenki südlich Woronesch zu marschieren. Es waren vorerst jedoch lediglich die 10. und die 12. Kompanie. Die 11. Kompanie wurde Anfang August nach Rowenki nachgeführt. Regimentskommandeur Oberst Haehling zog mit seinem Stab zunächst nach Rowenki und später nach Stalino nach.

Das I. Bataillon lag bereits seit Beginn des Rußlandfeldzuges in Osten im Einsatz. Die 1. Kompanie unter Oberleutnant Babuke war der 14. Panzer-Division, die 3. Kompanie unter Oberleutnant John der 13. Panzer-Division zugeteilt worden, während die 2. Kompanie unter Oberleutnant Pinkert der 4. Panzer-Armee unterstellt worden war. Aufgaben dieser Kompanien waren Brückeneinsätze und Einsätze ähnlicher Art, die keine lange Vorbereitungszeit erforderten.

Am 13. Juli 1942 kam die 3. Kompanie unter Oberleutnant John als Fernspähtrupp vor der Spitze der 3. Panzer-Division im großen Donbogen zum Einsatz. Es gelang ihr, auf zwei amerikanischen Beutefahrzeugen 80 Kilometer tief in das feindliche Hinterland vorzustoßen und ein mit russischen Truppen vollbelegtes Dorf zu erreichen. Hier wurden sie von einem russischen Posten gestoppt. Nach einem Verhör vor dem Ortskommissar konnte der Trupp weiterfahren. Er setzte sich nach Einbruch der Dunkelheit wieder zu den eigenen Linien ab und brachte wertvolles Erkundungsmaterial mit.

Es gelang der 3. Panzer-Division am 23. Juli ostwärts Konstantinowskaja einen Brückenkopf über den Don zu gewinnen. Die Kompanien der »Brandenburger« schwärmten von hier in den freien Raum und ins feindliche Hinterland aus. Als der sowjetische Widerstand ostwärts Rostow nachließ, war der Zeitpunkt für den Einsatz der 8. Kompanie unter Hauptmann Siegfried Grabert gekommen.

Nach dem am 24. Juli erfolgenden Einbruch in die Stadt Rostow erhielt die 8. Kompanie ihren Auftrag. Sie durchstieß die Stadt und rollte dann den im Raume nördlich Bataisk befindlichen Straßen- und Eisenbahnbrücken über den Don entgegen, um diese im Handstreich zu besetzen und für die Heeresverbände offenzuhalten.

Während also noch um Rostow gekämpft wurde, erreichte Hauptmann Grabert mit der Spitzengruppe den ersten Wasserarm des Dondeltas, der auf Schlauchbooten von der ersten Halbkompanie überquert wurde. Die zweite Halbkompanie unter Führung von Leutnant Hüller folgte nach. Am jenseitigen Ufer dieses Donarmes sammelte die Kompanie am Gefechtstand des Kradschützen-Bataillons 43 unter Oberstleutnant Stolz.

Von hier aus waren es fünf Brücken, die das gesamte Don-Delta nördlich Bataisk überspannten. Ein einziger Damm führte durch das wilde Sumpfgelände zwischen Rostow und Bataisk zu diesen Brücken und dieser Damm lag unter ständigem russischen Artillerie- und Werferfeuer.

Als die Abenddämmerung einfiel, marschierte die Kompanie Grabert aus der Ausgangsstellung über den Damm. Zur Linken brannte die große Eisenbahnbrücke. Leuchtkugeln stiegen auf und erhellten die vorgehenden Männer. Granatwerferfeuer forderte die ersten Ausfälle. Deutsche Granatwerfer erwiderten das Feuer.

Am diesseitigen Brückenende der feindbesetzten 2. Brücke befand sich der erste eigene Brückenkopf, der in einer tiefen Mulde vor dem Fluß lag. Er wurde von den Kradschützen gehalten, die auf die Russen feuerten, die sich dicht bei der Brücke befanden. Dadurch konnten sie eine Sprengung verhindern.

Ein sMG der Russen feuerte noch von einem Brückenpfeiler der linkerhand brennenden Eisenbahnbrücke aus auf die Deutschen vor der zweiten Brücke. Eine Stunde nach Mitternacht setzte vom jenseitigen Brückenende heftiges Granatwerferfeuer ein. Auf der Brücke loderte plötzlich eine Stichflamme empor. Ein Lastwagen war durch die Leuchtspurgranaten der Russen in Brand geraten.

Um 2.30 Uhr gab Hauptmann Grabert das Zeichen zum Angriff über diese Brücke. Die Spitzengruppe huschte nach vorn. Der Gegner erkannte diese Bewegungen auf der Brücke und eröffnete das Feuer. Dann stiegen am jenseitigen Brückenende Leuchtkugeln hoch, die den am sMG zurückbleibenden Kameraden zeigten, daß Grabert den Weg über die Brücke geschafft hatte. Beim Angriff war Hauptmann Grabert durch einen Kopfstreifschuß verwundet worden.

Als die Munition knapp wurde, mußte Grabert Melder zurückschicken und um Unterstützung bitten. Er befahl den weiteren Angriff gegen die dritte Brücke. An der Spitze seiner Kompanie stürmte er vorwärts.

Die Russen schossen aus allen Rohren. Von den Sumpfinseln links und rechts der Brücke feuerten russische MG, die sich dort verborgen hatten. Einige der Männer fielen.

Hauptmann Grabert erhielt einen Bauchschuß. Er kam dennoch mit den anderen hinüber und kämpfte die Russen auf der anderen Seite nieder, ehe er zu Boden stürzte.

Als der Ruf durchkam: »Eine Spritze Morphium für den Chef!«, schwammen Stabsarzt Dr. Weber und Sanitäts-Unteroffizier Fohrer durch den Fluß. Über die Brücke zu kommen war noch immer nicht möglich, weil sie nach wie vor unter dichtem Feuer lag. Dr. Weber gab dem Chef die schmerzlindernde Spritze.

Die »Brandenburger«, in dieser Position festgenagelt, kamen nicht mehr weiter. Sowjetische Gegenangriffe konnten mit letztem Einsatz abgewehrt werden. Erst im frühen Morgenlicht mit dem Herankommen der ersten deutschen Panzer wurde der Gegner hier niedergekämpft.

Stukas griffen die sowjetischen Kräfte an und trugen zu deren Vernichtung bei. Die Panzer rollten über die eroberten und gesicherten Brücken und fuhren nach Süden weiter.

Die 8. Kompanie der »Brandenburger« hatte die erfolgreiche Durchführung dieses Auftrages mit dem Verlust von 17 Gefallenen, 16 Vermißten (die größtenteils gefallen waren) und 54 Verwundeten bezahlt. Die Kompanie war mit ihren Gesamtverlusten von 87 Mann nicht mehr einsatzfähig. Sie wurde zur Neugliederung aus der Front herausgezogen. Hauptmann Siegfried Grabert erhielt am 6. November 1943 für diese Tat das Eichenlaub zum Ritterkreuz (er fiel am 25. Juli 1942).

Nach dem Durchstoß über das Don-Delta war das Tor zum Kaukasus aufgestoßen und dem Durchbruch der 13. Panzer-Division stand nun nichts mehr im Wege. Die beiden »Brandenburger«-Kompanien 5 unter Oberleutnant Zülch und 7 unter Oberleutnant Oesterwitz waren ebenso vorn wie die neuformierte 8. unter Leutnant Prohaska.

Letzterer erhielt den Befehl, die Straßenbrücke von Belaja vor Maikop in Besitz zu nehmen. Der Einsatz begann am 9. August 1942. Leutnant Prohaska übernahm die Spitze noch vor dem

Leutnant Ernst Prohaska, Chef der 8. Kompanie/Lehrregiment »Brandenburg«. Er fiel am 9. August 1942 vor Maikop im Kampf um die Straßenbrücke von Bataisk (das Ritterkreuz ist auf dieser Aufnahme retuschiert; er erhielt es posthum).

I. Bataillon des Panzergrenadier-Regiments 66 der 13. Panzer-Division und rollte um 13.00 Uhr los. Aber erst ab 17.00 Uhr setzten sich die vier Beute-Lastwagen von der Spitzengruppe ab. Es gelang ihnen, sich in die russischen Rückzugsgruppen einzufädeln und sich langsam aber sicher der Brücke von Bataisk zu nähern. Als die Brücke erreicht war, wurde das erste Beutefahrzeug von einem russischen Verkehrspolizisten gestoppt, damit sich das Gedränge auf der Brücke etwas lockerte. Als bei der Freigabe der Anlasser des Wagens streikte, sprang dieser Posten hinzu und orgelte den Wagen mit der Handkurbel an.

Das Fahrzeug rollte über die Brücke. Tief unter ihnen rauschte die Belaja. Am jenseitigen Brückenende ließ Prohaska absitzen. Der hier stehende feindliche Tankwagen wurde erreicht und dessen Besatzung mit der MPi überwältigt. Die Pioniere sprangen zu den Brückenpfeilern und entfernten die Sprengladungen. Das Hauptzündkabel wurde durchschnitten. Leutnant Prohaska schoß nun die zwei vereinbarten weißen Leuchtkugeln, um den auf Schleichwegen nachfolgenden eigenen Panzern zu zeigen, daß sich die Brücke in eigener Hand befand.

Als der erste deutsche Panzer die Brücke erreichte, mußte er erst einen Panjewagen zur Seite schieben. Das gleiche versuchte er mit einem russischen Pkw, doch dieser rührte sich nicht.

Die Russen schossen hinüber und die Deutschen erwiderten das Feuer. Leutnant Ernst Prohaska spurtete über die Brücke zurück, um die Sache zu beschleunigen. Er erhielt fast unmittelbar vor dem deutschen Panzer einen Schuß, der ihn niederwarf. Er starb noch am 9. August 1942.

Ein weiterer Panzer IV rollte herbei. Es gelang ihm, die Hindernisse zu überwinden und über die Brücke zu rollen. Schützen und Pak zogen nach und besetzten auch das andere Brückenende.

Leutnant Prohaska hatte nach den Worten des Divisions-Kommandeurs General Herr der 13. Panzer-Division vier Tage Zeitgewinn verschafft. Er erhielt am 16. September 1942 posthum das Ritterkreuz.

In den Kaukasus

Ende Juli 1942 war auch eine Gruppe der *Kaukasischen Kompanie* der »Brandenburger« in den Kaukasus geschleust worden und begann bei den kaukasischen Bergstämmen mit der Arbeit gegen die Rote Armee.

30 weitere »Brandenburger« wurden in das rückwärtige Feindgebiet eingeschleust und gelangten bis in den Raum Mineralnyje Wody, wo sie eine wichtige Brücke für den sowjetischen Nachschubverkehr in die Luft sprengten.

Gegen die im Raume Kirowograd eingesetzten beiden sowjetischen Schützen-Divisionen 46 und 76, die überwiegend aus Kaukasiern bestanden, wurden vier Abwehragenten eingesetzt, um Angehörige dieser Verbände zum Überlaufen zu bewegen. Eine große Zahl Kaukasier folgten dieser Aufforderung.

Unter der Führung des Leutnants Adrian von Foelkersam, einem Nachkommen des baltischen Admirals von Foelkersam, der in russischen Diensten in der Seeschlacht bei Tsushima gefallen war, führte ein Sonderverband der »Brandenburger« eine Reihe von Einsätzen durch. Unter seiner Führung wurden 62 Baltendeutsche, die perfekt russisch sprachen, zusammengefaßt und zum Einsatz gebracht.

Als NKWD-Major Truchin getarnt, holte von Foelkersam mit einigen Männern, die gleichfalls NKWD-Uniformen trugen, aus einem feindbesetzten Dorf in der kaukasischen Steppe die notwendigen russischen Fahrzeuge, um mit ihnen die Aktionen der sowjetischen Vernichtungstrupps im Raume Maikop zu verhindern. Diesen war befohlen worden, im Falle eines Rückzuges sämtliche Ölförderanlagen des Gebietes und die dort noch lagernden Erdölvorräte zu vernichten.

Aufgabe des Sonderverbandes Foelkersam war es, möglichst alle Bohrstellen in diesem Raum vor der Vernichtung zu schützen und die vorhandenen Vorräte sicherzustellen.

Als die Kampfgruppe auf den Beutefahrzeugen den Damm der Bahnlinie Armawir-Tuapse überschritten hatte, wurde sie von einer echten NKWD-Streife gestellt. »Major Truchin« gelang es, den befehlsführenden Obersten des NKWD von seinem Sonderauftrag zu überzeugen und dieser ließ ihn nach Maikop, direkt zum Hauptquartier der dortigen NKWD-Führungsstelle weiterfahren. Hier meldete sich Major Truchin alias Foelkersam beim Kommandierenden General.

Nun ging es darum, die Objekte zu erkunden und Vorsorge zu treffen. Der deutsche Angriff sollte am Morgen des 8. August beginnen. Bis dahin hatten sie noch eine Woche Zeit. Bis zum 7. August konnten alle wichtigen Informationen gesammelt werden.

Als sich am Nachmittag des 7. August die deutsche Panzerspitze näherte, hatte Foelkersam seine Männer um sich versammelt. Sie fuhren in der Nacht zur Front, bahnten sich einen Weg

Leutnant Adrian von Foelkersam am Tage der Verleihung des Ritterkreuzes (14. September 1942). Er stieß später zu den SS-Jagdverbänden, war Adjutant Skorzenys und nahm an der Mussolini-Befreiung am Gran Sasso teil.

durch das Chaos und erreichten schließlich die Nachrichtenzentrale der hier liegenden sowjetischen Armee, die mit Sprengmitteln im Handstreich überwunden wurde. Alle Telefonleitungen zu den Frontkommandos wurden zerschnitten, die Funkgeräte zertrümmert. Danach fuhren sie zum Telegrafenamt der Stadt zurück und nahmen es in Besitz.

Hier wirkten nun die perfekt russisch sprechenden Helfer und gaben jedem, der anrief, zu verstehen, daß die Stadt geräumt werden müsse und daß das Telegraphenamt in wenigen Minuten seinen Dienst beenden werde. Das Durcheinander verstärkte sich zum Chaos.

Zur gleichen Zeit rollten die einzelnen Spezialkommandos in rasender Fahrt zu den von den Sowjets zur Sprengung vorbereiteten Objekten. Es gelang ihnen, die Sprengungen bis auf eine zu verhindern, die wichtigen Bestände an Erdöl sicherzustellen und das rasche Anlaufen der Produktion zu gewährleisten.

Als am Morgen des 9. August 1942 die Spitzen des deutschen V. Armee-Korps gegen Maikop anrollten, trafen sie nur noch auf geringen Widerstand. Dank der Absetzungsbefehle, die Foelkersam und seine Männer teilweise über die Armeeleitungen gegeben hatten, befanden sich die Sowjets bereits auf dem Rückzug.

Adrian von Foelkersam hatte eine Schlacht gewonnen. Am 14. September 1942 erhielt er für seine Taten das Ritterkreuz des Eisernen Kreuzes.

Unternehmen »Zeppelin« – Sabotage in Leningrad

Im Herbst 1942 wurde im Nordabschnitt der Ostfront ein Einsatz eingeleitet, der zu den phantastischsten zählt, die jemals im Zweiten Weltkrieg gestartet wurden.

Der Agentenführer Starkmann, ein perfekt russisch sprechender Deutscher aus dem Baltikum, wurde über den Seeweg nach Leningrad eingeschleust. Er wurde von Abgesandten einer schon vor Kriegsbeginn in der Stadt arbeitenden Gruppe von Nationalukrainern empfangen und in eine Fabrik eingeschleust, in der einige Saboteure arbeiteten.

In der Folgezeit fielen immer wieder Maschinen in den Leningrader Panzerwerkstätten aus, wurden optische Geräte zertrümmert. Diversanteneinsätze zogen mehr und mehr Leningrader auf die Seite dieser Untergrundbewegung. Von Kronstadt aus wurden Funksignale zu den deutschen Angriffsverbänden weitergegeben. Auslaufzeiten von U-Booten, Kanonen- und Motor-Torpedobooten wurden durchgefunkt.

Die Gruppe Starkmann gewann für die Stadt, die sich seit Herbst 1941 im Würgegriff der sie umklammernden deutschen Belagerungsverbände befand, eine unheilschwangere Bedeutung.

Als es den Sowjets gelang, den Gefechtsstand Starkmanns durch Funkpeilung festzustellen, kam es zu einer nächtlichen Razzia. Aber Starkmann war gewarnt worden. Auch bei der politischen Polizei hatte er seinen Spitzel sitzen. Er entging dieser Falle und wurde von einem findigen Leningrader, der sich den Widerständlern angeschlossen hatte, auf den Hauptfriedhof der Stadt geführt.

Der Führer brachte Starkmann zu einem mächtigen Mausoleum aus der Zarenzeit. Von einem dichten Gebüsch aus war ein unterirdischer Gang zum Mausoleum gegraben worden. Zunächst nur um Grabräuberei zu betreiben. Von nun an aber diente das Mausoleum als neues Hauptquartier. Hier saß Starkmann völlig sicher.

Durch das Dach des Mausoleums war die Antennenzuführung zu einem nahestehenden Baum geführt und die Antennen entlang eines Astes nach oben geleitet, so daß der Funkverkehr völlig unbemerkt durchgeführt werden konnte.

In nächtlichen Unternehmungen konnte Starkmann eine Reihe weiterer Sabotageaktionen durchführen. Einmal gerieten er und seine Begleitung in eine Streife, die sie festnahm und zum NKWD-Gebäude schaffen wollte. Sie schossen die drei Männer nieder und flohen zum Friedhof, wo sie untertauchten. Zwei alte »Damen«, die auf dem Friedhof nicht auffielen, verwischten jeweils nach dem Einschlüpfen in dieses Wolfsnest, wie sie ihr Versteck nannten, alle Spuren.

Erst als das NKWD einen Unterführer Starkmanns erwischte und dieser unter Folter »peinlich« befragt wurde, gab er diesen Schlupfwinkel preis.

Der Friedhof wurde umstellt; eine Gruppe von 30 Mann umzingelte das Mausoleum. Der gefangene Unterführer mußte sich durch das vereinbarte Zeichen zu erkennen geben und als Starkmann die Falltür öffnete, blickte er in die Mündung einiger auf ihn gerichteter Maschinenpistolen.

Während ihrer dreizehnmonatigen Tätigkeit hatten Starkmann und seine »faschistische Bande« den Sowjets schweren Schaden zugefügt. Alle festgesetzten Männer wurden immer wieder besonderen Verhören unterzogen. Alle jene, deren Namen sie preisgaben, wurden in Blitzaktionen gefaßt und zusammengetrieben. In einem Schauprozeß wurden sie dann nach der Urteilsverkündung, die für alle gleich lautete, liquidiert.

Einer der spektakulärsten Einsätze in Rußland aber, mit dem die Darstellung des Einsatzes der deutschen Abwehr in der Sowjetunion ihren Höhepunkt fand, ist zweifelsohne das Unternehmen »Zeppelin« gewesen.

Der Umbau zur Division »Brandenburg«

Die Übersicht

Als mit Jahresende 1942 die besonderen Aufgaben der »Brandenburger« – der Truppe voraus feindliche Widerstandsnester auszuschalten, Brückenübergänge zu sichern und Stäbe auszuheben – entfiel, kam es trotz eines besonderen Ereignisses zu einer Krise darüber, wie die »Brandenburger« künftig eingesetzt werden sollten.

Am 1. November begann die Aufstockung des Lehrregiments z.b.V. 800 »Brandenburg« zu einem Sonderverband in mehr als Divisionsstärke. Noch im Dezember wurde dieser Sonderverband zur *Division »Brandenburg« z.b.V. 800* erweitert und direkt dem OKW-Amt Ausland/Abwehr unterstellt.

Der Aufbau vollzog sich gemäß den noch zur Verfügung stehenden Truppengerät und Waffen nur langsam. Nach dem Tode von Oberst von Haehling übernahm Oberst Alexander von Pfuhlstein, der das Infanterieregiment 154 geführt und an dessen Spitze am 17. August 1942 das Ritterkreuz erkämpft hatte, die Divisionsführung. Seit dem 9. Februar 1943 Divisionskommandeur, war es von Pfuhlstein möglich, mit voller Unterstützung des Heerespersonalamtes und des OKW-Wehrmachtführungsstabes die Division kampfstark zu machen. Aber erst am 1. April 1943 konnte das OKW durchsetzen, daß diese neue Division direkt ihm unterstellt wurde und nicht dem Reichssicherheitshauptamt der SS. Allerdings ging zugleich damit auch der direkte Einfluß der Abwehr auf ihre »Haustruppe« verloren. Der Abwehr wurde das *Lehrregiment Kurfürst* zugeführt, das ihr seit seinem begonnenen Aufbau 1940 unterstellt gewesen war. In diesem Regiment waren alle sonstigen Aktivitäten der Abwehr zusammengefaßt worden. So die Abwehrschule, die V-Mann-Abteilung, die Dolmetscher-Kompanie und einige andere Einheiten, die auf dem bereits genannten Gut Quenz residierten.

Die Spionageabwehr war bereits zu dieser Zeit, da Admiral Canaris noch nicht entmachtet war, von der *Geheimen Feldpolizei (GFP)* unter die Fittiche genommen und damit in den Befehlsbereich des *Sicherheitsdienstes* einbezogen worden.

Dies alles in einem Zeitabschnitt, da die »Brandenburger« zur Division werden sollten, und die Bezeichnung »Sonderverband« vor der Divisionsbezeichnung trugen.

Zur gleichen Zeit, da sich Oberst von Pfuhlstein im Führerhauptquartier meldete, konferierte Admiral Canaris dort mit Generalfeldmarschall Wilhelm Keitel, dem Chef des OKW.

Gemeinsam mit Generaloberst Jodl trat von Pfuhlstein in den Besprechungsraum, vollzog seine Meldung und nahm die Ausführungen von Generaloberst Jodl zur Kenntnis, in denen dieser wörtlich erklärte:

»Der Wehrmachtführungsstab hat für die OKW-Kriegsschauplätze keine eigene Truppe. Jede Division muß mühsam und oft mit erheblichem Ärger vom Oberkommando des Heeres erbettelt werden. Dies ist ein unwürdiger und zugleich unerträglicher Zustand!

Die neu aufgestellte Division Brandenburg wird deshalb als einzige Haustruppe unmittelbar dem Wehrmachtführungsstab unterstellt und von diesem eingesetzt werden.« Damit waren die »Brandenburger« zur Haustruppe des Oberkommandos der Wehrmacht avanciert.

Oberst von Pfuhlstein erhielt Weisung, Vorschläge für die zukünftigen Einsätze der Division auszuarbeiten. Am 27. März legte er seine Ausführungen dazu vor. Der Wehrmachtführungsstab befürwortete diese, und nach der Genehmigung durch das OKW wurde den entsprechenden

Oberst Alexander von Pfuhlstein, erster Kommandeur der Division »Brandenburg«. Die Aufnahme zeigt ihn als Kommandeur des Infanterie-Regiments 154.

Das Abzeichen der Division »Brandenburg« z.b.V. 800: Weißer Stahlhelm mit rotem brandenburgischem Adler.

Dienststellen ein Befehl zugestellt, der auf den Vorschlägen des Divisionskommandeurs basierte.

Damit war endgültig aus dem Lehrregiment »Brandenburg« die Division »Brandenburg« geworden.

Die Aufstellung der Divisionsverbände

Divisionskommandeur:	Generalmajor von Pfuhlstein
Erster Generalstabsoffizier:	Major Frankfurth
Ia:	Hauptmann Wülberg (bis 31.5.43)
IIa und Divisions-Adjutant:	Hauptmann Pinkert

Heimatstab (aus dem Stab des Lehrregimentes »Brandenburg« hervorgegangen) war Berlin.

Divisionstruppen:

Nachrichtenabteilung »Brandenburg«:	Hauptmann Eltester
Heimatstab:	Berlin
Tropen-Abteilung Brandenburg (als Abt. von Koenen)	Major von Koenen

1. Kompanie bis 4. Kompanie.

Der Ärmelstreifen »Brandenburg« wurde am 7. August 1944 genehmigt und mit Verfügung vom 17. August 1944 eingeführt.
Die beiden Jäger-Regimenter ließen sich anhand von Ärmel- und Mützenabzeichen unterscheiden: Das 1. Regiment erhielt 1943 den Eichenlaubbruch der Jägertruppe; das 2. Regiment das Edelweiß der Gebirgsjäger.

Küstenjägerabteilung »Brandenburg«
mit der 1. bis 4. Kompanie: Rittmeister Konrad von Leipzig
Standort: Langenargen/Bodensee

Fallschirmjägerbataillon »Brandenburg«
mit 1. bis 4. Kompanie: Hauptmann Weithoehner
Standort: Stendal

Das Eichhörnchen mit den großen Ohren – Emblem der Nachrichtenverbände »Brandenburg«.

Kennzeichen des Fallschirmjäger-Bataillons »Brandenburg«.

Die Regimenter:

1. Regiment Brandenburg:	Major Walther
Regimentseinheiten:	1 Kompanie / Nachrichten-Abteilung »Brandenburg«
I. Bataillon:	Rittmeister Plitt / Hauptmann John
1. bis 3. Kompanie und Legionärskompanie.	
II. Bataillon mit 5. bis 7. Kompanie:	Hauptmann G. Pinkert / Oberleutnant Rosenow
III. Bataillon mit 9.-12. Kompanie:	Hauptmann Froboese / Oberleutnant Wandrey
2. Regiment Brandenburg:	Oberstleutnant von Kobelinsky / Oberstleutnant Pfeiffer
Regimentseinheiten:	1 Kompanie / Nachrichten-Abteilung »Brandenburg«
I. Bataillon mit 1.-3. Kompanie:	Hauptmann Weithoener
II. Bataillon mit 5. bis 7. Kompanie:	Hauptmann Oesterwitz
III. Bataillon mit 9.-11. Kompanie:	Hauptmann Renner
3. Regiment »Brandenburg«:	Oberstleutnant F. Jacobi
Regimentseinheiten:	1. Kompanie / Nachrichten-Abteilung »Brandenburg«
I. Bataillon mit 1.-3. Kompanie:	Oberleutnant Kriegsheim
II. Bataillon mit 5.-8. Kompanie:	Hauptmann Bansen
III. Bataillon mit 9.-12. Kompanie:	Hauptmann Grabert

4. Regiment Brandenburg: Oberstleutnant Heinz

I. Bataillon mit 1.-4. Kompanie:	Hauptmann Hollmann / Hauptmann Gerlach
II. Bataillon mit 6.-8. Kompanie:	Hauptmann Dr. Hartmann / Oberleutnant Lau
III. Bataillon mit 11.-13. Kompanie:	Major von Koenen

Selbständige Kompanien:

14. Kompanie (später umbenannt in 16. Kompanie):	Oberleutnant Hettinger
15. (leichte) Kompanie(Fallschirmjägerkompanie):	Oberleutnant Oschatz

Ergänzungstruppenteil der Division »Brandenburg«:

Lehrregiment »Brandenburg«:	Major Martin
I. Bataillon:	Brandenburg/Havel
II. Gebirgsjäger-Bataillon:	Baden bei Wien (später Veldes/Oberkrain
Legionärsbataillon »Alexander« (1. (weiße) und 2. (schwarze) Kompanie):	Hauptmann Auch

»Brandenburger« im Osten und Südosten

Die in der Aufstellung begriffene Division »Brandenburg« wurde nach Auffrischung der Einheiten einzeln in den »Skat« geworfen, um als Asse zu stechen.

Als erster Verbandwurde das I. Bataillon des 1. Regiments »Brandenburg« unter Rittmeister Plitt nach dem Osten in Marsch gesetzt. Es ging im Bahntransport von Berlin über Frankfurt, Stettin und Königsberg nach Idriza in den Nordabschnitt der Ostfront. Der Kampf, der sich gegen sowjetische Partisanen richtete, fand im berüchtigten Bandengebiet bei Krestcy ostwärts Nowgorod statt. Es galt, die im undurchdringlichen Sumpfgebiet lauernden Partisanen niederzukämpfen, die der eigenen Truppe schwerste Schäden zufügten.

Damit war das Bataillon unter Rittmeister Plitt eine jener 19 größeren Einsatzgruppen, die 1943 an der sowjetischen Front eingesetzt wurden – um sodann verlegt zu werden – und herbe Verluste erlitten. Es verlegte in den Einsatzraum Witebsk, wo die Rote Armee im Januar zum endgültigen Sturmangriff auf noch gehaltene Festungen und Feste Plätze – wie Welikije Luki – angetreten war und starke Partisanenkräfte in ihrem Sog mitführte.

Am 21. April 1943 kam es hier zu erbitterten Gefechten mit den Partisanen. Es gelang den »Brandenburgern« in einem Sturmlauf ohnegleichen die mehrfach unterbrochene wichtige Nachschubstraße von Liliupowa zur Deminez-Stellung freizukämpfen.

Da es erneut im Norden brannte, wurde der Verband wieder in den Raum Alolia/Estland geworfen. Dort trat am 13. Mai der Zug unter Leutnant Heinemann von der 4. (Legionärs)-Kompanie zum Tarneinsatz an. 40 seiner russischen Legionäre folgten ihm bis tief hinter die russische Front. Als es hier am 15. Mai wegen einer Nichtigkeit zu einer Meuterei kam, die den Erfolg und das Leben des gesamten Stoßtrupps in Frage stellten, ließ Leutnant Heinemann neun der Aufrührer standrechtlich erschießen. Die anderen 24 Soldaten, die mit ihm zurückkehrten, wurden wieder an die Gefangenenlager zurückgegeben, weil auch sie unzuverlässig waren.

An diesem 15. Mai stieß auch eine kampfstarke Gruppe unter dem Chef der 3. Kompanie, Hauptmann Babuke, zu einem Handstreichunternehmen vor. Sie überrumpelten eine sowjetische Vorpostenstellung. Im Nahkampf wurde Hauptmann Babuke verwundet. Für ihn übernahm Oberleutnant Schulte die Führung der Kompanie.

Danach wurde die Abteilung fast geschlossen an der gefährdeten Straße von Pustoschka nach Witebsk eingesetzt. Es kam hier zu dramatischen Gefechten mit den Partisanen, die keinen Pardon gaben und auch keinen erwarteten.

Es ging immer wieder ins undurchdringliche Sumpfgebiet hinein. Die getarnten Lager der Partisanen wurden aufgestöbert und die fliehenden Partisanen niedergemacht.

Hinterhalte beider Seiten führten zu weiteren Verlusten. Hier der Einsatz der 3. Kompanie, die neben der 1. Kompanie die Hauptlast dieser Angriffe zu tragen hatte.

Während die 1. Kompanie zwölf Kilometer südlich von Alolia in einen Hinterhalt geriet und im Nahkampf zwei Gefallene und fünf Verwundete zu beklagen hatte, machte sich die 3. Kompanie zum Angriff gegen ein Partisanennest bereit.

Stoßtrupp Schulte greift an

Die 3. Kompanie unter Oberleutnant Schulte machte sich in der Nacht zum 12. Mai zum Vorstoß hinter die erkannten Partisanenstellungen bereit. In drei Gruppen eingeteilt, an der Spitze Oberleutnant Schulte mit dem Kompanietrupp und einem MG-Trupp, arbeiteten sich die Männer vorsichtig durch das Sumpfgebiet. Die Hauptgruppe hielt sich an dem erkundeten Pfad, der durch eine undurchdringliche Birken-Wildnis führte. Der Boden war weich und federte unter den Stiefeln der Männer. Links und rechts von ihnen waren ab und zu offene Wasserstellen im trügerischen Licht des Halbmondes zu erkennen.

Oberleutnant Schulte hielt seine MPi schußbereit in der Armbeuge. Der Mann mit dem Tormister-Funkgerät, der direkt hinter ihm ging, rief ihn halblaut an. Schulte gab das Handzeichen zum Stehenbleiben.

»Was ist, Beller?« fragte Schulte leise.

»Rechte Gruppe hat einen Partisanenposten geschnappt. Er wurde lautlos überrumpelt.«

»Das sieht gut aus«, meinte Schulte.

Sie erreichten wenig später das Ende des Sumpfgebietes und versuchten, sich einen Weg durch den dichter werdenden Bewuchs zu bahnen. Einmal klirrte ein Spaten gegen eine Gasmaskenbüchse. Schulte hob warnend die Hand. Sie verhielten, lauschten in die Finsternis. Eine Eule schrie irgendwo halbrechts vor ihnen und dann eine zweite halblinks voraus.

»Das sind keine Eulen, Herr Oberleutnant«, wisperte der Kompanietruppführer leise. »Hier gibt es keine Eulen!«

»Gruppe Schellermann zu mir!«

Die Gruppe unter Unteroffizier Schellermann schloß auf. Der Unteroffizier blickte seinen Kompaniechef fragend an.

»Halbrechts voraus vermutlich Partisanenposten«, wisperte Schulte ihm zu. »Sie sichern nach dort!«

Unteroffizier Schellermann zog mit seiner Gruppe los. Das Gros verharrte, bis ein Signal durchgegeben wurde. Dann gingen sie weiter. Die Waffen schußbereit im Anschlag, erreichten sie nach einem halbstündigen Marsch jene Stelle, die auch der Erkunder in der vorangegangenen Nacht erreicht hatte. Dies war der Ausgangspunkt des Handstreiches. Von hier aus hatten sie den Pfad zu nehmen, der mitten durch den Sumpf, auf einem Knüppeldamm zum Lager der Partisanen auf einer Insel führte.

Über dem schwankenden Grund gingen sie weiter. Plötzlich bellten rechts und links vor ihnen Abschüsse aus deutschen MPi und russischen Schnellfeuergewehren. Beide seitlichen Gruppen mußten Gefechtsberührung haben. Und mitten in dieses aufbelfernde Inferno fielen vor und hinter ihnen Schüsse aus russischen Waffen.

»Hinterhalt, Herr 0berleutnant!« schrie einer der Männer, ehe er von einem Feuerstoß getroffen mit einem gurgelnden Schrei zu Boden stürzte.

»Volle Deckung!« brüllte Oberleutnant Schulte. Sie krochen in den schlammigen Untergrund, bohrten sich förmlich in das Gebüsch hinein und versuchten, den Feind auszumachen. Schulte sah das Aufblitzen eines Feuerstoßes voraus. Er zog den Abzug seiner MPi und schickte drei, vier Feuerstöße hinaus, ehe das Magazin leergeschossen war. Er drückte den Halterungsknopf, das Magazin fiel heraus und mit einer raschen Bewegung rammte er ein neues Magazin in die Waffe.

Seine Männer schossen nach allen Seiten. Das MG ging halbrechts vor ihnen in einem dichten Gestrüpp in Stellung und eröffnete auf die nun voraus sichtbar werdenden Partisanen das Feuer.

»Langsam absetzen, Vorsicht vor dem Hinterhalt!«

Sie krochen zurück, sackten manchmal in Schlammlöcher, aus denen sie sich mühsam wieder befreiten.

Die Partisanen waren immer noch nicht zu erkennen. Lediglich das Mündungsfeuer zeigte ihre Stellungen an. Als es schon so aussah, daß keiner von ihnen hier wieder lebend herauskommen werde, ratterten auch beim Gegner die Abschüsse deutscher MPi und eines MG 42, das in einem wilden Crescendo seine hundertfache Todessaat ausspuckte.

»Das ist Schellermann«, rief einer der Männer. »Sprung auf maaarsch!«, schrie Oberleutnant Schulte und rannte los. Er benutzte den Knüppeldamm und schoß im Laufen. Dann schien er plötzlich unter dem Hagel eines russischen Schnellfeuergewehrs zu verharren, ehe er nach links wegstürzte und im Schlamm verschwand.

Es gelang ihnen mit vereinten Kräften diesem Hinterhalt zu entkommen. Sie nahmen die vier Verwundeten mit zurück. Die fünf Gefallenen der Kompanie aber mußten im Sumpf zurückbleiben.

Dieser Einsatz war mißlungen. Er zeigte den Männern der »Brandenburger«, daß die Partisanenverbände die gleiche Kampftaktik befolgten wie sie selber und daß sie, was Ortskenntnis und Verstecke anlangte, ihnen überlegen waren.

Leutnant Hebler übernahm die verwaiste 3. Kompanie, die binnen weniger Tage zwei Führer verloren hatte.

Der Kampf im Raume der Heeresgruppe Nord ging beinahe bis zum eigenen Untergang weiter. Sowohl im Nordabschnitt als auch im Raume der Heeresgruppe Mitte standen Soldaten der Division »Brandenburg« in einem der verlustreichsten Kämpfe des Zweiten Weltkrieges. Der Antrag, die aufgeriebenen Einheiten zur Auffrischung in die Heimat zurückzuverlegen wurde vom OKW / Wehrmachtführungsstab abgelehnt.

Einsatz auf dem Balkan

Neue Verbände wurden an die Ostfront geworfen und der blutige Sommer 1943 forderte auch von den »Brandenburgern« erneut hohe Opfer.

Erst nach langen Bemühungen gelang es Generalmajor von Pfuhlstein, seinen Verband nach und nach wieder zusammenzuführen. Am 5. August wurde das I. Bataillon des 1. Regiments »Brandenburg« unter Rittmeister Plitt aus seinem neuen Einsatzraum Orodesh herausgezogen und im Bahntransport nach Baden bei Wien geschafft, wo es in Neuhaus ab dem 10. August Unterkünfte bezog. Die Auffrischung und Neugliederung ebenso wie die Auflösung der 4. (Legionärs)-Kompanie erfolgte sehr rasch und am 10. September meldete Hauptmann Plitt die volle Verwendungsfähigkeit seines Bataillons. Das Bataillon sollte nach Nordgriechenland geschafft und dort zum Einsatz gebracht werden.

Der Abwehr/Ausland waren alliierte Absichten zu einem Vorstoß britischer Kräfte aus Ägypten und dem Nahen Osten in Richtung auf das europäische Festland und hier gegen Griechenland und den Peloponnes bekannt geworden. Seit dieser Meldung an das OKW wurden mehr und mehr »Brandenburger«-Verbände nach dem Südostraum in Marsch gesetzt. So verlegte das 4. Regiment »Brandenburg« unter Oberstleutnant Heinz von Brandenburg/Havel nach Jugoslawien. Oberstleutnant Heinz fuhr mit seinem Stab voraus. Als erster Kampfverband folgte das II. Bataillon/4. Regiment unter Hauptmann Dr. Harmann nach. In Raska, nahe Nish, lud dieser Verband am 28. April aus und verlegte im Lastwagentransport nach Sjenica. Dort wurde das Batail-

Dragomir Mihailowić, genannt »Draža« noch als jugoslawischer Militärattaché in Berlin. Er befehligte die königstreuen Tschetniks (Cetnici), die zeitweise mit der deutschen Seite zusammenarbeiteten und sich erbitterte Kämpfe mit den kommunistischen Tito-Partisanen lieferten.

lon der 1. Gebirgsdivision unterstellt. Als am 16. Mai als letzter Verband der Stab des 4. Regiments eintraf, meldete Oberstleutnant Heinz, daß er mit dem II. Bataillon bereit sei. Sein I. Bataillon unter Hauptmann Hollmann war jedoch in einem Eiltransport mit der 104. Jäger-Division nach Südgriechenland umgeleitet worden, um von dort aus auf den Peloponnes zu verlegen und dort zum Einsatz zu gelangen.

Damit war das Regiment entscheidend geschwächt worden. Oberstleutnant Heinz beschwerte sich bei der Division und erhielt als »Ersatz« das II. Bataillon/1. Regiment »Brandenburg« unter Hauptmann Pinkert zugeführt.

Der erste Einsatz erfolgte von Ckovinnice aus über Gorazde und Gacko nach Krivi Do.

Noch während des Mai 1943 hatte sich der serbische General Dragomir Mihailowić, der im Januar 1942 zum Kriegsminister der Londoner jugoslawischen Exilregierung ernannt worden war, an Oberstleutnant Heinz gewandt und diesem den Vorschlag unterbreitet, mit den »Brandenburgern« gemeinsam mit seinen national-serbischen *Cetniks* den Kampf gegen Titos Kommunisten aufzunehmen. Am 9. Mai schloß Oberstleutnant Heinz, nachdem er sich für diese Aktion »grünes Licht« von der Abwehr geholt hatte, mit General Mihailowić einen Vertrag über das gemeinsame Vorgehen gegen die Tito-Partisanen.

Aufgrund dieses Geheimabkommens kam es zur Aufstellung der *Montenegrinischen Legion,* die dem 4. Regiment »Brandenburg« angegliedert werden sollte.

Dieses Abkommen wurde schließlich vom Wehrmachtsführungsstab nicht akzeptiert, so daß gemeinsame Kampfhandlungen nicht stattfanden.

Wenige Tage zuvor – am 7. Mai – hatten Teile des 4. Regiments »Brandenburg« an den Kämpfen im Dormitor in der Sutjeskaschlucht teilgenommen und die ersten Verluste erlitten.

Major Walther, Kommandeur des 1. Regiments »Brandenburg«, konnte ebenfalls nur mit dem III. Bataillon ab dem 11. Juli 1943 nach dem Balkan in Marsch gesetzt werden. Sein I. Bataillon, Rittmeister Plitt, kämpfte ja an der Ostfront. Marschziel Walthers war der Raum zwischen Theben und Amphissia nordwestlich von Athen. Dort sollte es nationalistische wie kommunistische Banden bekämpfen, so wie sich die Situaton gestaltete. Die Nationalisten hielten sich mit Aktionen gegen die Deutschen jedoch eher zurück und konzentrierten sich stattdessen auf die Bekämpfung ihrer kommunistischen »Konkurrenten«.

Nunmehr war das 2. Regiment »Brandenburg« an der Reihe, auf den Balkan zu verlegen. Das Regiment unter Oberstleutnant von Kobelinsky, dessen letzte Teile erst im März/April 1943 aus dem Kaukasusgebiet zurückgekehrt waren, stand im Juli in folgender Neuaufstellung bereit:

I. Bataillon unter Hauptmann Weithoener
II. Bataillon unter Hauptmann Oesterwitz
III. Bataillon unter Oberleutnant Renner

Oberstleutnant von Kobelitzky, der Ende Juni an einer schweren Krankheit verstorben war, konnte seinen neuen Verband nicht mehr führen. Für ihn sprang Oberstleutnant Pfeiffer in die Bresche. Am 9. Juli wurde das Regiment verladen und in den Raum Griechenland verlegt. Damit zeichneten sich für die »Brandenburger« folgende Einsatzschwerpunkte ab:

1. Regiment (Major W. Walther)

I. Bataillon:	Raum Pustoschka/UdSSR.
II. Bataillon:	Raum Sarajewo/Jugoslawien.
III. Bataillon:	Raum Theben/Mittelgriechenland.

2. Regiment (Oberstleutnant Pfeiffer)

I. Bataillon:	Raum Ptolemais/Nordgriechenland
II. Bataillon:	dito
III. Bataillon:	dito

3. Regiment (Oberstleutnant Fritz Jacobi)

I. Bataillon:	Raum Pustoschka/UdSSR
II. Bataillon:	Pyrenäen/Südfrankreich
III. Bataillon:	Raum Karatschew/UdSSR

4. Regiment (Oberstleutnant Heinz)

I. Bataillon:	Peleponnes/Südgriechenland
II. Bataillon:	Raum Sarajewo/Jugoslawien
III. Bataillon:	dito (dem Regiment direkt unterstellt)

Der Kampf wurde mit unerhörter Härte geführt. Beide Seiten gaben keinen Pardon. Einen der sagenhaften Einsätze leistete hier Oberleutnant Konrad Steidl, dessen Kriegstagebuch folgende Episode seines Einsatzes entnommen wurde:

Konrad Steidl als Hauptmann und Kommandeur des I. Bataillons/ Jäger-Regiment 2 »Brandenburg«. Der bewährte Offizier erhielt am 26. Januar 1944 das Ritterkreuz.

Nach tagelanger Aufklärung konnte ich feststellen, daß im Raume um Klisoura stärkere Bandengruppen Unterschlupf gefunden hatten. Ich meldete Oberstleutnant Heinz und erhielt Befehl, einen motorisierten Vorstoß in die südlichen Klisoura-Schluchten durchzuführen.

Mit einem B-Krad fuhr ich mit dem MG-Trupp an der Spitze. Vom Regiment war mir die große Zugmaschine der Vierlingsflak unterstellt worden. Als wir nach vorsichtiger Fahrweise – die Straßen waren teilweise vermint – an einen Dorfeingang herankamen, wurde ich auf einige Meter aus einem Gebüsch angeschossen. Ich sprang vom Krad, eröffnete das Feuer mit meiner MPi auf zwei fliehende Partisanen und streckte sie zu Boden.

Das Dorf ist voll mit Partisanen belegt. Abgesessen und aus der Bewegung heraus greifen wir das Dorf an. Flammen züngeln aus den Häusern empor. Das Dorf wird geräumt, aber auf den Berghängen schießen die Partisanen noch auf alles, was sich ihnen zeigte. Wir können nicht an sie heran und ich muß den Rückzug befehlen. Unteroffizier Gröber wurde von einem tieffliegenden Flakgeschoß der Kopf abgerissen.

Der nächste Einsatz führt uns gegen starke Partisanengruppen im Raume Vlasti. Im Nachtmarsch erreichen wir über Ptolemais den Ausgangspunkt. Meine Kompanie rollt an

der Spitze. Wir ziehen ins Gebirge hinauf. Es herrscht Vollmond und alles wird fast taghell erleuchtet. Um Mitternacht machen wir in einem Hohlweg Rast, der dicht mit Gebüsch bestanden ist und gute Deckung bietet. Vlasti liegt vor uns. Wir pirschen uns an das Dorf heran, überwinden Steinbarrikaden und erreichen dann den Dorfeingang. Das Gefecht beginnt und am Morgen ist die Ortschaft in unserer Hand.
Am nächsten Nachmittag erreichen wir den Gefechtsstand von Weithoener. Hier traf wenige Stunden darauf General von Pfuhlstein zu einer Inspektionsreise ein.
In der Nacht ging es weiter. Renner hatte inzwischen mit seiner Kompanie den Klisoura-Paß erstürmt, wir bewegen uns auf Eratira zu. Die Masse des Feindes hat sich nach Süden über den Aliakmon zurückgezogen. Im Nachteinsatz werden einige bandenbesetzte Dörfer südlich des Aliakmon genommen. Der Angriff gegen die mit kommunistischen Banden vollgestopfte Stadt Neapolis wird nach Überschreiten des Aliakmon zu einem gefährlichen Unterfangen, denn der Feind feuert aus allen Waffen.
Ich krieche zu Weithoener vor, erhalte den Einsatzbefehl, mit der Kompanie links der Straße nach Neapolis zu stürmen. Dies bei 40 Grad Hitze. Aber wir ringen Höhe um Höhe nieder. Unser Angriff wird durch Leichtgeschütze der Fallschirmtruppe, durch 7,5 cm-Pak und Flak unterstützt.
Zur gleichen Zeit greift Oesterwitz entlang der Straße an. Aus den ersten Häusern und Stellungen am Dorfeingang peitscht uns heftiges Feuer entgegen. Mit einem Zug meiner Kompanie breche ich ein und schlage in heftigem Häuserkampf den Gegner hinaus. In der Ortsmitte sprenge ich noch ein Munitionslager mit einer Handgranate in die Luft. Oberstleutnant Pfeiffer traf ein und beglückwünschte uns zum Erfolg.
So weit der Bericht Steidl. Wenden wir uns noch einmal dem russischen Kriegsschauplatz zu, auf dem die Tätigkeit der »Brandenburger« zwar nachgelassen hatte, aber noch nicht beendet worden war.

Noch einmal Rußland

Das I. Bataillon des 1. Regimentes der Division »Brandenburg«, das am 6. Juli 1943 im Raume Pustoschka eintraf und dort am nächsten Morgen das abgekämpfte II. Bataillon des 1. Regiments abgelöst hatte, stand unter dem Kommando des Oberleutnants Kriegsheim. Mit seinem Bataillon übernahm der alte Haudegen der »Brandenburger« den Frontabschnitt zwischen Idriza und Sokolniki.

In der Nacht zum 19. Juli wurde das Bataillon von einer Alarmmeldung aus dem Schlaf gerissen. Oberleutnant Kriegsheim erfuhr über den Feldfernsprecher, daß die 4. Legionärs-Kompanie des Regiments in der Ortschaft Sarethsje angegriffen werde.

Russische Offiziere, die der Legionärs-Kompanie angehörten, hatten zum Überfall aufgerufen. In einer entsetzlichen Metzelei wurden mindestens 70 Legionäre getötet.

Als Oberleutnant Kriegsheim eintraf, fand er neben den verstümmelten Leichen der Legionäre auch 14 tote Kameraden mit ihrem ebenfalls umgebrachten Chef, Oberleutnant Kohlmeyer, vor. Die ersten Befragungen der noch lebenden und in Verstecke geflohenen Legtionäre ergaben, daß etwa 50 der aufsässigen Legionäre mit zwei Lastwagen verschwunden seien. Diese Meldungen bestätigten sich sofort.

»Wir müssen hinterher und sie der gerechten Bestrafung zuführen, sonst sind wir alle unseres Lebens nicht mehr sicher«, erklärte Oberleutnant Kriegsheim.

Während das Gros die Ortschaft sicherte, rollten ein verstärkter Zug mit Oberleutnant von Kriegsheim auf den Spuren der beiden Lastwagen hinter den Fliehenden her. Schließlich wurden die Lastwagen, denen der Sprit ausgegangen war, im Walde auf einem Seitenweg entdeckt. Sie waren eine Böschung hinabgestürzt und dabei umgekippt worden, um sie unbrauchbar zu machen.

Mit seinen Männern fuhr Oberleutnant Kriegsheim weiter. Als sie gegen Mittag in unübersichtlichem Gelände anlangten, wurde aus vielen Verstecken das Feuer auf sie eröffnet.

Ausgeschwärmt ließ Oberleutnant Kriegsheim gegen diese Partisanen vorgehen. Ihre Stellungen und MG-Nester, die sie mit deutschen MG ausgestattet hatten, wurden mit Handgranaten ausgeschaltet.

Keiner entkam. Allen wurden die deutschen Uniformen und das den ermordeten Legionären und deutschen Soldaten weggenommene Eigentum weggenommen. Die 4. Kompanie/1. Regiment »Brandenburg« wurde daraufhin aufgelöst und nicht wieder aufgestellt.

Mehr als noch vor einem guten Jahr, da die deutschen Truppen in guten Ausgangspositionen zum endgültigen Sieg in Rußland standen, waren nun die Chancen eines Sieges gegenüber dem Koloß Sowjetrußland bedeutend geschwunden und die Legionäre versuchten, durch solche Metzeleien der Rache der Roten Armee zu entkommen, wenn sie nun zu ihr überliefen.

Im Bereich der Düna und ihren Nebenarmen forderten die Partisaneneinsätze der »Brandenburger« hohe Blutopfer. Der Vorstoß des I. Bataillons des 3. Regiments »Brandenburg« auf Rybaki und des III. Bataillons auf Kulino und ein folgender Einsatz am Sarre-See waren erfolgreich.

Blutig und grausam waren die Einsätze vom 24. bis zum 28. August im Raume westlich von Witebsk. Dieses Unternehmen mit dem Codewort »Erntehilfe II« wurde von der Regimentsgruppe Holtzerndorf mit den drei ersten Kompanien des 1. Regiments »Brandenburg« geführt. Wenig später schied Oberleutnant Kriegsheim aus dem Verband der »Brandenburger« aus und der bisherige Adjutant des Regiment 3, Hauptmann Wasserfall, übernahm die Führung des Bataillons.

Während und nach der Operation »Zitadelle«, der letzten deutschen Großoffensive in Rußland, standen »Brandenburger« immer wieder mit kleinen Einsatzgruppen im Abwehrkampf. In einer Fülle von Einsätzen – darunter einer, der direkt von Generaloberst Model befohlen wurde – konnten die »Brandenburger« erfolgreich ihre Aufgaben lösen. Allein das III. Bataillon des 3. Regiments hatte vom 11. September bis zum 2. Oktober 1943 eine Fülle schwerer und schwerster Aufgaben erfüllt. Sie bügelte einen russischen Einbruch bei der 110. Infanterie-Division ebenso aus, wie sie die Verteidigung von Semeretschi für die 20. Panzer-Division übernahm. Danach wurden sie erneut zur Unterstützung der 110. Infanterie-Division und dort zum Angriff gegen einen eingebrochenen Gegner, dessen Abriegelung und Vernichtung, eingesetzt.

Als das Bataillon am 2. Oktober 1943 aus der Front herausgelöst wurde, waren von den neun Offizieren, 32 Unteroffizieren und 319 Soldaten 17 Soldaten gefallen und 74 verwundet. Der Kommandeur der 707. Infanterie-Division äußerte in einem Dankschreiben an den Regimentkommandeur:

»Ihr III. Bataillon hat sich vor dem Feind hervorragend bewährt. Es ist wirklich eine Freude, mit diesem ausgezeichneten Bataillon Schulter an Schulter zu kämpfen.«

Von hier aus erfolgte die Verlegung des 3. Regiment »Brandenburg« in den Raum südlich von Minsk.

Der Kampf auf der Krim, bei Shitomir und auf dem Rückzug, der erneut »Brandenburger« im Einsatz sah, sei hier abschließend dargelegt, um keinen der wichtigen Einsätze zu versäumen.

Eine deutsche Kampfgruppe bezieht neue Stellungen.

Als der Kampf um die Krim einsetzte, der Feind bei Kriwoi Rog und aus dem Raume nordwestlich von Kiew durchbrach, mit Panzerverbänden als Stoßkeil nach Süden durchstieß und in das Stadtgebiet von Kiew eindrang, war das I. Bataillon des 3. Regiments »Brandenburg« erneut gefordert. Sie bildeten die vorderste Spitze jener Kampfgruppen, die sich dem Feind entgegenwarfen, um dessen Durchbruch zu verhindern. Luftwaffen-Feldverbände wurden ihnen zugeführt. Alarmeinheiten vom Oberkommando des Heeres in den Durchbruchsraum geworfen, um das Unmögliche doch noch einmal zu schaffen.

Mitten unter diesen zusammengewürfelten Truppen, die sich ungeachtet ihrer verschiedenen Zusammensetzung bis zum letzten Blutstropfen einsetzten, war das Bataillon unter Hauptmann Wasserfall der Fels in der Brandung. Dort, wo es brannte, dort wo die Rote Armee Lücken aufgerissen hatte, stemmten sich die »Brandenburger« dieser Flutwelle entgegen und ließen sie brechen. Feindeinbrüche wurden in nächtlichen Gegenstößen abgeriegelt und dann von rückwärts die eingebrochenen Truppen aufgerieben.

Am 6. Oktober kämpfte das Bataillon – der 246. Infanterie-Division unterstellt von dort zur 2. Luftwaffen-Felddivision in Marsch gesetzt, in der Kampfgruppe Schäfer, die in der HKL im Brennpunkt feindlicher Durchbruchsversuche stehend, diesem gewaltigen Ansturm trotzte.

Hier wurde Hauptmann Wasserfall verwundet. Für ihn kam am 9. Oktober Hauptmann Gerhart Pinkert, der bis dahin das II. Batailion des 1. Regiments geführt hatte.

Bei Shukowo kämpfte das Bataillon bis Ende Oktober. Nicht weniger als sieben schwere Angriffe des Gegners, oftmals mit starker Panzerunterstützung, konnten abgewiesen werden.

Siebenmal galt es, sich mit Panzerfäusten und Tellerminen den Feindpanzern entgegenzuwerfen, um deren Durchrollen zu stoppen.

In den Nächten kam es immer wieder zu feindlichen Handstreichversuchen. Hierbei ging es Mann gegen Mann und für die »Brandenburger« war diese Kampfweise, obwohl fast immer ausgeübt, dennoch zu einem Martyrium ohnegleichen, da der Feind stets mit bis zu zehnfacher Übermacht angriff. Das Bataillon schmolz auf etwa 70 Kämpfer zusammen, bevor es dem Regimentskommandeur gelang, in persönlicher Fürsprache im Stab der 3. Panzer-Armee zum 1. November das Herauslösen des Bataillons und seine Rückverlegung in den Raum Lutschessa zu erwirken, wo es sich ausruhen und wieder auffrischen konnte.

Es sollte nur fünf Tage dauern, bis die Lage an der Front den erneuten Einsatz des I. Bataillon notwendig machte. Jene Teile, die bereits aufgefrischt hatten und mit neuen Waffen versehen waren, wurden in einer Auffangstellung im Südosten von Dretin geschleust. In diesem Raum, südostwärts von Polozk, sollte der aus dem Raume von Newel, wo der Feind die Bahnstrecke in Richtung Polozk erreicht hatte, weiter vorstoßende Gegner gestoppt werden. Doch an ein Stoppen dieser starken Kampfverbände war nicht zu denken. Die »Brandenburger« mußten sich mit der Infanterie schrittweise zurückkämpfen. Bis zum 13. November wurde Schily erreicht. Dort wurden die notdürftig vorbereiteten Abwehrstellungen bezogen.

Als der Gegner die vor der Front und seitlich von ihr liegenden Ortschaften Ostroff und Kuliki erreichte, und damit die eigenen Stellungen gefährdete, wurde ein nächtlicher Gegenstoß befohlen.

Hauptmann Pinkert führte diesen Gegenstoß. Die »Brandenburger« erreichten Ostroff, schwenkten nach rechts und links seitlich aus, umgingen die Stadt, dabei zwei sowjetische Posten niedermachend, und drangen dann von rückwärts nach Ostroff hinein.

Beinahe lautlos machten sie die russischen Waffen unschädlich, drangen in die Häuser ein und überwältigten die kampierenden Rotarmisten. Als der Gegner den Handstreich bemerkte und das Feuer eröffnete, bellten die vier MG 42 mit ihren 1200 Schuß in der Minute los und fegten die Straßen frei.

Von hier aus ging es unter Zurücklassung eines Zuges weiter auf Kuliki zu. Auch hier gelang der Handstreich. Alles, was die »Brandenburger« nicht mitnehmen konnten, wurde gesprengt und dann auch noch die liegenbleibenden sowjetischen Vorräte in Brand gesteckt.

Genau 24 Stunden später wurden die »Brandenburger« in den Einsatzraum der 211. Infanterie-Division gerufen, einer der Divisionen des LV. Armee-Korps. Es galt, das vom Feind besetzte Ssirotino an der Rollbahn Polozk-Witebsk freizuschlagen, um den ungehinderten Abfluß der eigenen Truppen über diese Rollbahn nach Westen sicherzustellen.

Auch dieser Handstreich gelang, wobei das Bataillon großen Anteil am Erfolg der 211. Infanterie-Division hatte.

Der 19. November sah die Unterstellung des I. Bataillons/3. Regiment »Brandenburg« unter die Kampfgruppe Wagner der 211. Infanterie-Division.

Oberst i.G. Werner Wagner war Ia des LV. Armee-Korps und hatte bereits mehrfach solche Aufträge ausgeführt. Er trug seit dem 11.4.1942 bereits das Deutsche Kreuz in Gold und galt als besonnener und dennoch vorwärts drängender Offizier. Unter seiner Führung erlebten die »Brandenburger« einige Tage schwerster Kämpfe. Abwehrschlachten wurden geschlagen, Gegenstöße durchgeführt und dann der schrittweise Rückzug in die nächste Stellung angetreten, wo sich die Männer wieder in den Boden einkrallten.

Als das I. Bataillon/3. Regiment »Brandenburg« am 9. Dezember herausgelöst wurde und nach Koslowo verlegte, hofften alle auf eine längere Ruhezeit, doch davor hatte die Rote Armee ihre neuen Angriffs- und Durchbruchsversuche gesetzt. Das Bataillon hatte den ganzen Dezember, in bitterer Kälte, bei dichtem Schneetreiben immer wieder anzutreten, bevor sich zum Jahresende die Front beruhigte und der Raum um Witebsk als gesichert angesehen wurde.

Das III. Bataillon des 3. Regiments »Brandenburg« unter Hauptmann Grawert hatte im Raume südostwärts von Minsk einen wochenlangen Kampf gegen die immer wieder aus ihren Schlupflöchern angreifenden Partisanen zu führen. An der Beresina mußte es gegen durchgebrochene Feindgruppen und Partisanen gleichzeitig kämpfen. Hier ging es immer nur um das Überleben. Mann gegen Mann standen die »Brandenburger« ihren gefährlichen russischen Gegnern, die den Vorteil der Geländekenntnis hatten, gegenüber. Als eingangs Dezember 1943 Hauptmann Grawert den Auftrag erhielt, mit dem Kern seiner Männer ein Stoßtruppunternehmen über den Flußabschnitt durchzuführen, um durch Einbringen von Gefangenen ein Bild vom gegenüber liegenden Gegner zu erhalten, meldete sich jeder gehfähige Mann freiwillig. Führer des Stoßtrupps wurde Oberleutnant Ramstetter, der Chef der 10. Kompanie, der zum Unternehmen das Gros seiner Kompanie auswählte.

Die Kompanie wurde ab dem 2. Dezember abends in den Abschnitt des Grenadier-Regiments vorgezogen, das auf dem Westufer der Beresina, ostwärts von Bobruisk, in Stellung lag.

Oberleutnant Ramstetter erhielt den ausdrücklichen Befehl, lebende Gegner zurückzubringen. Er erfuhr, daß es der hier liegenden Infanterie nicht gelungen war, auch nur einen Gefangenen zu machen.

Nachdem Ramstetter vom Chef der Mittelkompanie eingewiesen war, setzte er zunächst eine Gruppe zur Nahaufklärung ein. Danach erfolgte die Gefechtsbesprechung mit den Einheitsführern, in deren Bereich der nächtliche Handstreich durchgeführt werden sollte. Die drei Gruppen der 10. Kompanie wurden wie folgt aufgeteilt:

»Zwei Gruppen klären das Gelände links und rechts der dritten Gruppe auf und erhalten genau festgelegte Ziele.

Kompaniechef bleibt mit der dritten Gruppe vor der russischen HKL am Ostufer des Dnjepr, noch auf dem Eis des Flusses, als Ablauf und Auffanggruppe liegen und gibt Feuerschutz.«

Geben wir an dieser Stelle Oberleutnant Ramstetter Gelegenheit zu einem persönlichen Bericht:

> Nach dem Marsch durch die eigenen Stellungen über das Eis erreichen wir den vorgesehenen Ablaufpunkt. Von hier aus marschieren die beiden Aufklärungsgruppen in die jeweils vorgegebene Richtung.
>
> Beiden Gruppen gelang es ohne Schwierigkeiten, durch die russische HKL in das besetzte Hinterland zu marschieren. Im Zuge dieses Unternehmens machten beide Gruppen in den von Russen besetzten Orten unbemerkt Gefangene. Sie erbeuteten Pferde und Schlitten, auf denen sie die Gefangenen zurückbrachten.
>
> Im frühen Morgengrauen erreichten beide Gruppen, ohne voneinander zu wissen, fast zur gleichen Zeit den Raum vor unserem Ablaufpunkt. Beide hielten den anderen Trupp für einen russischen Spähtrupp. Erst in letzter Sekunde erkannten sie einander, so daß es nach einigen Schüssen, die leider einen Verwundeten forderten, wieder still wurde.
>
> Sie kamen zu unserer Auffanggruppe durch und gemeinsam erreichten wir, über das Eis zurückgehend, die eigenen Linien. Gefangene, Pferde und Schlitten wurden übergeben und die Gefangenen sofort zur Division geschafft. Danach wurden wir aus diesem Abschnitt herausgenommen.

Zu Beginn des Januar 1944 wurden sowohl der Stab des 3. Regiments unter Oberstleutnant Fritz Jacobi als auch das III. Bataillon/3. Regiment »Brandenburg« unter Hauptmann Grawert aus dem Raum südostwärts von Minsk herausgezogen. Es ging im Eisenbahntransport nach Stolyn, ostwärts Pinsk. Dort wurden Stellungen bezogen und die »Nahtstelle zwischen der Heeresgruppe Mitte und der Heeresgruppe Süd gesichert.«

Das Legionärsbataillon »Alexander«

Dieses Bataillon unter seinem Kommandeur Hauptmann Alexander Auch war wie folgt gegliedert:

Kommandeur: Hauptmann Alexander Auch
1. Kompanie: Weiße Kompanie, zusammengesetzt aus Weißrussen und Ukrainern.
2. Kompanie Schwarze Kompanie, zusammengesetzt überwiegend aus Kaukasiern.

Hauptmann Auch, in Petersburg als Sohn eines Kaufmannes geboren, sprach perfekt russisch. Unter seiner Führung wurde dieses Bataillon im Januar 1943 in Freiburg/Breisgau aufgestellt. Ein Teil der Männer des Stamm- und Rahmenpersonals kamen von der alten 2. Kompanie des Regiments z.b.V. 800, der Rest von verschiedenen Kompanien, wie sie von Verwundungen oder Krankheiten genesen wieder zur Truppe zurückkehrten.

Damit verfügte Hauptmann Auch über einen Kern schlagkräftiger, kampferfahrener »Brandenburger«. Von Freiburg aus ging es zur Ausbildung nach Kranepuhl bei Brandenburg. Im dortigen Barackenlager der Flak wurde untergezogen. Hier trafen die russischen Freiwilligen ein, die in den Gefangenen- und Arbeitslagern angeworben worden waren und die bereit sein mußten, zum »Kampf gegen den Bolschewimus« anzutreten.

Der Verband wurde mit Beginn des Unternehmens »Zitadelle« an die Ostfront geworfen. Er bezog im Raume Teterew Quartiere, um von dort aus zu den ersten Partisaneneinsätzen zu starten.

Erst nachdem die Rote Armee in den eigenen Durchbruchskämpfen, zu denen sie sich schon vor Beginn von »Zitadelle« bereitgestellt hatten, gegenüber der 4. Panzer-Armee der Heeresgruppe Süd Geländegewinne erzielte, mußte das Bataillon »Alexander« sich zurückziehen. Es wurde im Raume Shitomir eingesetzt, wo es sich in erbitterten Kämpfen hervorragend schlug.

Im Kampf gegen die Rote Armee hielt sich das Bataillon bis zum 13. November in Shitomir. Es kämpfte im Gegenangriff auf Pavolotsch und Paripzy; beide Ortschaften, von Landesschützen und einer Alarmeinheit besetzt, waren gefallen und durch die sich bildende Lücke stürmte der rote Stoßkeil vor.

Zur Schließung dieser Lücke in der deutschen Abwehrfront stellte die 4. Panzer-Armee sieben Divisionen bereit, deren Führung das Panzer-Korps übernahm. Ziel des Gegenangriffs war es, die Bahnlinie Kiew-Shitomir zu erreichen und von dort aus zur großen Rollbahn Kiew-Shitomir vorzustoßen. Diese nunmehr für den Gegner wichtige Nachschublinie sollte gesperrt werden.

Der Angriff begann am späten Abend des 19. November 1943. Mit den Panzerspitzen fahrend, zum Teil auch auf den Panzern aufgesessen, stürmten die Männer des Bataillons »Alexander« wieder in die Stadt Shitomir hinein. Während die Panzer rasch durchrollten, mußten die »Brandenburger« Haus um Haus freikämpfen. Hierbei kam es zu dramatischen Kämpfen Mann gegen Mann, von Treppe zu Treppe bis hinauf auf das Dach wurde die Verfolgung des weichenden Gegners fortgesetzt und Haus um Haus gesäubert. Shitomir fiel wieder in deutsche Hand. An dieser Stelle sei aus der Sicht jener Panzerdivision dieser Nachtangriff auf Shitomir dargestellt:

Die Führungsgruppe der 7. Panzer-Division bei einer Lagebesprechung am Morgen des 8. Dezember 1943. Von links: Oberleutnant Hohenseel, Generalmajor von Manteuffel, (dahinter halb verdeckt) Oberstleutnant Bleicken, der Ia, Oberst Adalbert Schulz (Kommandeur Panzer-Regiment 25 »Rothenburg«), und Oberst von Steinkeller (Kommandeur Panzergrenadier-Regiment 7). Bei Shitomir kämpften sie gemeinsam mit den »Brandenburgern«.

»Im Nachtangriff der Panzer und Panzergrenadiere der 7. Panzer-Division unter Führung des Divisionskommandeurs (Generalleutnant Hasso von Manteuffel), bei dem sich auch der Kommandeur des Panzer-Regiments 25 »Rothenburg«, Oberstleutnant Schulz befand, kann Shitomir im vorbildlichen Zusammenwirken aller Waffen in den frühen Morgenstunden des 19. November in Besitz genommen werden.«

Inmitten dieser Panzer stürmten etwa 100 Männer des Bataillons »Alexander« mit in die Stadt hinein. Sie überrannten eine völlig betrunkene sowjetische Pak-Bedienung und meldeten dies an Oberstleutnant Schulz, der mit sechs Panzern sofort nachstieß. Mitten in dem Panzerpulk auch der Schützenpanzerwagen des Divisionskommandeurs. Hierzu Hasso von Manteuffel:

»Die ausgedehnten Flächenbrände am Ostrand der Stadt erleichterten uns das Zurechtfinden in den Häuservierteln. Aber mehr noch das vorbildliche Zusammenwirken mit jenem Bataillon Panzergrenadiere, von denen ich erst einige Tage später erfuhr, daß sie zum Bataillon »Alexander« der »Brandenburger« gehörten.

Bis 3.00 Uhr des 19. November war der letzte Widerstand gebrochen. Die Säuberung der Stadt von den sich noch in den Häusern haltenden Rotarmisten wurde von den »Brandenburgern« übernommen. Für mich war dies einer der stärksten Eindrücke des Krieges, als ich dieses Zusammenwirken, diese Einsatzbereitschaft und den ungestümen Vorwärtsdrang miterlebte.«

Das Oberkommando der Wehrmacht gab am 20. November 1943 bekannt:

»Die vor einigen Tagen von feindlichen Kräften besetze Stadt Shitomir wurde von unseren Truppen eingeschlossen und gestern im Sturm genommen.«

Für die Führung dieses Einsatzes erhielt Hasso von Manteuffel am 23. November 1943 als 332. deutscher Soldat das Eichenlaub zum Ritterkreuz. Er sagte nach dem Kriege zum Autor:

»Diese hohe Auszeichnung verdanke ich dem einmaligen Einsatz *aller* Soldaten meiner Kampfgruppe, so natürlich auch den »Brandenburgern«, die sich ins wildeste Getümmel warfen.«

Die folgenden Angriffskämpfe sahen die »Brandenburger« wieder in vollem Einsatz. Es war Generalmajor von Pfuhlstein, der wenig später diesen Einsatz besonders erwähnte:

»Die Zuverlässigkeit und Bewährung der Legionäre im Kampf ist das besondere Verdienst der in diesem Bataillon mitkämpfenden deutschen Offiziere, der Oberjäger und Jäger der Division.«

In diesem »Weihnachtsbefehl« würdigte von Pfuhlstein auch und vor allem die letzten Kämpfe dieses Verbandes, als er ausführte:

»Unsere alten russischen Legionäre unter Hauptmann Auch haben als Nachspitze die befohlene Ausweichbewegung der deutschen Truppen im Raume Shitomir gedeckt und ermöglicht. Als letzte haben unsere Legionäre Shitomir verlassen, als erste sind sie im Gegenangriff wieder in diese Stadt eingedrungen.«

Diese Legionäre vom Bataillon »Alexander« sollten noch eine Reihe schwerste Kämpfe bestehen, ehe auch ihre Schicksalsstunde schlug.

In Griechenland und auf dem Balkan

Nachdem der Sommer, von einigen Überfällen abgesehen, auf dem Balkan ruhig verlaufen war, stand die Masse der Division »Brandenburg« dort in einem Einsatz gegen griechische und jugoslawische Banden. Es kam zu Sprengungen wichtiger Brücken und Bahnlinien und zu nächtlichen Überfällen, bei denen die Banden mit Dolchen und Messern zu Werke gingen. In den Nächten aber wurden diese Partisanen vor allem aus britischen Quellen mit Waffen und Material aller Art versorgt.

Der Juli 1943 sah den Einsatz des III. Bataillons/1. Regiment »Brandenburg« im Raume Theben-Amphissa im Kampf gegen kommunistische Partisanen.

Das I. Bataillon/2. Regiment »Brandenburg« focht bei Olympia einen schrecklichen Kampf gegen diese nächtlichen Überfälle, denen immer wieder Kameraden zum Opfer fielen.

In diese Zeit fällt auch ein Ereignis, bei dem sich Admiral Canaris durch den Chef des militärischen Geheimdienstes Italiens, General Amé, irreführen ließ. Aus verschiedenen Quellen war durchgesickert, daß Italiens Führung dicht vor dem Abfall vom Achsenbündnis stehe. Nach der Verhaftung Mussolinis am 25. Juli 1943 war eine solche generelle Besprechung zwischen den beiden verbündeten Geheimdiensten notwendig geworden. Diese fand am 30. Juli in Venedig statt. General Amé versicherte Canaris in bewegten Worten, daß die italienische Regierung entschlossen sei, bei straffer innerer Führung den Krieg mit allen Mitteln fortzusetzen. Separate Friedensverhandlungen Italiens mit dem Feind stünden außerhalb jeder Erwägung.

Hauptmann Karl-Heinz Oesterwitz, Kommandeur des II. Bataillons/ 2. Regiment »Brandenburg« in Albanien. Ritterkreuz am 15. Januar 1943, 734. Eichenlaub am 10. Februar 1945.

In diesem Sinne unterrichtete Admiral Canaris den Wehrmachtführungsstab. Daß Italien wenige Wochen später dennoch abfiel, war der deutschen Abwehr offenbar entgangen, wenn so etwas überhaupt noch möglich war, denn diese Entwicklung »pfiffen bereits die Spatzen von den Dächern«.

Als im Herbst Teile des 2. Regiments »Brandenburg« – das II. Bataillon unter Hauptmann Oesterwitz – nach Albanien verlegt wurde, um die Häfen dieses Landes zu besetzen, war ein weiteres Land hinzugekommen, das sich mit Partisanenaufständen bemerkbar machte, ohne allerdings die Heftigkeit der griechischen oder gar jugoslawischen Partisanenaktionen zu entwickeln.

Im September 1943 wurde das III. Bataillon/1. Regiment »Brandenburg« nach Larissa verlegt, weil sich auch dort Banden regten.

Zum Ende des Jahres übernahm die 1. Gebirgs-Division mehr und mehr die Bandenbekämpfung im Raume Griechenland, so daß die freiwerdenden »Brandenburger« nach Jugoslawien verlegt werden konnten.

In einem neuen Führerbefehl vom 4. Oktober 1943 mit Weisungen an den Oberbefehlshaber Südost wurde unter anderem verfügt, daß auch das 1. Regiment »Brandenburg« auf dem Peloponnes, unter Führung der Heeresgruppe E bleiben müsse, während die Masse der gesamten

Division »Brandenburg« bei der 2. Panzer-Armee »in der Sicherung der rückwärtigen Verbindungen und zum Bandenkampf einzusetzen« sei.

Diese Weisungen wurden Generalmajor von Pfuhlstein am 6. Oktober als Auszug aus dem Führerbefehl übermittelt.

Nunmehr wollte der Divisionskommandeur einige Austauschoperationen durchführen, nachdem in Ausführung dieses Führerbefehls das 2. Regiment »Brandenburg« unter Oberstleutnant Pfeiffer seit dem 8. November in den Raum Raska/Montenegro zugeführt worden war.

Das 1. Regiment sollte im Raume Theben-Levadia bleiben und die Kampfgruppe I. Bataillon/Regiment 4 »Brandenburg« unter Hauptmann Hollmann sollte gegen das II. Bataillon/1. Regiment »Brandenburg«, das dem 4. Regiment unterstellt gewesen war, ausgetauscht werden. Es gelang dem Divisionskommandeur, wenigstens das größte Durcheinander zu verhindern, aber die Rückführung des II. Bataillons »Brandenburg« in seinen Regimentsverband wurde nicht genehmigt. Das Bataillon unterstand weiter, nunmehr von Oberleutnant Rosenow geführt, dem 4. Regiment »Brandenburg«. Die Begründung dazu: »Es ist zu erwarten, daß die Masse des 1. Regiments in naher Zukunft ebenfalls nach Jugoslawien nachgezogen wird.« Allerdings wurde das I. Bataillon seinem 4. Regiment nach Sarajewo zugeführt.

Damit setzte sich das Regiment 4 aus folgenden Teilen zusammen:

Regimentskommandeur:	Oberstleutnant von Hugo
I. Bataillon	Major Hollmann
II. Bataillon	Hauptmann Lau
III. Bataillon	Major von Koenen
I. Bataillon/1. Regiment (unterstellt)	Hauptmann Rosenow

Das Unternehmen »Ziethen«

Das Unternehmen startete am 6. Dezember 1943. Die Angriffsverbände drangen über das kahle verkarstete Gebirge vor und erreichten schließlich einen langgestreckten See, dort wo das Gebirge auseinander wich. In Livno wurden Quartiere bezogen.

Der Stab des Regiments 4 verlegte – unter Zurücklassung von Oberstleutnant von Hugo, der durch einen Schußbruch am Schienbein verwundet worden war – aus dem Raume Banja Luka nach Sinj, wo er bis Mitte Januar 1944 blieb.

Vorstöße ins Limtal und gegen die Hochgebirgspässe zwischen Sjenica und den Raum ostwärts Prijepolje waren damit verbunden. Diese Unternehmen, die unter dem Codewort »Kugelblitz« liefen, sahen das 2. Regiment »Brandenburg« im Einsatz neben der 1. Gebirgs-Division, die von Generalleutnant von Stettner geführt wurde.

Der Kampf begann am 23. November 1943 mit den Vorbereitungen zur Vernichtung aller Tito-Verbände in dem großen Viereck zwischen Sjenica-Prijepolje im Norden, Plovia im Westen, und Brodarewo im Süden. Es dauerte bei den schwierigen Wege- und Witterungsverhältnissen bis zum 1. Dezember, bevor der Angriff in der folgenden Nacht stattfinden konnte.

Eine der schwierigsten Aufgaben hatte das I. Bataillon/2. Regiment »Brandenburg« erhalten: Inbesitznahme der Stadt Prijepolje im Tale des Lim-Flusses.

Wieder einmal können wir auf das Kriegstagebuch des damaligen Oberleutnants Konrad Steidl zurückgreifen, der diesen Einsatz plastisch beschrieben hat:

Zum Regimentskommandeur befohlen, erhielt ich Befehl, die für den Übergang über den Limfluß entscheidende Brücke bei Prijepolje im Handstreich in Besitz zu nehmen und bis

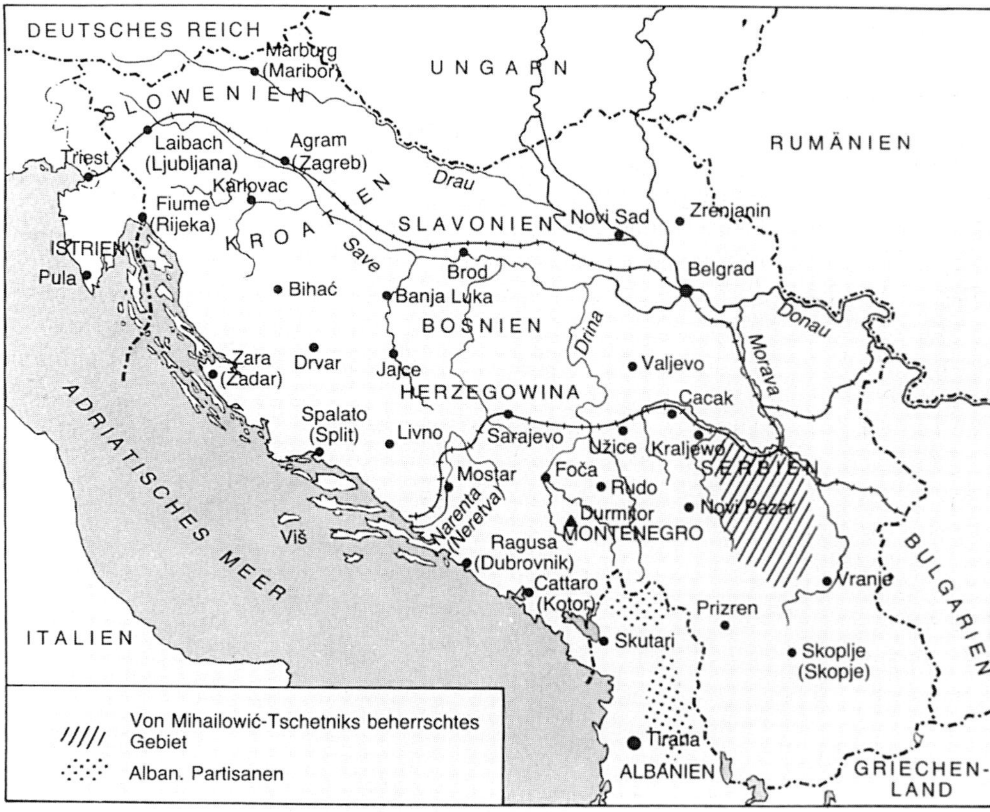

Kriegsschauplatz Balkan. Überblickskarte mit den ersten Partisanen-Gebieten 1941.

zum Herankommen des Gros zu halten. Von dem Ausgang dieses Auftrages, sagte Oberstleutnant Pfeiffer, hinge der Ausgang des gesamten Unternehmens ab.

Damit habe ich den schwarzen Peter, falls etwas schief läuft. Deshalb arbeite ich den Kampfplan besonders sorgfältig aus, wenngleich mir mit den Unterlagen über den Feind die wichtigsten Voraussetzungen zu einer genauen Planung fehlten.

Teile der 1. Gebirgs-Division und das Bataillon Renner sind bereits angetreten, um die Gebirgspässe zwischen Sjenica und dem Raum ostwärts Prijepolje freizukämpfen.

Nach erbitterter Gegenwehr der Partisanen standen die Spitzen unseres Angriffs westlich von Gvod. Bis dahin muß ich das Bataillon vorziehen, um zum einen Aufklärung betreiben, und zum anderen Einblick in das Gelände zu erhalten.

Auf den Hängen liegt noch etwas Schnee, aber die Wege sind verschlammt. In einigen kargen Bauernhütten ziehen wir unter. Ein Moslem aus Prijepole meldet sich bei uns und berichtet darüber, wie es in Prijepolje aussieht. Die Stadt, so erfahren wir, sei von Tito-Partisanen und Italienern besetzt, die auch über schwere Waffen, Panzer und Artillerie verfügten.

Dies alles bezog Oberleutnant Steidl in seine Planung ein, auch die Tatsache, daß die Brücke vermint und außerdem zur Sprengung vorbereitet sei. Einige Bunker sicherten diese Sprengstellen vor dem Aufnehmen der Minen und dem Zerschneiden der Sprengleitungen.

Die eigene Erkundung in den beiden dem Sturmangriff vorausgehenden Nächten zeigte, daß die Tito-Partisanen vom Kloster Milesevo aus über den Kosevina-Rücken bis zum Limtal ihre Stellungen ausgebaut hatten und daß Feindpanzer die Straße sicherten. Auf der Höhe von Kocevo befanden sich die vordersten deutschen Stellungen und Kampfstände, in denen sich die Truppen der 1. Gebirgs-Division unter Generalleutnant Stettner, Ritter von Grabenhofen, eingerichtet hatten (Generalleutnant Stettner von Grabenhofen trug seit dem 23. April 1943 das Ritterkreuz. Er wurde am 18. Oktober 1944 bei Belgrad von Partisanen erschossen).

Am frühen Morgen des 3. Dezember begann der Angriff. Die Männer des Bataillons Steidl hatten sich Tragtiere beschafft, um die Ausrüstung nicht schleppen zu müssen. Als sie die deutschen Vorpostenstellungen bei Kocevo erreichten, legten sie die letzte Rast ein. Am anderen Morgen um 2.00 Uhr begann das Unternehmen »Lim-Brücke«. Der Spitzenzug wurde von Leutnant Mark geführt, er bog nach einigen hundert Metern nach links ab, während das Gros der Kompanie geradeaus weiterging.

Dieser letztere Weg führte direkt zum Fluß. Ein Ausweichen nach links oder rechts war wegen des sumpfigen und nicht vereisten Geländes nicht möglich. Das Gros kehrte um und marschierte bis zu einer Häusergruppe nördlich der Brücke. Als sie sich diesen Gebäuden näherten, vernahmen sie Stimmen. Es waren Italiener, die sich hier miteinander unterhielten.

An dieser Stelle der weitere Bericht von Oberleutnant Steidl:

Ich gab meinem Dolmetscher Wladimir Weisung, sich mit ihnen zu unterhalten. Wladimir rief ihnen halblaut zu:

»Sono italiani camerati!«

Die Italiener warfen sich in Deckung und eröffneten das Feuer. Da wir bis spätestens zum ersten Büchsenlicht Prijepolje in der Hand haben müssen, rufe ich: »Also, drauf und ran!«

Wir stürmen mit Hurra die Löcher der Italiener und überrennen diese. Einige meiner Männer werden verwundet, sie werden mitgeschleppt und so ziehen wir so schnell wie möglich ins Lim-Tal abwärts und hoffen dabei, daß der Feind in der Stadt noch nicht alarmiert wurde. Vier Kilometer haben wir noch zurückzulegen und es ist bereits 4.00 Uhr und der erste fahle Schein des Morgens zieht bereits über die Gebirgskämme herauf. Der letzte Bunkerposten vor der Stadt wurde im blitzschnellen Zupacken ausgeschaltet.

Wenige hundert Meter vor uns liegt die Stadt. Die große Brücke ist deutlich zu erkennen. Wir haben das Ziel im Auge und jetzt kommt es darauf an.

Lebhafter Verkehr ist am jenseitigen Lim-Ufer zu erkennen. Drüben starren Bunkerscharten zu uns herüber. Sie sind nur etwa 60 Meter entfernt. Dort stehen auch Geschütze. Der Gegner hat uns zwar gesehen, hält uns aber für die eigenen Leute, weil Nebel uns einhüllt.

In Reihe marschieren wir auf einem schmalen Pfad. Rechts von uns zieht sich der feindbesetzte Berghang entlang, linkerhand rauscht der Lim.

Ich befehle »Angriff! – Schnellstes Tempo!« Aus der Bewegung heraus erstürmen wir den ersten Bunker am Ortseingang und stürmen weiter in vollen Lauf der Ortsmitte entgegen. Von dort über die abzweigende Straße zur Brücke. Wütendes Abwehrfeuer schlägt uns entgegen. Wir erreichen die Bunker an der Brücke. Handgranaten hinein und dann weiter. Die Zündkabel werden erreicht und durchschnitten. Wladimir hat bereits die Brücke überwunden, ich renne keuchend hinterher. Geschosse knallen gegen das Eisengeländer und schlagen Funken aus dem Metall. Aber wir kommen hinunter und bilden am jenseitigen Ufer einen kleinen Brückenkopf.

Ich habe viele meiner tapferen Männer verloren. Hier bei mir ist nur die 2. Kompanie, die 1. kämpft noch auf der anderen Seite und steht in erbittertem Häuserkampf.

Jetzt hat der Feind seinen Schock überwunden und setzt zum ersten Gegenstoß an. Als er bis auf Handgranatenwurfweite heran ist, schleudern wir unsere Handgranaten. Aber sie kommen, wenn auch dezimiert, durch. Neben mir fällt Max Kohlhuber, einer der ganz alten Kameraden. Die Zahl der Verwundeten steigt, auch Wladimir wird an der Schulter leicht verwundet. Ein erster Überblick zeigt mir, daß ich von der ganzen Kompanie noch etwa 30 Mann zur Verfügung habe. Wladimir wird neben mir durch Kopfschuß getötet. Wir haben inzwischen etwa 800 Gefangene und wir selber sind nur noch 18 einsatzfähige Männer.

»Die Panzer kommen!« brüllte einer dieser Soldaten, die nach dem vernichtenden Feuer des Gegners noch lebten. So war es auch. Die ersten Panzer rollten über die Brücke und mit ihnen unser Regimentskommandeur mit einem Zug Entsatz, der von Oberleutnant Haut geführt wurde.

Nun ging es weiter. Die nahegelegene Kaserne, aus der beinahe ununterbrochen MG-Feuer hinauspeitschte, wurde von Oberleutnant Steidl mit der Verstärkung angegangen. Sie kamen nicht durch. Als die Panzer aufgefahren waren und einige Pak und Leichtgeschütze nachgeschafft wurden, stand die Kaserne, in der sich etwa 300 kampferprobte Partisanen verteidigt hatten, unter direktem Beschuß. Doch auch der nächste Angriff blieb liegen.

»Wir müssen die Kaserne noch vor Anbruch der Nacht in Besitz nehmen«, befahl Oberstleutnant Pfeiffer. »Wir greifen nach Einfall der Dunkelheit mit allen Männern an und werfen den Feind hinaus.«

Durch die nachgezogenen Männer des III. Bataillons unter Hauptmann Renner verstärkt, begann in völlger Finsternis der Angriff: Unter dem Schutz zweier Panzer gelang es dem Stoßtrupp mit Oberleutnant Steidl an der Spitze, bis an das Tor heranzukommen. Nebelkerzen und Benzinkanister sprengten das Tor auf und der letzte Widerstand wurde gebrochen. In der Kaserne blieben 180 tote Gegner zurück.

Es war genau 22.00 Uhr, als Prijepolje und das Westufer des Lim in deutscher Hand waren. Aber der Sieg war noch nicht errungen, wie die Spähermeldungen bewiesen.

Aus dem Raume südlich Sjenica-Prijepolje-Plevlja stürmten weitere Tito-Partisanen heran und standen wenig später im Rücken der deutschen Angriffskräfte, deren Vorstoß nach Westen und Nordwesten zielte.

Um dieser Gefahr zu begegnen, warf Oberstleutnant Pfeiffer das I. Bataillon am 7. Dezember 1943 nach Süden. Bis Brodarewo ging der Lastwagentransport. Von dort kämpfte sich das Bataillon zu Fuß durch das dichte Waldgelände über Bukovic bis in den Raum Grab. Dort vereinigte es sich mit der Kompanie Jaksch und einigen moslemischen Einheiten. Oberleutnant Steidl erstürmte nach Draskowina vor und erreichte dessen Ortsrand. Die Spähtrupps stellten sowohl im Westen als auch von Süden Feindbewegungen fest, die sich auf Draskowina zubewegten. Bis zum 12. Dezember wurde gehalten, ehe sich das Bataillon zurückziehen mußte, weil die Munition ausging und kein Nachschubtransport durchkam.

Alle Verwundeten wurden mitgenommen und es ging bis auf die Höhen beiderseits Grab zurück. Hier hielten die Männer bei starkem Schneetreiben und dichtem Nebel in den Morgenstunden als Vorposten den vielen Vorstößen der Partisanen stand.

Am 11. Dezember wurde noch ein Angriff abgewehrt, bevor am folgenden Morgen der Regimentsbefehl über Funk einging:

»Durchkämpfen bis zu den Höhen bei Petulja. Dort Ablösung der Kompanie Vinzenz. Erneut Sicherungsstellung bilden.«

Der Rückzug wurde in der Nacht durchgeführt. Am 18. Dezember wurden die Überlebenden des Bataillons abgelöst und zogen nach Prijepolje, wo sie Eingreifreserve wurden und etwas Zeit hatten, sich mit Waffen und Nachersatz wieder auf eine bessere Kampfkraft zu bringen.

Eingangs Januar 1944 übernahm – von seiner Verwundung genesen – Hauptmann Weithoener wieder das Bataillon. Oberleutnant Steidl wurde wegen Tapferkeit vor dem Feind zum Hauptmann befördert und zu einem Bataillonsführer-Lehrgang geschickt. Dort erreichte ihn am 26. Januar 1944 eine Nachricht des Divisionskommandeurs. Generalmajor von Pfuhlstein gratulierte dem Hauptmann zum errungenen Ritterkreuz, das ihm am selben Tage verliehen worden war.

In dieser Situation traf, aus Tirana kommend, das II. Bataillon des 2. Regiment »Brandenburg« unter Hauptmann Oesterwitz wieder beim Regiment ein. Damit standen zum Beginn des Jahres 1944 immer noch zwei Heeresverbände in Albanien, die aber keine »Brandenburger« mehr als Unterstellung hatten: Die 100. Jäger-Division und die 297. Infanterie-Division, die beide zum XXI. Gebirgs-Korps gehörten.

Abschließend zu den Bandenkämpfen des Jahres 1943 in Jugoslawien, Griechenland und Albanien der Weihnachts- und Neujahrsbefehl des Divisionskommandeurs von Pfuhlstein. Aus diesem Dokument ist in knappen Zügen der Gesamt-Einsatz der »Brandenburger« 1943 zu entnehmen. Er ist zugleich aber auch eine Würdigung der Truppe und aus diesem Grunde sollte er in diesem Werk nicht fehlen:

Division »Brandenburg« **Ortsunterkunft, den 24.12.1943**
Der Kommandeur
Nr. 747/43 geh.

Soldaten der Division »Brandenburg«!

Zum Weihnachtstage und zur Jahreswende sende ich allen Offizieren, Oberjägern und Jägern, den Sanitätsoffizieren und Beamten der Division, an der Front, in den Lazaretten und in der Heimat kameradschaftliche Grüße und Wünsche!

An der Schwelle des alten zum neuen Jahr will ich euch allen einen Überblick geben über das, was das zu Ende gehende Jahr der Division »Brandenburg« an Ereignissen gebracht hat.

Weiterhin will ich euch zeigen, wie unsere Lage im Augenblick ist und welche Aufgaben das neue Jahr 1944 für die Division »Brandenburg« bringen wird.

Im Januar 1943 standen fast alle Teile des damaligen Sonderverbandes »Brandenburg« an der Ostfront, vor allem im Süden derselben. Bei Eis und Schnee, in schwerste Kämpfe verwickelt, bildeten die schwachen Kompanien der »Brandenburger« die Nachhut für zahlreiche Divisionen und Panzer-Korps. Teilweise sich selbst opfernd, ermöglichten sie diese Absetzbewegungen.

Erst ab Ende Januar, überwiegend jedoch erst im Februar und März, konnten die »Brandenburger« herausgezogen werden und verlegten vorübergehend in die Heimat. Sie brachten nur sich selber und ihre ausgeschossenen Waffen mit. Und noch eines kam mit ihnen aus den russischen Weiten zurück:

Das absolute Gefühl der Überlegenheit des deutschen Soldaten und vor allem der »Branderburger« über den russischen Feind.

Was geschah nun?

Binnen weniger Wochen wurde in hervorragender Arbeit aus allen Kompanien des Sonderverbandes »Brandenburg« die Division »Brandenburg« zusammengestellt. Die kampferprobten Kompanien bildeten den Stamm der neuen Bataillone, deren Führung die

alten sturmerprobten Kompaniechefs übernahmen. Neue junge Mannschaften, ältere und jüngere Offiziere und Unteroffiziere, traten hinzu. So wurden aus den Kompanien Bataillone und aus den Bataillonen Regimenter.
An dieser Stelle möchte ich dankbar der hervorragenden Mitarbeit des 1. Generalstabsoffiziers der Division gedenken, des inzwischen an der Ostfront schwer verwundeten Hauptmann Wülbers. Bereits im April gingen die ersten Bataillone wieder zur Front. Die letzten Teile der Division folgten im Mai nach. Ich gebe zu, es ging alles zu schnell. Es wäre gut gewesen, wenn für diese riesige Neuorganisation einige Wochen oder auch Tage mehr zur Verfügung gestanden hätten. Aber dies ging nicht! Führung und Front forderten den schnellsten Einsatz aller irgendwie verfügbaren »Brandenburger«.
Was wurde im Jahr 1943 geleistet?
Das 1. Regiment, die Fallschirmkompanie des 4. Regiments unter Führung von Oberleutnant Oschatz und Leutnant Hörl, die 1. Küstenjägerkompanie mit ihrem jetzt schwer verwundeten Hauptmann Kuhlmann, waren an der Einnahme und Säuberung der Inseln Kos, Levita, Stampalia, Kalimnos, Leros und Samos maßgeblich beteiligt. Einige dieser wichtigen Inseln wurden ausschließlich durch »Brandenburger« im kühnen Handstreich erobert. Als auf Leros nach vier schweren Kampftagen die Krise einsetzte und niemand sagen konnte, ob nicht ein schwerer Rückschlag bevorstand, brachte das III./1. Regiment »Brandenburg« unter Führung des dabei verwundeten Hauptmanns Froboese die siegreiche Entscheidung. Oberleutnant Wandrey durchbrach mit 20 Jägern die starke englische Befestigungslinie, knackte in der Tiefe der englischen Front eine Anzahl besonders starker Bunker und nahm schließlich persönlich den Kommandanten der Insel, General Tilney, gefangen.
Die Kapitulation des zahlen- und waffenmäßig weit überlegenen Gegners in der stark ausgebauten und armierten Inselfestung wurde durch das III./1. Regiment unserer Division und die kühne Tat des Oberleutnants Wandrey und seiner Jäger entscheidend beeinflußt.*
Das 2. Regiment unter der energischen und zugleich fürsorglichen Führung seines Kommandeurs, Oberstleutnant Pfeiffer, hat in zahlreichen Kämpfen und Gefechten in Nordgriechenland, in Albanien und vor allen Dingen im serbischen Raum dem Feind täglich schwere Verluste an Menschen und Material beigebracht. Den außerordentlichen Feindverlusten steht eine geringe Zahl eigener Verluste gegenüber. Dies ist darauf zurückzuführen, daß das 2. Regiment unsere bewährte z.b.V. Kampfweise in besonders erfolgreicher Form angewandt hat. Besonders anerkennend will ich die drei Bataillonskommandeure, Hauptmann Weithoener, Hauptmann Oesterwitz, Hauptmann Renner und ferner den Oberleutnant Steidl hervorheben. Alle vier sind alte erfahrene z b.V-ler.
Das 3. Regiment steht mit seinem I. und III. Bataillon seit Monaten an einem Brennpunkt der Ostfront im Kampf. Es ist dies eine Stelle, die fast täglich im Wehrmachtbericht genannt wird. Diese beiden Bataillone haben die Wucht und Verbissenheit der russischen Angriffe kennengelernt. In schwerstem Kampf mit zahlreichen schweren Panzern, durchgebrochenen Kavallerieverbänden und zahlenmäßig überlegenen Infanteriekräften, mit Artillerie, Granatwerferverbänden und Salvengeschützen, oftmals ohne Nachbarn nach links und rechts, haben sich die Bataillone vorbildlich geschlagen. Die Hauptleute Pinckert (Gerhard),

* Näheres dazu im Abschnitt über Leros ab Seite 239.

Grawert und Mertens haben an den errungenen Erfolgen besonderen Anteil. Das Bataillon Hauptmann Banse hatte es dagegen in Italien etwas leichter gehabt. Aber es hat seine Aufgabe zur vollsten Zufriedenheit der Division erfüllt.
Unsere alten russischen Legionäre, unter Hauptmann Auch zu einem Bataillon zusammengefaßt, haben als Nachspitze die befohlenen Ausweichbewegungen der deutschen Heeresverbände im Raume Shitomir gedeckt und ermöglicht. Sie haben als letzte Shitomir verlassen und sind als erste Wiederkämpfer mit der 7. Panzer-Division nach Shitomir eingedrungen. Die Zuverlässigkeit und Bewährung der Legionäre ist das besondere Verdienst der in diesem Verband kämpfenden deutschen Offiziere, Oberjäger und Jäger meiner Division.
Unvergessen in der Division bleiben die harten und opfervollen Kämpfe des Bataillons von Koenen und der Küstenjägerkompanie unter Hauptmann Kuhlmann in Afrika, besonders in Tunesien am Anfang dieses Jahres. Die Küstenjägerkompanie hat aber auch auf Kos und Leros gezeigt, daß Geist und Schwung noch die gleichen sind wie in Afrika und auch das III. Bataillon unter Hauptmann von Koenen steht längst wieder am Feind.
Das 4. Regiment ist zur Zeit bataillonsweise aufgeteilt eingesetzt. Einige Teile des Regiments stehen seit kurzem am Feind. Der Einsatz des 4. Regiments wird erst zu 1944 richtig in Schwung kommen.
Der Kampf der 1. Kompanie auf Leros unter Oberleutnant Sölder, der hier verwundet wurde, die zahlreichen Einsätze der Fallschirmkompanie und nicht zuletzt der kühne Handstreich der Kompanie Hettinger zur Wegnahme der Inselfestung Maddalena (wo der gefangen gehaltene Duce, Benito Mussolini, vermutet worden war) bilden den Auftakt für kommende weitere Erfolge der Division.
Unsere Funker haben erneut gezeigt, daß sie ihr Fach beherrschen. Sie stellten alle Verbindungen her, die gewünscht wurden, oft über viele hundert Kilometer.
Die Sanitätsoffiziere haben sich nicht nur als Ärzte bewährt. Wenn es darauf ankam, beispielsweise im Osten oder auf der Insel Leros, waren sie ebenso gute Führer und Kämpfer von Einheiten. Der besondere Dank gebührt aber auch den Beamten der Division, die sich pflichtbewußt und umsichtig um die Versorung der Truppe mit Erfolg einsetzten.
Wir gedenken zur Jahreswende aber vor allem unserer gefallenen Kameraden in Ehrfurcht und Dankbarkeit. Sie warten auf den Sieg, den wir nun für sie mit erkämpfen müssen.
Wir wollen Verbindung zu unseren Kameraden in den Lazaretten halten. Keiner darf vergessen werden! Über unsere Genesenden-Kompanien wollen wir sie alle bald wieder bei uns haben.
Was bringt uns das Jahr 1944?
Durch die Kämpfe des zu Ende gehenden Jahres sind unsere Reihen gelichtet. Dies wird mit Beginn des Neuen Jahres anders. Neuer Nachschub an ausgesuchten Freiwilligen aus allen Teilen der Wehrmacht wird ab Januar zu uns stoßen und den Frontregimentern zugeführt. Dazu kommen die ersten jungen Soldaten, die im neuen Lehrregiment unter Führung von Major Martins sorgfältig ausgebildet wurden. Ich habe diese Rekrutenkompanien gesehen, sie sind in allen Kampfarten und im Gelände geschult. Die Regimenter werden sich um diese tadellosen jungen Soldaten reißen. Die Waffenausstattung wird weitestmöglich verbessert. Unterführer-Lehrgänge, Kampfschulen-Lehrgänge und andere Möglichkeiten der bestmöglichen Ausbildung werden hundertprozentig genutzt. Im vorstehenden Überblick habe ich eine Reihe von Offizieren namentlich genannt. Unsere Erfolge aber wären nicht denkbar, wenn diesen Offizieren nicht Hunderte tapferer Oberjäger und Jäger in

treuer Kampfgemeinschaft zur Seite gestanden hätten. Ihnen allen gilt im gleichen Maße mein Dank und meine Anerkennung. Selbstbewußt und hoch erhobenen Hauptes tritt die Division »Brandenburg« in das neue Jahr ein. Niemand in der deutschen Wehrmacht, und erst recht niemand beim Feind, kann uns »Brandenburgern« imponieren oder etwas vormachen!

Unsere Parole für das Jahr 1944 ist die gleiche, wie im alten Jahr. Sie lautet:

»Brandenburger« überall voran!«

von Pfuhlstein

Weitere Kämpfe in Jugoslawien – Verhandlungen mit Tito

Bevor die Fortsetzung der Kämpfe der »Brandenburger« in Jugoslawien dargelegt werden, sei an dieser Stelle noch an ein hochbrisantes politisches Intermezzo in Jugoslawien erinnert, das bei richtigem Handeln der Obersten deutschen Führung blutige Opfer beider Seiten verhindert hätte.

Daß in Jugoslawien zwei politisch völlig widerstrebende Gruppierungen sich gegenseitig auszustechen versuchten, ist bekannt. Nicht bekannt hingegen die Tatsache, daß sowohl der königstreue General Dragomir Mihailowić (wie schon dargelegt) als auch der kommunistische Führer des Landes, Joseph Broz-Tito, mit Deutschland zu einem Übereinkommen und gegebenfalls Zusammenarbeit bereit waren und dies in Gesprächen auch mitteilten.

Die Tschetniks, königstreue Truppen unter Mihailowić, hatten lange vor Tito den Kampf gegen die deutsche Wehrmacht begonnen. Als die Kommunisten ihre Partisanenverbände aufstellten, kam es sehr rasch zu Streitigkeiten, die in erbitterten Kämpfen eskalierten. Diese Strategie hatte zunächst zu Verhandlungen zwischen Mihailowić und der Wehrmacht in Jugoslawien geführt, die von Hitler abgebrochen wurden.

Im Februar 1943 aber waren es Beauftragte des Generals Tito, die sich hinter der deutschen Front mit Professor Buerger, Leiter der Abwehrstelle Klagenfurt trafen, um erste Gespräche über einen gemeinsamen Kampf gegen Großbritannien anzuknüpfen.

Tito, der sich von den Russen im Stich gelassen fühlte, und von den Engländern keine Erfüllung der ihm gemachten Versprechungen mehr erwartete, war nun wutentbrannt auch dazu bereit, den Kampf gegen Deutschland einzustellen, wenn ihm – unter deutscher Oberherrschaft – die Gewalt in Jugoslawien und in Kroatien übertragen würde. Dies war allerdings der Kasus, der das verlockende Angebot zum Scheitern verurteilte. Kroatien an die Kommunisten abzugeben und damit einen sicheren Verbündeten zu verlieren, der von seinem Führer Pavelitsch an Deutschlands Seite gehalten wurde, kam nicht in Frage.

General Mihailowić wiederum, der von England unterstützt wurde und in britischem Auftrag bereits im Frühjahr 1943 jenes Geheimabkommen mit Italien abgeschlossen hatte, das nach dem Sturz von Mussolini den Abfall der Italiener vom Achsenbündnis vorbereitete, stand zunächst auf der deutschen »Friedensliste«. Dann aber sickerte durch, daß italienische Truppen die Tschetniks mit Waffen und Munition versorgten und diese frei schalten und walten ließen, und daß General Mihailowić in Podgoritza bei dem Befehlshaber der italienischen Truppen in Jugoslawien aus und einging, um das gemeinsame Vorgehen mit den Italienern gegen die Deutschen – nach dem italienischen Seitenwechsel – zu beraten. Nun ging man deutscherseits aufs Ganze.

Der Kommandeur des 4. Regiments »Brandenburg« erhielt den Befehl, ins Hauptquartier von General Mihailowić einzubrechen, diesen gefangenzusetzen und in Gewahrsam zu neh-

Das deutsche und italienische Einflußgebiet auf dem Balkan. Nach dem Abfall Italiens von der Achse arbeiteten italienische Truppen teilweise mit den Partisanen zusammen, bzw. statteten diese mit Munition, Waffen und Verpflegung aus.

men. Nach Agentenmeldungen sollte er sich in der Ortschaft Kolaschin in Montenegro aufhalten.

Der Kommandeur, Oberleutnant Heinz und zwei seiner besten Männer, die die Landessprache beherrschten, schlugen sich nun durch die feindlichen Linien durch, gelangten bei Prijepolje über jene Brücke des Lim, die im Dezember Schauplatz blutiger Kämpfe werden sollte (siehe den vorausgegangenen Abschnitt) und kamen zu General Mihailowić durch, der mit seinen beiden Stabschefs, den Generalen Dyuresetsch und Pugowitsch, in Kolaschin residierte.

Im Gespräch mit dem General erklärte dieser, daß er über mehr als 200.000 Mann verfüge und daß sein Hauptfeind nicht Deutschland, sondern Titos Partisanen seien, weswegen er auch den Kampf gegen deutsche Truppen untersagt habe. Mihailowić erklärte, daß er den Deutschen eine voll ausgebildete und aufgestockte Division zum Kampf an der Ostfront zur Verfügung stellen würde, wenn man seine Forderungen erfülle. Diese waren:

»Wiederherstellung des Staates Serbien mit mir als Kriegsminister. Anerkennung meiner Tschetnik-Truppen als Schutzschild gegen die Tito-Partisanen von der Deutschen Wehrmacht.«

Juni 1944: General Tito während einer Inspektionsreise auf der Insel Vis. Man beachte die Ausrüstung der Partisanen mit italienischen, deutschen und englischen Waffen.

Die drei Männer mit Oberstleutnant Heinz an der Spitze kehrten wohlbehalten zur eigenen Truppe zurück. Heinz ließ einen ausführlichen Funkbericht senden, deren Empfänger die Abwehrstelle Klagenfurt war, die dieses »heiße Eisen« sofort an das Führerhauptquartier weiterleitete. Von dort wurde der Befehl ausgegeben, nicht nur Mihailowić zu verhaften, sondern auch seine beiden Stabschefs, die vereinbarungsgemäß im Gefechtsstand des 4. Regiments »Brandenburg« auf das Ergebnis der Meldung warteten. Dies entgegen der Zusage von Oberstleutnant Heinz, daß sie Parlamentär-Status hätten.

Ein SD-Kommando tauchte unmittelbar darauf beim Regiment auf und enthob Oberstleutnant Heinz des Kommandos. Die beiden serbischen Unterhändler nahm der SD mit.

Nach der Zustimmung zum Abkommen vom 9. Mai 1944 zwischen Oberstleutnant Heinz und General Mihailowić, war sofort die Aufstellung einer »Montenegrinischen Legion« in Angriff genommen worden. Oberstleutnant Heinz sollte vor ein Kriegsgericht kommen. Es gelang Admiral Canaris, dieses Verfahren niederzuschlagen. Eine große Chance war erneut vertan worden.

Treibjagd auf Tito

Als in der Nacht zum 1. Januar 1944 die kroatischen Verteidiger von Banja Luka, durch Einheiten der »Brandenburger« verstärkt, den Angriff von zehn(!) Partisanenbrigaden abwiesen, die der Fama nach von Tito selber geführt worden sein sollten, war der Auftakt zu einem Monate andauernden Katz- und Maus-Spiel eingeleitet worden. Die serbischen Tschetniks hatten ein ganzes Netz an Fernspähtrupps im Einsatz, die von Funktrupps der »Brandenburger« begleitet wurden und im Feindgebiet nach Spuren der Partisanen suchten. Die »Brandenburger« trugen während dieser Einsätze kroatische Uniformen.

In Kotor Varos wurde unter Führung der »Brandenburger« durch den Dorfbürgermeister eine Miliz aufgebaut. Dieses Dorf erlitt mehrfach Feuerüberfällte der Partisanen und erwehrte sich einiger nächtlicher Angriffe dank dieser Organisation mit Bravour.

In Kraljewo war das Hauptquartier dieser Männer unter Major Benesch, die zum 4. Regiment »Brandenburg« gehörten. Sie klärten auf und führten mit unterstellten oder zugeführten V-Männern die Ausspähung gegnerischer Truppenansammlungen durch. Außerdem kam noch ein »Brandenburger«-Kampfkommando hinzu.

Am 2. Januar 1944 waren die Verteidiger von Banja Luka im Zentrum der Stadt auf engem Raum zusammengedrängt. Es wurde Rundumverteidigung befohlen. Der Flugplatz wurde ebenso verbissen gehalten wie die Loga-Kaserne und die Zitadelle.

Nunmehr erhielten die anderen »Brandenburger«-Verbände Weisung, in den Kampf einzugreifen und Major Benesch und seinem »Wildschütz-Verband« zur Hilfe zu kommen.

Sie arbeiteten sich an die Vrabas-Brücke im Westen der Stadt heran und verstärkten die hier liegende Polizeikompanie. Auf dem Wege dorthin erhielten die »Brandenburger« starken Beschuß und hatten einen Toten sowie 13 Verwundete. Dennoch erreichten sie diesen Brückenkopf und hielten ihn gegen mehrere feindliche Angriffe.

Tito (5. von links) im Gespräch mit Männern und Frauen des Partisanenverbandes, der Jajce eroberte, das 1944 von deutschen Truppen zurückgewonnen wurde.

Tito ist entkommen. Hier (rechts, mit dem linken Arm in der Schlinge) im Gespräch mit einem seiner Offiziere im Steinbruch von Drvar.

Nachdem alle Männer nachgezogen waren, wurde der Brückenkopf ausgeweitet. Während dieser Kämpfe geriet ein am Gegenufer liegendes landwirtschaftliches Gebäude des dortigen Trappistenklosters in Brand.

Am 3. Kampftage, Männer der Brigade (mot.) 92 hatten die erschöpften »Brandenburger« abgelöst, fuhren die mit Geschützen bestückten gepanzerten Fahrzeuge dieses Verbandes durch alle Straßen und Gassen der Stadt und zerschossen systematisch jedes Winderstandsnest. Die Partisanen verließen fluchtartig Banja Luka und verschwanden in den Wäldern der Umgebung.

Die »Brandenburger« erreichten gemeinsam mit dem Gros der Brigade (mot.) 92 die Ortschaft Jaice. Dort hatte bis unmittelbar vorher der Stab der Partisanenarmee mit General Tito gelegen. Sein Quartier, das sich in einer chemischen Fabrik befand, war gewissermaßen »noch warm«.

Wenig später wurde bekannt, daß Tito nahe des Ortes Drvar sein Hauptquartier aufgeschlagen habe. Um ihn in einem Kommando-Unternehmen zu fangen und gleichzeitig die vermuteten starken Partisanen-Verbände zu eliminieren, zog die 2. Panzer-Armee verschiedene Kräfte zusammen. Dazu gehörten das SS-Fallschirmjäger-Bataillon 500 unter Hauptsturmführer Kurt Rybka, das 4. Regiment »Brandenburg«, verstärkt durch Teile des 1. Regiments (II. und III. Bataillon), Teile der noch in Jaice stehenden Brigade (mot.) 92 und eine Sonderkampfgruppe der

7. SS Freiwilligen-Gebirgs-Division »Prinz Eugen«. Mit Teilen dieser Kräfte stieß das PzAOK 2 aus verschiedenen Richtungen konzentrisch auf den mutmaßlichen Schlupfwinkel vor. Doch das Nest war leer – Tito hatte sich tatsächlich in diesem Hause aufgehalten, wie Zeugenvernehmungen bestätigten, war aber wieder in allerletzter Sekunde entwischt. Erst als alles vorbei war, trafen die SS-Fallschirmjäger im Landmarsch ein. Der Coup war fehlgeschlagen.

Tito und sein Hauptquartier, in dem sich zu dieser Zeit auch noch eine britische Militärmission befand, war Anfang Januar 1944 direkt nach Drvar verlegt worden, einem Bergnest, etwa 100 Kilometer westlich von Jaice. Zunächst war es in einigen geräumten Häusern untergebracht, wurde aber aus Sicherheitsgründen – vor allem zum Schutz vor deutschen Bombenangriffen – in einigen der nahebei liegenden Felsenhöhlen untergebracht. Schließlich verlegte Tito mit seinem engsten Stab – er befürchtete, V-Männer hätte sein Domizil erkannt – in den Raum Bastasi, sechs Kilometer außerhalb von Drvar, wo sich eine sehr geräumige Höhle befand, die rasch als Hauptquartier ausgebaut worden war. Offiziersschüler des Begleitbataillons »Tito ll« und Einheiten einer Pionier-Brigade übernahmen den Schutz des Partisanen-Befehlshabers.

Nachdem ein V-Mann in der engeren Umgebung Titos am 27. März 1944 enttarnt worden war, der sich absetzen konnte, war es Tito und seinem Stabe klar, daß die Gegenseite nunmehr auch das neue Versteck kennen mußte. Als dann ein weiterer V-Mann, der ebenfalls das Weite gesucht hatte, von den Partisanen gefangen wurde und aussagte, daß er den Deutschen das Versteck verraten habe, herrschte dort Alarmstimmung. Der 4. Mai brachte Tito dann letzte Gewißheit. Bei einem Überfall auf einen zur Sicherung eingesetzten Zug von Tschetniks fiel den

Mai 1944: General Tito (rechts) mit Angehörigen seines Stabes in Drvar.

Tito-Partisanen eine Kartenskizze in die Hand, in der eine Reihe von Stützpunkten und Truppenansammlungen eingezeichnet waren, die sich im Raum Dvrar-Bastasi konzentrierten.

Deutscherseits sah man sich unter Zugzwang und ließ das Unternehmen »Rösselsprung« anlaufen – einen kombinierte Luft-/Bodenoperation, deren Schwerpunkt die Landung des SS-Fallschirmjäger-Bataillons 500 in Drvar bilden sollte. Um den Einsatz der SS-Fallschirmjäger zum richtigen Zeitpunkt ansetzen zu können, wurde Hauptsturmführer Skorzeny von den SS-Jagdverbänden, denen das Fallschirmjäger-Bataillon unterstellt war, nach Jugoslawien gebeten, um dort den Einsatz vorzubereiten und zu koordinieren.

Die Sondereinheit Benesch, nunmehr in zwei Kampfgruppen unter Führung der Leutnante Kirchner und Böckl zusammengefaßt, wurde dem Luftlandeverband unterstellt und in den Bereitstellungsraum geführt. Hier der Bericht des Regimentskommandeurs:

Das III. Armeekorps in Knin und der nächste Divisionsstab in Drnis waren zu weit vom Ort des Geschehens entfernt gelegen. Dennoch erhielt das 1. Regiment »Brandenburg« seine Befehle direkt vom Korps, anstelle von der Division in Drnis, die jedenfalls näher am Ort des Geschehens lag. Wir erhielten als Verstärkung das Panzergrenadier-Sturmbataillon der 2. Panzer-Armee, zu dem zu dieser Zeit vor allem Offiziersanwärter gehörten, die man zur Einsatzausbildung nach Belgrad verlegt hatte. Eine kroatische Freiwilligenkompanie wurde ebenfalls zugeführt. Eine Aufklärungsabteilung bildete die letzte Zuführung.

Das 1. Regiment mit seinen zwei Bataillonen und den angeführten Verstärkungen sollte am linken Flügel des angreifenden 7. SS-Freiwilligen-Division »Prinz Eugen« über Bosnisch Grahovo angreifen und das nahe Dvrar festgestellte Hauptquartier Titos in Besitz nehmen.

Am frühen Morgen des 25. Mai 1944 begann die operative Phase des Unternehmens »Rösselsprung«. Eine halbe Stunde zuvor hatten deutsche Kampfflugzeuge damit begonnen, das Einsatzgebiet mit Bomben zu belegen. Es gelang ihnen, die Funkzentrale des Partisanenhauptquartiers vernichtend zu treffen. Von den diversen Telefonverbindungen Titos blieb nur eine Leitung einsatzbereit. Die Partisanen in Dvrar und im HQ in der Höhle von Bastasi waren zunächst wie gelähmt.

Punkt 7.00 Uhr ging die erste Welle der Fallschirmjäger unter Hauptsturmführer Rybka im Tal von Dvrar nieder. Lastensegler wurden über Dvrar ausgeklinkt, um in steilen Spiralen niederzugehen und zur Punktlandung anzusetzen.

In der Stadt selber waren kaum Partisanen zurückgeblieben. Die Masse hatte sich mit Beginn der Bombenangriffe in die Berge zurückgezogen. Allerdings standen die 100 Offiziersschüler von Titos Wache an der Felsenhöhle kampfbereit. Sie traten als erste mit den deutschen Fallschirmjägern ins Gefecht. Eine Stunde nach der Landung war die Stadt zum größten Teil in deutscher Hand. Die letzten Häuser wurden unter Einsatz von Handgranaten und Sprengmitteln freigekämpft. Aber die Offiziersschüler in ihren Felsennestern und Höhlen, die mit MG gespickt waren, hielten allen Angriffen stand.*

Die zweite Welle der Fallschirmjäger landete gegen 11.50 Uhr und griff diese Stellungen mit einem enormen Angriffsgeist an. Doch ebenso tapfer fochten die Partisanen-Offiziersschüler.

Eine Stunde darauf trafen, über die einzige noch einsatzbereite Leitung gerufen, die Spitzeneinheiten von Titos 3. Lika-Brigade auf dem Gefechtsfeld ein. Nunmehr häuften sich auch die Verluste auf deutscher Seite.

---

* Eine detaillierte Schilderung der Kämpfe des SS-Fallschirmjäger-Bataillons in Drvar findet sich bei *Kunzmann-Milius: Fallschirmjäger der Waffen-SS im Bild*, Osnabrück 1986.

Männer des SS-Fallschirmjäger-Bataillons 500.

Zu dieser Zeit befanden sich die »Brandenburger« noch auf dem Marsch von Knin in Richtung Bosnisch-Grahovo. Sie wurden mehrfach von britischen Jagdbombern angegriffen. Diese Maschinen waren von einem Feldflugplatz gestartet, der auf dem Felsplateau der Berge Sator und Jadovnik eingerichtet worden war. Ein Angriff auf diesen Platz, zur Unterbindung der Angriffe der feindlichen Jabos war nicht möglich, weil dort durch einige V-Männer die 1. und 6. *Proletarische Division* der Partisanen gemeldet worden waren, die sich in einer beinahe uneinehmbaren, hochgelegenen Rundumstellung zur Verteidigung des Flugplatzes eingerichtet hatten.

Dennoch griffen die »Brandenburger« den Flugplatz als erstes Ziel an. Während das II. Bataillon/Regiment 1 frontal von Peulje aus angesetzt wurde, stürmte das III. Bataillon von Bosnisch-Grahovo aus vor und griff mit Artillerieunterstützung an.

Im massierten Abwehrfeuer der Partisanen blieben alle Angriffe der »Brandenburger« liegen. Die Partisanen konnten auf mehrere mittlere und eine schwere Batterie der italienischen Artillerie zurückgreifen. Als es dem II. Bataillon gelang, bis nahe zum Flugplatzrand vorzudringen und hier einen Gefechtsposten aus den Gräben und Kampfständen zu werfen, erfolgte sofort ein Gegenangriff.

Einer Sturzwoge gleich rannten die Partisanen gegen die Deutschen an. Es kam zu wilden Nahkämpfen, aber dank ihrer zahlenmäßigen Übermacht warfen sie die »Brandenburger« wieder hinaus. Die Verwundeten mußten zurückgelassen werden. Im sofortigen Gegenangriff mit einer Kompanie der Regimentsreserve konnten diese Stellungen abermals erobert werden. Die Verwundeten wurden entsetzlich verstümmelt angetroffen.

Der Regimentskommandeur zum weiteren Vorgehen:

Ich führte dem Bataillon Verstärkungen zu, um am nächsten Morgen die Inbesitznahme der vor uns liegenden Höhe mit dem Flugplatz zu erzwingen. Mein Stab verlegte dorthin, um beim entscheidenden Angriff dabei zu sein.

In der Nacht aber hatten die Partisanen ihre Stellungen geräumt und der Flugplatz, den wir kurz darauf erreichten, war leer. Die letzte Maschine mit der englischen Militärmission war

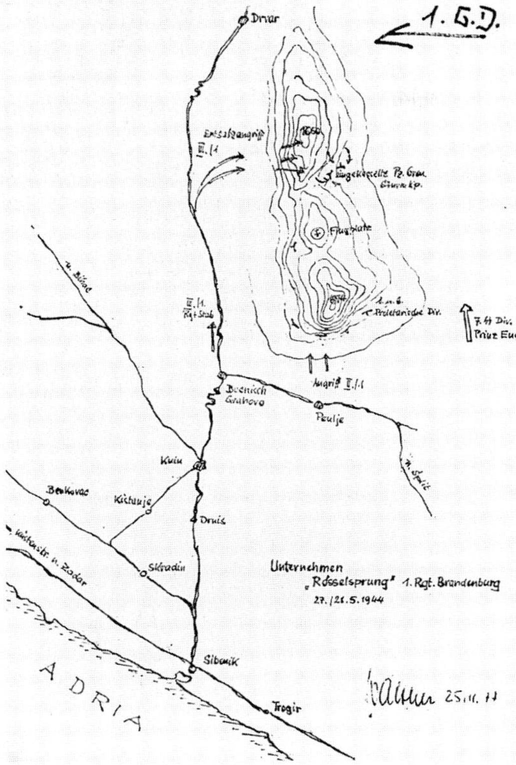

Übersichtsskizze zum Unternehmen »Rösselsprung«.

am späten Nachmittag des Vortages abgeflogen, als meine Männer die ersten Stellungen erreicht hatten.

In dieser Situation erreichte mich die Alarmmeldung, daß eine Kompanie des Panzergrenadier-Sturmregiments der 9. Panzer-Armee auf dem Berge Jodavnik von Partisanen eingeschlossen sei und kaum noch über Munition verfüge. Diese Kompanie mußte so schnell wie möglich herausgehauen werden. Dazu verlegte ich den Gefechtsstand nach Bosnisch-Grahovo zurück, wo das III. Bataillon meiner Männer bereit lag. Mit ihnen marschierte ich auf der Straße nach Dvrar vor um von dort aus, flankierend, die Höhe bei Jadovnik im Sturm zu nehmen. Der Angriff gelang, weil die Partisanen durch die eingeschlossene Kompanie gebunden waren und wild entschlossen schienen, sie völlig zu vernichten, so daß die geringsten Sicherheitsmaßnahmen außer acht gelassen wurden. Wir stürmten auf die Höhen und in einem einzigen Sturmlauf, aus vollem Lauf aus der Hüfte schießend, und Handgranaten werfend, schlugen wir diesen Feind zusammen.

Mit der Kompanie vereinigt, verfolgte das gesamte Regiment die nach Norden weichenden Partisanen, die sich nicht mehr zum Kampf stellten, weil ihre Absicht, Titos Flucht zu ermöglichen, inzwischen in die Tat umgesetzt worden war. Tito gelang es, nur notdürftig bekleidet, zu entkommen. Seine funkelnagelneue Marschallsuniform mußte er zurücklassen. Dazu einige Dokumente, die keine neuen Erkenntnisse brachten.

Führer der 7. SS-Gebirgs-Division »Prinz Eugen« bei einer Lagebesprechung mit Gebirgsjägern und Panzerleuten des Heeres.

Von der SS-Freiwilligendivision »Prinz Fugen« verfolgt, zogen sich die Partisanen und die um das Hauptquartier gescharten Kämpfer nach Potoci, westlich von Jaice, zurück. Von dort aus fuhr der Stab und die engste Begleitung zum Feldflugplatz bei Kupreskopolje, um mit einem Flugzeug zur Insel Vis (Lissa) gebracht zu werden, wo Tito mit seinem Stab am 4. Juni 1944 eintraf.

Das Ziel, Tito gefangen zu nehmen und seinen ganzen Stab zu eliminieren, war mißlungen. Dennoch verschaffte das Unternehmen »Rösselsprung« der deutschen Seite eine beträchtliche Atempause, während derer sich die Tito-Verbände neu organisieren mußten.

Das neue Lehrregiment »Brandenburg«

Generalmajor von Pfuhlstein, der immer wieder die Feststellung machen mußte, daß nach größeren Verlusten seine Truppe nicht rasch genug Nachersatz bekam, regte beim Chef der Abwehr, Admiral Canaris, die Aufstellung eines Lehr- und Ersatzregiments an. Diese Anregung fiel auf guten Boden, und bereits im Mai 1943 wurde aus dem in Brandenburg zurückgelassenen Restkommando der Division, das als Ausbildungspersonal fungierte, mit zugeführten Rekruten das *Ersatz-Bataillon »Brandenburg«* unter Major Martin aufgestellt.

Ab Mitte August 1943 wurde mit dem II. Bataillon, das in Baden bei Wien aufgestellt wurde, der Weg zum *Lehrregiment Brandenburg«* beschritten. Das II. Bataillon wurde zu diesem Behufe nach Brandenburg/Havel verlegt, wo beide Bataillone in der Folgezeit die Ausbildung gemeinsam absolvierten.

Unter Führung von Hauptmann von Einem-Josten wurde dann noch ein *Gebirgsjäger-Ersatzbataillon* aufgestellt, das im Raume Neuhaus-Tristingthal untergebracht wurde. Es sollte den Personalersatz für das 2. Regiment »Brandenburg« sicherstellen. Ebenso wurde der Heimatstab des 2. Regiments eingegliedert. Um die Ausbildung im Hochgebirgskampf optimal zu gestalten, verlegte das Bataillon einige Monate darauf nach Admont ins Steierische Salzkammergut.

Am 5. März 1944 wurde vom Wehrmachtsführungsstab – Heer – eine Aufforderung allen Teilen des bereits bestehenden Lehrregiments zugestellt, Soldaten für ein *Alarmregiment* abzustellen, das für den Einsatz im Raume südostwärts von Krakau in Zusammenhang mit der Operation »Trojanisches Pferd« vorgesehen wurde. Die Transportbereitschaft wurde zum 10. März gefordert.

Es kam jedoch nicht mehr zu diesem Einsatz und die dazu zusammengestellten zwei Bataillone kehrten in die Standorte Admont und Brandenburg/Havel zurück.

Angriff und Abwehr in Italien

Als die westlichen Alliierten am 12. Mai 1944 aus ihrem ständig erweiterten Landekopf bei Anzio Nettuno ausbrachen und zum Sturmangriff auf Rom ansetzten, wurde das Alarmregiment erneut in höchste Alarmbereitschaft versetzt. Seine beiden voll ausgerüsteten Bataillone verlegten im Alarmtransport nach Istrien und zogen im Großraum Triest-Fiume unter. Dort sollte vor allem der Küstenschutz gegen mögliche Feindlandungen übernommen werden. Die Führung hatte Oberstleutnant Martin, die Einsatzbedingungen waren einfach und von einer Feindlandung war nicht das Geringste zu bemerken. Eine solche wurde nun auch nicht mehr erwartet. Deshalb wurden die beiden Alarmbataillone am 17. Juni 1944 abgelöst und verlegten zusammen mit dem III. Bataillon unter Hauptmann Grawert nach Stein und mit dem IV. Bataillon unter Oberleutnant Bostrick nach Domzale, im damaligen *Reichsgau Oberkrain*, nordwestlich von Laibach.

Nach dieser ersten Bewegung erließ der Wehrmachtführungsstab am 9. Juni 1944 unter *OKW/WFSt./Op (H), Südost Nr. 00 6053/44 g.Kdos* einen Befehl, daß das gesamte Lehrregiment »Brandenburg« unter Oberstleutnant Martin in diesen Reichsgau zu verlegen habe. Der Unterbringungsraum dort wurde mit den Ortschaften Domzale, Stein, Krainburg, Radmannsdorf und Voldes angegeben. Dort wurde das Regiment dem Generalkommadno des XVIII. Armee-Korps unterstellt. Von diesem durfte allerdings den Alarmverband nur und ausschließlich zur Sicherung des Unterkunftsraumes und – soweit die Ausbildung und Ausrüstung dies zuließen – zur Bandenbekämpfung herangezogen worden.

Die Bezeichnung *Alarmregiment »Brandenburg«* wurde nun auch offiziell in *Lehrregiment »Brandenburg«* geändert. Dieses lag in folgen Orten:

Regimentsstab	in Veldes (Bled am See)
18. schwere Lehrkompanie	in Veldes
I. Bataillon	als Grundausbildungs-Bataillon (bisher Freiburg) im Raum Veldes und Lees
II. Bataillon	als Gebirgs-Grundausbildungsbataillon (bisher Admont) im Raume St. Veit an der Save

III. Bataillon	als Feldausbildungsbataillon im Raume Stein
IV. Bataillon	als Feldausbildungsbataillon (bisher IV./Alarmregiment) im Raum Domzale-Hannsburg

Unter Hauptmann Auch wurden rekrutierte Volksdeutsche aus Ungarn zum *Ausbildungsbataillon »U«* zusammengezogen und dem Lehrregiment unterstellt.

In Freiburg blieben die 1. und 2. Genesenden-Kompanie, in »Brandenburg« die 3. und 4. Genesenden-Kompanie zurück. Die 17. Lehrkompanie bezog ebenfalls in Brandenburg/Havel Quartier.

Die Legions-Lehrkompanie wiederum wurde durch einen Divisionsbefehl von Kranepuhl bei Brandenburg nach Freiburg verlegt. Dort wurde sie dem Führer des Kampfschulen-Lehrgangs unterstellt.

Da das Lehrregiment Ende April 1944 in *Führer-Panzergrenadier-Regiment 5* umbenannt wurde und aus dem Raum um Laibach, von wo aus es zum Bandenkampf eingesetzt gewesen war, herausgezogen und unter dem Kommando von Oberstleutnant Schwarzrock in den Raum um Stockerau verlegt wurde, schied es aus dem Verband der »Brandenburger« zunächst nominell aus, um aber wenige Monate darauf in die *Panzergrenadier-Division »Brandenburg«* eingegliedert zu werden. Zunächst aber stand es bei Stockerau unter dem Kommando der *Führer-Grenadierdivision.*

Hier abschließend der letzte Einsatz in Jugoslawien in einer gerafften Übersicht.

Der bittere Rückzug

Die Heeresgruppe E mit Sitz in Saloniki hatte zu Beginn 1944 sowohl das 1. wie auch das 2. Regiment »Brandenburg« in ihren Verbänden. An der ionischen Front, wo die Gefahr einer amphibischen Feindlandung nur sehr gering war, wurde das 2. Regiment »Brandenburg« abgezogen. Das 1. Regiment aber stand noch immer, dem LXVIII. Armee-Korps unterstellt, im Großraum Piräus-Athen-Südattika im Partisaneneinsatz. Es wurde von dem aus dem Küstenschutz entlassenen 1. Regiment, das im Raume Levadia-Lamia eingesetzt war, unterstützt. Neben dem Einsatz gegen die sich mehr und mehr auch in Griechenland bemerkbar machenden Partisanen galt es, den Schutz der Durchgangsstraßen über die Thermopylen nach Südgriechenland und den Küstenbereich gegenüber der langgestreckten Insel Euböa zu sichern. Der Kommandeur des 1. Regiments, Major Walther, hatte ein Zusammenziehen der kommunistischen EAM-Banden im Sperchiatal durch Späh- und Stoßtrupps erkannt. Von Lamia aus ebenso wie aus den Raume Kamena Wurla wurden weitere kampfstarke Stoßtrupps gegen diese Partisanennester eingesetzt. Spezialisten waren die Männer des III. Bataillons. Sie hatten die ersten Verluste in diesem Raum zu beklagen. Am 3. Januar 1944 bereits fiel hier Oberleutant Minzenmay, Adjutant des III. Bataillons, und zwei seiner Kameraden von der 10. Kompanie, mit denen er einen Aufklärungsvorstoß unternommen hatte. Sie waren gerade hinzu gekommen, als eine Infanterie-Kompanie an einer gesprengten Brücke festsaß und von Partisanen beschossen wurde. Es gelang ihnen, die Brücke freizumachen.

Am 14. Januar 1944 führte Oberleutnant Spätz, Chef der 2. Kompanie, vertretungsweise das I. Bataillon in Atalanti. Er gab Leutnant Stahl den Auftrag, mit einem kampfkräftigen Stoßtrupp gegen die EAM-Partisanen bei Sklitron aufzuklaren. Aus der Ortschaft Evangelistria aufbrechend, ging die Kompanie vor. Sie wurde von Feldwebel Koch mit einigen schweren Waffen begleitet. Bei Sklitron wurde Halt gemacht, um Wasser zu übernehmen. Als sich die Spitze danach wieder in Bewegung setzte und den Dorfausgang erreichte, wurde der Verband aus dem Hinterhalt rechts und links mit Gewehr- und MG-Feuer überschüttet. Zum Glück marschierte Feldwebel Koch mit seinen Männern 200 Meter weiter hinten als Nachhut. Sie eröffneten das Feuer. Danach bezogen sie Deckung am Talausgang hinter diesem Dorf. Dort igelten sie sich ein, bis nach Einbruch der Dunkelheit erste Bataillonsteile eintrafen.

Von der 2. Kompanie gerieten Leutnant Stahl, Unteroffizier Schmiedel und ein Gefreiter in einen Hinterhalt und wurden erschossen.

Der sofort angesetzte Gegenangriff verschaffte Luft. Aber der Vorstoß war zunächst beendet, um drei Tage später wiederholt zu werden. In der Nacht zum 18. Januar 1944 kämpfte sich das Bataillon in das Tal Sklitron hinein. Eine 2 cm-Vierlingsflak und andere »schwere« Waffen halfen bei der Einnahme des Dorfes.

Danach zogen sich die Partisanen ins Gebirge zurück und bis zum 20. Februar 1944 wurden nur Späh- und Stoßtrupps gelaufen. Am 21. Februar um 5.00 Uhr brach das Regiment auf, um über Larissa, den Servia-Paß, Kozani, Ptolemais und Bitloj nach Prilep zu marschieren.

Von hier aus wurde der Marsch am 25.2. über Veles nach Skoplje fortgesetzt, von wo aus es über Prizren nach Albanien ging.

Das Regiment wurde der 2. Armee unterstellt, um als Eingreifreserve für den Fall einer allliierten Landung an der dalmatinischen Küste zwischen Zadar und Split bereitzustehen.

Das III. Bataillon des 1. Regiments »Brandenburg« unter Oberleutnant Seuberlich, der die Führung für den zum Lehrgang kommandierten Oberleutnant Wandrey übernommen hatte, unternahm einen Verlegungsmarsch nach Skradin nördlich von Sebenik. Das I. Bataillon verlegte von Skutari nach Tirana, wo Spähtruppunternehmen unternommen wurden, um den Partisanen zu zeigen, »daß man da war.«

Das III. Bataillon erlebte vom 18. März bis Ende Mai 1944 insgesamt zehn Nahkampftage, von denen einige mit blutigen Verlusten verbunden waren. Besonders das Unternehmen »Bora« war sehr verlustreich, wie auch der Sturm auf die Höhe 214 bei Ceranje und auf einen weiteren Höhenzug westlich davon.

Am 14. April 1944 wurde bekannt, daß die Division »Brandenburg« mit Generalleutnant Kühlwein einen neuen Kommandeur erhalten habe.

Fritz Kühlwein, Jahrgang 1892 – damals also 52 Jahre alt – hatte bis zum 28. April 1942 die 45. Infanterie-Division geführt und war mit dem Ritterkreuz ausgezeichnet worden. Bereits als Oberst und Kommandeur des Infanterie-Regiments 133 hatte er am 19. Januar 1942 als einer der ersten Kommandeure an der Front die Tapferkeitsauszeichnung des Deutschen Kreuzes in Gold erhalten. Fritz Kühlwein führte die Division bis zu deren Übernahme in das Panzerkorps »Großdeutschland« und war damit ihr letzter Kommandeur in der alten Aufstellung und Sinngebung.

Hier auch der Einsatz des I. Bataillons/Regiment »Brandenburg«. Aus dem Raume Benkovac führte es eine Reihe schwerer Partisaneneinsätze, oftmals im Zusammenhang mit dem III. Bataillon, aus. Das I. Bataillon hatte nicht weniger als 22 Nahkampftage zu verzeichnen. Am 20. Mai übernahm Hauptmann John die Führung. Seine Verwundung war wieder ausgeheilt und es drängte ihn, nach dieser schweren Zeit wieder unter Kameraden zu sein. Er führte die Einheit in den erbitterten Junikämpfen von Benkovac. Hier wurde das Bataillon immer wieder von Jagdbombern angegriffen. Walther, nunmehr Oberstleutnant, saß mit seinem Stabe in Skradin. Der vom Bataillonsführer-Lehrgang zurückgekehrte Oberleutnant Wandrey übernahm wieder das III. Bataillon. Erst als Mitte Mai auch das II. Bataillon aus seiner Unterstellung unter das 4. Regiment entlassen wurde, war das 1. Regiment wieder vollzählig versammelt.

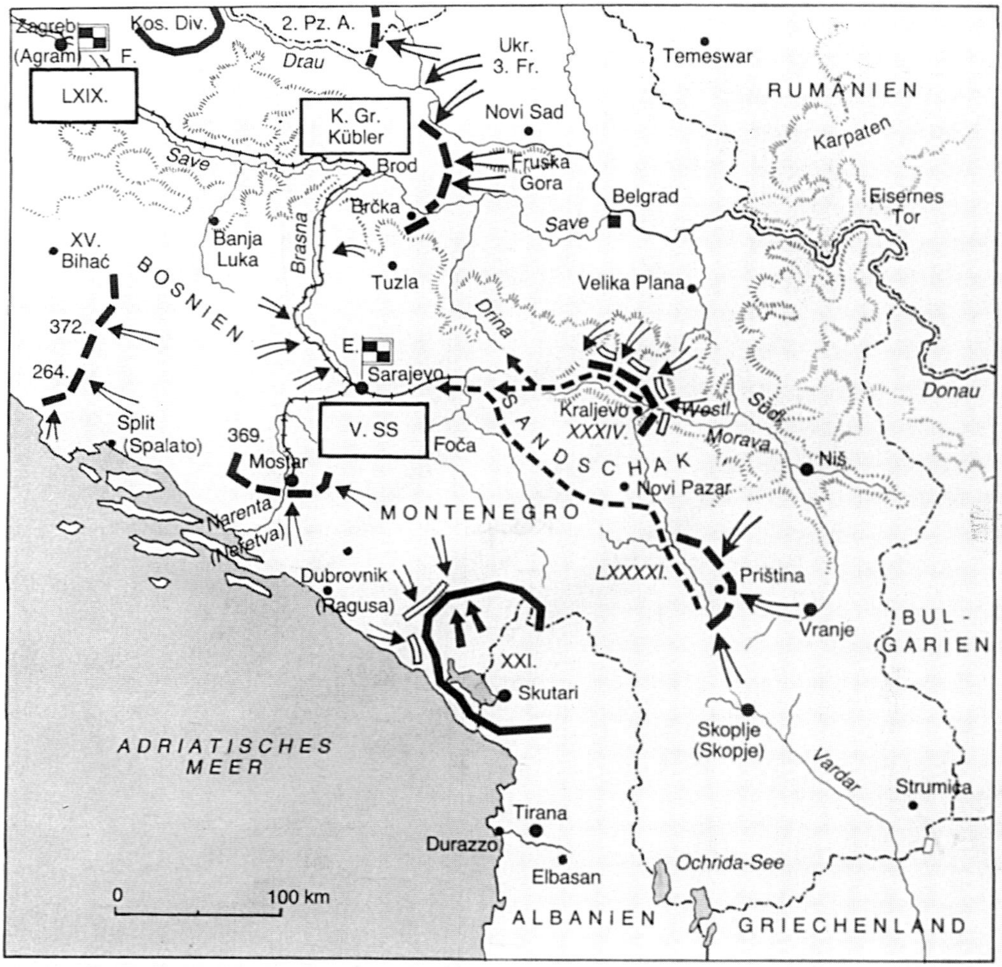

Der Endkampf in Jugoslawien. Die 3. Ukrainische Front kommt den Partisanenverbänden zur Hilfe.

Die letzten Einsätze bis hin zu jenem schicksalhaften 24. September 1944, als die Division »Brandenburg« aufhörte zu bestehen, waren mit Partisaneneinsätzen verknüpft, die zu dem Schlimmsten zählten, was der Zweite Weltkrieg den »Brandenburgern« gebracht hatte.

Der Kampf in Jugoslawien konzentrierte sich im September mehr und mehr um Belgrad. Hier kam es zu den turbulentesten Szenen des Krieges, als die Rote Armee am 29. September 1944 mit frischen Divisionen aus ihrem Brückenkopf am Westufer der Donau beiderseits der Mündung des Timok-Flusses zum Angriff auf Negotin antraten. Andere sowjetische Großverbände marschierten aus südlicher Richtung und Südosten gegen Zajedar und gefährdeten mit dieser Richtung die noch im Süden gelegene Nachschubstraße Petrovac-Bor, über die sich die im Donaubogen südlich Turnu Severin kämpfenden deutschen Verbände (unter ihnen auch das 2. Regiment »Brandenburg«, das der 1. Gebirgs-Division unterstellt war) allein zurückziehen konnten.

Oberst Erich von Brückner als Kommandeur des Jäger-Regiments 1 »Brandenburg«.

Südlich von Belgrad bei Topola kämpfte das III. Bataillon, während das I. Bataillon im Raume Sabac an der Save gegen die Partisanen eingesetzt war. Teile des I. Bataillons/4. Regiment »Brandenburg« lagen noch in Belgrad, wo auch am 27. September das aus aus Topola zurückmarschierende III. Bataillon/1. Regiment eintraf, um sich dem Rückzug nach Smederewo anzuschließen.

Am Brückenkopf bei Sabac kämpfte immer noch das I. Bataillon/1. Regiment unter Oberleutnant Hebeler. Hier griffen bei einem unerhörten Wolkenbruch sowjetische Truppen, gemischt mit Partisanenverbänden, den deutschen Brückenkopf an. Die Kompanien des Bataillons wurden eingeschlossen. Sie hielten bis zum 10. Oktober, ehe sie den Einschließungsring mit »Hurra« durchbrachen und nach Sabac und von dort aus nach Ruma auswichen, wobei im Nachtkampf ein russischer Sperr-Riegel durchbrochen werden mußte.

In diesen Oktobertagen sahen die »Brandenburger« ihren Oberstleutnant Walther ständig unterwegs zu seinen Bataillonen. Dabei wurde er am 13. Oktober verwundet und mußte in ein Heimatlazarett verlegt werden. Am 15. Oktober traf mit Oberst von Brückner, der von der 23. Panzer-Division kam, sein Nachfolger ein. Erich von Brückner, ein alter Haudegen, errang an der Spitze seines Regiments – des späteren Jäger-Regiment 1 »Brandenburg« am 11. Marz 1945 noch das Ritterkreuz.

Oberst Hermann Schulte-Heuthaus übernahm am 20. Oktober 1944 die Führung der Division »Brandenburg«. Als Kommandeur des Kradschützen-Bataillons 25 erhielt er bereits am 23. Januar 1942 das Ritterkreuz.

Als sowjetische Panzer in der Nacht zum 15. Oktober den äußeren Verteidigungsring Belgrads im Süden durchstießen, ging die gesamte Verteidigung in diesem Abschnitt in die Brüche. Nur in einigen Stützpunkten wurde noch bis zum 20. gehalten und verbissen gekämpft.

Die Kampfgruppe Stettner, Teile der 1. Gebirgs-Division und der »Kampfgruppe Wittmann«, vereinigten sich im Raume bei Pozarevac an der Morawa. Die Kampfgruppe Stettner sollte nach Belgrad durchstoßen und dort den Übergang über die Donau erzwingen.

Ab dem 15. Oktober begann in Belgrad der Endkampf. Bis zu diesem Tage hatte sich die Kampfgruppe Stettner in den Raum Mokir Lug vorangekämpft. Bei Stettner ebenso wie bei Wittmanns Gruppe befanden sich »Brandenburger«: das 2. Regiment bei der 1. Gebirgs-Division und das I. Bataillon/4. Regiment bei der Kampfgruppe Wittmann (Generalleutnant August Wittmann war Kommandeur der 117. Jäger-Division). Der Versuch, am 17. Oktober auf die noch offenen Savebrücken zu gelangen, mißlang.

Die Rote Armee hatte am Südrande der Stadt starke Kräfte bereitgestellt. Da der den Angreifern aus der Stadt befehlsgemäß entgegenzustoßende Verband nicht eintraf, mußte sich Generalleutnant von Stettner dazu entschließen, in der Nacht zum 18. Oktober nach Westen in Richtung Save-Übergang bei Sabac durchzubrechen.

Im Kampf gegen die nachstoßenden und aus den Flanken angreifenden Feindverbände trafen nur Gruppen in Kompaniestärke am Nordufer der Save ein. Die Rote Armee konnte hohe Gefangenenzahlen melden.

In der Nacht des 20. Oktober wurde der Brückenkopf Belgrad zurückgenommen und auf das nördliche Save-Ufer verlegt. Titos Armee stürmte nach Belgrad hinein. Der 20. Oktober wurde später in Jugoslawien staatlicher Feiertag.

An diesem Tage übernahm Oberst Schulte-Heuthaus die Führung der noch existierenden Kampfgruppen der Division »Brandenburg« in Novi Sad (dem alten österreichischen Neusatz). Er übernahm zugleich auch die Verteidigung des Theiß-Abschnittes von der Mündung des Flusses bis nach Szeoged. Schwerpunkt dieses Abschnitts bildete Titel.

In anderen, weiteren erbitterten Kämpfen, in die vor allem auch das II. Bataillon/1.Regiment unter Oberleutnant Wandrey verwickelt war, der am 16. Oktober verwundet wurde und dem noch am Stock gehenden Hauptmann John das Feld überlassen mußte, kam es zu schweren Verlusten. Am 18. Oktober wurde Hauptmann John durch Bauchschuß schwer verwundet. Oberleutnant Friedrichsmeyer übernahm das Bataillon.

Die Rote Armee, die beinahe ununterbrochen ihre Angriffe führte, um die Brückenköpfe Apatin und Barin auszuweiten, die einen guten Ausgangspunkt für weitere Vorstöße boten, kam zunächst keinen Schritt mehr weiter. Deutsche Gegenangriffe aber schafften es ebenfalls nicht, den Gegner wieder über die Donau zurückzuwerfen. Erst am frühen Morgen des 21. Oktober gelang es den Sowjets, nördlich ihres Brückenkopfes von Apatin die deutsche HKL nach beiden Seiten aufzurollen. Hier erlebte das II. Bataillon/1. Regiment unter Hauptmann Heine seine Vernichtung. Die Rotarmisten griffen von allen Seiten an. Die Nahkämpfe hatten eine derartige Wucht, daß selbst schwerverwundete »Brandenburger« noch im Sterben aus ihren Waffen auf diesen übermächtigen Gegner feuerten.

Bei einem letzten Durchbruch fielen von den übriggebliebenen 24 Männern noch einmal 22. Nur Hauptmann Heine und sein Melder überlebten.

Während der Absetzbewegungen war es immer wieder das 1. Regiment unter Oberst von Brückner, das stets neue Auffangstellungen bezog und den weichenden und versprengten Landsern Gelegenheit gabe, sich darin einzufügen. Bis zum 27. November wurde Fünfkirchen erreicht. Der Feind stieß sofort nach und in der Nacht mußte der Rückzug fortgesetzt werden.

Es ging durch Schluchten, Hügel und Wälder, hart bedrängt von nachrollenden Feindpanzern, nach Nordwesten zurück. Am 5. Dezember wurde eine Auffangstellung bei Kaposvar bezogen. Hier griffen T 34 in großer Zahl an. Die »Brandenburger« ließen sich überrollen, sie sprangen erst auf, wenn sie den Feindpanzern im Rücken standen. Mit Tellerminen, Sprengbüchsen und Handgranten wurden in einem einzigen Gefecht fünfzehn T 34 sozusagen mit »bloßer Hand« erledigt.

Am 8. Dezember, die Puszta war inzwischen tief verschneit, erhielt das Regiment den ersten Ruheraum bei und in Szenyer.

Daß neben dem 1. Regiment auch das 4. Regiment in gleicher Weise schwer geprüft wurde, hat Major Rinkert, der Kommandeur berichtet.

Sein Nachfolger in dieser schwierigen Zeit wurde Major Hollmann, der vorher das IV. Bataillon geführt hatte. Das Regiment hatte nach dem erneuten Einfall der Tito-Partisanen nach Serbien am 21. März 1944 schwere Wochen und Monate zu bestehen. Teile des Regiments waren – wie bereits dargestellt – am Unternehmen »Rösselsprung« beteiligt und hatten danach die Verfolgung der Partisanen aufgenommen.

Das III. Bataillon/4. Regiment unter Major von Koenen kämpfte bei Kupres am 1. Juni gegen starke Partisanenverbände und schlug diese zurück. Der 2. Juli sah das Bataillon erneut in schwere, verlustreiche Kämpfe verwickelt.

Major von Koenen wurde bei Visegrad am 20. August 1944 in seinem Wagen bei einem Überfall erschossen. So lauteten zunächst die Berichte. Später stellte sich der folgende Ablauf des Geschehens heraus:

> Major von Koenen saß während der Fahrt in ein neues Quartier neben dem Fahrer im ersten Wagen. Hinter ihm, im Fond, hatte der Bataillonsadjutant Platz genommen. Plötzlich erfolgte ein schwerer Feuerüberfall der Partisanen. Der Geleitzug hielt an. Der Wagen erhielt einen Volltreffer. Major Koenen war sofort tot, der Adjutant war verwundet worden, stellte sich aber beim Herankommen der Partisanen tot. Drei, vier Männer sprangen aus einer Deckung auf, rannten zum Wagen hinüber, rissen Major von Koenen das Ritterkreuz aus dem Halsausschnitt. Dem Adjutanten wurde der Ehering vom Finger gerissen. Die Meldetasche, die von Koenen trug und in der sich Geheimmaterial befand, wurde von den Angreifern einfach weggeworfen. Sie brauchten dies nicht, denn es waren keine Partisanen, sondern einfache Straßenräuber, sonst hätten sie ja die wichtigen Papiere mitgenommen.

Hauptmann von Kriegsheim übernahm in Bugojno vorerst die Führung des Regiments.

Als am 23. August 1944 der Staatsstreich in Rumänien erfolgte und General Antonescu gefangengesetzt wurde, erhielt der OB Südost Weisung aus dem Führerhauptquartier, im Raume Nish-Belgrad eine Kampfgruppe bereitzustellen, um den Putsch niederzuschlagen. Dazu wurden Teile der Sturmgeschütz-Brigade 201, das gesamte 4. Regiment »Brandenburg« und das aus Montenegro herangeführte Fallschirmjäger-Bataillon »Brandenburg« zugeführt.

Die zuerst im Raume Klausenburg in Nordrumänien eintreffenden beiden Bataillone des 4. Regiments wurden in erbitterte Kämpfe mit der eingefallenen Roten Armee verwickelt. Sie kämpften sich – völlig ausgeblutet – bis nach Ungarn hinein zurück.

Das I. Bataillon/4. Regiment »Brandenburg« unter Oberleutnant Schönherr, das gegen die anstürmenden russischen Panzerverbände auf dem Westufer der Morawa stand, wurde nach dem sowjetischen Durchbruch zurückbefohlen. Es kämpfte ebenfalls in Belgrad, wie das I. Bataillon des 1. Regiments. Hauptmann Gerlach fiel und Oberleutnant Schönherr übernahm die Führung. Oberleutnant Schönherr, Leutnant Seeger und Leutnant Mundlos versuchten mit etwa 30 Mann den Durchbruch. Zehn Soldaten fielen dabei. Der Rest wurde sieben Kilometer südlich der Save von den Russen geschnappt. Hier fiel Leutnant Seeger durch eine Partisanenkugel. Die Reste wurden von Major Pinkert, der nun das Regiment führte, im Raume Esseg aufgenommen.

Die Kämpfe in Jugoslawien und Rumänien gingen dem Ende entgegen. Die Tage der Division »Brandenburg« waren ebenfalls gezählt.

Bereits am 27. Mai 1944 hatte Generalleutnant Kühlwein jene im Divisionsstab lange besprochenen Ideen über die Weiterführung des Kampfes in einer Denkschrift für das OKW/Wehrmachtführungsstab zusammengefaßt. Dieses Dokument soll in den wichtigsten Passagen widergegeben werden:

Neue Aufgaben – Neue Formationen – Neue Angriffsverbände
Ortsunterkunft, den 27.5.1944
Der Kommandeur:

Die Division »Brandenburg« wurde als Sonderverband für Angriffsoperationen geschaffen. Seitdem die Deutsche Wehrmacht in der Verteidigung kämpft, hat sie sich dieser veränderten Lage angepaßt und ist damit zur Verfügungstruppe des OKW zur Bandenbekämpfung geworden.

Die Erfahrungen der Division bei den Richtungskämpfen im Osten, bei der Bandenbekämpfung auf dem Balkan, in Frankreich und Italien zeigen, daß die Aufgaben der Division nur durchführbar sind, wenn sie sich auf einen ausreichenden Stamm an Kampfdolmetschern und geworbenen Einheimischen stützen kann. Um den sich steigernden Aufgaben stets gewachsen zu sein, wird vorgeschlagen, solche landeseigenen Verbände aufzustellen.

Vorschlag: Zweiteilung der Division »Brandenburg« in

a) Streifkorps,

b) Jäger-Regimenter und Spezial-Abteilungen.

Zu a): Die Streifkorps werden auf allen vorhandenen und einmal möglichen Kriegsschauplätzen als bodenständige Verbände mit Kampfdolmetschern der Division aus geworbenen Einheimischen aufgestellt.

Ihre Aufgabe ist es, Kleinkriegeinsätze in Verbindung mit der Division durchzuführen.

Zu b): Die Jäger-Regimenter der Division, die Küstenjäger-Abteilung und das Fallschirmjäger-Bataillon sind von den Kriegsschauplätzen unabhängige, überall zu verwendende, schnell bewegliche Einheiten mit geballter Stoßkraft.

Aufgaben: Sie nehmen in den jeweiligen Einsatzräumen die Streifkorps auf. Gestützt auf diese Streifkorps führen sie Kleinkrieg. Bei Angriffsoperationen ermöglichen sie das Absetzen getarnter Stoßtrupps, bilden deren Rückhalt und Einsatz oder ermöglichen ihre Rückholung.

Damit wollte Generalleutnant Kühlwein verhindern, daß – nach der kurz bevorstehenden Eingliederung wichtiger Teile der bisherigen Abwehr in den Sicherheitsdienst der SS – auch Teile der Division »Brandenburg« davon betroffen würden.

Die Aufstellung des Streifkorps wurde vom Wehrmachtführungsstab rasch genehmigt. Es forderte die Einsatzbereitschaft derselben zum 1. August 1944.

Die Streifkorps

Die 8. Kompanie des 3. Regiments »Brandenburg«, die Ende Juli 1944 aus Italien herausgelöst worden war, wurde zum *Streifkorps Südfrankreich* aufgestockt.

Ein Zug der 8. Kompanie wurde herausgezogen, um gemeinsam mit spanischen Legionären die *Einsatzgruppe Pyrenäen* zu bilden.

Diese wiederum war eine Unterabteilung des *Streifkorps Biscaya.*

Die Aufstellung der *Einsatzgruppe Bretagne* sowie der *Einsatzgruppe Flandern* des *Streifkorps Nordfrankreich* dauerte etwas länger. Beide Streifkorps sollten in Frankreich eingesetzt werden.

Die *Einsatzgruppe Slowakei* wiederum war Teil des geplanten *Streifkorps Karpaten.* Zu diesem gehörte auch die rasch aufgestellte *Einsatzgruppe Rumänien/Siebenbürgen.*

Als dann alle »Brandenburger«-Verbände zusammengezogen wurden, um eine ganz neue Division zu schaffen, führten diese Streifkorps gewissermaßen ein Eigenleben. Sie standen bis Kriegsende im Einsatz.

Nach dem Attentatsversuch auf Hitler am 20. Juli – und damit verbunden der Abgesang der Abwehr und Hitlers Hinwendung zum Reichssicherheitshauptamt und zum Sicherheitsdienst – wurden Befürchtungen laut, daß die »Brandenburger« durch das militärische Amt des Sicherheitsdienstes unter Otto Skorzeny aufgesogen werden könnten. Unter diesen Auspizien war es der 1. Generalstabsoffizier der Division »Brandenburg«, Major i.G. Erasmus, der mit dem Stab der Division neue Erwägungen anstellte. Diese neuen Erwägungen stellten die Streifkorps von Generalleutnant Kühlwein in die Ecke und forderten, die Division »Brandenburg« in eine Kampfdivision des Heeres umzugestalten. Es sollte entweder eine Jäger- oder eine Panzergrenadier-Division werden. Dieser Vorschlag wurde in einem Bericht an das Oberkommando der Wehrmacht vom 30. August 1944 dargelegt. Darin hieß es unter dem Aktenzeichen *Abt. Ia Nr. 362/44 g.Kdos* unter anderem:

> Die nunmehr zur **Divison »Brandenburg«** gehörigen Verbände sind seit Jahr und Tag hinter den eigenen Fronten zum Bandenkampf eingesetzt. Mit Ausnahme geringer Teile lösen sie ihre Kampfaufgaben wie normale Panzergrenadier- oder Jäger-Regimenter. Die schwachen Kräfte, die heute noch Sonderkampfaufgaben ausführen, sind die Kommandozüge bei den Bataillonen und Regimentern der Streifkorps. Sie betragen bei einer Gesamtstärke der Division von 14.056 deutschen Soldaten lediglich 900 Offiziere, Unteroffiziere und Mannschaften. Darin ist die Masse der vorhandenen Sprachkundigen mit enthalten. Diese setzen sich aus 210 russisch sprechenden, 181 englisch sprechenden, 185 serbokroatisch sprechenden, 189 französisch sprechenden, 344 italienisch sprechenden und 610 sonstige Sprachen sprechenden Soldaten zusammen.
>
> Das Gros der Division besteht heute aus Jägerverbänden (mot.), die zwar unter Berücksichtigung der Bewaffnung, Ausbildung und Kampfgeist einen sonst nie erreichten Höchststand besitzen, aber das Schicksal aller zerrissenen Truppen teilen.
>
> Die vom Wehrmachtführungsstab vorgesehene Versetzung von 140 unserer Soldaten in die Einheiten des Reichsführers SS würde dem Bemühen, das zum Sonderkampf geeignete Personal zusammenzuhalten, endgültig ein Ende bereiten.
>
> Für den Fall, daß die Abgabe dieser 140 Soldaten unvermeidlich ist, wird folgende Lösung vorgeschlagen:
>
> Herauslösung aller noch für diesen Sonderkampf geeigneten Teile der Division und deren Abgabe an den Reichsführer SS zum großzügigen Aufbau einer solchen Organisation für diese Aufgabe.

Es folgte eine Aufstellung von Sonderkampfverbänden, die dann der Reichsführer SS aufzustellen habe. Diese Aufstellung war derart mannigfaltig, daß Himmler die Hände von diesem Vorhaben ließ.

Der Wehrmachtführungsstab zog aus diesem Bericht die Konsequenz, die Division »Brandenburg« von allen Aufgaben als Kommandotruppe zu entbinden und sie dem Generalstab des Heeres zur Umbildung in eine Heeresdivision zur Verfügung zu stellen. Dieser Befehl wurde durch das Oberkommando der Wehrmacht unter der *Nr. 001094/44 g.K. WFSt./OP* vom 8. September 1944 erlassen.

Damit war die Auflösung der »Brandenburger« Tatsache geworden und sie wurde erhärtet und besiegelt durch einen Tagesbefehl von Generaloberst Jodl:

Der Chef des Wehrmachtführungsstabes FHQ, den 11.9.1944

Soldaten der Division »Brandenburg«!
Die Division wird ihrer bisherigen Aufgaben als Sonderkampfverband entledigt und in eine mot.-Jäger-Division umgegliedert. Sie scheidet damit aus dem unmittelbaren Unterstellungsverhältnis unter mir aus.
Ich danke euch für die bisher bewiesene Einsatzfreudigkeit und Opferbereitschaft. Die Division hat im infanteristischen Kampf und auf dem Gebiet des Sonderkampfes meine Erwartungen erfüllt.
Wenn ihre Umgliederung in eine Jäger-Division trotzdem befohlen wird, so geschieht dies nur, um alle auf dem Gebiet des Sonderkampfes bewährten Kräfte unter einheitlicher Führung einzusetzen und zu neuen Erfolgen zu führen.
Der Name »Brandenburg« verpflichtet! Ich bin sicher, daß die Division in ihrer neuen Gliederung mehr als ihre Pflicht tun und ihre ruhmreiche Tradition fortsetzen wird.
Heil dem Führer!
Jodl, Generaloberst

Die Division »Brandenburg« existierte nicht mehr. Die alten Verbände in neuer »Verpackung« machten jedoch noch bis zum letzten Tage des Krieges von sich reden.

Die Küstenjäger-Abteilung »Brandenburg«

Aufstellung und erster Einsatz

Im Frühjahr 1942 war offenbar geworden, daß das Regiment »Brandenburg« z.b.V. 800 nicht auf Wasserfahrzeuge verzichten konnte, wollte es an schwierigen Flußeinsätzen erfolgreich teilnehmen oder sie gar allein durchführen. Bis dahin waren immer wieder Schwierigkeiten aufgetaucht, wenn es galt, Flüsse zu überwinden und man auf Sturmboot-Kommandos der Pioniere und Infanterie angewiesen war, die oftmals noch weit hinter den Einsatzorten der »Brandenburger« zurücklagen. An Bord des Segelschulschiffes »Gorch Fock« in Swinemünde wurde die Aufstellung der leichten Pionierkompanie »Brandenburg« begonnen.

Aus Stammpersonal des Baulehr-Regiments z.b.V. 800 »Brandenburg«, aus Landungs- und Sturmpionieren, Kleinbootfahrern der Kriegsmarine sowie kaukasischen und baltischen Legionären wurde eine Kompanie aufgestellt.

Diese verfügte zunächst über Segelboote, Schlauchboote und leichte Sturmboote 39. Mit ihnen wurden die ersten Landungsübungen im Raume Bansin-Heringsdorf durchgeführt. Ausbildungshilfe leistete die Kriegsmarine und vor allem das Pionier-Ersatzbataillon 2 aus Stettin-Podejuch mit seinem Lehrzug »L« in Dievenow.

Nach Ende der Ausbildungszeit wurde der I. Zug der Kompanie unter dem Kommando von Oberleutnant Kuhlmann im Bahntransport von Swinemünde nach Brindisi verlegt. Ein selbständiger Einsatz in Ägypten unter dem Kommando des *Deutschen Afrika-Korps* war geplant.

Der II. Zug unter Oberleutnant Kriegsheim sowie der III. Zug, geführt von Oberleutnant Dr. Wagner, verlegten unter Führung des Kompaniechefs, Hauptmann Horlbeck, im Bahntransport nach Nikolajew. Damit stand die Kompanie in folgender Stellenbesetzung:

Kompaniechef	Hauptmann Horlbeck 1942
	Oberleutnant Kriegsheim 1942-43
	Rittmeister Konrad von Leipzig 1943-45
	Oberleutnant Bertrand 1945
I. Zug	Oberleutnant Kuhlmann
II. Zug	Oberleutnant Kriegsheim
III. Zug	Oberleutnant Dr. Wagner

Noch im Sommer 1942 verlegten die Züge II und III von Nikolajew nach Mama Tatarskaja nahe Kertsch auf der Krim.

Der erste Einsatz war eine gewaltsame Erkundung mit leichten Sturmbooten auf der Insel Kossa Tusla, in der Straße von Kertsch.

In der Nacht zum 2. September 1942 unternahm die Kompanie ohne ihren ersten Zug drei parallel zueinander verlaufende Unternehmungen. Es ging darum, in Einzelaktionen die russischen Stellungen auf Kap Pekly der Taman-Halbinsel auszuschalten. Ferner, wie dies bereits anklang, die Insel Kossa Tusla zu besetzen und einen vor der Tamanbucht gestrandeten russischen Flachwasserdampfer – die »Gorniak« – im Handstreich zu nehmen. Auf dem Dampfer war eine feindliche Beobachtungsstelle erkannt worden. Alle drei Operationen waren im Zuge des weiteren Vorstoßes der Heeresgruppe Süd über Anapa bis nach Noworossijsk notwendig.

Die in einem Sturmboot nach Kap Pelky vorstoßende Einsatzgruppe landete unbemerkt. Als sie die erste Postenstellung erreichte, wurde sie angerufen. Der sowjetische Posten riß seine

Waffe hoch, wurde aber Sekunden vor der eigenen Schußabgabe durch eine MPi-Salve zu Boden geworfen. Die sechs Männer des Kommandos stürmten dem Bunker und dem Graben entgegen. Sie schleuderten Handgranaten in den Ausblickgraben und rissen die Bunkertür auf, um ein Handgranatenbündel hineinzuwerfen.

Als das zweite Sturmboot an der dem Land entgegensetzten Seite des russischen Dampfers geräuschlos anlegte, gelang es den beiden »Brandenburgern«, die zuerst aufentern sollten, das Deck des Dampfers ungehört zu erreichen. Sie sicherten die beiden Niedergänge. Der Posten auf der Brücke wurde von einem der Männer lautlos außer Gefecht gesetzt. Nachdem die gesamte Gruppe A an Bord gekommen war, wurden die schlafenden Russen, einschließlich ihres Leutnants und eines anwesenden politischen Kommissars, unsanft aus dem Schlaf gerissen.

Der dritte und wohl schwierigste Einsatz galt der Insel Kossa Tusla. Drei Sturmboote liefen zunächst in einem weiten Bogen um die Insel herum. Der letzte Teil der Seestrecke wurde geräuschlos mit Paddeln zurückgelegt. Das erste Boot legte nahe einem dichten Gewirr von Büschen am Strand an. Die Männer huschten durch das Gebüsch, und schoben sich bis auf etwa 50 Meter an die Besatzung heran, die in einem flachen, in den Boden hineingebauten Blockhaus untergezogen war.

Nun warteten sie auf ein Leuchtzeichen, mit dem eines der anderen Boote an der Flanke der Insel den Gegner aufschrecken sollte, während das zweite Boot im Seitenabstand von 600 Metern auf der anderen Flanke an Land gehen würde. Noch ehe das vereinbarte Leuchtzeichen geschossen wurde, erklang das langsame Tacken eines russischen Maxim-MGs. Dann belferten Maschinenpistolen dazwischen. Der Feind hatte das erste Boot erkannt.

»Das Leuchtzeichen«, wisperte Unteroffizier Gregor dem Truppführer zu. »Achtung, Feuer frei!« rief dieser halblaut.

Eine Sekunde darauf kamen die ersten Russen aus dem Blockhausbunker ins Freie gestürzt. Als sie alle im Freien waren, eröffnete der Truppführer das Feuer. Einige kurze Feuerstöße mähten die Gegner zu Boden, dann flogen Handgranaten in die Gräben und die Männer stürmten den Bunker.

Ein Soldat, der hinter seinem Truppführer lief, wurde von einer russischen Pistolenkugel in den Rücken getroffen. Die Wucht dieses Geschosses aus dem Nagant-Revolver des russischen Kommissars warf den Mann zu Boden. Er war sofort tot.

Von der Angriffsgruppe des ersten Sturmbootes, das nun mit Vollgas auf das Ufer zulief, wurden zwei weitere Soldaten verwundet. Dann war auch Kossa Tusla in der Hand der »Brandenburger«. Damit war die Gefahr, welche die Tamanhalbinsel für die deutschen Truppen bedeutete, beseitigt.

Als am frühen Morgen des 2. September die 11. Armee unter Generalfeldmarschall Erich von Manstein (nach Eroberung von Sewastopol – der größten Land-Seefestung der Welt – mit diesem höchsten militärischen Rang bedacht) über die Straße von Kertsch setzte und bei strömendem Regen die Tamanhalbinsel erreichte, waren die beiden Züge der Küstenjäger-Abteilung »Brandenburg« bereits im weiteren Vorstoß landeinwärts. Sie griffen eine feindliche Batterie bei Saporoschskaja, südlich von Kap Pekly an und brachten sie nach dreimaligem Angriff zum Schweigen. Als sie gegen die Stadt Taman vorstießen, trafen sie auf die Spitzengruppen der 11. Armee.

Die Kompanie hatte – noch nicht einmal vollzählig – alle ihr gestellten Aufgaben erfüllt. Sie wurde drei Tage darauf nach Kertsch zurückgeschafft. Von dort nach Anapa verlegt, erhielt sie am 9. den Befehl, mit Sturm- und Schlauchbooten zur Sprengung der Küstenstraße Tuapse-Noworossijsk – jenseits der sowjetrussischen Frontlinie – anzutreten.

Dieser Küstenweg war für die Roten Armee *die* Nachschubstraße. Wenn sie gesperrt wurde, dann war es für die Verteidiger, die sich in den Felsen zwischen Gebirge und Meer eingenistet hatten, nicht mehr möglich, weiterzukämpfen.

Die Truppen des V. Armee-Korps waren inzwischen bis vor Noworossijsk herangekommen. Von den Kämpfen der vergangenen Wochen dezimiert und am Rande ihrer Kraft, schien ein weiterer Durchstoß nicht mehr zu schaffen. Es waren die Divisionen dieses Korps – die 9., 73. und 198. Infanterie-Division – die unter General der Infanterie Wilhelm Wetzel am 11. August Krasnodar erreicht hatten, den Kuban überwanden und durch das Land der Tscherkessen zogen, von den Einwohnern herzlich begrüßt, die als Mohammedaner die Befreiung ihres Volkes von der kommunistisch-atheistischen Gewaltherrschaft bejubelten.

Nach diesem Sieg und dem Übergang über den Kuban war die Armeegruppe Ruoff unter Generaloberst Richard Ruoff bereit, Noworossijsk, Tuapse, Sotschi, Suchumi und Batumi zu erobern.

Falls dieser letzte große Angriff gelang, hatte die sowjetische Schwarzmeerflotte ihre letzten Stützpunkte verloren. Darüber hinaus wäre damit die Voraussetzung dazu geschaffen, daß die deutsche Kaukasusfront über See versorgt werden könnte.

Ein weiterer Erfolg aber würde dem deutschen Ostheer blühen, denn nach Eroberung des letzten südlichen und ostwärtigen Küstenstreifens wäre die Türkei (das hatten ausgestreckte Fühler der Abwehr in Erfahrung gebracht) bereit, an der Seite Deutschlands in den Krieg gegen Sowjetrußland einzutreten.

Dies alles stand mit im Plan der »Globalen Mission«, die in Deutschland vor allem von der Abwehr/Ausland vorbereitet wurde.

Nach einem solchen Erfolg und der damit verbundenen, soeben geschilderten Entwicklung wäre die nordpersische Position Churchills und Stalins zusammengebrochen. Damit zugleich wären die südlichen Zulieferungswege der US-Waffenhilfe für die Rote Armee vom Persischen Golf zum Kaspischen Meer, sodann die Wolga aufwärts, mit einem Schlage abgeschnitten. Denn die größten Mengen der gewaltigen amerikanischen Nachschublieferungen kamen über Persien und nicht über Murmansk in die UdSSR.

Zugleich damit – dies sei an dieser Stelle im Zusammenhang mit den Kriegsplänen Hitlers und des Amtes Abwehr/Ausland genannt – wäre dem Plan Rommels, mit der *Panzerarmee Afrika* über Ägypten in das türkische Zweistromland zwischen Euphrat und Tigris einzudringen und von dort aus alle wichtigen Erdölförderstätten des Irak und in der Zangenbewegung mit der Kaukasusfront auch die russischen Förderstätten bei Baku in Besitz zu nehmen, ein voller Erfolg beschieden.

Alle Voraussetzungen waren in diesem Sommer 1942 gegeben. Während die Kaukasus-Armee dicht vor dem Ziel stand, war auch Rommel auf El Alamein und Alexandria vorgestoßen, standen in beiden Ländern deutsche Agenten und Sabotagetrupps bereit, den einrückenden Truppen den Weg zu bereiten und zu sichern.

Diese einmalige Planung als solche war in der Geschichte des Zweiten Weltkrieges unerreicht. Daß die Kräfte zu schwach waren, um dieses globale Netz zu spannen und zu halten, steht auf einem anderen Blatt. Richtig ist aber, daß die – oftmals mit Spott überhäuften und jenseits alles Machbaren gestellten – deutschen Planungen alles andere als blutleere Utopien waren. Nicht mehr und nicht weniger soll auch in diesem Werk mit dem Titel *Deutsche Kommandotrupps in weltweitem Einsatz* dargelegt werden.

Wenn man in Betracht zieht, daß bereits Brückenkolonnen zur Erstellung von Pionierbrücken über den Nil bereitstanden und das allgemeine Ziel »zu Ibn Saud« ausgegeben wurde, so nimmt es Wunder, daß nicht schon lange diese globalen Bestrebungen im Zusammenhang dargestellt wurden. Da das Amt Ausland/Abwehr und seine »Brandenburger« mit diesen Operationen eng verzahnt sind und an allen Kriegsschauplätzen und den weiteren zum Eingreifen vorgesehenen Plätzen der Welt im Einsatz standen, ist in diesem Werk auch der Platz, diese Planungen wenigstens anzureißen.

In der Nacht zum 10. September, dem Tage, da das I. Bataillon des Grenadier-Regiments 186 der 73. Infanterie-Division unter Eichenlaubträger Oberleutnant Werner Ziegler zum Sturm auf Noworossijsk antrat, fuhr die kleine Flottille der »Brandenburger« – die Schlauchboote im Schlepp der Sturmboote – in weitem Bogen um Noworossijsk herum nach Südosten. Jene 122 Kilometer zwischen Tuapse und Noworossijsk, über welche die Zuführungsstraße führte, sollten etwa 30 Kilometer südostwärts Noworossijsk unterbrochen werden. Dazu waren in den Schlauchbooten Sprengmittel und Waffen verstaut worden.

Als Oberleutnant Ziegler mit seinen Grenadieren der 73. Infanterie-Division in die Stadt eindrang, Haus um Haus niederkämpfte und sich zum Hafen durchboxte, um die dort stehenden Flak-Batterien auszuschalten, war die Stunde der »Brandenburger« gekommen. Das nächste Ziel hieß Tuapse und dieser Schlüsselpunkt in der schmalen Küstenebene war entscheidend. Um ihn zu erreichen und im Handstreich zu nehmen, mußte die Straße für die aus Noworossijsk weichenden sowjetischen Truppen gesperrt werden, damit sie die Besatzung von Tuapse nicht verstärkten.

Die kleine Seekampfgruppe unter dem Hauptmann Horlbeck hatte eine Stunde nach Mitternacht den Drehpunkt zur Küste erreicht. Noch war vom Feind nichts zu sehen und am nun vorausliegenden Ufer waren keine Anzeichen einer Abwehr erkennbar, als der im vordersten Sturmboot hockende Beobachter seine Warnmeldung rief:

»Steuerbord querab Schatten!«

Der Kommandoführer stieß einen leisen Fluch aus. Er wandte sich nach rechts, hob sein lichtstarkes Nachtglas vor die Augen und machte ein russisches Motortorpedoboot aus, das schnell aus dem Dunst im Südosten herauskam. Dann erblickte er – weiter entfernt – eine niedrige Silhouette, bei der es sich nur um einen Küstenwachkutter handeln konnte, wie sie entlang der Küste patrouillierten, um die soeben einsetzenden deutschen Schnellbootangriffe zu melden.

»Erste Gruppe: MG-Feuer frei!« befahl der Kommandoführer.

Als das Torpedoboot nahe genug herangekommen war und mit der Klappbuchs (dem Lichtmorsegerät) die deutsche Gruppe anzumorsen begann, eröffneten die beiden MG das Feuer. Die Salven zischten in die Aufbauten des Schnellbootes hinein, Sekunden später blitzten auf dem Bug des Bootes die Abschüsse einer 4 cm-Boforskanone auf. Die Granaten zischten als leuchtende Feuerschnüre vor dem Bug des ersten Schnellbootes entlang.

»Drehen auf Westkurs!« befahl der Kommandoführer. Die erste Gruppe drehte. Ihr folgend beschrieb die zweite Gruppe einen weiteren Bogen nach Westen und lief genau in den Feuervorhang des Schnellbootes hinein. Eines der angehängten Schlauchboote, dessen Leine nicht rasch genug abgeworfen werden konnte, wurde von einer Granatensalve getroffen. Mit einem mächtigen Feuerschlag verwandelte sich das Schlauchboot in einen feuerumlohten Drachen, der in die Luft gewirbelt wurde. Das schleppende Sturmboot lief aus dem Kurs, schien ebenfalls durch die Luft gewirbelt zu werden, konnte sich aber wieder fangen und auf Gegenkurs gehen. Eine MG-Salve erfaßte es achtern. Dieser eine Feuerstoß, der das wild zackende Boot erwischte, traf einen der Männer tödlich, vier weitere wurden verwundet.

Den Sturmbooten gelang nach Zurücklassung der Schlauchboote, die vom Gegner zerschossen wurden und in die Luft flogen, den Einsatzhafen nordwestlich Noworossijsk wieder zu erreichen. Dort wurden die vier glücklicherweise nur leicht verwundeten »Brandenburger« versorgt und der Tote zum Bestattungskommando gefahren.

Das Unternehmen war gescheitert und als sei dies ein Zeichen gewesen, wurde dieser Raum auch zum Schicksalspunkt für die gesamte Heeresgruppe A unter Generalfeldmarschall Wilhelm List, der für die Eroberung von Noworossijkk das Ritterkreuz erhalten hatte, während Werner Ziegler am 23. Oktober 1944 als Major und Kommandeur seines Grenadier-Regiments 186 als 102. deutscher Soldat die Schwerter zum Ritterkreuz erhielt. Damit zählte er zu den wenigen Majoren, die diese zweithöchste Auszeichnung der deutschen Wehrmacht erhielten.

Die Tropen-Abteilung »Brandenburg«

Im Rahmen der Küstenjäger-Abteilung »Brandenburg« sei auch der Einsatz der 5. Kompanie der Tropen-Abteilung »Brandenburg« genannt, handelte es sich doch bei dieser Kompanie um den I. Zug der Küstenjäger-Abteilung »Brandenburg«. Dieser wurde nach dem Anlaufen der britischen Gegenoffensive bei El Alamein im Eisenbahntransport von Brindisi nach Freiburg im Breisgau zurückverlegt, um dort zur 5. Kompanie/Tropen-Abteilung »Brandenburg« aufgestockt zu werden.

Abteilungskommandeur war Hauptmann Friedrich von Koenen; Kompaniechef der erste Zugführer, Oberleutnant Kuhlmann. Noch in Deutschland wurde die Bootsausstattung der Kompanie aufgestockt. Leider standen die neuen Bootstypen der zum Einsatz vorgesehenen Sprengboote (es handelte sich um die *Schneiderboote,* die anstelle von Schrauben mit jeweils einem oder zwei Voith-Schneiderpropellern ausgestattet waren, die das Drehen der Boote beinahe auf der Stelle ermöglichten) noch nicht zur Verfügung.

Vom 4. bis zum 8. November 1942 wurde die Tropen-Abteilung »Brandenburg« mit Ju 52 nach Tunis geflogen, wo sie sammelte, um am 10. November nach Hammamet zu verlegen.

In der Zwischenzeit hatten der II. und III. Zug der Küstenjäger-Abteilung mit einem Fernspähtrupp von sich reden gemacht. Dabei galt es, im November bei Kap Penaj zu landen und von dort aus die Möglichkeiten für ein Kommandounternehmen gegen den russischen Kriegshafen Gelendschik zu erkunden.

Der Fernspähtrupp drang bis an den Rand von Gelendshik vor und konnte eine günstige Einbruchstelle finden. Einem russischen Stoßtrupp konnte ausgewichen werden. Keine zehn Meter an dem eigenen Fernspähtrupp ging der russische Stoßtrupp vorbei in Richtung deutsche Front. Über Funk wurde die deutsche Abwehrstellung gewarnt und als der russische Trupp dort eintraf, lief er mitten in das Abwehrfeuer hinein. Er fiel bis auf den letzten Mann.

Die »Brandenburger« kehrten mit wichtigen Unterlagen zur eigenen Truppe zurück. Daß zur Ausführung des geplanten Handstreichs die Lageveränderung ein Veto sprach, änderte nichts an der Erfolgsserie der wenigen »Brandenburger« in diesem Raum.

Ebenfalls im Kaukasus operierten weitere »Brandenburger«-Kommandos, die an anderer Stelle dargestellt wurden (siehe Kapitel *Im Kaukasus und vor Leningrad* ab Seite 166).

Trotz der wenigen Einsätze im kleinen Rahmen wurde offenbar, daß für weitere größere und amphibische Unternehmungen (man dachte vor allem an das Mittelmeer) ein größerer Verband aufgestellt werden müsse. Dies leuchtete nicht nur der Abwehr/Ausland ein.

Mit der leichten Pionierkompanie »Brandenburg« und dem ersten Zug der Küstenjäger unter Oberleutnant Kuhlmann wurde der Stamm für die Küstenjäger-Abteilung »Brandenburg« gelegt, deren Aufstellung Ende 1942 begann.

Schweres Sturmboot der Küstenjäger-Abteilung »Brandenburg«.

Diese Aufstockung erfolgte in Langenargen am Bodensee. Abteilungs-Kommandeur wurde Rittmeister Konrad von Leipzig, der schon in Afrika von sich reden gemacht hatte (siehe Seite 137 ff). Die Abteilung wurde voll motorisiert und war wie folgt gegliedert:

Abteilungsstab:	1 schweres Sturmboot 42
	1 Pionier-Landungsboot 41
	2 leichte MG
1. Kompanie (230 Mann):	2 schwere Sturmboote 42
	2 Pionier-Landungsboote 41
	9 leichte MG
	2 schwere FlaMG 151/20 (2 cm)
	2 mittlere Granatwerfer.
2. und 3. Kompanie (je ca. 230 Mann):	Ausstattung wie 1. Kompanie
4. schwere Kompanie (ca. 250 Mann):	6 Kommandoboote
	30 Sprengboote
	14 leichte MG
	6 schwere FlaMG 151/20

Der Einsatzauftrag lautete:

Partisanenbekämpfung von See her und Kommando-Unternehmen hinter der gegnerischen Front, sowie gegen feindliche Schiffe auf See und in Häfen.

Personelle Unterstützung erfolgte durch die einzelnen Kompanien des Pionier-Lehrbataillons in Lindau und dessen Einrichtungen im Raume Kressbronn bei Hard/Bregenz.

Im Januar und Februar 1943 erfolgte dann die geschilderte Abstellung von Personal und Booten für die 5./Tropen-Abteilung »Brandenburg«, die im Eisenbahntransport nach Italien verlegte und von dort aus im Wassertransport bzw. Seetransport über Palermo-Trapani nach Bizerta verlegten. Die überführten zwei schweren Sturmboote als Kommandoboote und zweier Sprengboote (mit Voit-Schneiderpropellern) mit ihren Besatzungen und der Bedienungs- und Wartungsgruppe wurden dort der 3. Schnellboot-Flottille unter Korvettenkapitän Kemnade taktisch unterstellt. Ihre Aufgabe war es, von Ferryville aus Sicherheitseinsätze zu fahren.

Dabei gelang es ihnen durch Zufall, einen britischen Kommandotrupp in Schlauchbooten zu kapern. Die an Bord der Schlauchboote gefundenen Unterlagen, vor allem die Funkschlüssel und Rufzeichen der Gegenstellen, ermöglichten es den »Brandenburgern« in der Folgezeit noch mehrere britische Kommandotrupps gefangenzunehmen (siehe dazu auch den Einsatz der Abteilung von Koenen ab Seite 158).

Parallel dazu erfolgten weitere Kommandoeinsätze an Land. So beispielsweise zum Kasserinepaß. Lastensegler-Einsätze und die Aufstellung der »Arabischen Legion« in Enfidaville sowie weitere Sonderunternehmen gehörten dazu.

Im Mai 1943, als sich das Ende der *Heeresgruppe Afrika* abzeichnete, und nachdem die beiden Sprengboote infolge schweren Seegangs nicht mehr einsatzbereit waren und gesprengt werden mußten, verließen die beiden schweren Sturmboote, genau eine Nacht vor der Kapitulation der *Heeresgruppe Afrika,* von Kap Ras Tzebib aus Afrika. Mit Generalstabsoffizieren und weiteren Stabsoffizieren an Bord gelangten sie nach einer irrwitzigen Kreuz- und Querfahrt, vorbei an Dutzenden feindlicher Schiffe, in der Nacht mehrfach beschossen, nach Trapani auf Sizilien.

An Bord dieser Sturmboote sollte auch unter anderem General der Panzertruppe Hans Cramer aus Afrika zurückgeholt werden. Ebenso General Gustav von Vaerst. Beide Offiziere zogen es vor, mit ihrer Truppe in die Gefangenschaft zu gehen.

Die aus Afrika zurückgekehrten Teile der 5. Tropen-Kompanie und die vorab zurückgekehrten Verwundeten wurden in Langenargen gesammelt und in die Küstenjäger-Abteilung »Brandenburg« eingegliedert.

Im Sommer 1943 verlegte die Masse der nunmehr vollzähligen Abteilung im Eisenbahntransport an die Adria. Die 1. Kompanie zog in Brindisi unter, Teile der Abteilung gelangten an die Côte d'Azur.

Mitte Juni 1943 wurde ein Kommandotrupp von sieben Küstenjägern unter Führung von Leutnant Brüggmann zu einem Ferneinsatz abgestellt. Ein U-Boot sollte sie in den Indischen Ozean vor die Küste Südafrikas bringen. Die Küstenjäger sollten anlanden und in einen südafrikanischen Hafen eindringen, um dort ein Trockendock zu vernichten, das für den alliierten Nachschub zum pazifischen Kriegsschauplatz bedeutsam war.

Das Unternehmen scheiterte auf dem Ausmarsch in den Atlantik: Als U 194 unter Kapitänleutnant Hermann Hesse am 8. Januar 1943 südwestlich von Island auftauchte, um von dem Versorger U 200 (Kapitänleutnant Heinrich Schonder) Treiböl zu übernehmen, wurden beide Boote durch alliierte Flugzeuge gesichtet und mit Bomben versenkt.

Die Küstenjäger hatten noch die Flak-Geschütze bedient und einen der angreifenden Bomber abgeschossen, sowie einen zweiten durch Treffer zum Abdrehen gezwungen. Sie gingen kämpfend mit U 194 unter.

Landungs- und schwere Sturmboote der 1. Kompanie/Küstenjäger-Abteilung »Brandenburg« auf dem Seemarsch in den Golf von Korinth.

Küstenjäger im Korfu-Einsatz

Mit dem Stichwort »Achse« wurden auch bei der Küstenjäger-Abteilung »Brandenburg« die Alarmsignale ausgelöst. »Achse« war die Antwort auf den Abfall der Italiener vom Bündnis, der am 8. September 1943 bekannt wurde.

Es galt zunächst, alle italienischen Einheiten zu entwaffnen und die wichtigsten Stützpunkte zu besetzen. Die 1. Kompanie/Küstenjäger-Abteilung »Brandenburg«, die bereits am 15. Juli mit ihrer Bootsstaffel Langenargen mit dem Ziel Brindisi verlassen hatte, während die Truppe auf dem Luftwege nach Piräus bei Athen verlegte, sah den ersten Einsatz.

Die Bootsstaffel war inzwischen von Brindisi aus im Seemarsch durch die Adria in Richtung Insel Korfu gelaufen, um von dort aus (noch war der italienische Abfall nicht bekannt) über Ithaka und Patras im Hafen Lutrakion vor Anker zu gehen. Sie vereinigte sich dort mit ihren Kampfeinheiten.

Von diesem Stützpunkt der 1. Kompanie erfolgten in den nächsten Wochen Transportaufgaben für das 1. Regiment »Brandenburg«. Hinzu kamen Erkundungsaufträge entlang der Küste des Golfes von Korinth.

Am 8. September 1943 standen die

Landungs- und schwere Sturmboote der 1. Kompanie/Küstenjäger-Abteilung »Brandenburg« auf dem Seemarsch in den Golf von Korinth. Bei den Jägern scheint Ferienstimmung zu herrschen.

1. Kompanie /Küstenjäger-Abteilung »Brandenburg« im Raum Athen-Larissa und die
4. Kompanie/Küstenjäger-Abteilung »Brandenburg« im Raum Santa Lucia/Sardinien.

Der Stab, die 2. und 3. Kompanie sowie Teile der 4. Kompanie wurden auf Veranlassung des Wehrmachtführungsstabes den Oberbefehlshabern Südost unterstellt und ebenfalls in die Adria verlegt, wo sie mit dem Landungspionier-Bataillon 771 zusammenarbeiten sollten.

Erste Einsatzerfolge stellten sich am 9. September im Raum Athen-Larissa ein. Die Bootsstaffel der 1. Kompanie stand unter dem Kommando von Korvettenkapitän Dr. Brand, dem Flottillenchef der 21. U-Jagd-Flottille. Am 9. September drang die Bootsstaffel in den Hafen Piräus ein und kaperte ein dort liegendes italienisches Torpedoboot, das die Kriegsmarine wenig später als deutsches TA-Boot einsetzte. Es bildete eine willkommene Verstärkung für den schmalen Schiffsbestand der Kriegsmarine im Mittelmeer.

Vom 23. bis zum 28. September wurde die 1. Kompanie mit ihren schweren Sturmbooten von Lutrakion nach Igumenica verlegt. Von hier aus setzten die Sturmboote in schnellen Fahrten den Divisionsstab der 1. Gebirgs-Division nach Kajos über. Damit trat die Operation Korfu aus der Planung in das entscheidende Stadium des Sturmes auf diese Insel.

Korfu, die von Badoglio-Truppen noch immer gehaltene Insel vor der Nordwestküste Griechenlands, sollte im Handstreich genommen werden.

Während – wie vorher dargestellt – die Sturmboote der »Brandenburger« den Stab der 1. Gebirgs-Division bei Kajos an der Südspitze der Insel anlandeten, wurden die Kampfeinheiten der Gebirgsjäger auf dem ehemaligen spanischen Frachter »Rigel« nachgeführt. Sie griffen nicht mehr in den Kampf ein, denn die italienischen Truppen zogen eine Kapitulation einer kämpferischen Auseinandersetzung vor.

Nach Beendigung dieser Aktion erhielt Hauptmann Kuhlmann, Kompaniechef der 1./Küstenjäger-Abteilung »Brandenburg«, den Befehl, sich zu einer Besprechung im Hauptquartier der 22. Infanterie-Division in Athen zu melden.

Kos wird erobert

Am Freitag, den 12. November 1943, wurden alle laufenden Aktionen der »Brandenburger« in Griechenland abgebrochen. Um 00.00 Uhr des 13. November erfolgte der Abmarsch der 15. Kompanie, die als *Fallschirmkompanie* am 22. Oktober die Insel Stampalia im Sprungeinsatz erobert hatte und dort als Besatzungstruppe geblieben war. Diese landete bereits um 5.00 Uhr dieses Tages im Wasserflughafen von Phaleron.

Gleichzeitig mit dieser Kompanie verlegte auch das III. Bataillon/1. Regiment »Brandenburg« und die 1. Kompanie der Küstenjäger-Abteilung nach Athen. Von dort aus sollte ein ent-

Ein Landungsboot der 1. Kompanie/Küstenjäger-Abteilung »Brandenburg« während des Korfu-Einsatzes.

scheidender Einsatz gegen britische Truppen erfolgen, die – mit dem 8. September 1943 beginnend – ihre alten Pläne der Besetzung griechischer und italienischer Inseln verwirklichen wollten.

Die britische Sondereinheit *Special Boat Squadron* landete auf Rhodos bei Castellrosso. Hier verteidigte die – zunächst noch zum deutschen Bundesgenossen haltende – italienische Besatzung noch bis zum Morgen des 10. September. Als die 234. Britische Brigade nachfolgte, um am 18. September 1943 zu landen, war Rhodos bereits von deutschen Truppen genommen worden. Alle 40.000 Mann der italienischen Inselbesatzung waren entwaffnet, der Gegner wurde abgewiesen.

Bevor die deutschen Truppen die weiteren britischen Operationsziele vorbeugend besetzen konnten, waren britische Truppen bereits auf den Inseln Kos und Leros gelandet und hatten am 18. September auch die weiteren Inseln Symi, Stampalia und Ikaria besetzt. Auf Kos, Leros und Samos gelang es den Briten, ihre Truppen auf jeweils Bataillonsstärke und darüber zu verstärken.

Von seiner Besprechung in Athen zurückgekehrt, gab Hauptmann Kuhlmann von Lutrakion aus über Funk die notwendigen Befehle an seine noch im Raume Korfu eingesetzte Kompanie. Die drei Jägerzüge liefen mit den schnellen schweren Sturmbooten wie befohlen direkt nach Naxos. Die beiden Landungsboote mit dem Kompanietross trafen 24 Stunden später in Lutrakion ein.

Die drei schweren Sturmboote waren am Abend des 2. Oktober am Treffpunkt des »Olympia Geleitzuges«. Dieser setzte sich aus fünf Transportdampfern, sechs Marine-Fährprämen und zwei Kriegsfischkuttern zusammen. Als Sicherungsfahrzeuge standen das Minenschiff »Drache« und sechs bis acht U-Jäger der 21. U-Jagd-Flotille unter Korvettenkapitän Brandt, sowie vier Räumboote der 12. Räumboot-Flottille unter Korvettenkapitän Mallmann bereit. Die taktische Führung des Unternehmens »Eisbär« hatte Korvettenkapitän Brandt.

Geschlossen lief der Konvoi bis Amorgos. Hier teilte sie sich in drei Landegruppen auf, die getrennt direkt nach Kos weiterliefen.

Die drei Sturmboote der »Brandenburger« liefen mit dem sie sichernden UJ 2101 unter Kapitänleutnant Vollheim in der Landungsgruppe 3.

Gegen 11.00 Uhr des 3. Oktober erreichte diese Gruppe bei ruhiger See und klarer Sicht unbemerkt die Kamarabucht an der Südküste von Kos. Erst bei der Anlandung erhielt sie schwaches Feuer.

Im überschlagenden Einsatz erstürmten die Küstenjäger mit MPi und MG 42 im Hüftanschlag die italienischen Bergstellungen. Als die vor dem Hafen liegenden eigenen Boote von einer Küstenbatterie bei Kephalos beschossen wurden, griff Feldwebel Biallas mit zehn Mann diese Stellung an.

Sie stürmten bis auf Handgranaten-Wurfweite heran und schleuderten ihre Handgranaten. Mit dem MG 42 wurden die Schießschlitze der beiden flankierenden Bunker »zugeschweißt« und im letzten Ansprung die Batterie außer Gefecht gesetzt.

Die im Handstreich überraschte Besatzung vermochte nicht mehr, ihre Geschütze unbrauchbar zu machen. Diese waren für die »Brandenburger« eine hoch willkommene Verstärkung ihrer Feuerkraft. Sie besetzten die Geschütze und nahmen den nahegelegenen Flugplatz von Kos, der von britischen Truppen besetzt gehalten wurde, unter Feuer.

Dieser Beschuß ermöglichte es den stürmenden »Brandenburgern«, den Flugplatz wenig später in Besitz zu nehmen. Um den Tower entbrannte ein kurzes MG-Duell, das die unerhört rasant schießenden MG 42 für sich entschieden.

Schwere Sturmboote der »Brandenburger« nach der Anlandung in der Kamarabucht auf Kos.

Unmittelbar nach der Inbesitznahme des Flugplatzes konnten nach Funkübermittlung die 1. Kompanie der Küstenjäger-Abteilung »Brandenburg« mit Ju 52 über dem Platz angesetzt werden, während die übrigen Einheiten luftgelandet wurden.

Gleichzeitig mit der Gruppe 3 hatten auch die beiden übrigen Landegruppen 1 und 2 den Vorstoß quer über Kos angetreten. Als sie einmal hängen blieben, wurde Stuka-Unterstützung angefordert. Die Sturzkampfbomber brausten in zwei Schwärmen heran und bombten direkt vor der eigenen Truppe die erkannten Feindstellungen, die Männer stürmten unmittelbar nach dem Fallen der Bomben und nahmen die Stellungen ein. Wo sich noch britischer Widerstand zeigte, wurde er durch Jagdflugzeuge Bf 109 aus seinen Löchern hinausgeschossen, die im Direktanflug alle feuernden Feindstellungen ausschalteten.

Am frühen Nachmittag war die Insel durchstoßen und die Briten in zwei Teile aufgespalten. Der Kampf dauerte noch den ganzen 4. Oktober über an. Die »Brandenburger« erwiesen sich als versierte und erfahrene Bunkerknacker und als sich der Tag neigte, ergaben sich die noch kämpfenden 1600 Engländer und die ihnen angeschlossenen 2500 Italiener. Damit hatten die »Brandenburger« Kos erobert.

Mit der Besetzung von Kos war es gleichzeitig gelungen, die beiden einzigen britischen Flugplätze in der Ägäis auszuschalten. Von diesen Plätzen aus konnten bereits am 5. Oktober die ersten deutschen Me 110-Zerstörer zu Aufklärungsflügen starten.

Nach kurzer Ruhezeit und einer personellen Auffrischung liefen die drei schweren Sturmboote der »Brandenburger« nach Kalymnos, das ebenfalls von Badoglio-Truppen besetzt war.

Ein Boot mit Oberleutnant Kuhlmann an Bord lief unter Parlamentärsflagge in den Hafen Kalymnos ein und forderte den italienischen Kommandanten zur Übergabe auf. Dieser lehnte eine kampflose Übergabe ab.

Nun half nur noch ein Bluff. Dem Kommandanten der Insel wurde ein Stuka-Angriff von verheerenden Ausmaßen in Aussicht gestellt. Darüber hinaus wurde erklärt, daß ein Stoßtrupp der »Brandenburger« bereits in italienischer Uniform in das Kommandatur-Gebäude eingedrungen sei und dort einen hochbrisanten Sprengstoff mit Zeitzünder deponiert habe.

Der Inselkommandant kapitulierte daraufhin. Die beiden anderen, vor dem Hafen auf- und abstehenden schweren Sturmboote liefen nun unbeschossen in den Hafen ein und die Küstenjäger besetzten alle wichtigen Positionen. Die italienische Inselbesatzung stellte bereits die Gewehre zusammen.

In der Nacht erfolgte dann ein Überfall eines britischen Kommandos, das sich unentdeckt auf der Insel aufgehalten hatte. Das Kommando versuchte, die im Hafengebiet biwakierenden »Brandenburger« schlagartig außer Gefecht zu setzen, doch einer der Wachen sichtete den Gegner, der mit geschwärzten Gesichtern angriff. Er schoß mit seiner MPi auf die schemenhaft aus der Nacht auftauchenden Gestalten.

Sekunden später hatten alle »Brandenburger« zu ihren Waffen gegriffen und kämpften sich von Gebäude zu Gebäude, von Holzstapel zu Holzstapel weiter vor. Im Kampf Mann

An Bord des schweren Sturmbootes, das unter Parlamentärsflagge in den Hafen von Kalymnos lief. Die Aufnahme zeigt zwei auf Kos gefangengenommene italienische Offiziere, die sich als Dolmetscher und Verhandlungsführer zur Verfügung gestellt hatten. Sie erhielten ihre Pistolen zurück.

TA 14 (ex Turbine) war auf Kos dabei.

gegen Mann gelang es, diesen gefährlichen Gegner auszuschalten und aus der Stadt zu drängen.

Ein kampfstarker Stoßtrupp folgte den Engländern, die sich ins Gebirge zurückgezogen hatten. Es entspann sich ein längeres Gefecht, in dessen Verlauf auch die »Brandenburger« Opfer zu beklagen hatten. Als dann der Rest dieses Kommandos mit nur noch sieben Mann – alle verwundet – kapitulierte, war ein dramatisches Ringen zu Ende gegangen, das um ein Haar die Vernichtung der »Brandenburger« bedeutet hätte.

Am 8. Oktober wurde der Rest dieser Kompanie nach Kalymnos übergeführt. Von hier aus sollte zum Sturmangriff gegen Leros angetreten werden.

Kern der zum Unternehmen »Leopard« zusammengestellten Truppen war ein Verband der 22. Infanterie-Division unter General Friedrich-Wilhelm Müller. Die Kampfgruppe Müller wurde auf mehreren Transporten eingeschifft. Als Sicherungsgruppe stand die 9. Torpedoboots-Flottille unter Korvettenkapitän Riede mit fünf T-Booten, das Schnellboot S 55, sowie die 21. U-Jagd-Flottille unter Korvettenkapitän Mallmann mit zehn bis zwölf Räumbooten zur Verfügung.

Für den Seemarsch nach Kos wurde ein Etappenmarsch bei Nacht nach Amorgos und von dort im weiteren Tagesmarsch direkt nach Kos vorgesehen. Ankunft in Kos am 6. November 1943.

Bei Lavrion sammelte das Überführungsgeleit. Hier stießen Soldaten der 9. Luftwaffen-Felddivision zum Verband, um ihn zu verstärken. Am frühen Morgen des 4. November ging der Auslaufbefehl ein. Lavrion wurde um 8.00 Uhr erreicht. Wegen zu grober See mußte der Vormarsch verschoben werden.

Dies gab britischen Torpedobombern am Nachmittag das 5. November die Chance, die vor Anker liegenden Boote anzugreifen. Die massierte Bordflak der Einheiten schoß drei der Bomber noch vor dem Torpedowurf ab. Die geworfenen Torpedos gingen fehl und detonierten an den Uferfelsen.

Eines der Sturmboote ging ankerauf und barg sechs mit dem Fallschirm abgesprungene britische Flieger, um sie in Lavrion der dortigen Hafenkommandantur zu übergeben.

Der Marsch führte in der Nacht zum 6. November nördlich an Makronisi und Kos vorbei in südlicher Richtung zur Insel Paros. Gegen 8.00 Uhr wurde in der Naoussabucht von Paros geankert. Dort erfolgte ein weiterer Angriff von sechs britischen Torpedofliegern. Eines der deutschen Räumboote erhielt einen Torpedotreffer. Abermals wurden drei der angreifenden Maschinen abgeschossen.

Um 20.00 Uhr wurde abgelegt und der Weitermarsch durch die Paros-Naxos-Enge geschafft. Nördlich an Irakleia vorbei ging es zur Nordküste von Amorgos weiter. Doch nach wenigen Seemeilen Fahrt wurde voraus ein Seegefecht beobachtet, bei dem einer der sichernden U-Jäger – GA 45, das als U-Boot-Falle diente – von den britischen Feindzerstörern *Penn* und *Pathfinder* mit Artillerie versenkt wurde.

Dadurch aber war einmal der Verband gewarnt worden, zum anderen konnten die beiden Feindzerstörer nicht mehr angreifen, weil der Verband nach Paros zurücklief.

Bei der nächtlichen Annäherung an die Naoussabucht erlitten die Landungsboote D und L der ebenfalls beteiligten Pionier-Landungskompanie 780 unter Oberleutnant Bunte Maschinen und Schraubenschäden. Am 8. November wurde um 3.20 Uhr der Weitermarsch angetreten.

Hier läuft TA 14 mit britischen Gefangenen an Bord zurück.

Küstenjäger – unterstützt von 2-cm-Flak auf Selbstfahrlafette – säubern am 5. Oktober 1943 den Westteil von Kos.

Kurz vor Erreichen von Amorgos erfolgte ein weiterer Angriff britischer Torpedoflieger. Es war 15.00 Uhr, die See ging mit Stärken 5 und 6, was die Flakabwehr erschwerte. Dennoch bewirkte der dichte Feuervorhang, daß die zwölf bis 16 angreifenden *Beaufighter* alle Torpedos »vergurkten«, weil sie zu früh geworfen worden waren.

Um 18.00 Uhr lagen alle Einheiten an der Nordküste von Amorgos in den verschiedenen Buchten getarnt.

In der folgenden Nacht zum 9. November tauchten vor der Bucht Feindzerstörer auf, die mit Scheinwerfern in die Schlupfwinkel der deutschen Einheiten leuchteten, ohne sie zu entdecken. Die einzige Bucht, die »blind« von ihnen mit Artillerie eingedeckt wurde, war unbelegt.

Als der Gegner weitergelaufen war, wurde abgelegt und weiter marschiert. Am 10. November trafen die Boote vor Kos mit der weiter nördlich anmarschierenden Bootsgruppe zusammen. Fünf Boote der Küstenjäger wurden in Buchten auf Kos, fünf auf Kalymnos beordert. Hier schifften sie die Truppen aus und verholten sich in gedeckte Liegeplätze.

Die um 20.00 Uhr auftauchenden Feindzerstörer suchten die Boote und Truppen vergebens.

Am 11. November wurde das Unternehmen »Taifun-Leopard«, wie es nun hieß, befohlen. Damit lag nunmehr Leros im Fadenkreuz.

Im folgenden soll dieser Einsatz dargestellt werden, wozu einige Zeilen aus dem bereits Geschildertern wiederholt werden sollen, um den Zusammenhang noch einmal plastisch zu zeigen.

Nach Ende des Kampfes auf Kos ein erstes erfrischendes Bad in der Ägäis.

Zu Lande, zu Wasser und aus der Luft – der Sturm auf Leros

Am 28. September 1943 wurde Hauptmann Kulmann, Chef der 1. Kompanie/Küstenjäger-Abteilung »Brandenburg«, nach Athen befohlen, um an einer Besprechung im Hauptquartier von Generalleutnant Müller, Kommandeur der 22. Infanterie-Division, teilzunehmen.

Generalleutnant Müller hatte vom OKH Weisung erhalten, eine Kampfgruppe zusammenzustellen und mit ihr die feindbesetzten Dodekanes-Inseln freizukämpfen.

Die »Brandenburger« besetzten (wie dargestellt) zunächst die Insel Kos mit der italienischen Bergstellung und erstürmten den Flugplatz Antimacchia. Der Platz wurde eine halbe Stunde später von der 1. Kompanie/Jäger-Regiment 4 »Brandenburg«, die auch im Fallschirmspringen ausgebildet war, im Sprung- und Luftlandeeinsatz mit Ju 52 besetzt.

Kalymons wiederum wurde von den »Brandenburgern« im Sturmbooteinsatz handstreichartig in Besitz genommen. Von hier aus sollte zum Sturmangriff gegen Leros angesetzt werden, zu dem eine triphibische Aktion der »Brandenburger« im Zusammenwirken mit Teilen der 22. Infanterie-Division vorgesehenen war.

Die drei schweren Sturmboote der 1. Kompanie/Küstenjäger-Abteilung »Brandenburg« unter Leutnant Schädlich erreichten am 12. November 1943 gegen 05.15 Uhr den Anlaufpunkt drei sm nordostwärts der Alindabucht und bildeten hier vier Angriffsgruppen.

Die drei schweren Sturmboote hatten mit ihren 14,5 m Länge ein Fassungsvermögen von jeweils 40 Mann mit Ausrüstung. In jedem der drei Boote hockte ein Zug »Brandenburger«, als sie, angetrieben von ihren je zwei Dieselmotoren, der Küste entgegenliefen.

Plötzlich leuchteten aus einer der feindlichen Küstenbatterien Scheinwerfer auf. Sekunden später dröhnten vor den Booten die Einschläge von 15 cm-Granaten, die Wassergeysire aufspringen und wieder in sich zusammenfallen ließen.

Die 250-PS-Motoren dröhnten nun im Vollgas und mit 42 Stundenkilometern rasten die Boote auf die Küste zu. Eines der drei Boote wurde durch einen Maschinenschaden langsamer, lief aus und lag nun im Granathagel des Gegners. Die beiden anderen erreichten die Küste und waren am Steilhang vor den Granaten der englischen Batterien sicher.

Leutnant Schädlich arbeitete sich mit seinen Männern hügelan. Endlich erreichten sie, keuchend und nach Atem ringend, den oberen flacheren Hang. Als sie hier im geschlossenen Sprung vorstürmen wollten, eröffneten die Engländer aus MG das Feuer. In kleinen Sprüngen hetzten sie vorwärts, warfen sich in den Schutz der niedrigen Steineichenbüsche, um wieder emporzuschnellen. Die ersten Ausfälle traten ein.

Währenddessen war das vor der Insel liegengebliebene Sturmboot mehrfach getroffen worden, bevor der Bootsmaschinist wenigstens einen Motor flott bekam. Im Zickzack laufend erreichte es mit mehreren Verwundeten und zwei Toten das rettende Steilufer.

Die Überlebenden einschließlich der beiden Leichtverwundeten dieses dritten Zuges schlossen zu den beiden Zügen unter Leutnant Schädlich auf. Dieser gab Befehl, zwei flankierende MG auszuschalten. Als dort, wo die beiden MG gefeuert hatten, zwei Detonationen krachten, riß Schädlich seine Männer wieder vor. Sie rannten in der sengenden Hitze der längst aufgegangenen Sonne weiter, wurden erneut in Deckung gezwungen, als auch englische Werfer in das Abwehrfeuer einfielen.

Generalleutnant Friedrich Wilhelm Müller, Kommandeur der 22. Infanterie-Division und Befehlshaber der Kampfgruppe, welche die feindbesetzten Inseln des Dodekanes zu nehmen hatte. Nach dem Kriege fiel Friedrich Wilhelm Müller griechischer Rachejustiz zum Opfer und wurde am 20. Mai 1947 in Athen hingerichtet.

Die Verwundeten wurden hinuntergeschafft und von einem der Sturmboote aufgenommen, das ablegte und in Richtung Kos lief. Aber bereits nach einigen Hundert Metern schossen sich britische Geschütze auf das Boot ein, das zwei Volltreffer erhielt und mit allen Verwundeten sank.

Auf dem zweiten Teilstück des Hanges arbeiteten sich die »Brandenburger« meterweise vor. Als sie ein völlig übersichtliches Felsplateau erreichten, wußte Leutnant Schädlich, daß sie hier nie durchkommen würden, wenn die zugesagte Stuka-Unterstützung nicht käme. Ein Blick auf die Uhr zeigte ihm, daß der zugesagte Angriff bereits 15 Minuten überfällig war.

Sie mußten hier aushalten, bis die Stukas kamen, wer auch nur wenige Zentimeter den Kopf hob, der wurde beschossen.

Von der Nordseite der Insel erscholl in den Feuerpausen ebenfalls Gefechtslärm. Dort hatten die Landungspionier-Kompanie 780 Grenadiere der 22. Infanterie-Division an Land gesetzt, die nun vorgingen.

Zäh und langsam verstrich die Zeit, ehe ein schwaches, kaum wahrnehmbares donnerndes Grollen erscholl, das sich rasch zu einem dumpfen Getöse verstärkte.

Zwei Landungsboote der Landungspionier-Kompanie 780 laufen – geleitet von TA 17 – im Morgengrauen des 12. November 1943 in die Griffobucht auf Leros ein.

»Unsere Stukas!«, rief Leutnant Schädlich erleichtert. »Fertigmachen zum geschlossenen Sprung!«

Schon waren die vier vorn fliegenden Ju 87 an ihren Möwenschwingen erkennbar. Schädlich zählte zwölf Stukas, die ihre Bomben exakt im Sturz ins Ziel brachten.

Schon kippte die erste Rotte seitlich weg und jagte steiler werdend den britischen Geschützstellungen und deren Kommandozentrale entgegen. Die eingeschalteten Jericho-Sirenen dröhnten und dann fielen die ersten Bomben in die Feindstellungen.

»Sprung auf – maaarsch!« rief Schädlich und alle Männer hetzten hinter ihm her, während die zweiten und dann dritten vier Stukas warfen. Als die letzte Gruppe in einem Turn nach links wieder in den Himmel emporstieg, hatten sie das Plateau überwunden, Erst jetzt setzte, stark vermindert, wieder feindliches Abwehrfeuer ein. Einige Feindstellungen aber schwiegen, dort hatten die Bomben der Stukas alles zum Schweigen gebracht.

Es ging nun über dichtbewachsenes Terrain mit niederen Gehölzgruppen, die Deckung gegen Sicht boten. Als sie wieder einmal nach Atem ringend liegen blieben, erfolgte der zweite Stukaangriff gerade in letzter Sekunde.

Während die Gruppe Schädlich in sengender Sonne und immer wieder in volle Deckung gezwungen das Tagesziel zu erreichen versuchte, hatte Leutnant Glaser Zugführer I, mit den drei Zügen der Landungspionier-Kompanie 780 – die zweite der vier Angriffsgruppen – die mit der Ostgruppe um 05.15 gelandet war, das Ufer der Insel erreicht.

Ebenso hatten die Männer des II. Bataillons/Infanterie-Regiment 65, unter ihnen der Regimentskommandeur Major Sylvester von Saldern, die Insel erreicht und machten sich zum Vorstoß bereit. Sie waren noch vor Erreichen des Ufers von einem dichten Ufergebüsch aus mit leichten Maschinenwaffen beschossen worden. Von Saldern befahl, diesen Gegner zuerst auszuheben. Es stellte sich heraus, daß hinter dem Gebüsch das britische Motorlandungsboot *ML 456* verborgen lag. Die kleine Kampfgruppe kaperte das Boot im Handstreich (es wurde später im Rahmen der deutschen Kleinkampfverbände im Mittelmeer eingesetzt).

Das Bataillon von Saldern hatte das Ziel erhalten, den Höhenrücken nordwestlich der Alindabucht in Besitz zu nehmen. Unter persönlicher Führung des Majors konnten seine Männer diesen Auftrag erfüllen.

Die dritte Angriffsgruppe sollte die Palmabucht ansteuern. Von dort aus sollte ein Geländestreifen bis Kap Panozimi im Norden in Besitz genommen werden. Den Landungsbooten dieser Gruppe gelang es – trotz der strahlenden Helle des Morgens – das Feindfeuer zu unterlaufen und an der vorgesehenen Stelle zu landen. Allein der *MFP (Marine-Fährprahm)* sank im Feuer des Gegners. Das Landungsboot »H« trieb mit Schlagseite nach mehreren Treffern nach Norden ab und wurde auf die Insel Strongilo zugetrieben. Unteroffizier Neitzel, der Bootsführer befahl »Alle Mann von Bord!« Sie erreichten bis auf einen Kameraden das rettende Eiland, von dem sie später abgeborgen wurden.

Boot »A« mit dem Kompaniearzt an Bord lief zur Untergangsstelle des MFP und rettete die im Wasser Treibenden. Zusammen mit Boot »G«, das sicher gelandet war, lief es mit 30 Verwundeten nach Kalymnos zurück.

Pioniere der Landungskompanie 780 gehen an Land. Im Hintergrund liegt das Landungsboot »M«, das britische Schnellboote am 15. November versenkten.

Soldaten der 1. Kompanie/Küstenjäger-Abteilung »Brandenburg« in der von ihnen eroberten Stellung einer 15 cm-Batterie auf dem Monte Racchi.

Die vierte Gruppe landete in der Griffobucht. An Bord befand sich eine Kompanie des II. Bataillon/Infanterie-Regiment 65 unter Hauptmann Dörr.

Gegen Mittag sah es aus, als sei der großangelegte Angriff auf Leros gescheitert. Doch zu dieser Zeit sollten zwei Fallschirmjäger-Verbände zum Sprungeinsatz kommen.

Sprungeinsatz der »Brandenburger«-Fallschirmjäger

Das »Tuu-uut« des Boschhorns, das als Signal zum Sprung für die Fallschirmjäger der »Brandenburger« erscholl, ließ diese aus der offenen Tür der Ju 52 springen. Als erster warf sich Leutnant Hörl mit weitem Hechtsprung hinaus; dichtauf folgen alle Männer der Maschine. Als letzter in der Maschine – wie dies Vorschrift war – Kompaniechef Oberleutnant Oschatz. Aus den anderen Maschinen sprangen die Jäger ebenfalls dichtgedrängt, um nicht zu weit auseinandergetrieben zu werden.

Als Oberleutnant Oschatz den harten Schlag des Entfaltungsstoßes seines Fallschirms spürte, atmete er auf. Am geöffneten Schirm schwebte er der Erde entgegen. Feuerpfeilen gleich zischten MG-Salven an ihm vorbei. Rechterhand sah er aus der letzten Ju 52 den Rest seiner Männer springen. Auch sie wurden von den Leuchtspurfäden der Feind-MG aufgefaßt. Einer der

Schirme geriet in Brand und der Fallschirmjäger stürzte, schneller und schneller werdend, der Erde wie eine lodernde Fackel entgegen.

Rasend schnell kam der felsige Boden näher. Hörl zog die Beine an, rollte über die linke Schulter ab und spürte einen stechenden Schmerz am Kopf. Für ein paar Sekunden verlor er das Bewußtsein, wurde durch die rumpelnden Stöße wieder erweckt, mit dem sein Körper vom Schirm über Grund geschleift wurde. Ein Griff, und das Kappentrennschloß öffnete sich.

Hörl rappelte sich auf, raffte den Schirm zusammen und rief nach seinen Männern. Noch immer gingen in der Nähe Fallschirmjäger nieder. Mehrere Springer näherten sich dem Zugführer, die meisten waren verletzt. Nach dem Sammeln eine halbe Stunde darauf mußte Oberleutnant Oschatz feststellen, daß ein Drittel seiner Kompanie durch Sprungverletzungen und Feindbeschuß ausgefallen waren.

Das feindliche Werferfeuer schoß sich auf sie ein und auch die Feind-MG eröffneten das Feuer auf die sich in Richtung Angriffsziel in Bewegung setzenden Jäger. Als dann die Artillerie einfiel, wurden sie in die Deckungen der Felsen und Gebüsche gezwungen.

Eine halbe Stunde nachdem die Fallschirmjäger-Kompanie gelandet war, näherten sich weitere 40 Ju 52-Transportmaschinen Leros. Sie brachten das I. Bataillon des Fallschirmjäger-Regiments 2 unter Hauptmann Kühne auf die Insel.

Das Bataillon hatte auf dem Flugplatz Ferrara in Süditalien gelegen, als es den Befehl erhielt, sofort zu einem neuen Einsatz nach Griechenland zu verlegen. Auf dem Flugplatz von Athen-Tattoi landeten die Ju 52 mit den 470 Fallschirmjägern des Bataillons. Anhand der Luftbildaufnahmen wurden Hauptmann Kühne und seine Kompaniechefs auf einen Sprungeinsatz gegen

15 cm-Geschütz auf dem Monte Racchi.

Blick vom Monte Racchi auf Leros-Stadt.

die Insel Leros vorbereitet, die die Engländer zu einer Festung ausgebaut hatten, indem sie die alten italienischen Kasematten mit Waffen spickten. Hauptmann Kühne erfuhr auch, daß eine Kompanie des 4. Regiments »Brandenburg«, die im Fallschirmeinsatz ausgebildet war, mit ihnen gemeinsam springen werde.

Im Morgengrauen des 12. November erreichten die Ju 52 mit den Fallschirmjägern planmäßig die Insel. Über Funk wurden sie jedoch nach Athen zurückbefohlen, da die Absprungzone noch nicht in eigener Hand war. Außerdem waren die Anlandungen einiger amphibischer Sturmgruppen noch nicht erfolgt. Spätestens gegen Mittag aber *mußte* der Einsatz des Bataillons Kühne erfolgen, wenn das ganze Unternehmen nicht scheitern sollte.

Gegen 10.00 Uhr starteten die 40 Ju 52 mit den Fallschirmjägern, ihren Waffen und allen Sprengmitteln in Tattoi. Gegen 13.00 Uhr erreichte der Verband Leros. Als er den Nahbereich der Inselverteidigung erreichte, eröffneten italienische und englische Flak das Feuer. Aber unbeirrt flogen die Ju 52 im Formationsflug den festgesetzten Landepunkt zwischen der Gurnabucht und der Alindabucht an und setzten die Fallschirmjäger ab.

Hauptmann Kühne gelang es, im schweren feindlichen Abwehrfeuer seine Kompanien zu sammeln. Oberleutnant Hase, Chef der »Ersten« erhielt Befehl, den Nordteil der Insel abzuschirmen. Die »Zweite« unter Oberleutnant Fellner und die »Vierte« unter Oberleutnant Möller-Astheimer traten zum Sturm auf den Monte Rachi an jener umkämpften Höhe 105 an, die etwa 600 m landeinwärts lag. Oberleutnant Raabe erhielt Befehl, mit seiner 5. Kompanie in Richtung Osten auf die Alindabucht vorzugehen und die Inselhauptstadt Leros abzuschirmen.

Hauptmann Kühne schärfte Oberleutnant Fellner ein, daß die »Brandenburger« sich bereits auf dem Rachi-Rücken befänden.

Die Fallschirmjäger unter Oberleutnant Möller-Astheimer arbeiteten sich sprungweise vor. Es ging durch eine schmale ausgewaschene Rinne aufwärts. Als sie Feuer erhielten, gingen sie in Deckung und erwiderten es. Als das Feindfeuer verstummte, stürmten sie weiter vor. Sie wurden beschossen, erreichten dennoch den oberen Höhenrand.

Weiter links war auch die 2. Kompanie bis an den Höhenrand gekommen. Die ersten Feldstellungen wurden nach Handgranatenwürfen erstürmt. Eine Stunde darauf war der Rücken des Monte Rachi in deutscher Hand. Hauptmann Kühne richtete den Bataillonsgefechtsstand auf dem Monte Rachi ein und wenig später nahmen die Fallschirmjäger Kühnes mit den Männern um Oberleutnant Oschatz erste Verbindung auf.

Nach wie vor aber hielt der Gegner die umliegenden Höhen besetzt und konnte von dort aus den gesamten Landeplatz einsehen und unter Feuer halten.

Britische Gegenaktionen

Als die Dunkelheit über den ersten Angriffstages einfiel, standen die britischen Zerstörer *Faulknor, Beaufort* und *Pindos* der 8. Zerstörer-Flottille Unter Kapitän z.S. Thomas auf *Faulknor* gemeinsam mit den Motorbooten *DSC 266* und *DSC 263* sowie dem Motortorpedoboot *MTB 315* im Seegebiet Leros-Kalymnos-Levitha, um jedes weitere Heranbringen deutscher Verstärkungen zu vereiteln. Die übrigen Zerstörer dieser Flottille, *Dulverton, Echo* und *Belvoir* standen

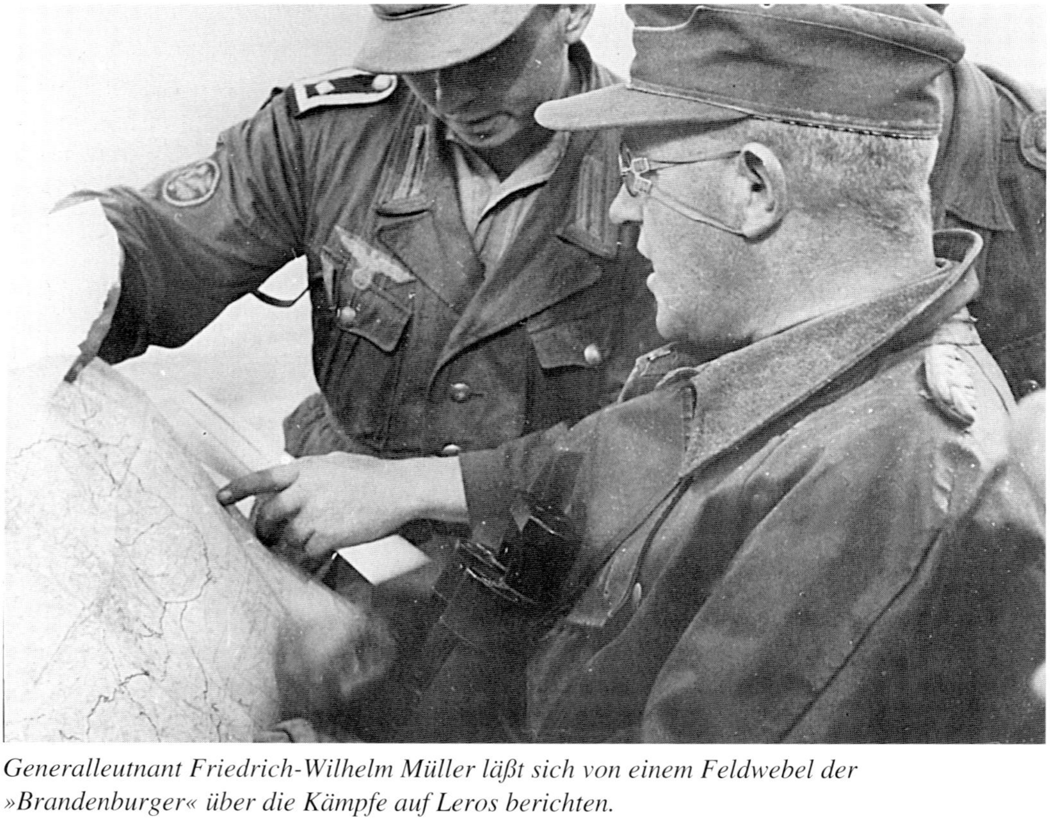

Generalleutnant Friedrich-Wilhelm Müller läßt sich von einem Feldwebel der »Brandenburger« über die Kämpfe auf Leros berichten.

weiter nach See hin abgesetzt auf der Lauer. Die deutsche Luftwaffe flog einen Angriff auf diese drei Zerstörer. Dabei erhielt die *Dulverton* einen Volltreffer von einer Gleitbombe und brach in zwei Teile auseinander. *Echo* und *Belvoir* liefen nach dem Angriff zur Untergangsstelle und bargen die Überlebenden.

In der Nacht zum 13. November liefen MFP und I-Boote der Kriegsmarine mit dem II. Bataillon/Infanterie-Regiment 16 unter Hauptmann Aschoff von Kalymnos aus in Richtung Leros und erreichten den Landeabschnitt auf der Nordseite der Palmabucht und in der nahebei liegenden Befutibucht. Noch in der Dunkelheit ging das Bataillon ein Stück weiter landeinwärts vor. Die schweren Waffen sollten ihnen durch weitere MFP nachgebracht werden. Doch diese konnten bei dem beginnenden Sturm nicht aus den Buchten von Kos und Kalymnos ankerauf gehen.

Bereits am späten Nachmittag des 12. Novembers war der Kampfgruppenstab unter Generalleutnant Müller auf Kalymnos gelandet, um – wie es die Art dieses hochverdienten Generals war – von vorn zu führen. Alles deutete darauf hin, daß doch noch eine Entscheidung zugunsten der deutschen Streitkräfte möglich sei, denn am Morgen des 13. November erhielt Leutnant Schädlich die Meldung, daß ein nachgelandeter Zug der Kompanie Dörr sich im Anstieg zu ihnen befinde. Wenig später trafen die Grenadiere bei ihnen ein – 42 Soldaten unter Oberfeldwebel Schaller. Nach dessen Meldung bei Leutnant Schädlich befahl dieser eine halbe Stunde Rast. »Dann greifen wir an und Ihre Männer geben uns bestmöglichen Feuerschutz!«

Leutnant Schädlich verteilte seine Küstenjäger und ließ die Spitze des Stoßkeils von seinem ersten und dritten Zug besetzen, während der 2. Zug zusammen mit den Männern der Kompanie Dörr vorgehen sollte.

Mit Angriffsbeginn sprangen sie auf und liefen los. Die Doppellauf-MG des Gegners ratterten als los, dann hämmerten andere Waffen dazwischen. Einige der Männer beider Gruppen fielen verwundet aus. Dennoch erreichte Schädlich den Rand der Betonstellungen des Gegners. Sie sprangen hinein und kämpften den Gegner nieder. Die zweite Gruppe erreichte ebenfalls das Ziel. Die Eckstellung des Gegners war in ihrer Hand. In Richtung zum nächsten feindlichen Gefechtsstand stellte Leutnant Schädlich eine Gruppe mit einem MG auf, weil von dort aus ein Gegenstoß zu erwarten war.

Dann ließ er über Funk Stuka-Unterstützung für die nächste Feindstellung anfordern, die von zwei Aufklärern bereits einige Male überflogen worden war.

Noch ehe sie Fliegersichtücher auslegen konnten, jagten die Stukas bereits heran und im Steilflug auf die Batterie am Monte Appetici zu.

Alles ging in volle Deckung. Es schien ihnen, als begänne der Felsen unter ihnen zu schwanken, als die Ju 87 die erkannten Geschützstellungen der Batterie zerbombten. Alle vier Geschütze wurden außer Gefecht gesetzt.

Leutnant Schädlich riß seine Männer nach vorn und stürmte durch einen Verbindungsgraben in diese zweite Geschützstellung hinein. Ein paar Engländer hoben die Arme. Für sie war der Krieg zu Ende.

Durch das Feuer einer weiter zurückliegenden Stellung beschossen, eilte Stabsarzt Dr. Droste zu den Verwundeten. Es gelang ihm auch, die starke Blutung, die Leutnant Voigts Verwundung hervorgerufen hatte, zu stillen.

Leutnant Schädlich, durch einen Oberschenkelschuß verwundet, wurde ebenfalls versorgt. Er gab Befehl, zur Rundumverteidigung überzugehen, da er sicher war, daß die Engländer einen Gegenstoß versuchen würden.

Dieser ließ nicht lange auf sich warten. Aber die Wachen waren auf der Hut; das Gebelfer der schnell feuernden MG 42 stoppte das Gros; die letzten, die bis auf etwa 30 Meter herangekommen waren, wurden mit Handgranaten außer Gefecht gesetzt.

Als der Rest dieser Angriffsgruppe zurückwich, stürmte Stabsarzt Dr. Droste mit einer Handvoll Männer hinter ihnen her, drang in den Grabenknick ein, der zum Kommandostand führte und nahm die Gruppe der soeben dort herauskommenden Engländer gefangen.

Die neu gewonnenen Stellungen wurden besetzt, und nun warteten die Männer um Leutnant Schädlich auf das Herankommen der Fallschirmjäger, von deren Landungen sie kaum etwas mitgekriegt hatten.

Mit Sonnenaufgang des 13. November standen Hauptmann Kühnes Fallschirmjäger wieder am Feind. Die nach in Richtung Osten auf die Hauptstadt Leros abschirmende Kompanie Raabe erhielt am Vormittag Verstärkung. Es waren Soldaten des II. Bataillons/Infanterie-Regiment 16 unter Hauptmann Aschoff, die im ersten Ansprung die Höhe 192 überwunden hatten und hier auf die Fallschirmjäger stießen. Oberleutnant Aschoff meldete dies sofort über Funk und Hauptmann Kühne atmete auf. Er befahl den sofortigen weiteren Vorstoß beider Kompanien auf den

Ein schweres MG 42 auf Lafette gibt Feuerschutz, während Küstenjäger und Grenadiere über einen deckungslosen Felshang vorgehen. Der Schütze II zieht mit einer Hand am leergeschossenen Teil des Patronengurtes und stemmt sich mit der anderen gegen die Lafette, um die Erschütterungen der feuernden Waffe auszugleichen, was engere Schußgruppen beim Schießen auf Punktziele ergibt.

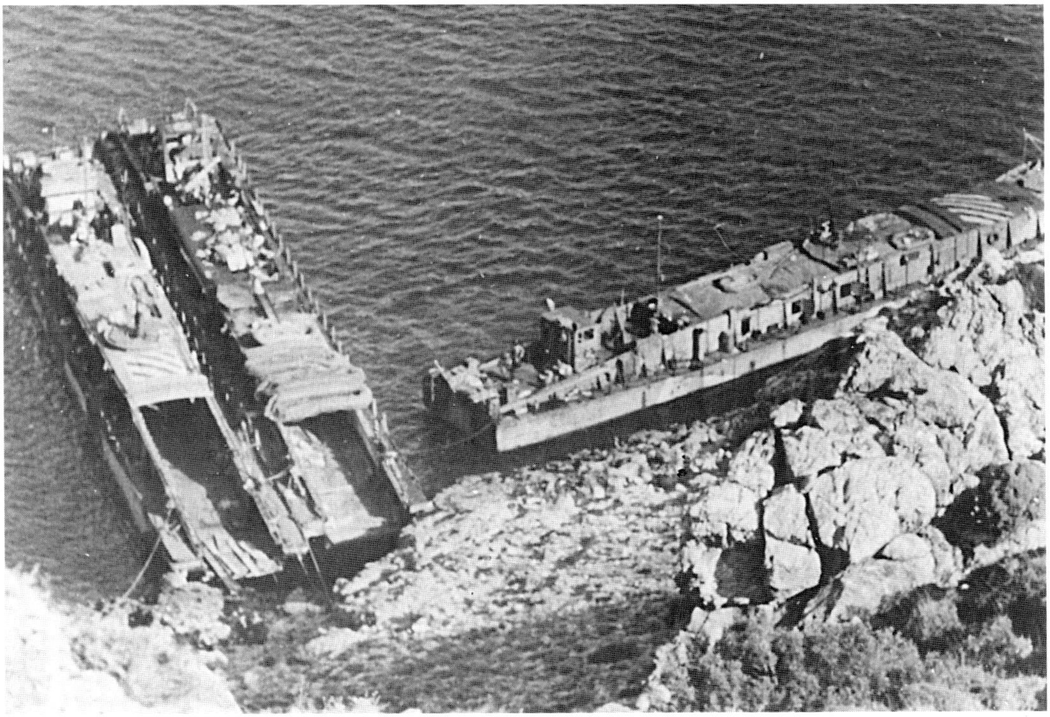

Marinefährprähme (MFP) haben weitere Kräfte und Gerät an der Steilküste von Leros angelandet.

Monte Meraviglia. Auf diesem Höhenzug saß der britische Festungskommandant. Fiel die Höhe, war der Kampf um Leros entschieden.

Die Fallschirmjäger und die Männer um Oberleutnant Aschoff wurden jedoch von einem dichten Abwehrfeuer am Fuße des Westhanges des Monte Meraviglia gestoppt. Sie gruben sich ein oder suchten hinter Felsen Deckung.

Am Morgen des 14. November brach am Westhang des Monte Meraviglia der Gegenangriff der Briten los. Von der Höhe und aus den Seitenschluchten griffen sie an, geschickt vom Geschützfeuer der vor der Insel liegenden Zerstörer unterstützt.

Die Sturmgruppen der Engländer stießen auf die 4. Kompanie des Fallschirmjäger-Regiments 2 und wurden von diesen mit MG-Feuer abgewiesen.

Die 1. Kompanie unter Oberleutnant Haase stemmte sich verzweifelt gegen den entschlossen angreifenden Gegner. Die 5. Kompanie unter Oberleutnant Raabe war fast überrannt, als Teile des Bataillons von Saldern unter Führung ihres Kommandeurs in die Flanke der Briten hineinstießen und den Angriff beendeten.

Von den Höhen des Monte Racchi, den dieses Bataillon mit den ersten nachgeführten schweren Waffen erreicht hatte, schoß das II. Bataillon/Infanterie-Regiment 16 in die Wellen der angreifenden Gegner hinein. Dieser Angriff verpuffte schließlich im deutschen Abwehrfeuer.

Zweimal wurde der Angriff wiederholt, immer vergebens.

An diesem 14. November schaffte die Marine mit ihren MFP die schweren Infanteriewaffen des II. Bataillons/Infanterie-Regiment 16 nach Leros. Die I-Boote hingegen konnten bei schwerer See nicht auslaufen.

Als die Feindangriffe schließlich versiegten, ließ Hauptmann Kühne zum Angriff auf den Monte Meraviglia antreten.

Die Fallschirmjäger kletterten hügelaufwärts. Schritt für Schritt wurden Meter um Meter Bodengewinn erzielt. Zunächst verlief alles günstig. Dann aber stob den Fallschirmjägern aus mehr als einem Dutzend MG Abwehrfeuer entgegen. Werfergranaten hieben in den Felsen ein und schleuderten Stahl und Steine in die Runde. Der Angriff auf den Monte Meraviglia lief fest und war gescheitert. Hauptmann Kühne mußte das Absetzen und Zurückgehen auf die Ausgangsstellungen befehlen.

Erst gegen Abend des 14. November ließ der Sturm so weit nach, daß auch die I-Boote und mehrere Pionier-Sturmboote wieder eingesetzt werden konnten.

So ließ Oberleutnant Bunte, Chef der Landungspionier-Kompanie 780, einen Konvoi zusammenstellen und lief mit Boot »A« als Führerboot, einem R-Boot und drei I-Booten mit dem Rest der Kompanie Dörr zur Pandelibucht.

Leutnant Schädlich von den »Brandenburgern«, der den Monte Appetici bezwungen hatte, befahl am Morgen des 14. November, die Verwundeten unter einer schwachen Bedeckung zurückzulassen, um sodann mit seinen noch kampffähigen Männern und jenen des Zuges der

Oberleutnant Josef Bunte, Chef der Landungspionier-Kompanie 780 auf Leros.

Kompanie Dörr nach Leros hineinzustürmen und die Inselhauptstadt in Besitz zu nehmen. Da er wegen seines Oberschenkelschusses nicht die Führung übernehmen konnte, trat Stabsarzt Dr. Droste an seine Stelle. Schädlich erbot sich, über seine inzwischen installierte Drahtverbindung zum Kampfgruppenführer auf Leros, Major von Saldern, Feuer auf den Monte Meraviglio anzufordern.

Wenig später griffen die »Brandenburger« mit ihren Kameraden von der Infanterie beiderseits des vom Monte Appetici nach Leros hinunterführenden Serpentinenweges an. Zunächst kamen sie in der Morgendämmerung gut und ungehindert vorwärts. Dicht vor einer Brücke aber wurden sie im ersten Tageslicht von zwei dort postierten MG des Gegners unter Beschuß genommen.

Feldwebel Burzius umging diesen Postenstand. Als er auf gleicher Höhe mit dem ersten MG war, wurde dieses durch einen Feuerstoß seines MG 42 ausgeschaltet. Kurze Zeit später war auch das zweite zum Schweigen gebracht. Damit war auch die Gefahr gebannt, daß der Feind diese Brücke – die möglicherweise zur Sprengung vorbereitet war – hochjagen konnte.

Etwa 15 Minuten darauf hatten sie den Ortseingang Leros erreicht. Hier versteifte sich – aus Häusern und hinter Mauern hervor – der Widerstand, konnte aber schließlich gebrochen wurde. Die letzten Briten zogen sich über die Ausfallstraße zum Monte Meraviglia zurück.

Die Stadt Leros war in der Hand der »Brandenburger«, aber der Gegner saß noch immer auf dem mit Kasematten, Bunkern und Stellungen gespickten Monte Meraviglia. Stabsarzt Dr. Droste beschloß, diesen Berg von rückwärts anzugehen.

Mit seinem Zug schoß Oberfeldwebel Kuntze Scheinfeuer aus der frontalen Basis, ehe er sich auf den Weg machte um die Rückfront dieses Berges zu erreichen, während seine Kameraden das Scheinfeuer fortsetzten, um den Gegner zu täuschen. Nach beinahe zwei Stunden erreichten sie den rückwärtigen Rand der Kastellhöhe und drangen sofort in den nächstliegenden Teil der Kasematten ein. Die am Tor stehende Wache wurde überwältigt, Dann kam es zu einem kurzen Feuerwechsel aus Handfeuerwaffen, ehe der Gegner sich ergab. Aber die Hauptfestung hielt sich noch.

Eine Leuchtkugel zeigte den auf der anderen Bergseite stehenden Kameraden, daß sie das Ziel erreicht hatten und zehn Minuten darauf war auch Stabsarzt Dr. Droste oben auf dem Monte Meraviglia. Ein Funkspruch ging vom Kampfkommandanten hinaus:

»Küstenjäger-Kompanie bleibt im erreichten Raum und sichert. Befehle zu einem weiteren Angriff folgen.«

Seit den ersten Morgenstunden dieses 15. November 1943 standen die Fallschirmjäger, die den Angriff gegen den Monte Meraviglia am Vortage mit hohen Verlusten bezahlt hatten, auf dem Rücken des Racchiberges. Hauptmann Kühne hatte Verbindung zu allen anderen Kampfgruppen.

Das II. Bataillon/Infanterie-Regiment 65 kämpfte Schulter an Schulter mit den Fallschirmjägern. Von den Hängen des Racchiberges schossen die inzwischen in Stellung gebrachten sMG und einige leichte Feldgeschütze.

Am Mittag des 15. November hielt Major von Saldern »Kriegsrat« und empfahl einen geschlossenen Angriff noch in der kommenden Nacht. Als sowohl Hauptmann Kühne als auch Hauptmann Dörr, und nicht zuletzt auch Oberleutnant Aschoff dies zu riskant hielten, weil die eigenen Kräfte zu schwach waren, antwortete von Saldern:

»Das wird in den nächsten zwölf Stunden anders werden. General Müller hat von seinem Gefechtsstand auf Kalymnos mitgeteilt, daß das Bataillon Froboese nach Sonnenuntergang eintreffen wird. Die Torpedoboote der 9. T-Flottille werden sie herüberbringen.«

Stuka-Bomben schlagen in den britisch-italienischen Stellungen am Monte Meraviglia ein. In den Kasematten des Berges befand sich der Gefechtsstand des britischen Generals Tilney.

»Dann sieht alles gut aus«, antwortete Hauptmann Kühne. »Aber wir müssen umgruppieren, weil wir den Monte Meraviglia von Westen aus nicht schaffen können.«

»Gut, gruppieren Sie um und gehen Sie den Berg aus Südosten an. Die Infanterie wird im Laufe des Nachmittages den gesamten Küstenstreifen der Alindabucht vom Feind säubern und damit die ungefährdete Anlandung des Bataillons Froboese ermöglichen.«

Am Mittag erschienen wieder zwölf Stukas über Leros. Sie durchstießen das spärlicher gewordene Feindfeuer und stürzten auf die erkannten Ziele des Monte Meraviglia herunter.

Mächtige Detonationspilze schossen in die Höhe. Dann zogen die Stukas steil empor, drehten ab und verschwanden aus der Sicht. An diesem Tage kamen sie noch dreimal wieder. Der Monte Meraviglia wurde umgepflügt.

Dennoch unternahm ein kompaniestarker englischer Stoßtrupp eine Stunde vor Sonnenuntergang einen Ausfall. Er wurde durch zusammengefasstes MG-Feuer gestoppt und im Gegenstoß Mann für Mann aufgerieben.

Danach erst marschierten die Fallschirmjäger in ihre neue Bereitstellung. Unmittelbar vorher waren das II. Bataillon/Infanterie-Regiment 16 und das II. Bataillon/Infanterie-Regiment 65 an die Alindabucht herangezogen und stellten mit der 7. Kompanie/Infanterie-Regiment 65 die Verbindung zu den Küstenjägern »Brandenburg« her.

Damit waren alle Voraussetzungen geschaffen, mit dem III. Bataillon/Jäger-Regiment 1 »Brandenburg«, das auf den T-Booten bereits dicht vor Leros stand und auf die Ausladung wartete, zum Angriff auf den Monte Meraviglia anzusetzen.

Es waren die beiden TA-Boote *(TA = Torpedoboot-Ausland*, also erbeutete Fahrzeuge) TA 15 und TA 16, welche das Bataillon Froboese nach Leros brachten. Mit Oberleutnant Wandrey, einem seiner Kompanieführer, suchte Froboese die Küstenlinie voraus ab. Dort zeigte sich nichts. Kein Feindgeschütz feuerte auf sie und beide Boote liefen in den Hafen von Leros ein und entluden binnen weniger Minuten. Auf der Pier wartete bereits Stabsarzt Dr. Droste.

»Menschenskind, Froboese, bin ich froh, Sie zu sehen!«, rief der Stabsarzt erleichtert.

In knappen Worten wurde das Bataillon Froboese eingewiesen. Dann marschierte es nach Süden, wo der wuchtige Klotz des Monte Meraviglio aufragte. Sie arbeiteten sich bis in die Ausgangsstellung vor und als das Zeichen zum Angriff gegeben wurde, stürmten Froboese und seine Männer hügelaufwärts.

Nach und nach setzte das Feindfeuer ein. So kamen sie nur etwa 50 Meter voran, ehe sie in Deckung gezwungen wurden.

Zur gleichen Zeit waren das II. Bataillon/Infanterie-Regiment 16 und das II. Bataillon/Infanterie-Regiment 65 von Norden her angetreten, solcherart das Abwehrfeuer zersplitternd. Aber auch diese Kampfgruppe unter Hauptmann Kühne kam nicht sehr weit, bis sie in Deckung gezwungen wurde.

Immer wieder riß Hauptmann Kühne seine Fallschirmjäger zu einem neuen Sprung vorwärts. Sie gewannen einige hundert Meter, doch die vielen Verwundeten zeigten dem Offizier, daß es so nicht ging.

Der zweite von Hauptmann Froboese geführte Angriff wurde durch das einander überschneidende Feuer des Gegners aus Bunkern und Felsstellungen ein gestoppt.

Eine Stunde darauf versuchte Froboese einen dritten Sturmlauf. Bis auf 30 m kamen sie an den Hauptbunker heran. Als sie zum letzten Sprung, beladen mit Sprengmitteln, ansetzten, wurde Froboese mit seinen beiden Begleitern verwundet.

Oberleutnant Wandrey übernahm die Führung des Bataillons. Froboese schärfte ihm ein, zur Ostseite überzuwechseln und es von dort noch einmal zu versuchen.

Wandrey appellierte an seine Kompanie: »Ich brauche 20 gute Kletterer!« Die ganze Kompanie trat vor. Er suchte die besten und ausdauerndsten Männer – darunter zwei Tiroler Bergführer – aus, und mit ihnen brach er fünf Minuten später auf. Sie waren mit Handgranaten und Sprengmitteln bepackt und führten zwei MG 42 mit sich. Vier Männer erhielten Maschinenpistolen.

Während im Süden die Fallschirmjäger angriffen und bis an die Stolperdraht-Minensperre kamen, ging Oberleutnant Wandrey mit seinen 20 Männern auf Dreiviertelhöhe des Hügels zur Ostseite herum. Meter um Meter legten sie in einem scheinbar unüberwindlichen Fels- und Steineichengelände zurück, oftmals mußten die besten Kletterer ihre Kameraden über steile Felsstücke hochziehen. Als sie eine gute Position erreicht hatten, befahl Wandrey eine Rast. Er selber kletterte mit den beiden Tiroler Bergführern bis zum oberen Rand des Felsplateaus weiter. Oben angekommen, wurden zwei in einem Felsstand mit einem MG Wache haltende Engländer ausgehoben. Die 18 Kameraden wurden nachgeholt und nun drangen sie über die Hochfläche vor, bis sie an einem übermannshohen Stacheldrahtzaun standen. Sie schnitten die unteren Drähte durch, zwängten sich durch den Zaun und erreichten nach 60 Metern einen der flankierenden Bunker. Wandrey deutete auf dessen hinteren Einsteig. Er ließ die Männer mit einer Handbewegung in Deckung gehen, übernahm die Dreikilo-Ladung und rannte tiefgeduckt bis auf ein Dutzend Meter an den Einstieg heran. Dann riß er den Brennzünder ab und schleuderte die geballte Ladung in den Eingang, um sofort in volle Deckung zu gehen.

Oberleutnant Max Wandrey, einer der ersten Kämpfer der »Brandenburger«, war als Chef der 11. Kompanie/Jäger-Regiment 1 »Brandenburg« auf Leros Fels in der Brandung. Er erhielt das Ritterkreuz am 9. Januar 1944 und das Eichenlaub als 787. deutscher Soldat am 16. März 1945. Er fiel noch kurz vor Kriegsende in Schlesien.

Diese Aufnahme zeigt Oberleutnant Wandrey (zweiter von links) noch auf Leros. Soldaten des 1. Jäger-Regiments »Brandenburg« werden in Kos auf Flugbetriebsbooten der Luftwaffe eingeschifft. Man beachte das Jägerabzeichen des 1. Regiments auf dem rechten Oberarm.

Der wuchtige Detonationsschlag dröhnte gegen ihre Trommelfelle. Das Feuer im Bunker, das zur Nordseite hin gerichtet war, brach schlagartig ab. Mit langen Sätzen stürmten sie in den Graben, sprangen hinein, liefen um den Knick und sahen, wie soeben die Bunkerbesatzung ins Freie taumelte.

»Hands up!« brüllte Wandrey. Die demoralisierten Engländer gaben auf.

»Die Leuchtpistole!« rief Wandrey seinem Burschen zu. Dieser reichte die Signalwaffe seinem Chef und Wandrey schoß das vereinbarte Signal: eine weiße und eine grüne Leuchtkugel, die allen anderen zeigte, daß die »Brandenburger« auf dem Monte Meraviglia standen.

Nun gab es kein Halten mehr. Mit Hauptmann Kühne stürmten die Fallschirmjäger auf den Höhenrücken. Oberleutnant Oschatz folgte mit seinen »Brandenburger«-Fallschirmjägern.

Ebenso stürmten die Männer des Bataillons von Saldern, an der Spitze die Kompanie Aschoff, nach oben. Sie näherten sich so rasch sie konnten der Hauptkasematte des Monte Meraviglia.

Zur gleichen Zeit eilten Wandrey und seine Männer von der entgegengesetzten Seite durch einen Verbindungsgraben ebenfalls der Hauptkasematte zu. Sie brachen den sporadischen Widerstand und schleuderten ihre Handgranaten gegen die Türen und Wände der Kasematten, ehe sie in den Befehlsraum stürmten.

Die Gruppe unter Major von Saldern hatte alle Bunker, die auf ihrem Weg lagen, ausgeschaltet.

Die drei Züge der 1. Küstenjäger-Kompanie, die sich mit dem Bataillon Froboese vereinigt hatten, gingen mit Stabsarzt Dr. Droste vor. Sie schalteten den letzten Flankenbunker aus und drangen auf die Hauptkassematte vor, aus der noch immer das Feuer einiger MG peitschte.

Doch unmittelbar vor der Hauptkasematte blieb dieser Angriff liegen.

Der letzte Spurt zum Hauptbunker lag noch vor Oberleutnant Wandrey, als sie ihre Verwundeten mit einem Beschützer zurückließen und durch einen Quergang in das unterirdische Stollensystem eindrangen, dessen Eisenschott sie mit einer weiteren geballten Ladung aufsprengten.

Hintereinander stolperten sie eine fünfstufige Stahltreppe hinunter, erreichten einen schmalen Gang und eilten weiter. Als sie drei Abzweigungen erreichten, von denen jene in der Mitte offensichtlich in die Kasematte, während jene nach links zu einer Betonkuppel führte, schickte Wandrey drei seiner Männer zur Betonkuppel. Mit dem Rest stürmte er in den rechteckigen Raum der Kasematte, in deren Schießscharten die beiden Schnellfeuerkanonen untergebracht waren.

Wandrey schoß einen Feuerstoß gegen die Betondecke; der Hall der Schüsse ließ die Bedienungen der Kanonen herumfahren. Sie blickten in die auf sie gerichteten Mündungen der vier MPi und gaben auf.

Hauptmann Kühne, Kommandeur des I. Bataillons/Fallschirmjäger-Regiment 2 der Luftwaffe, war maßgeblich an der Erstürmung von Leros und des Monte Meraviglia beteiligt.

Aufklärungs-Arados ankern in einer Bucht nach Ende der Kämpfe auf Leros.

»Vier Mann bleiben hier zurück. Die Verschlüsse der Waffen herausreißen. Jeder Widerstand ist sofort zu brechen!« Mit fünf Soldaten eilte Wandrey durch den Gang, der ins Zentrum der Kasematte führte. Sie standen plötzlich auf einem weiten Innenhof. Ihnen gegenüber an der Wand öffnete sich eine Tür nach außen. Ein Mann trat ins Freie, der eine weiße Fahne schwenkte. Eine hochgewachsene Gestalt in Generalsuniform folgte. Dahinter einige italienische und britische Offiziere. Sie gingen bis zur Mitte des Hofes. Dort blieb der General stehen. Er hob die Hand an die Schirmmütze:

»Ich bin General Tilney, Kommandant der Insel. Ich biete Ihnen die ehrenvolle Kapitulation meiner Truppen an.«

»Oberleutnant Wandrey vom Regiment »Brandenburg«; ich nehme die Kapitulation an und werde sofort veranlassen, daß das Feuer eingestellt wird und daß unser Kampfgruppenführer zu Ihnen kommt.«

Max Wandrey blickte verstohlen auf seine Uhr. Sie zeigte genau 17.00 Uhr an. Und sie hatten es geschafft. Die Besatzung des Monte Meraviglio hatte kapituliert.

Genau drei Minuten später schwiegen auf allen Seiten die Waffen. Major von Saldern, Hauptmann Aschoff und Stabsarzt Dr. Droste erreichten die Kasematten. Als sie in den Hof traten, sahen sie die Kampfgruppe Wandrey erschöpft an den Wänden lehnen. Einige Verwundete lagen am Boden.

Die weißen Flaggen waren aufgezogen. Viereinhalb Tage hatte das mörderische Duell auf Leros gedauert und für viele Soldaten beider Seiten den Tod bedeutet.

Neben dem britischen Befehlshaber der Insel wurde auch der italienische Gouverneur von Leros, Admiral Mascherpa, gefangengenommen.

Um 18.00 Uhr traf General Müller an Bord des Führerbootes der Torpedoboot-Flottille in der Stazione Marina von Leros ein. Der Nachrichtenoffizier erwartete ihn und meldete:

»Herr General, Leros ist in unserer Hand. Der Gegner hat kapituliert.«

Die deutschen Truppen in Stärke von vier Bataillonen, einigen Landungspionieren und der Küstenjäger-Kompanie »Brandenburg« hatten es geschafft. Mit ihnen die Fallschirmjäger unter Oberleutnant Oschatz und Hauptmann Kühne.

Bis zum Abend des 16. November 1943 hatten sich 200 englische Offiziere und 2000 Mann ergeben. Dazu kamen 350 italienische Offiziere und 5000 Soldaten, die sich beim Abfall vom Achsenbündnis und der Landung der Briten auf Leros ihren ehemaligen Gegnern angeschlossen hatten.

An Kriegsmaterial wurde eingebracht:

120 Geschütze der Kaliber 7,6 bis 15 cm
16 schwere britische Flak
20 2 cm-Flak und 80 Fla-MG

Von den 120 Soldaten der Küstenjäger-Kompanie »Brandenburg« waren noch 37 Mann einsatzbereit. Die anderen waren verwundet oder gefallen. Damit war das einzige triphibische Unternehmen der »Brandenburger« zu Ende gegangen.

Gegen Kommandos und Partisanen in der Ägäis

Die nach dem Unternehmen »Taifun-Leopard« ausgeblutete 1. Kompanie der Küstenjäger unter der neuen Führung von Leutnant Voights und wenig später von Leutnant Bertermann wurde in zwei Gruppen aufgeteilt. Die 1. Kompanie blieb unter dem Kommando von Leutnant Bertermann im Dodekanes-Raum und war schließlich auf Rhodos stationiert, wo sie sich kurze Zeit später *Küstenjäger-Kompanie »Rhodos«* nannte. Die übrigen Kompanien der Abteilung wurden auf den jugoslawischen Küstenraum aufgeteilt.

Die neue 1. Kompanie trug nunmehr die Bezeichnung *Bau-Lehrstab z.b.V.* und war in Bar stationiert. Sie tat Dienst in Uniformen der *Organisation Todt.* Ihr Einsatzauftrag war: Kommandoeinsätze gegen Partisanen und die sie versorgenden britischen Schiffseinheiten.

Die unter Leutnant Bertermann in der Adria zurückbleibende Kompanie der Küstenjäger wurde speziell zur Bekämpfung alliierter Kommandos eingesetzt. Zu ihren zwei großen Sturmbooten hatte sie einige griechische Segler – *Kajikis* – erhalten, die zu Späh- und Stoßtruppeinsätzen verwandt wurden, die in der Nähe stattfanden. Für weiträumige Einsätze wurden ihr Landungsboote und I-Boote der 15. Landungs-Flottille zur Verfügung gestellt. Aber auch die Landungspionier-Kompanie 780 lieh bereitwillig Boote an die »Brandenburger« aus oder bezog diese in ihre Angriffspläne und -aktionen mit ein.

Am Morgen des 9. April 1944 wurde ein bewaffneter Segler eines britischen Kommandos im Handstreich geentert und die Besatzung gefangengenommen. An Bord dieses Seglers wurden die vollständigen Einsatzbefehle und Funkunterlagen des Kommandos vorgefunden. Diese konnten zur Täuschung des Gegners mehrfach eingesetzt werden. Der erbeutete Segler wurde in »Erika« umgetauft. Mit diesem, den Partisanengruppen bekannten Schiff gelang es vom 3. bis 18. Mai, Tarneinsätze gegen die Inseln Saria und Skarpanto erfolgreich durchzuführen.

Am 20. Juni 1944 übernahm Leutnant Bertermann, der bis dahin noch immer offiziell Abteilungs-Adjutant war, die Führung der im Stützpunkt Castello auf Rhodos liegenden Küstenjäger, die nun ganz offiziell zur Küstenjäger-Kompanie »Rhodos« aufgestockt wurden.

Alle deutschen Truppen, auch die »Brandenburger«, unterstanden auf Rhodos dem Inselkommandanten Generalleutnant Ulrich Kleemann, der diese Truppen unter der Bezeichnung *Sturmdivision »Rhodos«* zusammengefaßt hatte. Kleemann hatte in Afrika die *90. Leichte Division* geführt und trug seit dem 16. September 1943 als 304. deutscher Soldat das Eichenlaub zum Ritterkreuz.

Unter seinem Kommando kämpfte auch die »Hafenschutz-Flottille Dodekanes« unter Kapitänleutnant Brachvogel und die 6. I-Bootgruppe unter Leutnant z.S. Berger sowie die Landungspionier-Kompanie 780 unter Oberleutnant Bunte. Seekommandant war Kapitän z.S. Brennecke.

Während das Gros der Küstenjäger-Abteilung »Brandenburg« in der Adria im Kampf gegen Partisanen und britische Versorgungsboote und -schiffe stand, war Oberleutnant Bertermann vom Seekommandanten Dodekanes beauftragt worden, sich um die in diesem Raum aktiv werdenden Sonderverbände bzw. Kommandotruppen des Gegners zu kümmern. Es handelte sich vor allem um Teile der *Long Range Desert Group*, die sogenannte griechische »Heilige Brigade« und die britische *Special Boat Squadron.*

Obwohl er diesem Gegner an Schiffen und Ausrüstung weit unterlegen war, gelangen Oberleutnant Bertermann doch einige aufsehenerregende Erfolge. Eines der wohl dramatischsten Unternehmen fand im August 1944 statt.

Der große Erkundungsauftrag

Am 19. August 1944 erhielt Oberleutnant Bertermann vom Seekommandanten Ostägäis den Auftrag, mit einem starken Zug die Inseln Saria, Skarpanto, Stakida, Umia-Nisia, Kamiloni, Zaphrani, Syrina, Kandelousia und Perigousa zu erkunden und, falls er auf Feind stoßen sollte, diesen zu vertreiben.

Mit einem I-Boot als Führerboot und zwei weiteren zu Einzeleinsätzen stellte sich der kleine Verband auf Alinna bereit. Um 21.00 Uhr des 23. August lief er mit insgesamt 30 Küstenjägern aus und landete am frühen Morgen auf Saria. Eines der Boote lief nach Skarpanto weiter. Beide Inseln waren unbesetzt. Ebenso unbesetzt erwiesen sich die Inseln Unja-Nisia und Kamiloni, die von einer zweiten Kampfgruppe in ähnlicher Stärke untersucht wurden.

Als beide Einheitsführer sich am 25. August auf Zaphrani trafen, beschlossen sie, sofort nach Syrina weiterzulaufen. Dort angekommen entdeckten sie in einer kleinen Bucht ein unbekanntes Fahrzeug, das getarnt unter Buschwerk und Tarnnetzen lag.

Das Feindboot HD ML 1318 wurde am 23. August 1944 in einer Bucht der Insel Syrina durch eine Kampfgruppe unter Oberleutnant Bertermann und Oberfähnrich Brandt nach Feuergefecht gekapert. Es wurde als KJ 25 für die »Brandenburger« in Dienst gestellt.

Ein auf ML 1381 gefundenes Foto seiner englischen SBS-Besatzung. Bei der Special Boat Squadron (SBS) handelte es sich um eine triphibisch ausgebildete Sondereinheit der britischen Commandos. Diese Eliteeinheit von Kampfschwimmern, Kanuten und Marinekommandos existiert noch heute innerhalb der Royal Marines.

Zwei Sturmboote der Küstenjäger, geführt von Oberleutnant Bertermann und Oberfähnrich Brandt, liefen in hoher Fahrt direkt auf dieses Fahrzeug zu.

Zwar versuchte die Besatzung, in dieser kritischen Lage zu enttarnen und das Feuer auf die heranbrausenden »Brandenburger« zu eröffnen, doch dies mißlang. Beim Ablegen verfing sich zu allem Pech noch das Tarnnetz in den Schrauben des Bootes.

Die Küstenjäger legten steuer- und backbords des Bootes an, die »Brandenburger« enterten mit schußbereiten MPi und MG an Bord des Gegners. Die Aktion ging derart zügig vor sich, daß sich die überraschten 14 britischen Kommando-Soldaten an Bord ohne Widerstand ergaben. Ein Küstenjäger drang sofort unter Deck und verhinderte so die Zündung der Sprengladung zur Selbstversenkung.

Die »Brandenburger« konnten sich ihres Erfolges freuen: Mit *HD ML 1381* hatten sie ein Kampfboot gekapert, das mit einer 4 cm-Boforskanone am Bug, zwei 2 cm-Oerlikon-Maschinenkanonen und zwei Zwillings-MG über eine starke Bewaffnung verfügte. Zwei Dieselmotoren verliehen dem 54-Tonnen-Gefährt eine Geschwindigkeit von immerhin 12 Knoten.

Die nachgeführten I-Boote nahmen das Boot auf den Haken und schleppten es ein. Die Tarnnetze wurden aus den Schrauben herausgeklaubt und danach konnte diese »Prise« selbständig, mit Küstenjägern als neuer Besatzung, den Marsch nach Portolago auf Leros fortsetzen. Das Boot wurde als *KJ 25* für die »Brandenburger« in Dienst gestellt und stellte ihr kampfstärkstes Gefährt dar.

Der nächsten Unternehmung – ein Spähtrupp mit *KJ 25* unter Führung von Leutnant z.S. Brandt mit Steuermann Feldwebel Weber gegen die Insel Calchi – war ebenfalls Erfolg beschieden. Die überfallartig gelandeten Küstenjäger stellten auf der Insel ein Kommando der »Heiligen Brigade«; eines Sonderverbandes, der sich 1943 im Geheimen aus griechischen Freiwilligen aufgestellt hatte. Nach kurzem, entschlossen geführtem Feuerkampf mit MG 42, deren Salven von verheerender Wirkung waren, nahmen die Küstenjäger die Überlebenden des Kommandos gefangen genommen. Unter den Toten befand sich auch der Kommandeur dieser Einheit. Er erhielt bei seiner Beisetzung, an der auch die gefangenen Griechen teilnahmen, ein Ehrengeleit der Küstenjäger.

Am 28. Oktober landeten zwei Jägergruppen gemeinsam mit einer Grenadier-Kompanie der Sturmdivision »Rhodos« auf Booten der 3. Kompanie/Landungspionier-Bataillon 86 unter Leutnant Biggemann im Rücken eines auf Piscopi gelandeten britischen Kommandos. Es entbrannte ein schweres Gefecht. In mehreren Vorstößen und Rückzügen, in nächtlichen Handstreichen und Gegenstößen wurden die Briten völlig aufgerieben. Der Gegner kämpfte hier mit einer Zähigkeit sondergleichen, fand aber in den »Brandenburgern« ebenbürtige, ja überlegene Geg-

Generalmajor Wagner, Kommandant der Ostägäis (3. von links), wird durch KJ 25 am 8. Mai 1945 zum britischen Zerstörer Active gebracht, der vor Symi steht.

Generalmajor Wagner geht mit seinen Begleitoffizieren in Symi an Land. Der Gegner läßt »Seite pfeifen«.

ner, die die zahlenmäßige Unterlegenheit durch ihren Kampfeswillen und ihre Einsatzerfahrung mehr als wett machten.

In der Nacht zum 14. November 1944 landete ein Jägerzug der »Brandenburger« auf Alinna und richtete dort einen Kommandoposten ein. Drei Nächte später landete ein britisches Kommando und hob den Beobachterposten aus.

Da durch den Feind auch der Funkkontakt dieses Postenstandes mit der Kompanie unterbrochen worden war, schickte Oberleutnant Bertermann in der Nacht des 18. November einen Suchtrupp nach Alinna. Als sich dieser fast den Standort des Beobachterpostens erreicht hatte, lief er in eine Falle des britischen Kommandos und wurde gefangengenommen.

Die gefangenen »Brandenburger« wurden auf einen in den türkischen Hoheitsgewässern liegenden britischen Zerstörer gebracht.

Ein weiteres Spähtruppunternehmen mit *KJ 25* zur Insel Calchi am 23. März 1945 war von Erfolg gekrönt. Es gelang den Küstenjägern, eine Kompanie der griechischen »Heiligen Brigade« zu überrumpeln, die in Motorbooten dort gelandet war. Auch die Boote fielen den »Brandenburger«n in die Hände. Bei der Befragung der Gefangenen stellte sich heraus, daß man *KJ 25* zwar gesehen, es aber für ein bekanntes britisches Boot gehalten habe.

Am Abend des 13. April 1945 stieß *KJ 25* im Tarneinsatz als englisches Boot westlich Castellrosso auf einen mit drei schweren MG bewaffneten Motorsegler, der ein britisches Kommando an Bord hatte. Es gelang, den Segler zu überrumpeln und die neun Briten nach Rhodos zu bringen.

Ein letzter Tarneinsatz von *KJ 25* fand noch am 7. Mai 1945 statt. Es ging abermals in das Seegebiet um Castellrosso. Nach Eingang des Funkspruches mit dem Befehl des OKW zum Einstellen der Kampfhandlungen wurde der Einsatz abgebrochen.

KJ 25 brachte am nächsten Morgen den Kommandant Ostägäis, Generalmajor Dr. Wagner, zur Unterzeichnung der Kapitulationsurkunde zum Zerstörer *Active* in Symi. Der Gegner ließ »Seite pfeifen« als der General »den Boden des britischen Empire« betrat.

KJ 25 brachte am Morgen des 9. Mai 1945 das britische Vorkommando nach Rhodos. Im Hafen angekommen, wurde *KJ 25* wieder zu *HD ML 1381* und ging abermals in den Bestand der *Special Boat Squadron* über. Damit war für die Küstenjäger-Abteilung »Brandenburg« in der Ägäis der Krieg zu Ende.

Küstenjäger-Abteilung »Brandenburg« in der Adria

Bereits im ersten Halbjahr 1944 kam es entlang der Küste Dalmatiens zu einer Reihe schwerer und verlustreicher Einsätze, vor allem gegen Partisanenverbände. Immer wieder galt es aber auch, britische Unterstützungsgruppen auf den der Küste vorgelagerten Inseln zu stellen und zu vernichten.

Hier befand sich der Abteilungskommandeur Rittmeister Konrad von Leipzig in seinem Element.

Seine Einsätze waren für die Partisanentruppen so verheerend, daß Marschall Tito auf Leipzigs Kopf eine große Geldprämie aussetzte.

Zwischen Februar und April des Jahres 1944 führte die Abteilung (ohne ihre 1. Kompanie) zahlreiche Unternehmungen zwischen Abbazia und Bar durch.

Als dann im Mai 1944 auf Weisung von »ganz oben« alle Sprengboote, Torpedoträger und Fernlenkboote zusammen mit ihrem Personal und den Besatzungen an die in der Aufstellung begriffenen *Kleinkampfverbände* der Kriegsmarine abgegeben werden mußten, traf dies vor allem die 4. Kompanie, die damit sämtlicher wirksamer Waffen beraubt war.

Nachdem auch die Küstenjäger-Kompanie »Rhodos« offiziell aus der Abteilung ausgeschieden war, gliederte Hauptmann von Leipzig den gesamten Verband in vier gleich starke Kompanien um.

So entstand im Juni 1944 die neue 1. Kompanie, die als *Bau-Lehrstab z.b.V.* in Uniformen der *Organisation Todt* (OT) eingekleidet wurde. Diese Kompanie konnte bei einer Tarnoperation gegen eine von Partisanen besetzte Insel ein vor Anker liegendes U-Boot ausmachen, dessen Besatzung gerade damit beschäftigt war, die auf der Insel liegenden Partisanen mit Nachschub zu versorgen. Mit Schnellfeuer aller Waffen wurde das U-Boot versenkt.

Mit einem Sonderbefehl wurde im Juli 1944 der Einsatz der Abteilung im Raume Zara befohlen. Dafür wurden ihr zwei Landungsboote, ein schweres Sturmboot 42 und ein italienisches Sturmboot des Landungspionier-Bataillons 771 unterstellt.

Eine ganze Reihe von Einsätzen fand in den folgenden Monaten statt. Mit dem ersten (22. Juli bis zum 5. August) bis zum letzten am 5. Mai 1945 hatte die Abteilung entscheidenden Anteil an der Niederhaltung feindlicher Partisanenverbände und damit der Sicherung deutscher Stützpunkte, beispielsweise für Schnellboote und andere kleinere Fahrzeuge.

Die Panzergrenadier-Division »Brandenburg«

Die Umwandlung

Am 13. September 1944 wurde die Division »Brandenburg« in eine Panzergrenadier-Division umgewandelt und dem neu aufgestellten Panzer-Korps »Großdeutschland« angegliedert. Mit diesem Führerbefehl, vom OKW/WFSt. ausgegeben, hatte die Division »Brandenburg« aufgehört zu bestehen. Sie war keine Sondertruppe mehr, die mit taktischen Aufgaben der Abwehr befaßt wurde. Einzig das Regiment »Kurfürst« blieb von dieser tragischen Entwicklung verschont. Eines aber hatte der Divisionskommandeur noch erreicht: Alle »Brandenburger« konnten sich selber entscheiden, ob sie der neuen Division angehören wollten, oder zu einem anderen Verband übertreten wollten.

Als begehrtestes Überwechselziel wurden die *Jagdverbände* der Waffen-SS unter Obersturmbannführer Otto Skorzeny angesehen. Diese Truppe hatte im Auftrage der Waffen-SS und

Sturmbannführer Otto Skorzeny war Chef der SS-Jagdverbände, in denen auch viele ehemalige »Brandenburger« dienten. Sein bekanntestes Kommando-Unternehmen war die Mussolini-Befreiung 1943 am Gran Sasso, eine Gemeinschaftsoperation von Luftwaffe, Fallschirmjägern, Waffen-SS und SD. Er erhielt das Eichenlaub als 826. deutscher Soldat für die Verteidigung des Brückenkopfes Schwedt an der Oder am 9. April 1945.

General der Panzertruppen Dietrich von Saucken führte das Panzer-Korps »Großdeutschland«. Vorher war er Kommandeur der 4. Panzer-Division und nachher Oberbefehlshaber des Armeeoberkommandos Ostpreußen. Über die »Brandenburger« äußerte er: »Die `Brandenburger´ waren etwa ganz Besonderes! Sie kämpften, wo alle das Gefecht verloren gaben. Sie starben in der Erfüllung ihrer Aufgaben gegenüber ihren Kameraden.«

Generalmajor Lorenz, Kommandeur der Panzergrenadier-Division »Großdeutschland«, bei der Auszeichnung eines bewährten Offiziers (Rittmeister von Schroedter, Ritterkreuz am 12. November 1944).

Major Otto-Ernst Remer spielte als Kommandeur des Wachregiments »Großdeutschland« eine Schlüsselrolle beim fehlgeschlagenen Putsch vom 20. Juli 1944. Im Panzer-Korps »Großdeutschland« befehligte er die Führer-Begleitdivision. Der bewährte Frontoffizier hatte bereits am 12. November 1943 das (325.) Eichenlaub zum Ritterkreuz erhalten.

des *Reichssicherheitshauptamtes* (RSHA) fortan jene Einsätze durchzuführen, die vorher weitgehend »Brandenburgern« vorbehalten waren.

Otto Skorzeny, ein alter Haudegen, hatte das Vertrauen der »Brandenburger« in hohem Maße, zumal er mehrfach unter Beweis gestellt hatte, was er und seine Truppe zu leisten imstande war. Dies bewog zunächst etwa 800 »Brandenburger«, zu seiner Truppe überzutreten. Der weitaus größte Teil aber wollte »seine alte Heimat« nicht verlassen und blieb bei der Division, die zur Panzergrenadier-Division geworden war.

Das Panzer-Korps »Großdeutschland« unter Führung von General der Panzertruppe Dietrich von Saucken, gliederte sich wie folgt:

Panzergrenadier-Division »Großdeutschland«	Generalmajor Lorenz
Führer-Begleitdivision	Generalmajor Remer
Panzergrenadier-Division »Brandenburg«	Generalmajor Schulte-Heuthaus
Führer-Grenadierdivision	Generalmajor Mäder

Von General der Panzertruppe von Saucken weiß der Autor, »daß die Panzergrenadierdivision ›Brandenburg‹ für unseren Großverband ein Gewinn war. Ihre Einheiten und Verbände

Generalmajor Hellmuth Mäder errang das Ritterkreuz am 3. April 1942 als Bataillonskommandeur im Infanterie-Regiment 522 (siehe Abbildung), das Eichenlaub am 27. August 1944 als Kampfkommandant von Schauen und die 143. Schwerter als Kommandeur der Führer-Grenadierdivision.

waren von einem außerordentlich hohen Kampfeswillen beseelt. Sie waren auf das Hervorragendste mit den Kampfmethoden sowohl der Roten Armee als auch der Partisanenstreitkräfte in der Sowjetunion, in Jugoslawien und Griechenland vertraut. Das einzige, was ihnen noch fehlte, war der geschlossene Einsatz im Divisionsverband im Rahmen eines Armeekorps. Aber ich war sicher, daß sie auch diese Hürde mit Bravour meistern würden.«

Für die Division »Brandenburg« war damit eine seit September 1939 betriebene Sonderentwicklung beendet. Sie war vor allem, nachdem eingangs Dezember 1944 die letzten separat eingesetzten Einheiten zur Division gekommen waren, vom Einsatz stark geschwächt und materiell dezimiert. Aber aus den beiden nach wie vor bestehenden Ersatzeinheiten, konnte der Personalersatz rasch ausgeglichen werden. Da außerdem die Zahl der Regimenter von bisher vier auf zwei begrenzt wurde, die jeweils nur über zwei Bataillone verfügten, waren die Lücken rasch aufgefüllt.

Hier erst zeigte sich, daß doch noch einige Hundert »Brandenburger« mehr als die zunächst geschätzte Zahl von 800 zu Skorzenys *Jagdverbänden* übergewechselt waren. Der Divisionsstab setzte sich zu dieser Zeit folgendermaßen zusammen:

Divisionskommandeur	Generalmajor Schulte-Heuthaus
Ia	Major i.G. Erasmus
Ib	Major i.G. Uhl, später Major i.G. Spaeter

Mit Major i.G. Helmuth Spaeter hatte die Division einen überaus kampferfahrenen Offizier in der Führungsspitze, der in der Lage war, die Verbände auch richtig einzusetzen.

Bereits als Rittmeister und Chef der 2. Kompanie der Panzeraufklärungs-Abteilung »Großdeutschland« hatte Helmuth Spaeter das Ritterkreuz erhalten. Am 26. Mai 1943 wurde ihm die Tapferkeitsauszeichnung des Deutschen Kreuzes in Gold verliehen, ein Zeichen dafür, daß er mit seiner Kompanie ständig am Feind war.

Wenig später kamen noch Hauptmann Witauschek und Hauptmann Volkmar als IIb zur Division. Ebenso Hauptmann Werner Lau als Divisionsadjutant. Letzterer hatte bereits am 9. Dezember 1942 das Ritterkreuz erhalten.

Hier die Gesamtaufstellung der Division in laufender Reihenfolge:

Divisions-Begleitkompanie	Oberleutnant Mischkeres
Panzerjäger-Abteilung	Hauptmann Königstein, Leutnant Kass
Panzeraufklärungs-Abteilung	Major Bansen, Oberleutnant Mücke, Rittmeister Frey
Feldgendarmerie-Kompanie	Leutnant Feldmüller

Rittmeister Helmuth Spaeter, Chef der 2. Kompanie/Aufklärungs-Abteilung »Großdeutschland« und Stabsoffizier im Panzer-Korps »Großdeutschland«, war mit der Division »Brandenburg« eng verbunden.

Der Divisionsadjutant »Brandenburg«: Hauptmann Werner Lau.

Panzerregiment	
I. Abteilung	Hauptmann Graf Rothkirch
II. Abteilung	Major Waldeck
III. Abteilung	Hauptmann Spielvogel (als Panzer-Artillerie-Abteilung)
Panzer-Sturmpionier-Bataillon	Hauptmann Müller-Rochholz (»Pi-Müller« genannt)
1. Kompanie	Oberleutnant Bank, Leutnant Hertkorn
2. Kompanie	Oberleutnant Schlosser, Leutnant Clemeur, Oberleutnant Laurenz, Leutnant Prieß
Versorgungskompanie	Hauptmann Michaelis
Panzer-Brückenkolonne	Oberleutnant Hasper
Nachrichtenoffizier	Leutnant Küper
Heeresflak-Abteilung	Major Voßhage, Oberarzt Dr. Braun
ROB-Kompanie	Hauptmann Schmidt, Leutnant Baumgarten (ROB = Reserve-Offizier-Bewerber)

Panzerersatz-Abteilung	Hauptmann Bauer, Hauptmann Franke
Fahrabteilung	Sturmbannführer Graf Egloffstein
II. Bataillon Lehrregiment	Hauptmann von Einem-Josten
Adjutant	Leutnant Ullmann, Leutnant Mohrmann
Bataillonsarzt	Oberarzt Dr. Fischer
III. Bataillon Panzergrenadier-Ersatz und Ausbildungsregiment	Hauptmann Schewe
Adjutant	Leutnant Gerving
Bataillonsarzt	Oberarzt Dr. Hofmann
Abteilung IVa	Oberzahlmeister Kohl
Abteilung V K	Technischer Ingenieur Ramboldt, Oberschirrmeister Prien
Ia-Schreiber	Oberfeldwebel Korthaus
IIa-Schreiber	Feldwebel Trebschek
Ib-Schreiber	Unteroffizier Knieper
9. A.-Kompanie	Leutnant von Bülow
10. A.-Kompanie	Leutnant Feindauer
11. A.-Kompanie	Leutnant Becker
12. A-MG-Kompanie	Leutnant Steinmann
A. Kompanie z.b.V.	Leutnant Braun
1. Umschulkompanie	Oberleutnant Kappel
2. Umschulkompanie	Oberleutnant Horsthemke
Marschkompanie	Oberleutnant Hälbig
1. (Jäger)-Regiment	Oberst Brückner, Major Wandrey, Major Bansen
I. Bataillon	Oberleutnant Hebler, Hauptmann Froboese, Hauptmann Schuster
II. Bataillon	Hauptmann Hunold, Rittmeister Sandmeyer
5. Kompanie	Oberleutnant Zülch, Oberleutnant Steidl
6. Kompanie	Oberleutnant Röseke
7. Kompanie	Oberleutnant Geisenberger
8. Kompanie	Oberleutnant (Hauptmann) Grabert, Leutnant Prochaska
I. Halbkompanie der 8.	Leutnant Haut, Leutnant Gruber
II. Halbkompanie der 8.	Leutnant Hillert, Leutnant Prochaska
III. Bataillon	Hauptmann Wandrey
Kompanieführer	Leutnant Klaus, Leutnant Krosch, Leutnant Bürck
2. (Jäger)-Regiment	Oberstleutnant Oesterwitz
Regiments-Adjutant	Hauptmann Vinzenz
Regimentsarzt	Stabsarzt Dr. Backhausen
Nachrichtenabteilung	Oberleutnant Schmalbruch, Oberleutnant Brauschmidt
I. Bataillon	Hauptmann Steidl
1. Kompanie	Oberleutnant Wirth

2. Kompanie	Oberleutnant Kieffer, Oberleutnant Gutweniger
3. Kompanie	Leutnant (Oberleutnant) Haut, Leutnant Mark
4. Kompanie	Leutnant Esser, Leutnant Langer
5. Kompanie	Oberleutnant Gabel
II. Bataillon	Major Renner, Hauptmann Heine, Oberleutnant Afheldt, Hauptmann Zinkel
6. Kompanie	Oberleutnant Sautner, Leutnant Maier
7. Kompanie	Leutnant Stalf
III. Bataillon	Hauptmann Zinkel, Oberleutnant Auer
9. Kompanie	Oberleutnant Planer

Diese Liste zeigt, daß nicht alle Verbände und Einheiten voll aufgestellt waren.

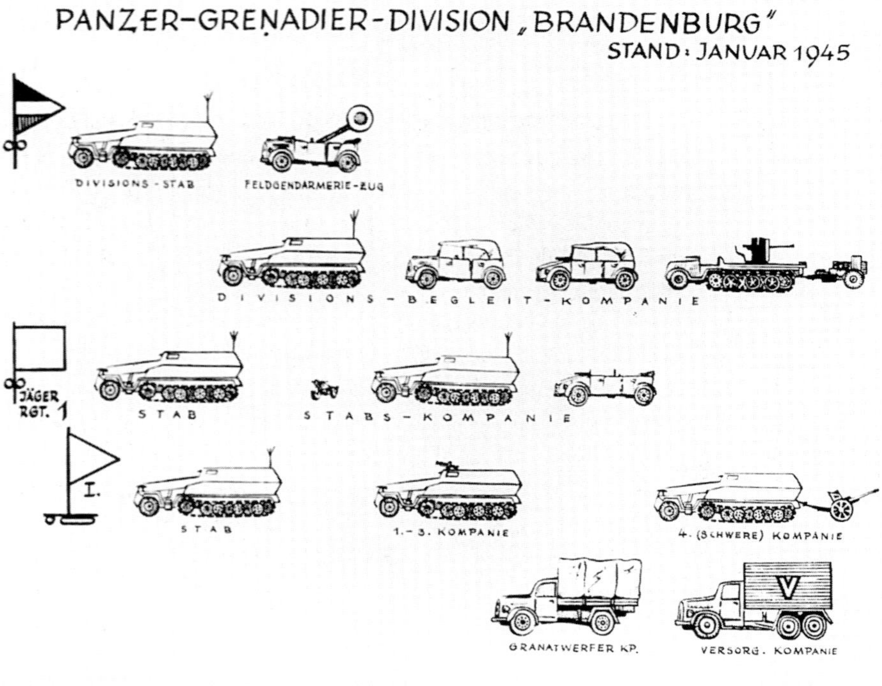

Die Panzergrenadier-Division »Brandenburg« Stand: Januar 1945.

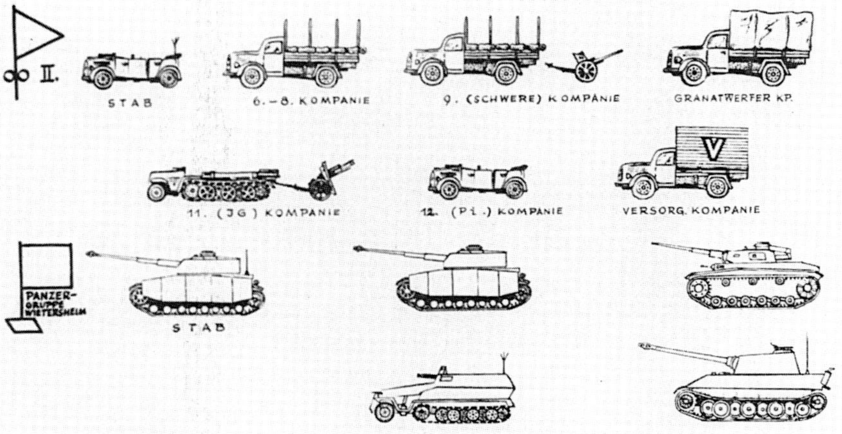

I. ABT. BEI DER PANZER-GRENADIER-DIVISION „KURMARK"

II. ABT. IN BELGRAD UNTERGEGANGEN

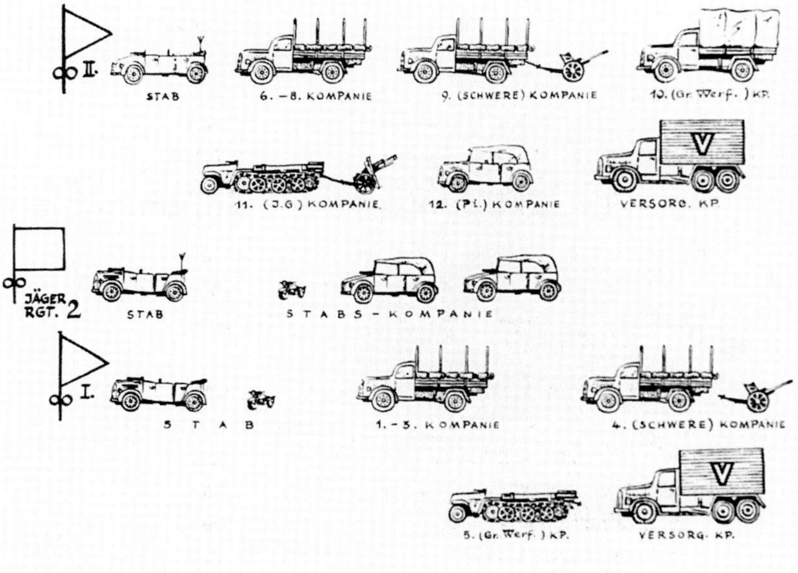

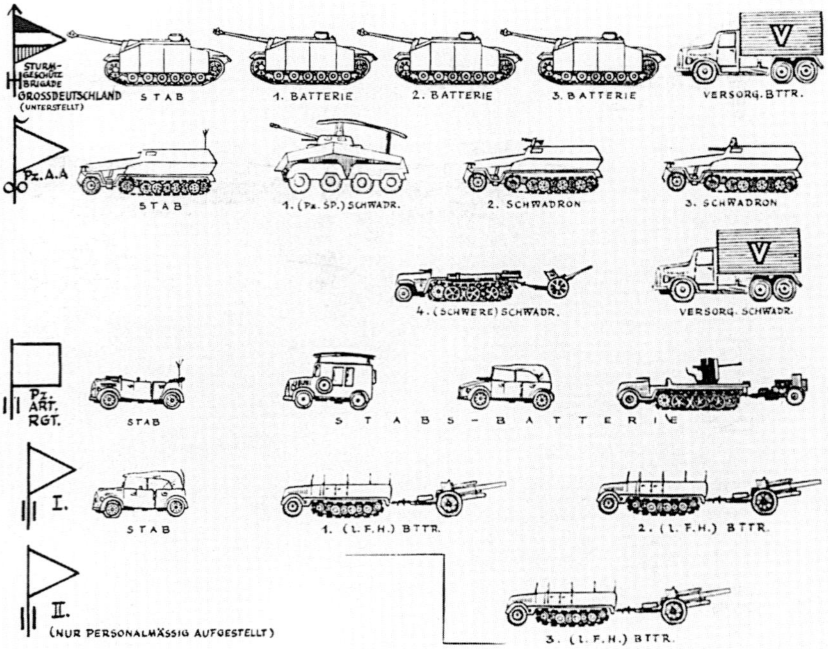
STURM-GESCHÜTZ BRIGADE
GROSSDEUTSCHLAND
(UNTERSTELLT)
STAB
1. BATTERIE
2. BATTERIE
3. BATTERIE
V
VERSORG. BTTR.
Pz. A.A
STAB
1. (Pz. SP.) SCHWADR.
2. SCHWADRON
3. SCHWADRON
4. (SCHWERE) SCHWADR.
V
VERSORG. SCHWADR.
Pz. ART. RGT.
STAB
STABS-BATTERIE
I.
STAB
1. (l. F.H.) BTTR.
2. (l. F.H.) BTTR.
II.
(NUR PERSONALMÄSSIG AUFGESTELLT)
3. (l. F.H.) BTTR.

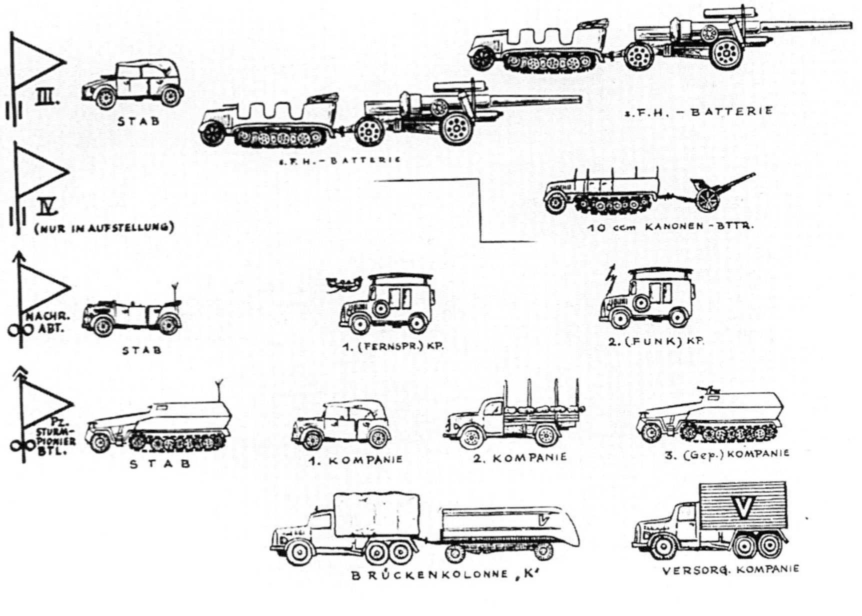
III.
STAB
s.F.H. - BATTERIE
s.F.H. - BATTERIE
IV.
(NUR IN AUFSTELLUNG)
10 ccm KANONEN - BTTR.
NACHR. ABT.
STAB
1. (FERNSPR.) KP.
2. (FUNK) KP.
Pz. STURM-PIONIER BTL.
STAB
1. KOMPANIE
2. KOMPANIE
3. (Gep.) KOMPANIE
BRÜCKENKOLONNE ‚K'
V
VERSORG. KOMPANIE

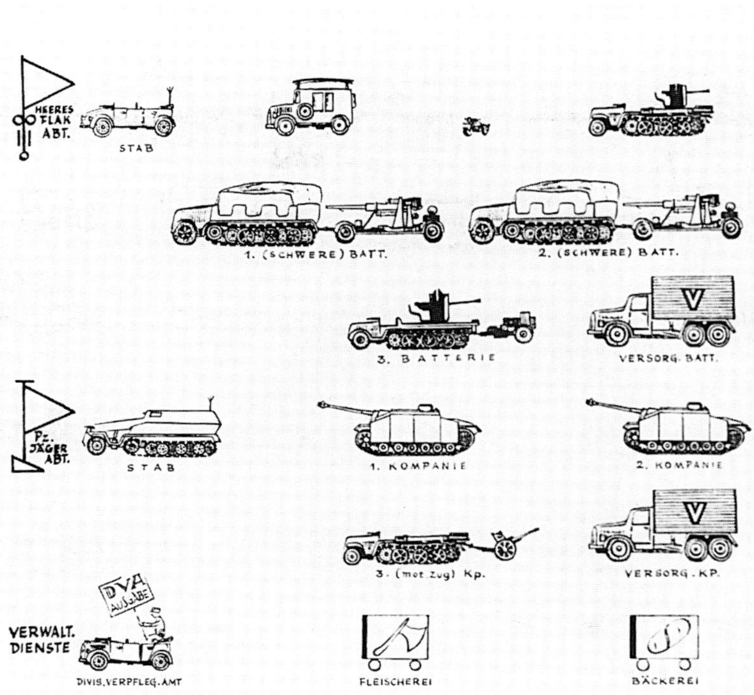
HEERES FLAK ABT.
STAB
1. (SCHWERE) BATT.
2. (SCHWERE) BATT.
3. BATTERIE
VERSORG. BATT.
Pz. JÄGER ABT.
STAB
1. KOMPANIE
2. KOMPANIE
3. (mot Zug) Kp.
VERSORG. KP.
VERWALT. DIENSTE
DVA AUSGABE
DIVIS. VERPFLEG. AMT
FLEISCHEREI
BÄCKEREI

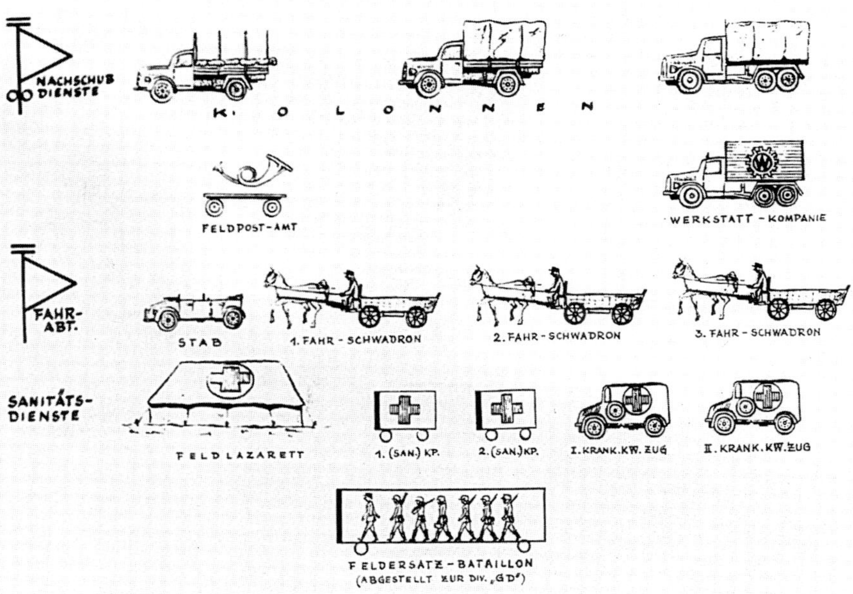
NACHSCHUB DIENSTE
KOLONNEN
FELDPOST-AMT
WERKSTATT-KOMPANIE
FAHR-ABT.
STAB
1. FAHR-SCHWADRON
2. FAHR-SCHWADRON
3. FAHR-SCHWADRON
SANITÄTS-DIENSTE
FELDLAZARETT
1. (SAN.) KP.
2. (SAN.) KP.
I. KRANK. KW. ZUG
II. KRANK. KW. ZUG
FELDERSATZ-BATAILLON
(ABGESTELLT ZUR DIV. „GD")

Der Einsatz ab Januar 1945

Mit dem Antreten der beiden russischen Heeresgruppen, der *1. Weißrussischen Front* unter Marschall Schukow aus den Brückenköpfen Magnuszew und Pulawy und der *1. Ukrainischen Front* unter Marschall Konjew aus dem Brückenkopf Sandomierc-Baranow am 13. Januar 1945 begann der Sturmangriff aus dem Osten.

Der Südflügel der *9. Armee* und die gesamte Front der *4. Panzer-Armee* – beide in der *Heeresgruppe A* zusammengefaßt – wurde mit einem verheerenden Trommelfeuer aus etwa 10.000 Geschützen eingedeckt.

Mit einem Führerbefehl vom 14. Januar ordnete Hitler die Bahnverladung zweier Divisionen des neuen Panzerkorps »Großdeutschland«. Es waren:

Die Panzergrenadier-Division »Brandenburg« und die Fallschirm-Panzer-Division »Hermann Göring«.

Die Panzergrenadier-Division »Großdeutschland«, als Stammdivision dieses neu geschaffenen Korps, stand noch in erbitterten Kämpfen im Raume Praschnitz. Zwar wurde durch General Wenck versucht, auch diese Division in den Angriffsraum zu beordern, doch die Entwicklung der Lage im dortigen Brückenkopf Rozan-Pultusk ließ dies nicht zu.

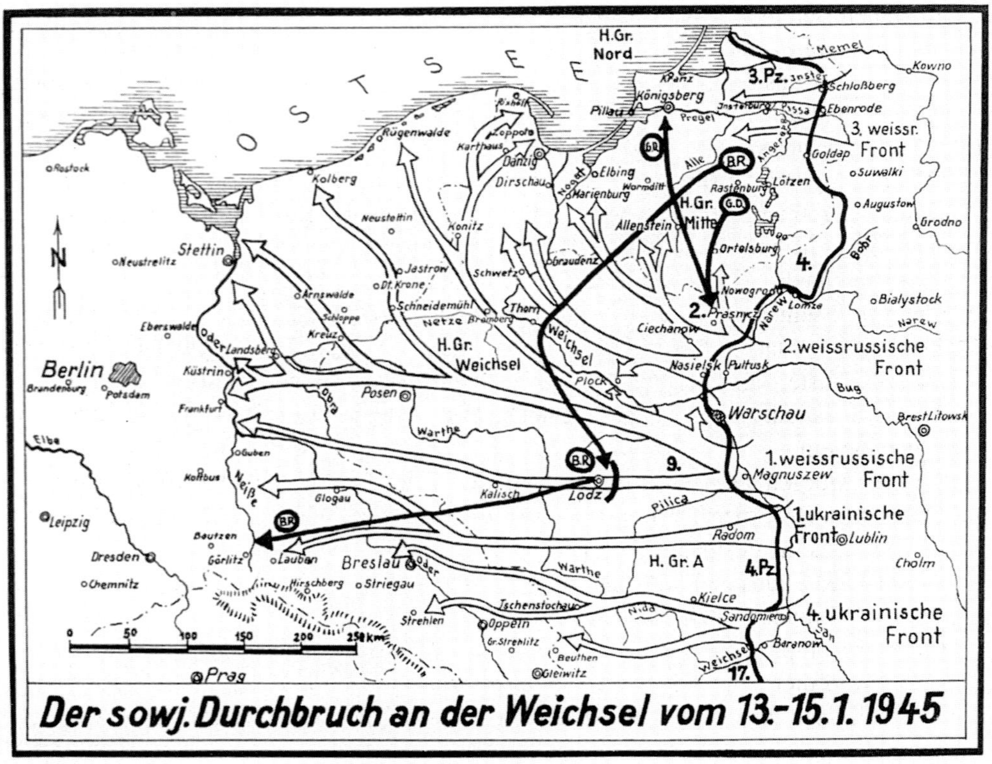

Der sowjetische Durchbruch an der Weichsel vom 13. bis 15. Januar 1945.

Aus dem nördlichen Ostpreußen rollten die beiden genannten Divisionen beinahe parallel an den nach Westen vorstoßenden Panzerspitzen der Roten Armee vorbei in den Raum Kutno-Litzmannstadt-Petrikau, wo die ersten Teile am Abend des 16. Januar eintrafen.

Bis zum 23. Januar dauerte die große Schlacht.

Hier eine Momentaufnahme des Jäger-Regiments 2 »Brandenburg« unter Oberstleutnant Oesterwitz.

Die Spitzen-Transporte erreichten am späten Abend des 16. Januar den Raum südlich Petrikau, um an den provisorisch angelegten Laderampen zu entladen. Die entladenen Truppen übernahmen bei Longinowka die Sicherung.

Das II. Bataillon/Jäger-Regiment 2 entlud in Petrikau. Oberleutnant Afheldt zog sofort in eine Ortsunterkunft südostwärts dieser Stadt. In dieser Nacht bereits rollten sowjetische Panzer nach Petrikau hinein. Es kam zu wüsten Nahgefechten, bei dem das Bataillon durch direkten Panzer- und MG-Beschuß auseinandergetrieben und versprengt wurde. Es verlor die Masse seiner Fahrzeuge und sämtliche schwere Waffen. In kleinen Gruppen gelang es einigen Soldaten, die rettenden Wälder zu erreichen. Damit hatte Oberstleutnant Oesterwitz gleich zu Beginn des Unternehmens das gesamte Bataillon verloren.

Die folgenden Kompanien entluden am 17. Januar in der weiteren Umgebung. So auch das Sturmpionier-Bataillon unter Hauptmann Müller-Rochholz in Baby, nördlich von Petrikau. Während der gesamten Entladezeit bombten und beschossen sowjetische Tiefflieger die Fahrzeuge. Zum Glück für die einzeln ausladenden Teile befand sich Oberstleutnant i.G. Erasmus in einem der Transportzüge. Er übernahm vorerst das Kommando. Der 01, Oberleutnant Bröker hatte ihm einen Befehl des AOK 9 übergeben:

Panzergrenadierdivision »Brandenburg« sammelt im Walde ostwärts Petrikau.

Der Befehl war unsinnig, da die Rote Armee bereits über diesen Raum hinaus vorgedrungen war. Nach Ablauf einer Nacht marschierte die gesamte Division in den Raum Litzmannstadt zurück. Zum Divisionsstab bestand keine Verbindung.

Als die Sturmgeschütz-Brigade »Großdeutschland« am 17. Januar in Litzmannstadt entlud, meldete sich Hauptmann Metzger bei der Division »Brandenburg« als dieser unterstellt. Das war Rettung in letzter Minute, denn schon rollten sowjetische Panzerrudel auf Litzmannstadt vor und beschossen bereits die östlichen Vorstädte.

An der Spitze seiner entladenen 18 Sturmgeschütze marschierte Hauptmann Metzger aus den südlichen Vororten nach Pabianica. Auch sie wurden von Tieffliegern – glücklicherweise ohne eintretende Verluste – angegriffen. Sie schossen den russischen Panzerpulk zusammen.

Bis zum 18. Januar trafen weitere Einheiten der Division »Brandenburg« in Litzmannstadt und Umgebung ein.

Am frühen Morgen dieses 18.1. waren auch die ersten Transportzüge des Jäger-Regiments 1 unter Oberst von Brückner in Kutno eingetroffen, wo sie entladen wurden, da die Rote Armee von Warschau aus im Vormarsch begriffen war.

Aus Osten und Südosten kommend, schoben sich unübersehbare Kolonnen von Flüchtlingstransporten auf Litzmannstadt zu und drängten in die trügerische Sicherheit der Stadt.

Der Abwehrkampf wurde um 20.00 Uhr am 18. eröffnet, als die ersten Feindpanzer auf Litzmannstadt vorfühlten. Zwei alte »Brandenburger«, der Obergefreite Tröger und Oberjäger Hahmann, schossen die ersten drei Feindpanzer aus nächster Nähe ab. Drei T 34 aber brachen durch.

Als der zweite Panzervorstoß die Stadt erreichte, war es Gefreiter Kofler, der einen T 34 mit der Panzerfaust und zwei weitere mit zusammengebündelten Handgranaten außer Gefecht

General Walther K. Nehring, der Stratege der modernen Panzerkriegsführung, verstand es immer wieder, Großverbände aus beinahe aussichtloser Lage zu führen. Die Aufnahme zeigt ihn als Komandierenden General des Deutschen Afrika-Korps 1942.

setzte. Die 7. Kompanie/Jäger-Regiment 1 unter Oberleutnant Geisenberger wurde seit dem späten Abend die ganze Nacht hindurch angegriffen und verlor ein Drittel ihrer Männer.

General von Saucken traf am 18. Januar ebenfalls in Litzmannstadt ein und bezog mit seinem Stab Stellung in einer Tuchfabrik am Stadtrand. Hier trafen am 19. Januar die ersten Voraustruppen der Panzergruppe Nehring ein, die sich als »wandernder Kessel« aus der sowjetischen Umklammerung zu befreien versuchte. Auch Litzmannstadt wurde eingeschlossen und General von Saucken fasste die Division »Brandenburg« und die Fallschirm-Panzer-Division »Hermann Göring« zum Durchbruch nach Westen zusammen.

Einzelne Nahkämpfer der »Brandenburger« vernichteten bei einem Angriff von 50 Panzern am 19. Januar vier Kampfwagen.

Die Panzergrenadier-Division »Brandenburg« löste sich unter ständigem Druck der Roten Armee aus ihren Stellungen und stieß nach Westen in Richtung Grabica durch. Mit den aufgesessenen Jägern gelang der Durchbruch bis nach Karezmy an der Gabria und die Vereinigung mit dem dort haltenden Panzer-Sturmpionier-Bataillon der Division.

Die Brücke über die Gabria wurde vermint. Die Verminung wurde aber durch General von Saucken wieder aufgehoben, da die Panzergruppe Nehring noch darüberfahren mußte.

Erst als starke Panzerrudel mit aufgesessener Infanterie sich der Betonbrücke näherten, von denen zwei durch die vor der Brücke stehende Pak abgeschossen wurden und brennend als Hindernisse liegenblieben, wurde von der Division der Befehl zur Sprengung gegeben.

Unter direktem Panzerbeschuß fiel Leutnant Bätzig verwundet aus. Der Pionierkommandeur und zwölf Mann fuhren in drei VW-Schwimmwagen an die Brücke heran und brachten die Minen an. Aber sie konnten die Minen nicht mehr zur Zündung anschließen. Die Brücke blieb stehen. Die beiden weiter nordwestlich gelegenen Holzbrücken konnten noch gesprengt werden.

Der Rückzug vollzog sich südlich an Lask vorbei nach Shieratz. Am 22. Januar 1945 erreichte Hauptmann Müller-Rochholz mit seinen Pionieren Marcenin, wo die ersten Soldaten der Panzergruppe Nehring aufgenommen wurden. An ihrer Spitze ein alter Oberst mit Holzbein, der den Hauptmann umarmte.

Auch der Kampf um die Warthebrücken am Mittag des 20. Januar gestaltete sich dramatisch. Hier wurde die 3. Kompanie des Panzer-Sturmpionier-Bataillon aufgerieben. Ihr Chef, Oberleutnant Laurentz erhielt Lungendurchschüsse und wurde von seinem Schirrmeister in dichtestem Feuer geborgen. Leutnant Hertkorn fiel. Ein schwerer Bombenteppich ließ die große Warthebrücke unpassierbar werden, doch Pioniere einer anderen Division richteten sie provisorisch wieder her, so daß sie befahren werden konnte. Als letzte deutsche Soldaten setzte der Rest der 3. Kompanie der Sturmpioniere über die Brücke. Sowjetische Truppen drangen in die Stadt ein.

Der Rückzug führte die Division »Brandenburg« zwischen Oppeln und Ohlau an die Oder. Hart verfolgt von sowjetischen Panzerrudeln mit aufgesessener Infanterie. Die beiden Gruppen

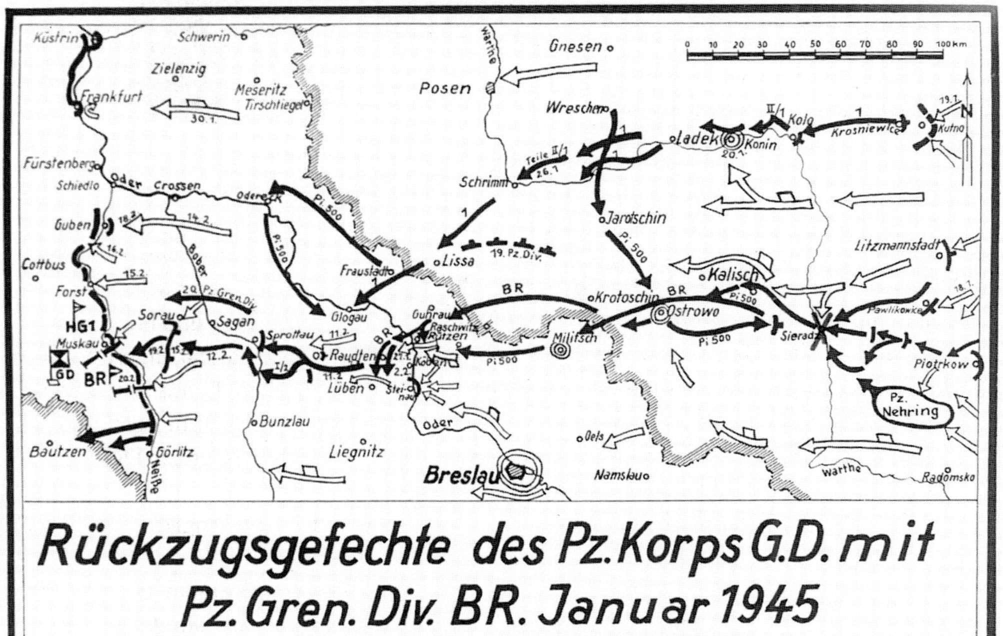

Rückzugsgefechte des Panzerkorps »Großdeutschland« mit der Panzergrenadier-Division »Brandenburg« im Januar 1945.

Oberleutnant Eckhard Afheldt, Kommandeur des II. Bataillons/- Jäger-Regiment 2 »Brandenburg«.

von Saucken und Nehring, die sich bei Shieratz mit der Division »Brandenburg« vereinigt hatten, kämpften sich in ständigen Gefechten und immer wieder von der Sturmgeschütz-Brigade »Großdeutschland« unterstützt, auf Kalisch-Ostrowo zurück.

Ostrowo war bereits gefallen. Zwischen Kalisch und Ostrowo schlugen sich die deutschen Verbände durch die sowjetischen Truppen hindurch und erreichten bis zum 24. Januar 1945 Korotschin. Doch bis zur Oder gelangte die Division nicht, denn am 27. Januar 1945 wurde der Division befohlen, gemeinsam mit der Division »Hermann Göring« einen Angriff zu führen, mit dem die gesamte Feindgruppierung, die im Steinauer Bogen stand, vernichtet werden sollte.

Es handelte sich um die verschiedenen Korps von Marschall Konjews 1. Ukrainischer Front. Es war dieser Heeresgruppe am 27. Januar 1945 gelungen, beiderseits von Steinau, wo eine Unteroffizierschule mit dem Mute der Verzweiflung verteidigte, die Oder zu erreichen und bei Köben sogar einen Brückenkopf über die Oder zu bilden. Damit standen die ersten sowjetischen Truppen auf dem Westufer der Oder.

Als die Gruppe von Saucken der Brückenstelle Glogau zustrebte, erhielt sie bereits bei Waffendorf Feindfeuer und am 29. Januar wurde ihr Halt befohlen und – aus der Bewegung heraus – noch ostwärts der Oder nach Süden zu drehen und sofort gegen die im Oderbogen stehende 1. Ukrainische Front anzutreten.

Hier erfolgte noch einmal – und zwar mit der Divisions-Begleitkompanie »Brandenburg« unter Oberleutnant Mischkeres – ein echter »Brandenburger«-Handstreich. Im Tarneinsatz versuchte Mischkeres mit etwa zwölf Soldaten in russischer Uniform im Handstreich die Brückenstelle bei Rützen über die Bartsch zu gewinnen. Die Gruppe geriet jedoch in einen Hinterhalt und konnte sich nur unter Aufbietung aller Kräfte im Nahkampf aus dieser Bedrohung lösen.

In dieser Situation rollten das Schützenpanzerwagen-Bataillon des Jäger-Regiments 2 »Brandenburg« mit einigen Sturmgeschützen als Stoßkeile voraus, bei Mondschein über den grell blitzenden Schnee querfeldein auf Rützen zu. Die Sturmgeschütze eröffneten aus 1000 Meter das Feuer. Aus Schloß Rützen, wo sich der sowjetische Führungsstab eingenistet hatte, wurden die Angreifer mit Artillerie beschossen.

Die Ortschaft wurde im Sturm genommen, die Sowjets im Schloß hielten sich. Es kam zu einem erbitterten Ringen, bei dem Hauptmann Schäfer, Kommandeur des Schützenpanzerwagen-Bataillons schwer verwundet wurde. Endlich gelang es, das Schloß zu nehmen.

Im Vorstoß auf Wiersewitz kämpfte sich das II. Bataillon des Oberleutnant Afheldt mit den Sturmgeschützen durch den Feind. Die deutschen Sturmgeschütze schossen sieben Feindpanzer ab. Ein eingegrabenes schweres sowjetisches Sturmgeschütz SU 115 wurde vernichtet. Noch hielt sich eine russische Kampfgruppe, von etwa zehn T 34 unterstützt, und zwangen schließlich die Angreifer zum Rückzug. Dieser Angriff kostete fünf Offizieren und 60 Mann des Bataillons Afheldt das Leben.

Dr. Karl Rossmann kämpfte als Kommandeur des Panzer-Regiments »Hermann Göring« bei allen drei Divisionen des gleichnamigen Fallschirm-Panzer-Korps erfolgreich. Als Major und 725. deutscher Soldat erhielt er am 1. Februar 1945 das Eichenlaub.

Der Angriff der Gruppe von Saucken im Raume Raudten-Pilgramsdorf begann am frühen Morgen des 1. Februar 1945. Vor Pilgramsdorf stießen die Panzerspähtrupps der Panzer-Aufklärungs-Abteilung »Brandenburg« auf den Feind. Dieser wurde aus dem Dorf geworfen. Der Angriff des 2. Februar mit der Sturmgeschütz-Brigade »Großdeutschland« an der Spitze und dem I. Bataillon/Jäger-Regiment »Brandenburg« unter Hauptmann Froboese sowie Teilen der Panzerjäger-Abteilung »Brandenburg« unter Hauptmann Königstein wurde von den auf den Höhen rechts und links liegenden Rotarmisten unter starkes Feuer genommen. Oberleutnant Planer, Chef der 7. Kompanie, fiel. Die 7. Kompanie verlor ein Drittel ihres Bestandes. Gegen Mitternacht war es gelungen, bis zum Straßenkreuz nördlich von Mlitsch vorzustoßen. Hier brausten überraschend etwa 20 T 34 aus einer Schweigestellung heraus und überrollten die am Straßenrand stehende Pak von Leutnant Kass. Sieben Feindpanzer konnten abgeschossen werden.

Generalmajor Schulte-Heuthaus stand hier mit seinen Jägern in vorderster Front. Bei Töschwitz gerieten sie in Gefahr, abgeschnitten zu werden und konnten sich in letzter Minute durchschlagen.

Bei Polach hielten schließlich die Reste der Division. Dreimal wechselte diese Ortschaft den Besitzer. Leutnant Stalf und Leutnant Kass kämpften hier mit dem Mut der Verzweiflung. Am 8. Februar gelang es dem Gegner, in diese Stellungen einzudringen. Die Deutschen mußten auf Polach ausweichen. Im dortigen Gut richtete das II. Bataillon/Jägerregiment 2 seinen Gefechtsstand ein. Die Rotarmisten drangen am Abend auch hier ein und wieder ging es zurück. Im Verlaufe des 10. Februar wurden die Verbände der Division südlich von Heerwegen eingeschlossen. Generalmajor Schulte-Heuthaus steckte mit seinen Jägern in der Falle. In einer mutigen und irrwitzigen Fahrt gelang es General von Saucken in der kommenden Nacht, durch den russischen Einschließungsring in den Kessel zu gelangen, wo sich allein die »Brandenburger« in mustergültiger Ordnung gehalten hatten. Sie wurden von General von Saucken als Führungsspitze zum Durchbruch nach Westen bestimmt. Als ruhender Pol gelang es diesem großartigen General – Träger der Brillanten des Ritterkreuzes mit Eichenlaub und Schwertern – den Durchbruch nach Westen zu organisieren und – mit den Männern des Jäger-Regiments 2 »Brandenburg« an der Spitze – diesen zu erzwingen.

Es waren schließlich die Panther des Panzer-Regiments »Herrmann Göring, die unter Major Dr. Roßmann in der Nachhut rollend den Feind hinwegfegten, wo dieser sich zu halten entschlossen hatte. Am frühen Morgen des 12. Februar war der Durchbruch geschafft. Die drei Divisionen der Gruppe von Saucken waren – wenn auch unter schweren Verlusten – noch einmal durchgekommen.

Das bittere Ende der »Brandenburger«

Die Panzergrenadier-Division »Brandenburg« erhielt den Auftrag, entlang der Lausitzer Neiße zwischen Weißwasser und Görlitz eine neue Abwehrfront aufzubauen. Von Forst über Muskau und Priebus bis in den Raum Sänitz hinein ging die Division zur Verteidigung über. Ihr Frontabschnitt hatte eine Ausdehnung von 32 Kilometern. Der Divisionsgefechtsstand lag in Heide, an der Straße Muskau-Rietsche. Der Muskauer Forst reichte bis an die Neiße heran. Dies war für die alten »Brandenburger« ein unschätzbarer Vorteil, da sie – als Meister der Tarnung – hier ihre Künste im Stellungsbau unter Beweis stellen konnten. Andererseits erleichterte es der Wald sowjetischen Späh- und Stoßtrupps an einigen Stellen, die Neiße beinahe unbemerkt zu überschreiten. In schneller Abfolge entstanden Bunker und Kampfstände, Laufgräben und Schweigestellungen an den neuralgischen Punkten. Erste »Brandenburger«-Spähtrupps gingen in den dunklen Nächten über die Neiße. Die Pioniere der Division hatten Hochkonjunktur. Ein kilometerlanger Knüppeldamm von Weißkessel nach Weißwasser wurde zum Zweck des geregelten Nachschubs errichtet, den Fahrzeuge auch bei starkem Schlamm befahren konnten. Volkssturm und ein Genesenden-Bataillon von Kosaken leisteten wertvolle Hilfe. Die erste bespannte Fahrabteilung unter Leutnant Grüber und Hauptfeldwebel Böhnke, mit zwei Gruppen zu jeweils zehn Gespannen mit insgesamt 120 Pferden und 80 Soldaten, bildeten den Grundstock dieser Kompanie. Die zweite Fahrschwadron wurde bereits Ende Februar unter Leutnant Göpfert aufgestellt. Oberveterinär Dr. Hein kümmerte sich um die Zugtiere. Mit der eingangs März aufgestellten dritten Fahrschwadron stand nunmehr die neue Fahrabteilung »Brandenburg« mit 352 Pferden und 90 Tonnen Ladegewicht. Eine Meisterleistung der Division auf dem Gebiet der Logistik.

Die Aufstellung einer Reiter-Abteilung zu drei Schwadronen schloß sich an. Sie war für Streifenunternehmungen und Spähtrupps sowie für die Bekämpfung eingesickerter Feindspähtrupps zuständig. Es ging auch gegen Angehörige des sogenannten Komitee »Freies Deutschland«, das am jenseitigen Neiße-Ufer seine Propaganda- und Zersetzungstätigkeit entfaltete.

Die Stadt Weißwasser an der Bahnlinie Berlin-Görlitz, die als frontnaher Versorgungsstützpunkt von besonderer Wichtigkeit war, wurde zur Festung ausgebaut. Hier befanden sich große glasverarbeitende Betriebe, wie die Osram-Werke, Braunkohlefelder, Ziegeleien, eine Porzellan-Manufaktur und andere Anlagen.

Der Stadtkommandant, Obersturmbannführer Graf von Egloffstein, erhielt vom Panzer-Korps-Kommando Befehl, die Stadt zur Rundumverteidigung auszubauen. Unter dem Befehl von Oberleutnant Jilsk stand ein Volkssturm-Bataillon in der Stadt, das sich bei späteren Kämpfen hervorragend schlagen sollte. Teile der Sturmpioniere der Division »Brandenburg« überwachten die Verteidigungsanlagen. Stellvertretender Stadtkommandant wurde Hauptmann Berghoff.

Die Masse der 15.000 Bewohner der Stadt war bereits evakuiert worden. Alle Fabriken und Werke aber arbeiteten mit voller Kraft weiter. Bürgermeister Wenderoth war in der Stadt geblieben, um für die Werktätigen und Zivilisten zu sorgen.

Am späten Abend des 10. März eröffnete die Rote Armee ein dichtes Artilleriefeuer auf den breiten Brückenkopf Muskau.

Zuerst griff sie bei der Fallschirm-Panzer-Division »Hermann Göring« an. Eine sowjetische Schützen-Division ging mit starker Panzerunterstützung vor, darunter einige schwere »Josef Stalin«. Nach Abschuß von sieben Feindpanzern erlahmte dieser Angriff.

Mitte März wurde ein großes Stoßtrupp-Unternehmen im Bereich des Jäger-Regiments 2 »Brandenburg« angesetzt. Führer desselben wurde der schon mehrfach erwähnte Hauptmann Steidl. Ziel des Stoßtrupps war das »Rote Haus« bei Lugknitz, in dem sich die Sowjets eingenistet hatten. Es war von ihnen zu einer kleinen Festung ausgebaut worden, zu dem Lauf- und Schützengräben hinführten. Da mit Minenfeldern zu rechnen war, wurden zwei Gruppen Pioniere dem kampfstarken Stoßtrupp zugeführt. Zur Unterstützung des handstreichartigen Angriffs sollten schwere 35 cm-Nebelwerfer vorbereitend eingreifen.

In der Nacht zum 20. März setzte als erstes Feldwebel Resch mit seinem Trupp mit Schlauchbooten über die Neiße. Ein kleiner Brückenkopf war zuvor gebildet worden. Als um 5.00 Uhr des 20. März die Nebelwerfer ihre fauchenden und heulenden Grüße zum »Roten Haus« sandten, während die Artillerie Punktfeuer auf die erkannten Stellungen und Bunker eröffnete, rannten Resch und seine Männer vor. Sie legten Sprengladungen an, warfen sich in volle Deckung. Das »Rote Haus« flog mit Donnergetöse in die Luft. In den Gräben um das Haus wurden elf Gefangene gemacht und zurückgebracht.

Auf dem Rückzug geriet der Stoßtrupp in ein russisches Minenfeld. Drei Kameraden wurden durch detonierende Minen schwer verwundet.

Die Reste des Stoßtrupps erreichten – ohne die Gefangenen, die zurückgelassen wurden – das westliche Ufer der Neiße. Insgesamt waren bei diesem Einsatz fünf Soldaten des Stoßtrupps gefallen.

In den nächsten Tagen flogen sowjetische IL 2-Schlachtflieger in dichten Rotten über die Front der »Brandenburger« hinweg.

Nunmehr lag die gesamte Division »Brandenburg« vor dem Stoßkeil der Roten Armee. Beide Jäger-Regimenter befanden sich in vorderster Front.

Der sowjetrussische Angriff begann hier am Nachmittag des 15. April mit einem Feuerschlag. Am nächsten Morgen, es war Montag, der 16. April 1945 und die Rote Armee war an diesem Morgen an allen Fronten zum Großangriff angetreten, begann der Ansturm mit dem ersten Büchsenlicht.

Der Übergang über die hier nur etwa 15 Meter breite und nur einen Meter tiefe Neiße wurde vom Feind mit dem Versuch, Stege über das Gewässer zu schlagen, angegangen. Die Russen wurden dort hinausgeschossen und durch einen von Leutnant Korte geführten Gegenstoß vernichtet.

Am späten Nachmittag griffen frische Verbände an, unterstützt durch starkes Werferfeuer. Diesmal gelang es ihnen, Stege über die Neiße zu legen. Unter dem Schutz von stärkstem Artillerie-, Werfer- und MG-Feuer rannte die rote Infanterie über die Stege ans Westufer des Flusses. Die 1. Kompanie des Jäger-Regiments 2 wurde in volle Deckung gezwungen. Sie griff sofort an, als das Feindfeuer verstummte und warf den übergesetzten Gegner in den Fluß zurück.

Einem Übersetzversuch an anderer Stelle war mehr Erfolg beschieden. Das III. Bataillon des 1. Regiments stand im Begriff, geworfen und aufgerieben zu werden. Major Steidl und sein Adjutant Leutnant Esser eilten nach vorn und erreichten den Gefechtsstand der Ersten. Leutnant Huesker erhielt Befehl, mit einem Stoßtrupp gegen die Übergangsstelle anzutreten. Er geriet dabei in russisches Sperrfeuer und fiel. In erbitterten Nahkämpfen mit dem übergesetzten Gegnern konnte der Brückenkopf jedoch wieder abgeriegelt werden.

Noch immer hielt der I. Zug der 1. Kompanie. unter Oberfeldwebel Ascher. Die herangeführte Reservekompanie unter Major Renner, Kommandeur des II. Bataillons/Jäger-Regiment 2, riegelte mit ab.

Nach diesem »Aufgalopp« eröffnete die Rote Armee den Großangriff mit einem Trommelfeuer aus allen Kalibern, wie es die Division »Brandenburg« noch nicht erlebt hatte. Ein dreistündiges Stahlgewitter ging auf die Bunker und Stellungen hernieder.

Danach griffen die Rotarmisten in dichten Gruppen an, während kleine, unabhängig vorgehende Stoßtrupps durch den Wald südlich der Kahlen Meile vorstießen. Hier lag das I. Bataillon/Jäger-Regiment 2 unter Hauptmann Steidl.

Die ersten T 34 hatten die Neiße durchrollt und preschten nach Westen, um einige Kilometer weiter nach Norden einzuschwenken und die Division »Brandenburg« einzukesseln und zu vernichten.

Im Wald fanden furchtbare Nahkämpfe statt. Dort kämpfte »Pionier-Müller« mit seinen Sturmpionieren, die die durchgebrochenen T 34 mit Sprengmitteln und Panzerfäusten vernichteten.

Auf Gut und Schloß derer von Arnim stand die Heeres-Flakabteilung »Brandenburg« unter Major Voshage bereit. Werner Voshage hatte bereits als Hauptmann und Kommandeur der Heeres-Flakabteilung 280 das Deutsche Kreuz in Gold erhalten. Hier erkämpfte er sich das Ritterkreuz, das ihm noch am 8. Mai 1945 verliehen wurde. Mit seinen drei Achtacht-Flak hielt er dem russischen Ansturm stand. Seine anderen Batterien standen bei den Regimentern im Abwehrkampf.

Das mitten in der Ortschaft Wehrkirch gelegene Schloß mit seinem großen Park wurde von sowjetischer Artillerie ebenfalls aufs Korn genommen. Voshage verabredete mit Hauptmann Müller-Rochholz, daß die Pioniere zum Schloß ausweichen und sich dort festsetzen sollten.

Gegen Mittag traf Major Steidl Generalleutnant Schulte-Heuthaus, der mit seinem SPW durch das dichteste Feindfeuer nach vorn rollte, um seine Männer anzufeuern. Der Divisionskommandeur befahl Major Steidl, sich mit seinen Männern nach Kaltwasser durchzuschlagen und sich dort zur Verteidigung festzusetzen.

Dort verteidigte auch Oberstleutnant Oesterwitz mit dem II. Bataillon Renner. Die Troß- und Alarmeinheiten hatten sich ebenfalls auf Kaltwasser abgesetzt.

Als sich der Verband Steidl dorthin zurückgezogen hatte, tauchte aus einem Waldstück ein T-34-Rudel auf, das direkt auf Kaltwasser zurollte. Die ersten Abschüsse der wenigen Pak knallten. Rauchwolken und Flammen zeigten, daß einige T 34 getroffen worden waren. Die aufgesessene Infanterie wurde mit MG-Feuer von den Panzern heruntergeschossen. Dennoch: dieser Ansturm war nicht zu stoppen. Die Jäger mußten sich in den Wald hinter sich zurückziehen, aber auch dort tauchten überraschend Rotarmisten auf, rasselten Panzerketten, knallten die Abschüsse der Panzerkanonen.

Beim Bataillon Renner war der Teufel los. Es wurde mit letztem Einsatz gerungen, um den Angriff zu stoppen. Auf der »Weinberghöhe« kämpfte Oberleutnant Schlosser mit seiner 2. Sturmpionier-Kompanie. Er erhielt einen tödlichen Schuß aus nächster Nähe. Eine Reihe seiner Männer stürzte ebenfalls tödlich getroffen zu Boden. Die Verwundeten versuchten, teilweise kriechend, sich abzusetzen. Sie wurden von den weichenden Kameraden mitgeschleppt. Als der Abend einfiel, saßen die Russen auf der Höhe und hatten die letzten Pioniere eingeschlossen.

Es wurde immer noch um Schloß Wehrkirch gekämpft. Hauptmann Müller-Rochholz kämpfte sich mit seinen Pionieren nach Nieder-Wehrkirch durch, nahm den Russen die bereits gewonnenen Häuser wieder ab und jagte sie bis zum Bahnhof zurück. Sowjetische Panzer hatten eine Bresche in die Schloßmauer gerammt und rollten nun auf das Schloß zu. Sie wurden von einzelnen Soldaten angesprungen und mit Sprengmitteln vernichtet. Panzerfäuste hielten grausige Ernte, denn aus einer Distanz von 40 und weniger Metern war jeder Schuß ein Volltreffer. Hier erwies sich auch Major Voshage als meisterlicher Panzerfaustschütze, als er nacheinander zwei Feindpanzer abschoß.

Schwere sowjetische Artillerie hämmerte – ohne Rücksicht auf die eigenen Truppen – nach wie vor in den Park hinein. Die Russen zogen sich auf die Häuser außerhalb des Schloßparks zurück.

40 Pioniere unter Hauptmann Müller-Rochholz erreichten den Schloßpark und verstärkten die Verteidiger. Die 3. Batterie der Flak traf ebenfalls ein und wurde in den Igel eingewiesen.

Am Abend dieses 15. April war die Rote Armee auch im Abschnitt der »Brandenburger« auf einer Breite von acht Kilometern durchgebrochen und bis zu 15 Kilometer tief vorgestoßen. Das Jäger-Regiment 1 wurde vom Feind abgekniffen und 1000 m hart westlich des Regimentsgefechtsstandes marschierten die Russen am Regiment vorbei westwärts und erreichten im Rücken die Ortschaft Spree. Das Regiment hatte keine Verbindung mehr zur Division. Major Bansen, der Kommandeur, hatte das Regiment zur Rundumverteidigung um den Gefechtsstand gesammelt. Nach längerer Überlegung befahl Bansen:

»Wir schwenken nach Süden ein und bauen so eine neue Linie auf. Hier nutzen wir niemandem mehr. Der Regimentsgefechtsstand baut als letzter ab und sichert den Abzug.«

Der Feind griff am 17. April mit gleicher Wucht an. Auf Schloß Wehrkirch erfolgte bereits um 3.00 Uhr ein neuer Panzerangriff.

Der Kampf dauerte mehrere Stunden. Von etwa 100 angreifenden Feindpanzern wurden 40 vernichtet und der Angriff noch vor Erreichen der Gutsmauer abgeschlagen. Hierbei spielten die leichten und schweren Flak eine entscheidende Rolle. Aber auch die Pioniere mit ihren Nahkampfmitteln und die Jäger mit Panzerfäusten waren an diesem Abwehrerfolg beteiligt.

Um 9.00 Uhr erfolgte ein neuer Artillerie-Feuerschlag auf das Schloß. Die ersten Vorbereitungen zum Absetzen wurden getroffen. Unter der besonderen Obhut von Oberarzt Dr. Braune wurden die Verwundeten vorher in das westlich gelegene Wäldchen geschafft. Um 13.00 Uhr ging der Divisionsbefehl ein, das Schloß und die Ortschaft Wehrkirch zu räumen.

Im überschlagenden Einsatz – von deckender Flak gesichert – gelang der Sprung zur nächsten Auffangstellung im Walde. Bei Niesky-Neuhof-Straße nach Rietschen sollte diese neue Haltelinie entstehen.

Niesky war bereits von plündernden Russen überschwemmt. Sie wurden hinausgeworfen. Der Rückzug aus Weiswasser erfolgte ebenfalls am 17. Am frühen Morgen des 18. April wurde vor allen Verteidigungsstellungen Panzerfeind gemeldet. Der Führerbefehl »Halten um jeden Preis!« konnte nicht ignoriert werden. So mußten nicht nur vom Regiment »Brandenburg« Soldaten in den Ortschaften Niesky, Kodersdorf, Ullersdorf und Spreefurt kämpfend untergehen, um den anderen zu einer neuen Auffangstellung zu verhelfen. Der Korpsgefechtsstand im Schloß von Spreefurt ging zur Rundumverteidigung über. Der IIa und Adjutant des Korps, Major Bethke, raffte einige Alarmeinheiten zusammen und stürmte, nur mit einer Maschinenpistole in den Fäusten, nach vorn. Von mehreren Kugeln durchsiebt fiel er getroffen zu Boden, raffte sich wieder auf, schrie seinen Männern zu, ihm zu folgen. Doch alle blieben angesichts des mörderischen Feuers in Deckung. Major Bethke brach nach einigen wenigen Metern im Vernichtungsfeuer des Feindes zusammen. Nach Einfall der Dunkelheit wurde er zurückgeschafft. Er lebte noch, wurde sofort bei der 2. Korps-Sanitäts-Kompanie »Großdeutschland« operiert, vergebens. Unter den Händen der Ärzte starb dieser tapfere Offizier.

»Theo Bethke«, so der Divisionskommandeur, »steht vor uns als ein Soldat, wie er nur selten anzutreffen ist. Eine Persönlichkeit von unübertroffener Charakterstärke. Er kämpfte zuerst in der Panzergrenadierdivision ›Großdeutschland‹. Dann kam er zu uns, wurde nicht nur Bearbeiter der Personalien von unseren Offizieren, sondern unser aller Freund, nicht zuletzt auch der meine.

Um den Tod Theo Bethkes trauern alle, die ihn kannten. Ich betrauere seinen Tod in besonderem Maße. – Hoernlein, General der Infanterie.«

Als am frühen Morgen des 19. April 1945 die 20. Panzer-Division im Rücken der Division »Brandenburg« auffuhr, gelang es dem Jäger-Regiment 2 nach der Aufgabe von Kodersdorf und Ullersdorf im Raume Altmark zu sammeln und sich mit der Panzergruppe von Wietersheim zu vereinigen.

Das Jäger-Regiment 1 im Norden bei der Gruppe Division z.b.V. 615, schied an diesem Tage aus dem gesamten Verband aus, löste sich aus den Räumen Daubitz-Rietschen und bezog bei Spreefurt eine neue Widerstandslinie.

Mit der 20. Panzer-Division wurde für den 20. April ein Angriff nach Süden angesetzt, um den nach Westen durchgebrochenen Feind abzuschneiden. Teile des Jäger-Regiments 2 aber gingen mit der Kampfgruppe von Wietersheim zum Angriff gegen Uhlersdorf und Jänkendorf vor. Beide Ortschaften wurden gegen den zähen Widerstand einer polnischen Division und Verbänden des Komitees »Freies Deutschland« genommen. Die Orte waren völlig niedergebrannt.

In Niesky aber kämpften noch immer die Pioniere und andere Teilgruppen unter Hauptmann Müller-Rochholz. Als die Russen auf deutschen Lastwagen Verstärkungen angekarrt hatten, wurden die drei noch einsatzbereiten Sturmgeschütze an den neuralgischen Punkten eingesetzt. Eines davon konnte, nachdem es 250 Meter gezogen wurde, direkt auf die Lkw feuern. Mit Sprenggranaten hielt es in die absitzenden Rotarmisten hinein.

Eine wenig später erfolgende Kosaken-Attacke wurde bereits im Ansatz zerschlagen. Der Nachmittagsangriff setzte sich mit stündlichen Intervallen fort. Die drei Sturmgeschütze unter dem Kommando eines leider nicht mehr zu identifizierenden Oberleutnants warteten, bis der Gegner auf Gewehrschußweite heran war. Die Rohre ganz nach unten gekurbelt, eröffneten sie das Feuer aus nur 140 Metern Distanz mit Sprenggranaten. Dieser Angriff wurde buchstäblich zerfetzt.

Am Abend dieses für beide Seiten verlustreichen Tages brach Hauptmann Müller-Rochholz mit seinen Pionieren und den übrigen Männern aus. Die drei Sturmgeschütze schleppten Lastwagen, deren Reifen völlig zerschossen waren, und auf denen an die 80 Verwundete transportiert wurden.

Um 2.00 Uhr des 21. April begann der Ausbruch. Die Reichsstraße 115 wurde erreicht. Mitten durch die lagernden Russen ging es zurück. Am Straßenkreuz der Straße 115 zum Kodersdorfer See nahm ein MG die Kolonne unter Feuer, bis es von einer Panzerfaust in die Luft gewirbelt wurde. Dann kam den Deutschen plötzlich aus der entgegengesetzten Richtung ein langer russischer Konvoi entgegen.

»Rechts ran! – Völlige Stille!« befahl Müller-Rochholz.

Das Wunder geschah, die russischen Fahrzeuge rollten an den deutschen Landsern und Sturmgeschützen vorbei und verschwanden in Richtung Front.

Im Morgengrauen wurde Oedernitz erreicht. Eine sowjetische Batterie stand im Wege, die die letzte Wegstrecke bis zu den deutschen Linien sperrte. Müller-Rochholz gab den entscheidenden Befehl:

»An SPW, an Sturmgeschütze: Mit angehängten Lastwagen durch! – Vor uns deutsche Truppen!«

Im Vorbeirollen wurde die Batterie von den Sturmgeschützen vernichtet – und dann hatten sie es geschafft. Sie wurden vom Pionier-Bataillon 20 der 20. Panzer-Division aufgenommen und waren vorerst in Sicherheit.

Während alle in einen tiefen Erschöpfungsschlaf fielen, eilte Hauptmann Müller-Rochholz zum Divisionsgefechtsstand nach Bischdorf und meldete sich zurück.

Die beiden anderen Angriffe, deren Vorbereitungen bereits genannt wurden, schlugen durch. Mehr als 50 Feindpanzer wurden abgeschossen, über 100 Fahrzeuge vernichtet und große Beute an Verpflegung und Betriebsstoff gemacht. Der eigene Fahrzeugbestand konnte durch erbeutete US-Lastwagen ergänzt werden. Weißenberg wurde vom Jäger-Regiment 1 erstürmt. Die Russen flohen in Panik aus der Ortschaft hinaus. Hunderte von Panjewagen rollten über die Plaine und wurden von den deutschen Waffen erfaßt und vernichtet. Etwa 150 Fahrzeuge wurden hier gezählt, die der Feind verloren hatte.

Hauptmann Friedrich Müller-Rochholz (»Pi-Müller«), Kommandeur des Sturmpionier-Bataillons der Division »Brandenburg«. Noch am letzten Kriegstag, dem 8. Mai 1945, wurde ihm das Ritterkreuz verliehen.

Aber auch dieser letzte Erfolg änderte nichts an der Tatsache, daß der Raum um Bautzen nicht länger gehalten werden konnte. Nunmehr sollte das Korps südlich herumschwenken, westlich der Stadt in Bereitstellungen gehen und beim vorgesehenen Angriff mehrerer anderer Divisionen den linken Flügel nach Norden durchziehen.

Die Sturmpioniere unter Hauptmann Müller-Rochholz gingen nördlich der Autobahn Bautzen-Dresden in Stellung. Das Bataillon – oder was noch davon übrig war – sollte mit der Panzergruppe von Wietersheim angreifen, und Storcha (mit seiner berühmten weißen Kirche) erreichen.

Das I. Bataillon/Jäger-Regiment 2 warf den Feind aus Schmochtitz und dem dortigen Gutshaus hinaus.

Die 20. und 21. Panzer-Division traten am 24. April um 01.00 Uhr an. Ihr Ziel war Bautzen. Die Panzergrenadier-Division »Brandenburg« stürmte auf dem linken Angriffsflügel nach Norden vor und schnitt die Flanken des sowjetischen Angriffskeiles nach Dresden ab. Diese Kämpfe retteten Dresden vor der russischen Panzerlawine. Im Zuge des Angriffs tat sich Leutnant d. R. Hellmut von Leipzig hervor: Als Zugführer der Panzeraufklärungs-Abteilung »Brandenburg« stieß er mit seinen Männern am 24. April im Bereich des Schlosses Mickel bei Bautzen vor und vertrieb in erbitterten Kämpfen die Sowjets aus ihren Stellungen. Der überraschte Gegner zog

Leutnant d. R. Hellmut von Leipzig gehörte wie sein Namensvetter Konrad, gleichfalls »Brandenburger«, zu den 450 Freiwilligen der Wehrmacht aus Südwestafrika. Acht von ihnen erhielten das Ritterkreuz; Hellmut von Leipzig am 28. April 1945 als Zugführer der Panzeraufklärungs-Abteilung »Brandenburg«. Die Aufnahme zeigt ihn als Angehörigen des Afrika-Korps, in dem er als Unterführer diente.

sich unter erheblichen Verlusten zurück. In der Nacht zum 30. April wurde die Division »Brandenburg« durch Teile der 269. Infanterie-Division abgelöst und im mot-Marsch nach Ottendorf, Leppersdorf und Lomnitz nordostwärts Dresden in Ruhequartiere verlegt.

Am 1. Mai schied die Division aus dem Panzerkorps »Großdeutschland« aus und ging wenig später in Richtung Erzgebirge zurück, um dort Abwehrstellungen zu beziehen. Die Straßen waren mit unzähligen Fahrzeugen verstopft. Erst vor dem Elbsandsteingebirge, wenig später auf dessen Gebirgskamm, wurden im Raume Olmütz Stellungen bezogen.

Hier erfuhren die Männer am 8. Mai durch den Rundfunk, daß die bedingungslose Kapitulation der deutschen Wehrmacht erfolgt sei. Der Kommandierende General des Panzerkorps »Großdeutschland« gab nunmehr den Befehl, möglichst geschlossen und noch vor der Roten Armee die Elbe zu erreichen, diese zu überschreiten und sich in amerikanische Kriegsgefangenschaft zu begeben.

Das Ende bei der Panzergrenadier-Division »Brandenburg«

Durch das Protektorat Böhmen und Mähren rollte die Division am 1. Mai 1945 von den Entladebahnhöfen in Dresden, das immer noch vor der Roten Armee gehalten wurde, über Glatz und Prag in Richtung Olmütz. Der Division voraus fuhr der Ib, Major i.G. Spaeter, mit einigen wenigen Fahrzeugen und Spezialisten, um in Olmütz alle Vorbereitungen zum reibungslosen Ausladen der Division zu treffen.

Der Befehl von Generalmajor Schulte-Heuthaus lautete:

»Sie haben neben den Aufgaben der Ausladung möglichst umgehend Einzelheiten über den Einsatz der Division zu erfahren«.

Major Spaeter fuhr also in Olmütz nach dem Absetzen der Spezialisten direkt zum IL. Gebirgskorps weiter, dessen Gefechtsstand sich noch im Mährisch-Ostrauer Gebiet befand.

An diesem 2. Mai 1945 traf die Division in Olmütz ein. Der Rest folgte am 3. Mai nach. Zu dieser Zeit versuchten die Rote Armee, die Front des IL. Gebirgskorps zu durchbrechen, die letzte aus Osten auf Olmütz führende Rückzugsstraße zu sperren und die noch nach Olmütz unterwegs befindlichen Truppen einzusacken.

Aus Nordosten beschoß russische Artillerie bereits seit dem 2. Mai die Stadt, durch die sich ein unübersehbarer Schub an Fahrzeugen mit Flüchtlingen nach Westen durchschob. Die zum größten Teil pferdebespannten Fahrzeuge kamen nur im Schritt weiter.

Um diese letzte Bastion zu halten, wurde die Division »Brandenburg« auf Befehl von Generalleutnant von Natzmer, Chef des Generalstabes der Heeresgruppe Schörner, dorthin geworfen, um den Rückzug der gesamten Heeresgruppe zu decken.

Warum nur zogen die »Brandenburger« widerspruchslos in diesen letzten Kampf, der doch keinerlei Aussicht auf Erfolg mehr haben konnte?

Hauptmann Müller-Rochholz hat die Antwort darauf gegeben:

»Der Krieg dauert nicht mehr lange, dann wird das Chaos herrschen. In diesen Tagen wollen wir bis zur letzten Sekunde uns selber treu bleiben und unser Schicksal bis zur Neige durchstehen.

Der Geist des Bataillons, unsere Kameradschaft *und* unsere Toten verpflichten uns.

Bis zuletzt soll unser Ehrenschild rein bleiben. Es haut *keiner* ab! Alle Kämpfe haben bewiesen, daß wir *nicht* untergehen, wenn wir wie ein Mann zusammenstehen.

So bleibt es bei uns. *Bis zum letzten Befehl!*«

Olmütz wurde mit der Masse der Division erreicht. Es galt, den Durchzug deutscher Verbände durch Olmütz durch die Abwehr aller Feindangriffe zu decken. Da der ranghöchste Offizier in Olmütz Major i.G. Spaeter war, übernahm er die Führung, um den Rückzug der 1. Panzer-Armee zu schützen. Als dann Oberstleutnant Oesterwitz eintraf und mit seinen Jägern das Kommando übernahm und auch das Bataillon Steidl sich bis nach Tscheitzitsch herangearbeitet hatte, kehrte noch einmal die alte Zuversicht zurück. Schließlich traf am 5. Mai auch der Transportzug mit der Heeres-Flak-Abteilung »Brandenburg« unter Major Voshage ein und dann entlud das Jäger-Regiment 1 bei Stefanau.

Der letzte Kampf begann und auch der Tagesbefehl von Generalfeldmarschall Ferdinand Schörner vom 5. Mai 1945 konnte nichts daran ändern, daß die Zerfallserscheinungen sich mehrten. Die Beschwörung »Unsere Disziplin und unsere Waffen in der Hand dienen als Unterpfand, tapfer aus diesem Kriege zu gehen«, nutzten nicht viel. Dennoch, am 6. Mai kämpfte das 1. Jäger-Regiment bei Stefanau gegen anrollende schwere Sowjetpanzer. Am frühen Morgen des 7. Mai begann der Endkampf um Olmütz, der »Festung ohne Besatzung«. Die Division »Brandenburg«, so wurde gemunkelt, sollte am nächsten Morgen den Rückzug um 100 km decken. Dazu wurde am Nachmittag des 7. Mai alles überflüssige Gepäck vernichtet, die Geheimsachen verbrannt und am frühen Morgen des 8. Mai rollten die »Brandenburger« los. Sie fuhren den ganzen Tag über und erreichten Bistrau. Dort schossen bereits tschechische Partisanen um sich. Am Abend dieses Tages gelang es den beiden Nachrichtenoffizieren des Jäger-Regiments 2, Oberleutnant Schmalbruch und Oberleutnant Brauschmidt, eine Radiomeldung abzuhören, in der immer wieder das Wort Kapitulation fiel. Oberstleutnant Oesterwitz meldete Generalleutnant Schulte-Heuthaus. Dieser gab den Befehl:

»An das Korps: Jodl und Keitel haben uns verraten! Alle Fahrzeuge, Waffen, Munition, Panzer und Sturmgeschütze sind sofort zu vernichten.

Panzergrenadier-Division »Brandenburg« behält nur die notwendigen Fahrzeuge für den Transport von Menschen und Handfeuerwaffen. Die Division sammelt bei Bistrau und bricht zum Bayerischen Wald durch.«

Dieser Funkspruch wurde am 8. Mai 1945 um 18.05 Uhr abgesetzt. Eine halbe Stunde darauf dröhnten die Sprengungen. Major Spaeter ließ die Last- und Personenkraftwagen mit Benzin auf Vorrat für den langen Weg nach Westen versorgen. Dann ging es los.

Der Weg nach Westen war buchstäblich zugestopft. Vorbei an liegengebliebenen und zur Seite geschafften, brennenden Fahrzeugen ging es zunächst mühsam voran, bis eine Seitenstraße und dann eine breite Asphaltstraße benutzt werden konnten. Erst vor Frauenthal war die Straße wieder verstopft. Die Hindernisse wurden von den SPW des I. Bataillons zur Seite geschoben und weiter ging es.

Deutschbrod erwies sich als feindbesetzt. Der Kommandeur setzte einen Funkspruch ab, nach Norden auszuweichen. Die Division teilte sich, weil verschiedene Einheiten diesen FT-Spruch nicht mehr empfangen konnten. In dieser Lage erfolgte ein sowjetischer Fliegerangriff, der Tod und Chaos verbreitete.

Dann ging es nach Norden in Richtung Casslau. Auch dort dichter Kolonnenverkehr. Aus Casslau heraus wurden die Divisionsreste unter dichtes Feuer genommen, das zum Abdrehen zwang.

Am 10. Mai brach die »Division« durch die sowjetische Front südlich Taschaslau und erreichte den Raum Tabor, um von dort weiter nach Westen zu gelangen und sich den Amerikanern zu stellen. Generalmajor Schulte-Heuthaus fuhr im SPW an der Spitze. Bis Beneschau kamen sie noch; dann ging nichts mehr. Sie hatten es nicht geschafft und gerieten mit der Masse in sowjetische Gefangenschaft. Gardetruppen übernahmen die Bewachung und trennten die Offiziere von den Unteroffizieren und Mannschaften. Allen gefangengenommenen »Brandenburgern« standen schwere Jahre in Sowjetrußland bevor. Insbesondere gegen die Offiziere wurden Schauprozesse veranstaltet. Viele wurden zu Zwangsarbeit und Arbeitslager verurteilt und kamen – sofern sie es überlebten – erst nach zehn Jahren bitterer Gefangenschaft wieder frei.

*

Die Division »Brandenburg«, die als eiserne Kampfgemeinschaft die letzten Monate eines unerbittlichen Ringens durchlitt, war für immer untergegangen.

Ihre ruhmreiche Geschichte ist mit ehernen Zeichen in die Annalen des Zweiten Weltkriegs eingegraben. Die Division, die lange Zeit nur aus einigen wenigen Kompanien bestand, verlor in diesem Ringen etwa 30.000 Mann. Die »Brandenburger« haben an allen Fronten – ja, in *aller* Welt – gekämpft, gelitten und gesiegt. Sie wurden ebenso mißbraucht wie viele andere auch. Aber sie haben nie ihre Ehre verloren und niemals kapituliert, nicht einmal in den schwersten, letzten Tagen im Kampf gegen einen an Menschen und Material turmhoch überlegenen Feind.

Anhang

Ritterkreuzträger und Träger des Deutschen Kreuzes in Gold der »Brandenburger«

(einschließlich der Frontaufklärungskommandos und jener Soldaten, die diese Auszeichnung in enger Zusammenarbeit mit den »Brandenburgern« errangen)

Träger des Ritterkreuzes des Eisernen Kreuzes

Oberleutnant Eckard Afheldt	Führer II./Jäger-Regiment 2 »B« RK am 8.5.1945
Oberleutnant Joseph Bisping	Beobachter in der 4.(F)/Aufklärungsgruppe des Ob.d.L. RK am 22.10.1941
Major Wilhelm Bröckerhoff	Führer Panzer-Artillerie-Regiment »B« RK am 8.5.1945
Oberst Erich von Brückner	Führer Jäger-Regiment 1 »B« RK am 1.3.1945
Leutnant Adrian von Foelkersam	I./Lehrregiment z.b.V. 800 »B« RK am (?)
Leutnant z.S. Heinrich Garbers	Führer von Sonderunternehmungen See RK am 1.11.1944
Oberleutnant Siegfried Grabert	Führer eines Sonderverbandes im Baulehr-Bataillon z.b.V. 800 »B« RK am 10.6.1941
Hauptmann Karl-Edmund Gartenfeld	Staffelführer in der Aufklärungsgruppe des Ob.d.L. RK am 3.2.1943
Hauptmann Erich Haut	Kommandeur I./Panzergrenadier-Regiment 86 RK am 10.5.1943 gefallen am 2.9.1944 bei Raska/Serbien
Hauptmann Dietrich Kirn (Witzel-Kirn)	Führer des Frontaufkläungskommandos 202 RK am 12. 12. 1944
Oberleutnant Hans-Wolfram Knaak	Chef der 8./Baulehr-Regiment z.b.V. 800 »B« RK am 3.11.1943
Hauptmann Friedrich von Koenen	Kdr. III./ 4. Regiment »B« RK am 16.9.1943 gefallen am 20.8.1944 bei Visegrad/Kroatien
Oberleutnant Erhard Lange	Kompaniechef und Führer eines Sonderkommandos im Lehr-Regiment z.b.V. 800 »B« RK am 15.1.1943

B = Brandenburg, RK = Ritterkreuz, DK = Deutsches Kreuz in Gold

Leutnant Werner Lau	Zugführer in der 5./Baulehr-Regiment z.b.V. 800 »B« RK am 9.12.1942
Leutnant Hellmut von Leipzig	Zugführer in der Panzer-Aufklärungs-Abteilung »B« RK am 28.4.1945
Hauptmann Friedrich Müller-Rochholz	Kommandeur des Panzer-Sturmpionier-bataillons »B« RK am 8.5.1945
Oberleutnant Karl-Heinz Oesterwitz	Chef der 7./Baulehr-Regiment z.b.V. 800 »B« RK am 30.4.1943, 734. EL am 10.2.1945 als Oberstleutnant und Kommandeur des Jäger-Regiments 2 »B«
Leutnant Ernst Prochaska	Führer der 8./Baulehr-Regiment z.b.V. 800 »B« RK am 16.9.1942 gefallen am 9.8.1942 an der Brücke bei Maikop
Generalmajor Heinz Piekenbrock	Kommandeur der 208. Infanterie-Division RK am 4.5.1944 (nach Ausscheiden aus der Abwehr).
Oberst Alexander von Pfuhlstein	Kommandeur Infanterie-Regiment 154 RK am 17.8.1942
Oberleutnant Erich Röseke	Führer der 9./Jäger-Regiment 1 »B« RK am 14.4.1945
Rittmeister Helmuth Spaeter	Chef 2./Panzeraufklärungs-Abteilung »GD« RK am 28.7.1943
Hauptmann Konrad Steidl	Führer I./2. Jäger-Regiment »B« RK am 26.1.1944
Oberstleutnant Theodor Rohwehl	Kommandeur Aufklärungsgruppe des Ob.d.L. (Einsätze für die Abwehr) RK am 27.9.1940
Oberstleutnant Herrmann Schulte-Heuthaus	Kommandeur Kradschützen-Bataillon 25 RK am 23.1.1942
Major Werner Voshage	Kommandeur Heeresflak-Abteilung »B« RK am 8.5.1945
Oberleutnant Wilhelm Walther	Stoßtruppführer in der 4./Baulehr-Bataillon »BR« RK am 24.6.1940
Oberleutnant Max Wandrey	Chef der 11./Jäger-Regiment 1 »B« RK am 9.1.1944, 787. EL am 16.3.1945 als Major und Kommandeur II./Jäger-Regiment »B« gefallen am 21.2. 1945 (nach Verwundung im Lazarett Krusinwitz/Sachsen)

Träger des Deutschen Kreuzes in Gold

Oberleutnant Hans-Gerhard Bansen	6./Lehrregiment z.b.V. 800 »B« DK am 9.7.1942
Unteroffizier Albrecht Bauer	Frontaufklärungskommando 202 DK am 27.4.1945
Oberarzt Theodor Becker	1. Jäger-Regiment »B« DK am 31.1.1945
Oberjäger Robert Breitkreuz	2. schwere Kompanie/Regiment »B« DK am 2.5.1944
Hauptmann Wilhelm Bröckerhoff	III./Panzer-Artillerie-Regiment 33 DK am 9.10.1942
Leutnant Erich von Brückner	Panzerjäger-Abteilung 12 DK am 25.3.1942
Oberleutnant Josef Burggraf	Aserbaidschanische Legion DK am 16.10.1944
Oberleutnant Ernst-Eberhard Frey	III./Jäger-Regiment 1 »B« DK am 9.10.1944
Hauptmann Gustav Froboese	Kommandeur III./Jäger-Regiment 1»B« DK am 30.12.1943
Feldwebel Erich Glaser	6./Jäger-Regiment 1 »B« DK am 22.3.1945
Major Dr. Kurt Gloger	Aserbaidschanisches Infanterie-Bataillon DK am 21.3.1943
Leutnant Karl-Heinz Gohlke	II./Jäger-Regiment 2 »B« DK am 30.3.1945
Oberleutnant Erich Haut	6./Schützenregiment 86 DK am 14.3. 1942
Hauptmann Max Horlbeck	I./Grenadierregiment 667 DK am 19.12.1943
Oberfeldwebel Erich Horsthemke	9./Jäger-Regiment 1 »B« DK am 23.9.1944
Hauptmann Werner John	Verband 801/Sonderverband »B« DK am 2.4.1943
Oberleutnant Ernst Kiefer-I./Jäger-Regiment »B«	DK am 13.12.1944
Oberleutnant Wolfram Kirchner	Verband »Wildschütz« DK am 8.7.1944
Leutnant Karl Klein	9./Lehrregiment »B« z.B.V. 800 DK am 5.6.1942
Oberst Erwin Lahousen, Edler von Vivremont	Chef der Kampfverbände der Abwehr DK am 9.7.1944
Rittmeister Konrad von Leipzig	Küstenjäger-Abteilung »B« DK am 20.5.1944
Leutnant Alois Meixner	6./Aserbaidschanisches Bataillon »Bergmann« DK am 10.10.1944

Oberleutnant Karl-Heinz Oesterwitz	7./Lehrregiment »B« z.b.V. 800 DK am 13.12.1942
Hauptmann Gerhard Pinckert	2./Lehrregiment »B« z.b.V. 800
Oberstleutnant Alexander von Pfuhlstein	Kommandeur Infanterie-Regiment 77 DK am 4.2.1942
Oberleutnant Erwin Roeseke	9./Jäger-Regiment 1 »B« DK am 22.3.1945
Leutnant Hans-Erich Seuberlin	I./Sonderverband 802 »B« DK am 24.4.1943
Leutnant Dr. Walter Slama	7./Lehrregiment »B« z.b.V. 800 DK am 10.1.1943
Fahnenjunker-Oberfeldwebel Willi Streich	4./Aserbaidschanisches Infanterie-Bataillon DK am 9.1.1945
Rittmeister Erwin Thun-Hohenstein	Abwehrtrupp 204 DK am 15.9.1943
Oberfeldwebel Heinz-Willi Töppner	III./4. Lehrregiment »B« DK am 15.12.1944
Hauptmann Werner Voshage	Heeresflak-Abteilung 280 (Brandenburg) DK am 29.3.1945
Leutnant Dietrich Walter	6./Lehrregiment »B« z.b.V. 800 DK am 12.3.1942
Leutnant Max Wandrey	II./Infanterie-Regiment 254 DK am 13.5.1942

Quellenangabe und Literaturverzeichnis

Abshagen, Karl Heinz:	Canaris – Patriot und Weltbürger, Stuttgart 1959
ders.	Verrat im Zweiten Weltkrieg, Düsseldorf 1969
Alman, Karl und Beekmann, Frans:	Kampf um die Festung Holland, Herford 1978
Bartz, Karl:	Die Tragödie der deutschen Abwehr, Salzburg 1955
Baumann, Felix:	Die Weltkriegsspionage, München 1931
Bertold, Will:	Division Brandenburg, Bad Wörishofen 1969
Borcher, Will:	Krieg ohne Menschlichkeit, Wackersberg 1975
Bovery, Margret:	Der Verrat im 20. Jahrhundert, Hamburg 1956
Brissaud, André:	Canaris – Fürst der deutschen Abwehr oder Meister des Doppelspiels?, Frankfurt 1978
Brown, Anthony Cave:	Die unsichtbare Front, München 1976
Buchheit, Gert:	Die Anfänge des Regiments Brandenburg, Z.S. 4/1969 und 1/1970
ders.:	Der deutsche Geheimdienst – Die Geschichte der militärischen Abwehr, München 1968
ders.:	Die anonyme Macht – Aufgaben, Methoden, Erfahrungen der Geheimdienste, Frankfurt/Main 1969
ders.:	Soldatentum und Rebellion, Rastatt 1961
Carell, Paul:	Die Wüstenfüchse, Hamburg 1961

Charisius, Albrecht und Mader, Julius: Nicht länger geheim – Aufbau, System und Arbeitsweise des imperialistischen deutschen Geheimdienstes, Berlin-Ost 1969
Cookridge, E.H.: Karriere Doppelagent, Oldenburg-Hamburg 1968
Dallin, David, J.: Die Sowjetspionage, Köln 1956
Deacon, Richard: A History of the British Secret Service, London 1969
Detwiler, Donald S.: Hitler, Franco und Gibraltar, Wiesbaden 1969
Dulles, Allen, Welsh: Verschwörung in Deutschland, Kassel 19((?))
Faber du Faur: Macht und Ohnmacht, Stuttgart 1953
Farago, Ladislaus: Das Spiel der Füchse, Berlin 1972
Flicke, W.F.: Die Rote Kapelle, Hilden 1949
Foote, Alexander: Handbuch für Spione, Darmstadt 1954
Garby-Czerniawski, Roman: The big Network, London 1961
Eppler John: Rommel ruft Kairo, Gütersloh 1959
Gehlen, Reinhard: Der Dienst, Mainz-Wiesbaden 1961
Gerken, Richard: Spione unter uns, Donauwörth 1965
Giskes, H.J.: Spione überspielen Spione, Hamburg 1958
Gisevius, Hans Bernd: Bis zum bitteren Ende, Hamburg 1947
Gramont, Sancho de: Der geheime Krieg, Wien-Berlin-Stuttgart 1962
Grunfeld, Frederick, V.: Die deutschen Tragödien, Hamburg 1975
Gunzenhäuser, Max: Geschichte des Geheimen Nachrichtendienstes, Stuttgart 1968
Hagen, Walter: Die geheime Front, Linz 1950
Höher, Wolfgang: Agent 2996 enthüllt, Berlin-Ost 1954
Höhne, Heinz: Kennwort Direktor – Die Geschichte der Roten Kapelle, Frankfurt/Main 1970
ders.: Pullach intern, Hamburg 1971
ders.: Canaris – Patriot im Zwielicht, München 1976
Internationaler Militärgerichtshof: Der Prozeß gegen die Hauptkriegsverbrecher vor dem Internationalen Gerichtshof, Nürnberg 1946-47
Jaus, Otto: Die Brandenburger Freiwilligen. In: Österreichischer Soldatenkalender 1975
Jong Louis de: Die deutsche 5. Kolonne im Zweiten Weltkrieg, Stuttgart 1959
Jordan, G.R.: Sowjets siegten durch Spione, Göttingen 1963
Kern, Erich: Verrat an Deutschland, Göttingen 1963
Kiel, Heinz: Canaris zwischen den Fronten, Bremerhaven 1950
Kriegsheim, Herbert: Getarnt, getäuscht und doch getreu – Die geheimnisvollen Brandenburger, Berlin 1958
Kugler, Randolf: Die Küstenjäger-Abteilung Brandenburg, im Manuskript an den Autor.
Kurowski, Franz: Leros, das »Verdun« in der Ägäis, Rastatt 1978
ders.: Brückenkopf Tunesien, Leoni 1975
ders.: Von der Polizeigruppe Wecke z.b.V. zum Fallschirmpanzerkorps »Hermann Göring«, Osnabrück 1994

ders.:	So war der Zweite Weltkrieg 1939 bis 1945, 7 Bände 1989 – 1995, Berg/Starnberger See
ders.:	Endkampf in Afrika, Berg 1983
ders.:	Mit Rommel in der Wüste, Stuttgart 1975
ders.:	Endstation Kaukasus, Elberfeld 1962
ders.:	Gespräche mit Mitkämpfern 1948-1993
Leverkuehn, Paul:	Der geheime Nachrichtendienst der deutschen Wehrmacht im Kriege, Frankfurt/Main 1951
Liss, Ulrich:	Westfront 1939-1940, Neckargemünd 1959
Lissner, Ivar:	Mein gefährlicher Weg, München 1975
Loeff, W.:	Spionage – Aus den Papieren eines Abwehr-Offiziers, Stuttgart 1950
Mader, Julius:	Spionagegenerale sagen aus, Berlin-Ost 1970
Moravec, Frantisek:	Master of Spies, London 1975
Müller, Josef:	Bis zur letzten Konsequenz, München 1972
Mulinero, Arturo:	Unternehmen Silberstaub, das Platinkommando in Kolumbien, Leoni 1984
Nemis, Fred:	Brandenburger in Nordafrika, Rastatt o. J.
Reile, Oskar:	Geheime Westfront, Die Abwehr 1935 – 1945, München-Wels 1963
ders.:	Geheime Ostfront – Die deutsche Abwehr im Osten 1921-1945, München-Wels 1963
ders.:	Macht und Ohnmacht der Geheimdienste, München 1968
Riess, Kurt:	Total Espionage, New York 1941
ders.:	Der deutsche Faschismus in Lateinamerika 1939-1945, Berlin 1966
Ritter, Nikolaus:	Deckname Dr. Rantzau, Hamburg 1972
Schellenberg, Walter:	Aufzeichnungen, Wiesbaden 1956
ders.:	Memoiren, Wiesbaden 1980
Schramm, Wilhelm von:	Geheimdienst im Zweiten Weltkrieg, München-Wien 1974
Schreieder, Joseph:	Das war das Englandspiel, München 1950
Schröder, Bern Philipp:	Deutschland und der Mittlere Osten im Zweiten Weltkrieg, Frankfurt-Zürich 1975
Schulze-Holthus, Julius:	Frührot im Iran, Esslingen 1950
Skorzeny, Otto:	Deutsche Kommandos im Zweiten Weltkrieg, Königswinter 1973
Spaeter, Helmuth:	Die Brandenburger, Eine Kommandotruppe z.b.V., München 1978
ders,:	Geschichte des Panzerkorps Großdeutschland, Duisburg 1960
Stehling Paul:	Auftrag in Berlin, Berlin 1965
Steffens, Hans von:	Salaam, Neckargemünd 1960
Stephan, Enno:	Geheimauftrag Irland 1939-1945, Oldenburg 1961

Strong, Sir Kenneth:	Geheimdienstchef in Krieg und Frieden, Wien-Hamburg 1966
ders.:	Die Geheimdienstträger, Wien-Hamburg 197((?))
Stahl, R.W.:	Geheimgeschwader KG 200, Die Wahrheit nach 30 Jahren, Stuttgart 1977
Täpelmann, Heinz:	Die deutsche Kompanie, Berlin 1963
Thorwald, Jürgen:	Der Fall Pastorius, Stuttgart 1953
Tieke, Wilhelm:	Der Kaukasus und das Öl, Osnabrück 1970
Wedemeyer, Albert.C.:	Wedemeyer Reports, New York 1956
Wheatley, Ronald:	Operation Sea Leon, Oxford 1958
Whitting, Charles:	Canaris, New York 1973
Wighton, Charles und Peis, Günter:	Hitlers Spies and Saboteurs, Based on the German Secret Service War Diary of General Lahousen, New York 1958
Winterbotham, F.W:	Secret and personal, London 1969
Zacharias, Ellis, M.:	Secret Missions, New York 1946
Zolling, Hermann und Höhne, Heinz:	Pullach intern, Hamburg 1971

Dank

Der Dank des Autors gilt allen ehemaligen »Brandenburger« und den Angehörigen des ehemaligen Abwehrdienstes/Ausland, die dem Autor mit Rat und Tat und einigen Aufzeichnungen geholfen haben, diesem Werk zur Bestgestaltung zu verhelfen.

Sie haben damit dazu beigetragen, den Ehrenschild der »Brandenburger« von Anwürfen zu befreien, die sich als völlig haltlos herausstellten.

Daß sie sich im Dienst für ihr Vaterland von keiner anderen Truppe in der Welt übertreffen ließen, ist bekannt und dürfte mit diesen Aufzeichnungen auch für Nicht-Insider transparent werden.

Dortmund, den 30. März 1995

Franz Kurowski

Statt eines Nachworts

Während die kämpfende Truppe der »Brandenburger«, und hier vor allem das Panzergrenadier-Regiment »Brandenburg«, in den letzten Kriegswochen schier Übermenschliches leistete, um den Zug Hunderttausender von Flüchtlingen in den »freien« Westen sicherzustellen und danach den Weg in langjährige Gefangenschaft antrat, aus der die wenigsten zurückkehrten, sah dies bei den hohen Chargen der Abwehr ganz anders aus.

So wie der Chef der *Abteilung Fremde Heere Ost,* Generalmajor Gehlen, seine Unterlagen in 50 Kisten zusammenpacken ließ, um diese den westlichen Alliierten zu übergeben und dort im selben Metier weiterzuarbeiten, kamen auch alle übrigen »Führer« der Abwehr (mit Ausnahme von Admiral Canaris und einigen Mitarbeitern desselben) nicht hinter Gitter, sondern traten in die betreffenden Nachrichtendienste ein, zu denen sie sich geflüchtet hatten.

So nahm es nicht wunder, daß sowohl in der DDR als auch in der Bundesrepublik Deutschland, in der UdSSR und in den USA, hochkarätige Spezialisten und Meisterspione Unterkunft, neue Arbeit und Brot fanden. Sie nahmen dort ihre Arbeit wieder auf und spionierten nunmehr größtenteils *gegen* Deutschland.

Damit standen alle jene, die auch während des Zweiten Weltkriegs insgeheim gegen Deutschland Spionage getrieben hatten, wieder auf russischer Seite. Unter ihnen auch der Hauptspion Martin Bormann.

Im Westen des geteilten Deutschlands traten alle jene wieder in Aktion, die von den westlichen Alliierten gefaßt worden waren und nummehr gegen die UdSSR und auch gegen die DDR antraten, um ihnen ihre Geheimnisse zu entlocken.

Beiden Seiten waren die Namen bekannt. Keine Seite aber machte jemals den Versuch, die andere in dieser Hinsicht bloßzustellen, weil dann das gesamte Gebäude der Nachrichtendienste in Ost und West wie ein Kartenhaus in sich zusammengestürzt und damit offenbar geworden wäre, daß alle diese Dienste im Grunde nichts anderes als Schmarotzer waren. Die Ergebnisse dieser gegenseitigen Ausspähung waren gleich Null. Ab und an wurde ein Gegenspion im »eigenen Lager« gefunden und gegen einen anderen im gegnerischen Lager ausgetauscht.

Der Lohn der »Brandenburger« hingegen war Gefangenschaft, Verhöre, Kerker und Tod. Sie wechselten nicht die Seiten – und dafür mußten sie bezahlen. Viele mit ihrer Gesundheit, noch mehr mit ihrem Leben.

Sie hatten »die Kastanien aus dem Feuer geholt«, sie hatten in gutem Glauben und unter Einsatz ihres Lebens Taten vollbracht, die beispiellos sind und für immer in die Geschichte des Zweiten Weltkrieges eingehen werden.

Wer diese Abhandlung über die »Brandenburger« liest, sollte nicht vergessen, daß dieses Geschehen in einer Zeit vor sich ging, in der fast ausnahmslos jeder Deutsche im In- oder Ausland stolz darauf war, in der deutschen Wehrmacht zu dienen. Und so kamen sie – aus Afrika und Asien, aus Südamerika und anderen Kontinenten, oftmals nach einer sensationellen Odyssee – nach Deutschland, der Überzeugung eingedenk, daß ihre Heimat sie brauchte und daß sie die verdammte Pflicht und Schuldigkeit hatten, ihrem Ruf zu folgen.

Daß sie schließlich – wie alle Soldaten der deutschen Wehrmacht – von ihren Machthabern mißbraucht und verheizt wurden, konnten sie nicht ahnen.

Sie haben gekämpft, sie siegten und – verloren.

Daß während der Nürnberger Prozesse *alle Akten* des OKW-Amtes Ausland/Abwehr II »verloren gingen« liegt in der Natur der Sache begründet. Daß alle übrigen Akten dieser Art nach wie vor unter strengem Verschluß liegen, beweisen auch die »Memoiren« des ehemaligen Chefs des Deutschen Abwehrdienstes, General Gehlen, aus denen ein suchender Leser nichts als »heiße Luft« entnehmen kann.

Und in dieser Haltung sind sich Ost und West nach wie vor durchaus einig.